CROQUIS

« C'est dans la circonstance la plus générale
que le Soldat réalise les ressources de la
mémoire que de la compilation d'un grand
par de risque rien par leurs instincts ou par
les règles des Manœuvres.

Maréchal Gouvion Saint-Cyr.

Cie. LIBRAIRES-ÉDITEURS

NANCY

12, RUE DES GLACIS

1905

CAMPAGNE DE 1809

EN

ALLEMAGNE ET EN AUTRICHE

ÉTAT-MAJOR DE L'ARMÉE

SECTION HISTORIQUE

CAMPAGNE DE 1809

EN

ALLEMAGNE ET EN AUTRICHE

PAR

Le Lieutenant-colonel SASKI

TOME TROISIÈME

AVEC UNE CARTE ET DEUX CROQUIS

C'est dans la correspondance des généraux
que je voudrais étudier une campagne ; je
me flatte que je la connaîtrais bien mieux
par ce moyen que par leurs bulletins ou par
les récits des historiens.

Maréchal GOUVION SAINT-CYR.

BERGER-LEVRAULT ET Cⁱᵉ, LIBRAIRES-ÉDITEURS

PARIS | NANCY
5, RUE DES BEAUX-ARTS | 18, RUE DES GLACIS

1902

CAMPAGNE DE 1809

EN

ALLÉMAGNE ET EN AUTRICHE

CHAPITRE Ier

POURSUITE DE L'ARCHIDUC CHARLES SUR LA RIVE GAUCHE
DU DANUBE. — COMBAT DE NEUMARKT. — PRÉPARA-
TION DE LA MARCHE SUR VIENNE.

24 et 25 avril.

La gauche de l'armée autrichienne rejetée dans la
direction de l'Inn, et l'archiduc Charles avec le gros de
ses forces obligé de changer sa ligne de communication et de se retirer sur la rive gauche du Danube, tel
était le résultat des opérations militaires qui venaient
de se dérouler, du 19 au 23 avril, entre Ratisbonne et
Landshut.

En face de cette situation nouvelle, l'Empereur n'a
aucune hésitation[1]. Dans la matinée du 24 avril, toutes
ses dispositions sont prises pour faire poursuivre l'ar-

---

1. La détermination de l'Empereur, de marcher directement sur Vienne,
était prise dès la veille. (Voir la lettre du major général au duc de Rivoli, du
23 avril, tome II, chapitre IX.)

chiduc Charles, en retraite sur la rive gauche du Danube[1], et pour diriger le gros de ses forces sur l'Inn[2].

Landshut devait être le point de rassemblement d'une partie des troupes qui s'étaient portées sur Ratisbonne. C'est à Landshut que devait se réunir le quartier général.

Le major général écrivait au général Bertrand, le 24 avril au matin :

« Je vous préviens, Monsieur le général Bertrand, que le quartier général sera à Landshut; ainsi, le parc du génie doit s'y réunir. »

Un ordre analogue était adressé au général Songis pour l'artillerie.

Les divisions Morand et Gudin du 3e corps, qui avaient été placées momentanément sous les ordres du maréchal Lannes, faisaient retour au maréchal Davout. Le 2e corps, tel que l'Empereur en avait projeté la constitution[3], était placé sous les ordres du duc de Montebello.

LE MAJOR GÉNÉRAL AU DUC DE MONTEBELLO.

Devant Ratisbonne, le 24 avril 1809.

Je vous préviens, M. le duc de Montebello, que l'intention de l'Empereur est de réunir, à Landshut, le corps d'armée dont S. M.

---

1. Dans la nuit du 23 au 24 et dans la journée du 24, l'armée autrichienne se mit en retraite dans la direction de Cham, par Kürn et Nittenau. Les différents corps de cette armée furent réunis derrière la Regen, du 25 au 26 avril.

Le 1er corps, sous les ordres du général Bellegarde, avait opéré sa retraite par Burglengenfeld sur Schwarzenfeld, où il apprit que l'archiduc Charles concentrait son armée à Cham. Il reçut l'ordre de se diriger sur Rötz, où il arriva le 26.

2. Le maréchal Masséna, qui déjà occupe Straubing, a reçu l'ordre de marcher rapidement sur Passau pour dégager cette place et étendre sa droite sur l'Inn.

3. État de la composition des divisions et brigades des différents corps de la Grande-Armée (tome I, page 433).

vous a confié le commandement; en conséquence, je fais diriger sur Landshut la division du général Saint-Hilaire et celle du général Oudinot, qui est ici[1]. Quant à la division Claparède, qui est avec le duc de Rivoli, elle vous rejoindra sur l'Inn.

La division Boudet, qui le 23 avril s'était portée de Neustadt sur Abach, recevait l'ordre de se rendre à Ratisbonne.

Quant au général Vandamme, le major général lui adressait dans la matinée l'ordre qui suit :

LE MAJOR GÉNÉRAL AU GÉNÉRAL VANDAMME.

Devant Ratisbonne, le 24 avril 1809.

Il est ordonné au général Vandamme de se mettre en route aujourd'hui, avec le corps wurtembergeois qu'il a, pour se rendre à Eckmühl et pouvoir arriver demain, si cela est nécessaire, jusqu'à Landshut[2].

P.-S. — Vous laisserez auprès de l'Empereur le régiment wurtembergeois qui sert à sa garde.

LE MAJOR GÉNÉRAL AU DUC D'AUERSTAEDT.

Devant Ratisbonne, le 24 avril 1809.

Je vous préviens, Monsieur le Duc, que l'intention de l'Empereur est qu'avec votre corps d'armée, composé des divisions

---

1. Le général Oudinot avait quitté Pfaffenhofen, le 20 dans la matinée, avec la 1re division de son corps d'armée (la division Tharreau) et la division Boudet du 4e corps, pour se porter sur Neustadt. La 2e division du corps Oudinot (la division Claparède) dirigée sur Freising, étant trop éloignée de la division Tharreau, avait été laissée à la disposition du 4e corps.

Le général Oudinot recevait l'ordre, dans la matinée, de se mettre en marche pour se porter sur Landshut. « Il suffit, écrivait le major général au général Oudinot, que votre cavalerie arrive aujourd'hui à Landshut; quant à votre infanterie, ne la fatiguez pas, couchez ce soir où cela vous conviendra. » Un ordre analogue était adressé au général Saint-Hilaire.

2. Le major général adressait, à 4 heures du soir, un nouvel ordre au général Vandamme, lui prescrivant d'envoyer un régiment de ligne à Ratisbonne et de rester à Eckmühl jusqu'à nouvel ordre.

En maintenant le général Vandamme à une égale distance de Straubing et de Ratisbonne, en attendant l'arrivée de la division Rouyer dans cette ville, l'Empereur voulait sans doute constituer momentanément une réserve au maréchal Davout.

Morand, Gudin, Friant, de la division de cavalerie légère du général Montbrun [1] et de la division de cuirassiers du général Saint-Sulpice, vous vous mettiez en marche pour poursuivre l'ennemi, le harceler pendant sa retraite, prendre ses bagages et couper tout ce qui serait hors de route. Vous correspondrez avec moi tous les jours et autant de fois que vous aurez des nouvelles intéressantes à donner à l'Empereur, sur les différentes directions qu'a prises l'ennemi et où se trouve le corps de Bellegarde [2]. Les cuirassiers de la division Saint-Sulpice, ayant besoin de repos, resteront ici et ne partiront que demain.

Dans la matinée du 24, le général Montbrun écrivait au major général :

En avant de Ratisbonne, le 24 avril 1809.

J'ai l'honneur de rendre compte à S. A. que j'ai envoyé sur Regenstauf ainsi que sur Etterzhausen ; mais ces reconnaissances ne pourront pas aller loin, le pays étant extrêmement coupé et la cavalerie ne pouvant combattre que sur les grandes routes. Il est donc essentiel que j'aie avec moi de l'infanterie, car je ne pourrai pas moi-même déboucher si l'on ne me donne pas au moins un régiment d'infanterie. Jusqu'à ce moment, S. E. le maréchal duc d'Auerstaedt m'avait donné le 7e régiment d'infanterie légère que je désirerais conserver, ce régiment se battant et marchant bien. Jusqu'à nouvel ordre de S. A., je me fais suivre par deux bataillons de ce régiment, qui me sont absolument nécessaires pour déboucher dans un pays aussi boisé et aussi couvert.

MONTBRUN.

P.-S. — S. M. l'Empereur et Roi m'avait chargé, hier, d'éclairer toutes les routes. J'ignore aujourd'hui quelle direction je dois prendre, ce dont je prie S. A. de vouloir bien m'instruire [3].

---

1. L'Empereur, le 23 avril dans la soirée, après la prise de Ratisbonne, avait prescrit au général Montbrun « d'éclairer toutes les routes sur la rive gauche du Danube ».

2. Le 1er corps d'armée autrichien étant resté sur la rive gauche du Danube, l'état-major français ignorait la direction prise par le général Bellegarde ; il savait cependant que son avant-garde s'était portée sur l'Altmühl. (*Voir* tome II, *lettre du général Beaupré au maréchal Davout*, page 317.)

3. A la même heure, le major général informait le général Montbrun qu'il était mis à la disposition du maréchal Davout ; « c'est à lui que vous vous adresserez, lui écrivait-il, si vous avez besoin d'infanterie. »

Le 7e régiment d'infanterie légère recevait l'ordre de rentrer à sa division, il était remplacé dans la division du général Montbrun par le 13e régiment de même arme.

LE GÉNÉRAL MONTBRUN AU MAJOR GÉNÉRAL, A PRÜLL.

A Lappersdorf, le 24 avril 1809, à 10 heures du matin.

Monseigneur,

D'après tous les renseignements qui me sont parvenus, il paraît que l'ennemi s'est retiré par la rive droite de la Regen sur Regenstauf, pour prendre la route de Burglengenfeld. L'infanterie avait commencé à se retirer sur Neumarkt par Etterzhausen, mais il paraît qu'elle a rejoint sa cavalerie à Regenstauf.

Je porte un régiment sur Regenstauf qui poussera des reconnaissances sur Burglengenfeld; un escadron de ce régiment passera la Regen au gué, si le pont est détruit à Regenstauf, et poussera des partis par Kürn et Nittenau.

Aussitôt des nouvelles, je vous en ferai part.

Les chemins sont mauvais, le pays boisé et ondé est mauvais pour la cavalerie.

J'attends avec le reste de ma division les ordres de S. A.

MONTBRUN.

LE MAJOR GÉNÉRAL AU DUC DE DANZIG.

Ratisbonne, le 24 avril 1809, à 4 heures du soir.

L'intention de l'Empereur, Monsieur le Duc, est que S. A. le prince royal parte de Landshut[1], avec la division qu'il commande, pour se rendre à Munich que l'on suppose évacué; mais dans le cas où les Autrichiens y seraient encore, il faut tâcher de les prendre. Alors vous soutiendriez le prince royal avec la division Deroy. En tout état de cause, quand vous saurez que le prince royal est à Munich, vous vous dirigerez avec les divisions de Wrède et Deroy sur Mühldorf et Burghausen; vous vous y ferez également rejoindre par la division du prince royal, qui alors quitterait Munich. L'Empereur désirerait qu'avec vos trois divisions vous fissiez lever le siège de Kufstein, et qu'ensuite vous vous empariez de Salzburg si l'ennemi n'est pas plus fort que vous, comme tout porte à le penser.

Quant à la division Demont, elle restera à Landshut jusqu'à nouvel ordre[2].

---

1. La 1re division bavaroise avait été dirigée, la veille, sur Landshut; elle y arrivait dans la journée du 24.

2. Les divisions Deroy et Demont recevaient, le 24, l'ordre de l'Empereur de se porter sur Landshut. L'état-major du maréchal Lefebvre et la division Demont y arrivaient dans la soirée. La division Deroy s'établissait le même jour à Essenbach.

Le duc de Rivoli a l'ordre de marcher sur Passau pour en faire lever le siège et éloigner l'ennemi de l'Inn.

A l'instant, je reçois la lettre ci-incluse du général Grandjean[1]. La division du prince royal doit être arrivée hier. Vous-même arriverez demain, ainsi toutes les inquiétudes cesseront ; au reste, manœuvrez suivant les circonstances. La division Saint-Hilaire et la division Oudinot sont en marche sur Landshut.

LE DUC DE RIVOLI A L'EMPEREUR.

Straubing, le 24 avril 1809.

J'ai l'honneur d'adresser à V. M. un rapport qui vient de m'être fait par des bateliers d'Ulm : Des bateliers d'Ulm, partis de Vienne le 15, ont passé le 22 à Schärding, ils y ont rencontré encore l'empereur d'Autriche et un convoi d'artillerie de siège destiné pour Passau ; ce convoi faiblement escorté. Les mêmes individus racontent qu'il y a peu de troupes depuis Linz jusqu'à Schärding, et que les premières défaites des Autrichiens y sont inconnues. On travaille avec activité à construire une tête de pont à Schärding, sur la rive gauche de l'Inn.

MASSÉNA.

(*Arch. du prince d'Essling.*)

LE DUC DE RIVOLI AU MAJOR GÉNÉRAL.

Straubing, 24 avril 1809, à 10 heures du matin.

J'ai reçu la lettre que V. A. m'a fait l'honneur de m'écrire[2]. Je me mets de suite en mouvement pour en exécuter le contenu.

Je ferai tout ce que je pourrai pour aller coucher ce soir à Plattling[3], et demain je partirai de bonne heure pour aller aussi loin que je pourrai. Il n'y a plus d'ennemi autour de nous, à une distance de six lieues au moins, d'après toutes les reconnaissances que j'ai fait faire, et les renseignements que j'ai recueillis.

---

1. Le général Grandjean, qui commandait la place de Landshut, écrivait au major général : « Il paraît se confirmer qu'un engagement a eu lieu entre des chevau-légers bavarois et des uhlans autrichiens, entre Freising et Erding. Les Bavarois, dit-on d'une manière assez uniforme, avaient la valeur d'un régiment qui, attaqués et peut-être surpris, ont été culbutés par les uhlans. J'attends, monseigneur, de plus amples renseignements. »

2. Voir la lettre du major général au duc de Rivoli, du 23 avril.

3. Le quartier général du 4e corps était établi, le 24 au soir, à Plattling.

Le premier pont sur le Danube, à Straubing, est rétabli ; l'autre n'aurait pu l'être que vers la nuit, je l'abandonne [1].

MASSÉNA.

Dans la soirée du 23, l'avant-garde du maréchal Bessières (division Marulaz et 6ᵉ bataillon léger bavarois), en face d'un retour offensif de l'ennemi, avait été dans l'obligation de se retirer sur Neumarkt [2]. L'ennemi ne dépassant pas Stätten, le pont de Neumarkt fut couvert par un régiment d'infanterie de la division de Wrède qui s'établit au bivouac, sur les hauteurs en avant de Neumarkt [3].

Sur ces entrefaites, le maréchal Bessières recevait à minuit l'ordre du major général, lui prescrivant « de passer l'Inn et la Salza et de se rendre maître de Braunau [4] ». Aussitôt, il adressait au général Molitor l'ordre qui suit :

Neumarkt, le 24 avril 1809, à 1 h. 1/2 du matin.

Monsieur le Général, vous partirez aujourd'hui à la pointe du jour pour vous rendre avec toute votre division à Neumarkt.

L'intention de l'Empereur est que nous passions l'Inn le plus tôt possible ; il faut se mettre à même de le satisfaire [5].

BESSIÈRES.

Dans la matinée du 24, la division de Wrède occupait Neumarkt ; elle couvrait cette ville avec le 13ᵉ de

---

1. Néanmoins, des détachements de cavalerie avaient été envoyés en reconnaissance sur la rive gauche du Danube, dans la direction de Cham et de Deggendorf. Cette cavalerie, pour traverser le fleuve, avait emprunté une digue qui servait de barrage au deuxième bras du Danube.

2. Tome II, page 368, note 1.

3. *Rapport sur les différentes affaires qu'a eues la 2ᵉ division bavaroise.*

4. Tome II, page 362.

5. Le général Molitor avait reçu, le 23, l'ordre du duc d'Istrie de maintenir sa division à Biburg (tome II, page 370). S'étant porté de sa personne, le 24 de grand matin, de Biburg sur Neumarkt pour se rendre compte par lui-même des événements, il rencontrait, à 4 heures du matin, l'estafette porteur de la lettre du maréchal Bessières et envoyait aussitôt à sa division l'ordre d'arriver promptement.

ligne établi sur les hauteurs qui dominent la rive droite
de la Rott, occupant les villages de Scherm et de
Strass. C'est dans cette position qu'elle fut attaquée
par l'ennemi[1].

EXTRAIT DU RAPPORT DU GÉNÉRAL DE WRÈDE, SUR LES DIFFÉ-
RENTES AFFAIRES QU'A EUES LA 2ᵉ DIVISION BAVAROISE DEPUIS
LE COMMENCEMENT DES HOSTILITÉS.

« Vers les 7 heures du matin, les avant-postes ennemis attaquèrent
les nôtres et commencèrent à tirailler vivement. Le général monta à

---

1. Le peu de difficulté qu'avait éprouvé le général Hiller à rejeter, dans la
soirée du 23, l'avant-garde du duc d'Istrie de la rive droite de l'Inn au delà
de Stätten, avait dû le confirmer dans la pensée qu'il n'était poursuivi que par
un faible détachement. C'est alors, sans doute, qu'il prit ses dispositions pour
préparer, par une marche de nuit, le retour offensif qu'il devait exécuter le
lendemain sur Neumarkt.

Lorsque le général Hiller se portait sur Neumarkt, il ignorait la défaite de
l'archiduc Charles à Eckmühl. Cette nouvelle ne parvint à l'empereur d'Autriche, à Schärding, que dans la soirée du 23. (Le Cᵗᵉ d'Auersperg, aide de camp
de l'archiduc Charles, quitta le champ de bataille dans la soirée du 22 et arriva
à Schärding, le 23 à 9 heures du soir. — 9ᵉ bulletin de l'armée autrichienne.
Schärding, par les chemins les plus directs, était à plus de 60 kilomètres
d'Altötting où était le quartier général du général Hiller.)

Peut-être le général Hiller, supposant le généralissime autrichien sur la rive
droite du Danube, toujours dans la direction de Ratisbonne, avait-il l'espérance
de rétablir sa liaison avec lui, soit à Ratisbonne, soit à Straubing ? Mais la
rupture de toutes communications et l'ignorance dans laquelle se trouvait le
commandant de la gauche autrichienne, des événements qui venaient d'avoir
lieu près de Ratisbonne, ne permettent pas de supposer que son mouvement
offensif sur Neumarkt pût être le résultat, soit d'une combinaison avec l'Archiduc,
soit d'un ordre de l'Empereur.

L'opération eut lieu, du côté des Autrichiens, de la manière suivante :

« Trois colonnes franchirent l'Inn, le 24 à 3 heures du matin, et se portèrent
sur Neumarkt. Le prince de Reuss à la tête de la colonne de droite, composée
de 10 bataillons, d'un escadron et de deux batteries, se dirigea, en suivant la
droite de la route de Neumarkt, vers l'aile gauche française (par Klebing et
Leonberg vers Ganghofen) ; la 2ᵉ colonne, comprenant 12 bataillons, un escadron et 4 batteries, sous les ordres du général Kottulinsky, se porta par la
chaussée sur Neumarkt ; le général Hofmeister conduisit la 3ᵉ colonne, formée
de 6 bataillons, d'un escadron et d'une batterie, par la gauche de la route (par
Friexing, Müssling et Nieder-Bergkirchen sur la Rott), contre l'aile droite de
la position ennemie.

« Le général Kienmayer, avec le 2ᵉ corps de réserve (5 bataillons de grenadiers et 4 escadrons), s'avançait en formation de combat par Stätten et formait la réserve. » (L'Archiduc Charles, comme général en chef et organisateur
d'armée, par le colonel von Angeli.)

Une colonne, sous les ordres du général Radetsky, flanquait la marche sur
la droite dans la direction d'Eggenfelden.

cheval avec le duc d'Istrie, fit marcher le 6e bataillon léger dans le bois à la gauche du 2e bataillon du 13e de ligne, envoya la demi-batterie légère sur la grande route au général Minucci, et plaça l'autre demi-batterie à la droite du 6e bataillon léger [1].

« La nuit d'auparavant le général Comte de Preysing, n'ayant pu pénétrer jusqu'à Munich, avait rejoint la division et occupait les villages derrière Neumarkt avec sa cavalerie ; la division du major Hascher seulement observait la route d'Eggenfelden, où elle avait pris deux jours avant 100 bœufs à l'ennemi.

« Après les 8 heures du matin l'ennemi déploya trois fortes colonnes, mit plusieurs pièces de canon en batterie et appuya son attaque avec 3,000 chevaux ; le général commandant, après avoir pris les ordres du maréchal duc d'Istrie, fit monter le 3e de ligne sur les hauteurs et, peu de temps après, toute la brigade du général Comte Beckers ainsi que 9 pièces de canon de renfort.

« L'attaque devint générale et tous les efforts de l'ennemi pour repousser la division furent vains ; mais ayant déployé de nouvelles forces et mis au moins 36,000 hommes en bataille, le maréchal duc d'Istrie qui, pendant le combat, avait eu la précaution de faire avancer sur les hauteurs un régiment français de la division Molitor, crut lui-même qu'il était nécessaire d'abandonner le champ de bataille à l'ennemi.

« Le mouvement rétrograde fut donc commencé à midi et demi et exécuté dans le plus grand ordre, et cet ordre n'a été qu'un moment interrompu lorsque la cavalerie et l'infanterie arrivèrent en même temps sur le pont de la Rott pour passer cette rivière. Ce fut là que la perte devint plus considérable, l'ennemi suivant de très près et chaque balle atteignant son homme. La division se retira à Aich, et la division du général Molitor fit l'arrière-garde avec le plus grand sang-froid et dans le meilleur ordre.

« La division comptait en ce jour 57 bas-officiers et 591 soldats tant tués que blessés, près de 200 égarés ou pris, 38 officiers tués ou blessés. 3 officiers ont été faits prisonniers, mais par contre la division a pris à l'ennemi 7 officiers et 400 hommes, et un bien plus grand nombre est resté tué ou blessé sur le champ de bataille. »

Dans un rapport daté d'Altötting, le 27 avril 1809, et adressé au maréchal Bessières, le général Molitor rendait compte de la part prise par sa division à cette affaire.

Monsieur le Maréchal,
Ma division, ayant fait diligence, arriva le 24 de ce mois devant

---

[1]. Les hauteurs de la rive droite de la Rott, sur lesquelles prenait position la division bavaroise, sont marquées par les villages de Strass, Ober-Scherm et Geisberg.

Neumarkt, au moment où les avant-postes bavarois venaient d'être attaqués sur les hauteurs en avant de ce village. Quoique cette attaque parût d'abord de médiocre importance par le peu de forces que montrait l'ennemi, je disposai mes troupes sur les hauteurs en arrière du défilé, plaçant mon artillerie près de la rivière de Rott. Le feu devenant successivement plus vif, toute la division bavaroise passa le pont de Neumarkt et fut bientôt engagée tout entière dans un combat très animé. C'est alors que les Autrichiens qui, jusqu'à ce moment, n'avaient montré que quatre à cinq mille hommes, firent déboucher des bois de fortes et nombreuses colonnes, non seulement sur le front des Bavarois mais plus encore sur la droite de ma division. Le corps bavarois, acculé au défilé, était fortement compromis. Pour le dégager, je fis avancer le général Leguay avec le 2ᵉ régiment d'infanterie qui, après avoir passé la rivière, franchit les hauteurs qui la dominent, attaqua vivement et fit plier la droite de l'ennemi. Ce succès, appuyé par le feu de mon artillerie, fit lâcher prise aux Autrichiens et procura aux Bavarois la possibilité de sortir de la position désavantageuse où ils se trouvaient, en descendant des hauteurs sans être entamés et en repassant le défilé. Le 2ᵉ régiment se trouvait alors engagé presque tout entier, entouré et assailli par des forces très considérables. Mais rien ne fut capable d'intimider ce brave régiment; il soutint avec énergie et sang-froid les efforts de l'ennemi, jusqu'à ce que la totalité des troupes bavaroises eut repassé le défilé et le repassa à son tour dans le plus grand ordre. Pendant que ces événements se passaient au centre et à la gauche de notre ligne, cinq fortes colonnes d'infanterie, marchant par échelons, s'avançaient sur la droite de ma division et menaçaient de l'envelopper; je leur opposai le 37ᵉ régiment, qui par son feu bien nourri et sa belle contenance suffit pour empêcher leurs progrès. Mes deux autres régiments, les 16ᵉ et 67ᵉ, étaient placés en réserve de la manière la plus propre à en imposer à l'ennemi et à soutenir toutes les autres troupes qui se trouvaient engagées.

Vous avez jugé alors, Monsieur le Maréchal, que le poste de Neumarkt situé dans un fond entouré de bois était par trop désavantageux, vous avez décidé qu'on se replierait un peu plus en arrière sur la position de Vilsbiburg, et vous m'avez chargé de couvrir ce mouvement. Ma division se rangea donc par échelons sur les deux côtés de la route, les tirailleurs en avant et de manière à accepter le combat si l'ennemi l'eut présenté de nouveau, mais il n'en eut pas même la tentation, et après que tout le corps bavarois eut défilé, ma division se retira lentement dans le plus grand ordre et sa marche imposante fut admirée même des ennemis.

Dès le commencement de l'action, j'avais, à la prière du général de Wrède, envoyé quatre compagnies du 2ᵉ régiment pour relever les Bavarois qui couvraient le débouché sur Eggenfelden. Ces compagnies furent attaquées et cernées dans leur position, mais elles firent une si belle défense que, sans perdre un seul homme, elles revinrent rejoindre leur régiment avec 150 prisonniers. Cette affaire, à laquelle on était loin de s'attendre, fait le plus grand honneur aux troupes qui y ont combattu contre un ennemi si supérieur en nombre et que toutes les

évaluations, d'accord avec les rapports et renseignements, portent à
3o ou 35,000 hommes[1].

. . . .

LE MARÉCHAL BESSIÈRES AU MAJOR GÉNÉRAL.

Biburg, le 24 avril 1809.

Monseigneur,

Je partis hier de Neumarkt dans l'intention de m'emparer de
Mühldorf et d'Otting. Le régiment de Hesse fit deux cents prisonniers en entrant à Mühldorf, l'ennemi brûla le pont. Je me
portai de ma personne sur la route d'Otting ; j'aperçus beaucoup
de mouvements de l'autre côté de la rivière et je trouvai le bois,
qui est à la gauche de la route, occupé par de l'infanterie. Je
rentrai à Neumarkt et laissai les postes tels que je les avais établis. Je ne crus point devoir rien tenter ; tout m'annonçait que
l'ennemi était en mouvement pour se retirer. Je n'avais point
avec moi d'infanterie ; un seul bataillon bavarois avait été envoyé
pour protéger le défilé à Rohrbach. A sept heures du soir, l'ennemi déboucha en force du bois, il fit une charge de douze cents
chevaux sur le 3e régiment de chasseurs ; ce régiment la soutint
vigoureusement, mais il fut obligé de se replier. Le colonel
Charpentier a été blessé d'un coup de sabre et 5o hommes ont
été blessés. L'ennemi continua son mouvement offensif et dirigea
plusieurs colonnes d'infanterie sur Rohrbach. La cavalerie du
général Marulaz et le bataillon bavarois se replièrent dans le
plus grand ordre jusque sur la hauteur en avant de Neumarkt.

Il était minuit, lorsque je reçus la nouvelle de la victoire rem-
portée par l'Empereur sur le prince Charles, et l'ordre de passer
l'Inn et la Salza et de me porter sur Braunau. Aujourd'hui, je fis
toutes mes dispositions pour exécuter ce mouvement. Je donnai
l'ordre à la division Molitor de partir à la pointe du jour pour
venir me joindre. J'allais me mettre en marche lorsque l'ennemi
a attaqué mes avant-postes. La division bavaroise, dont une partie

---

1. « La division de cavalerie, sous le commandement du général Marulaz, avait
reçu l'ordre de se placer en échelons en arrière de Neumarkt, où elle fut très
incommodée par le feu de l'artillerie ennemie placée sur les hauteurs en avant
de la ville. Après un combat très opiniâtre où les Bavarois perdirent beaucoup
de monde, l'ennemi s'empara de la ville de Neumarkt et la retraite sur Vilsbiburg fut ordonnée. La cavalerie légère se retira par échelons, s'arrêtant dans
toutes les positions où elle aurait pu au besoin charger avec succès. Elle vint
prendre poste au village de Gaindorf, rive gauche de la Vils, pour éclairer le
flanc droit du corps d'armée de M. le maréchal Bessières. »
(*Correspondance du général Marulaz.*)

avait déjà débouché, s'est mise en position et bientôt elle a été engagée. Elle a d'abord culbuté les premières colonnes et repoussé l'ennemi, mais plusieurs mouvements que j'aperçus sur la droite et sur la gauche m'ont fait présumer la présence de forces supérieures. J'ai reconnu un corps de 15,000 hommes sur ma droite; une fusillade s'est engagée en même temps sur ma gauche. Le général Molitor a été mis en réserve derrière la ville, et la division de Wrède a commencé sa retraite; elle l'a faite dans le plus grand ordre. L'affaire a été chaude, rien n'a été entamé, mais j'ai cru devoir me replier sur Biburg, l'ennemi a toujours continué son mouvement de flanc.

· La division bavaroise s'est battue avec le plus grand acharnement, elle a été obligée de céder au nombre; cette division a plus de 50 officiers tués ou blessés, elle a fait 400 prisonniers. J'ai eu 200 hommes de cavalerie hors de combat et quelques hommes de la division Molitor. Le corps que j'ai devant moi est celui du prince Louis, il se compose de 20,000 hommes des 6e et 7e corps, et d'un corps de 14,000 hommes arrivés hier à Otting venant d'Autriche, et de 5 régiments de cavalerie. Ce qui m'a décidé à me replier, indépendamment de ces forces, c'est l'apparition de l'ennemi à Ganghofen; il a été reconnu ce matin par la cavalerie bavaroise. Les partis que j'avais envoyés hier à Ampfing et sur la route de Salzburg ont également trouvé de forts détachements.

J'ai cru devoir donner à V. A. tous ces détails; il est extrêmement heureux que je n'aie pas marché hier sur Otting avec toutes mes forces, je me fus trouvé dans une position difficile. Je pense que si l'ennemi eut été instruit de la défaite du prince Charles, il serait resté sur l'Inn[1]. Dans ce moment, il ne montre que très peu de monde sur son front, mais il paraît qu'il a continué son mouvement sur ma droite. Vous pouvez être tranquille, j'agirai de manière à le dérouter et à reprendre l'offensive quand je le pourrai. Tous les rapports des déserteurs et des prisonniers se sont accordés sur sa force.

BESSIÈRES.

---

1. Cette opinion du maréchal Bessières paraît d'autant plus justifiée, que le général Hiller, malgré son succès, arrêta son mouvement offensif en recevant le courrier de l'Empereur qui lui annonçait les résultats de la bataille d'Eckmühl. Ces premières nouvelles de la journée du 22 étaient incomplètes; le comte d'Auersperg ayant quitté le champ de bataille d'Eckmühl avant l'action décisive de la cavalerie française. Le général Hiller ignorait donc, à la fin de la journée du 24, que l'archiduc Charles avait dû se retirer sur la rive gauche du Danube.

LE MAJOR GÉNÉRAL AU PRINCE DE PONTE-CORVO.

Devant Ratisbonne, le 24 avril 1809.

Je vous envoie, Prince, l'ordre du jour de l'armée.

C'est assez vous faire connaître les grandes victoires qu'a remportées S. M. L'ennemi fuit sur la Bohême, les débris de l'armée du prince Charles ne présentent plus qu'un corps entièrement démoralisé. Le duc d'Auerstaedt avec son corps d'armée est à sa poursuite. Je vous ai fait connaître par ma lettre du 19 de ce mois, dont je vous envoie un duplicata, quelles étaient les intentions de l'Empereur; vous pouvez donc agir et entrer en Bohême pour faire le plus de mal possible à l'ennemi. L'Empereur ne peut pas spécifier d'ici ce que vous avez à faire, c'est à vous à vous déterminer. L'Empereur est sur l'Inn[1] et va poursuivre ses succès dans le centre de la monarchie. De votre côté, attaquez l'ennemi qui est vivement poursuivi par le duc d'Auerstaedt; au reste, renfermez-vous dans les dispositions prescrites par ma lettre du 19 avril, qui vous donne toute latitude suivant les circonstances.

Si la division Dupas est encore à Wurtzbourg, l'Empereur trouve bon que vous l'appeliez à vous.

Le major général adressait également au général Dupas, qui était arrivé le 21 avril à Wurtzbourg avec sa division, l'ordre de se diriger sur Ratisbonne et d'y attendre de nouveaux ordres[2].

---

1. Le major général estimait que l'Empereur serait sur l'Inn, lorsque Bernadotte recevrait cette lettre.

2. Le général Dupas écrivait le 21, de Wurtzbourg, au major général :

. . . .

« Je n'ai point trouvé M. le général Rouyer ni sa division qui doit être partie pour Donauwerth. (*Le général Dupas avait été informé que les troupes allemandes placées sous les ordres du général Rouyer devaient former avec les siennes une division, dont il devait prendre le commandement. Tome II, page 23.*)

« Je m'arrête un jour à Wurtzbourg, pour réunir toutes les armes de ma division et faire exécuter tout ce que V. A. S. me prescrit concernant le 19ᵉ régiment de ligne (*700 hommes de ce régiment, qui avaient été laissés momentanément dans la citadelle de Wurtzbourg, devaient suivre le général Dupas*) et partirai de Wurtzbourg le 23. Ci-joint l'itinéraire de la route que tiendra ma division marchant sur Augsbourg, où elle arrivera le 1ᵉʳ mai. » (*Primitivement, le général Dupas avait reçu l'ordre de se porter sur Augsbourg. Tome II, page 123.*)

LE DUC D'AUERSTAEDT A L'EMPEREUR.

Regenstauf, le 25 avril 1809, à 6 heures du soir.

Sire,

J'ai l'honneur d'adresser à V. M. le rapport du général Montbrun [1]. Depuis que je l'ai reçu, on me rend compte qu'on entend sur le point de Nittenau du canon et de la mousqueterie, c'est l'arrivée de la division Gudin à Nittenau [2] qui aura fait engager une affaire avec l'arrière-garde ennemie. Je monte à cheval pour me porter de ce côté.

J'ai trouvé ici des grenadiers du 65ᵉ qui se sont échappés des

---

[1] RAPPORT DE M. LE GÉNÉRAL DE DIVISION MONTBRUN
AU MARÉCHAL DAVOUT.

Le 25 avril 1809, à 2 heures et demie du soir.

J'arrive devant Nittenau où j'ai trouvé l'ennemi; il semble vouloir tenir au moins toute là journée sur la rive droite de la Regen. A l'approche de mes tirailleurs, il a fait mettre en bataille quatre régiments d'infanterie et autant de cavalerie, qui sont en position devant moi de l'autre côté de la rivière. Une partie de l'infanterie vient de se mettre en marche, elle se dirige sur Rötz. Il est resté au moins un régiment d'infanterie qui occupe le bois et la gauche de Nittenau, vraisemblablement pour appuyer la retraite du reste de cette arrière-garde. Je n'ai pas osé engager mon infanterie dans Nittenau, attendu que j'en ai trop peu, et qu'une fois engagée dans la ville il faudrait m'y maintenir à toute outrance et que ce serait la compromettre. Je reste maître des hauteurs qui dominent la ville où j'attendrai les ordres de V. E.

J'oubliais encore de vous dire que l'ennemi a laissé une douzaine de pièces de canon pour empêcher le passage des gués. Les ponts sont rompus.

Je ne peux vous donner des renseignements plus nouveaux que ceux que j'ai adressés ce matin à V. E.; tout semble les confirmer.

MONTBRUN.

[2] LE DUC D'AUERSTAEDT AU GÉNÉRAL GUDIN.

Regenstauf, le 25 avril, à 5 heures et demie du soir.

Je donne l'ordre au général Montbrun de se porter sur Bruck et d'envoyer de forts partis sur Cham; vous le soutiendrez, mon cher Général, s'il avait besoin de vos forces; cependant, mon intention n'est pas que vous vous mettiez en bataille devant toute l'armée ennemie, ce n'est que dans la supposition où il ne serait question que d'une arrière-garde.

Vous avez un très grand pays derrière vous, il faut en profiter pour vous procurer des subsistances.

. . . .

DUC D'AUERSTAEDT.

(Arch. du comte Gudin.)

LE GÉNÉRAL MONTBRUN AU DUC D'AUERSTAEDT.

Nittenau, le 25 avril 1809, à 7 heures du soir.

Aussitôt que j'ai été instruit que la division du général Gudin arrivait, j'ai attaqué Nittenau dont je suis maître. L'ennemi a brûlé et coupé le pont et

mains de l'ennemi, il paraît que tout ce régiment s'est éparpillé dans les forêts et qu'on peut espérer qu'une grande partie rejoindra ses drapeaux.

Ayant rencontré un des officiers d'ordonnance de V. M. qui portait des nouvelles du général Bellegarde, qui est à Schwarzenfeld, je n'en parlerai pas ici [1].

Duc d'Auerstaedt.

---

occupe encore la rive droite avec quelques pièces et une nombreuse cavalerie, mais il semble effectuer sa retraite qui commence déjà.

Il se retire sur Rötz, par Bruck; je chercherai à faire passer, ce soir, un escadron au gué et à suivre l'ennemi. Je vous en donnerai des nouvelles.

D'après tous les rapports, toutes ces forces se réunissent à Rötz en arrière de la Schwarzach.

Montbrun.

Je prends les moyens pour la reconstruction du pont et nous ferons plus que le possible pour que vous soyiez satisfait.

Le général Gudin s'établit ici avec moi; il ne vous écrit pas, il ne vous répéterait que ce que j'ai l'honneur de vous dire. Comme moi il attend vos ordres.

M.

Un peu plus tard, le général Montbrun écrivait de nouveau au maréchal Davout :

« A l'instant M. Pelgrin, major d'artillerie (commandant l'artillerie de la division Gudin), me rend compte qu'il lui est impossible avec ses seuls moyens de rétablir le pont, faute de liens ou cordages pour réunir les madriers et les poutrelles. Veuillez, Monsieur le Maréchal, faire venir de suite une compagnie de sapeurs et les agrès nécessaires, il n'y a pas de temps à perdre. »

1. RAPPORT DE M. DE FAUDOAS, OFFICIER D'ORDONNANCE DE S. M. L'EMPEREUR, AU RETOUR D'UNE RECONNAISSANCE SUR LA ROUTE DE NUREMBERG.

Ratisbonne, le 25 avril 1809.

Je suis parti de Ratisbonne à dix heures du matin, et ai pris la route de Nuremberg; à Etterzhausen, village distant de deux lieues, j'ai trouvé le général Barbanègre avec le 48e régiment.

Je suis arrivé à Hemau une heure avant le 12e de chasseurs à cheval qui venait de Riedenburg avec deux bataillons; le colonel du 12e m'a dit n'avoir trouvé que trois ou quatre cents hommes égarés, qu'il a fait conduire sur les derrières.

D'après le rapport des habitants de Hemau, le quartier général du général Bellegarde était hier à Burglengenfeld. Ce général était passé, il y a cinq ou six jours à Hemau, avec le général Kollowrat. Le corps d'armée du premier pouvait aller à 40,000 hommes et celui du second à 30,000.

Il n'est repassé aucune troupe à Hemau.

Je suis revenu par la même route. Le général Barbanègre était parti de Etterzhausen.

De Faudoas.

Une reconnaissance envoyée sur Burglengenfeld, par le général Montbrun, l'informait que le 25 le corps du général Bellegarde se portait sur Schwarzenfeld, où le quartier général du Ier corps autrichien était établi.

LE DUC D'AUERSTAEDT A L'EMPEREUR.

Regenstauf, le 25 avril 1809, à 11 heures du soir.

Sire,

J'ai l'honneur d'adresser à V. M. le rapport du général Montbrun [1], que j'ai reçu au moment où j'étais sur le point d'arriver à Nittenau.

Malgré tous les rapports de ce général, j'ai tout lieu de croire que la majeure partie des troupes se sont portées sur Cham, pour de là gagner Passau ou le bas Danube.

L'archiduc Charles a eu son quartier général, hier soir, à une demi-lieue au-delà de Nittenau.

Les premiers officiers que j'ai envoyés à Hemau n'y ont trouvé ni Français, ni Autrichiens, le dernier officier y a trouvé, à 4 heures du soir, le 12e de chasseurs venant du côté d'Ingolstadt; ce régiment a l'ordre de pousser des partis sur Neumarkt et Nuremberg.

Le corps du général Bellegarde paraît toujours rassemblé du côté de Schwarzenfeld.

Duc d'Auerstaedt.

_____

1.   LE GÉNÉRAL MONTBRUN AU MARÉCHAL, DAVOUT.

Regenstauf, le 24 avril 1809, à 4 heures après-midi.

. . . .
On évalue la force des colonnes passées à Regenstauf, à peu près à 36,000 hommes et 50 pièces de canon.

Il paraît qu'il a passé quelques troupes sur Burglengenfeld avec des équipages.

Le prince Charles commandait en personne à l'affaire d'hier, on n'a point entendu parler de lui ici; il paraît qu'il s'est retiré sur la rive gauche de la Regen et a pris sa direction de suite avec le reste de l'armée sur Nittenau et Rötz, où toutes ses troupes doivent se rassembler pour aller de là en Bohème.

. . . .
J'ai ordonné que le pont de la Regen soit rétabli dans une heure. Je viens de faire passer au gué un fort parti, qui est dirigé sur la route de Nittenau pour poursuivre les traînards, enlever les équipages et avoir de nouveaux renseignements sur l'ennemi.

J'ai également envoyé un parti sur Burglengenfeld, pour poursuivre la queue de la colonne qui s'est portée sur ce point.

. . . .
Mes partis sont soutenus et ont ordre de pousser le plus qu'ils pourront l'ennemi ; le reste de ma troupe restera sur cette rive, jusqu'au moment où le pont sera rétabli et que j'aie reçu les ordres de V. E.

Montbrun.

LE MAJOR GÉNÉRAL AU DUC DE RIVOLI.

Ratisbonne, le 25 avril 1809, à 5 heures du soir.

L'Empereur me charge de vous prévenir, Monsieur le Duc, que nous recevons la nouvelle qu'hier, 24, la cavalerie légère du duc d'Istrie a été attaquée à Neumarkt ; que la division bavaroise du général de Wrède a soutenu un engagement contre un corps de 25,000 hommes et s'est reployée sur Vilsbiburg, où elle a pris position avec la division Molitor. Le duc de Montebello part demain de Landshut avec 25,000 hommes, pour battre et rosser d'importance cette colonne. Soit que vous ayez passé l'Inn à Passau, soit que vous soyez seulement à Vilshofen, faites ce que vous pourrez pour manœuvrer cette colonne [1]. Si vous aviez passé l'Inn et que vous soyez maître de Schärding, vous pourriez avoir la facilité de prendre en flanc cette colonne qui débouchait de Braunau. Ce que je vous dis, Monsieur le Duc, ne doit être regardé que comme une supposition et un avis subordonné à la position où vous vous trouvez ; car nous ne savons pas ce que vous avez devant vous. L'Empereur sera demain, à 9 heures du matin, à Landshut.

---

1. Le 4ᵉ corps était établi, le 25 au soir, à Vilshofen. Le maréchal Masséna faisait rétablir le pont sur la Vils, qui était complètement détruit. Il adressait aux troupes de son corps d'armée l'ordre suivant, pour la marche du lendemain.

ORDRE DE MARCHE DU 26 AVRIL 1809.

Demain, à 4 heures du matin, toutes les troupes du 4ᵉ corps se remettront en marche pour débloquer Passau. M. le général Carra-Saint-Cyr fera passer toute l'infanterie hessoise, sans artillerie ni bagages, par la traverse de Vilshofen à Passau le long du Danube, tant pour éclairer cette partie, que pour protéger la navigation des bateaux que les pontonniers doivent rassembler dans la direction de la colonne.

La division de tète fournira tous les jours un détachement d'élite de 150 hommes au quartier général, qui seront employés à la garde des magasins et à maintenir l'ordre dans les distributions ; ce détachement sera constamment disponible à la tète de la colonne.

On renouvelle à MM. les généraux de division l'invitation d'envoyer tous les jours, au quartier général, un officier pour y prendre les ordres.

Au quartier général de Vilshofen, le 25 avril 1809.

P. O. du maréchal duc de Rivoli,

BEKER.

LE MAJOR GÉNÉRAL AU GÉNÉRAL BOUDET[1].

Ratisbonne, le 25 avril 1809, à 5 heures du soir.

S'il n'y a rien de nouveau à Straubing, Général, qu'il n'y ait rien de nouveau également sur la rive gauche du Danube, si vous n'avez reçu aucune instruction ni aucun avis du duc de Rivoli qui est en marche sur Passau et que vous n'appreniez rien de ce côté, l'Empereur trouverait convenable que vous vous dirigiez demain sur Landshut, où S. M. sera à 9 heures du matin. Vous aurez soin de m'envoyer un officier de votre état-major pour me prévenir du parti que vous aurez pris.

A la suite du combat de Neumarkt et après sa retraite sur la Vils, le maréchal Bessières garda, avec les divisions Molitor et de Wrède, la position de Vilsbiburg pendant toute la journée du 25, attendant d'être renseigné par sa cavalerie sur les intentions de l'ennemi.

LE DUC D'ISTRIE AU MAJOR GÉNÉRAL.

Vilsbiburg, le 25 avril 1809, 6 heures du soir.

Monseigneur,

L'ennemi a évacué Neumarkt ; il montre encore quelques postes sur les hauteurs ; il a brûlé le pont de Neumarkt. Il occupe Velden, comme V. A. a dû le voir par le rapport que je lui ai

---

1. Le général Boudet, qui la veille au soir était arrivé à Ratisbonne, avait reçu l'ordre du major général le 25 au matin, de se rendre à Straubing.
Il écrivait le même jour au major général.

Pfätter, le 25 avril 1809, 6 heures du soir.

Monseigneur,

Un conseiller de préfecture de la ville de Straubing est venu au-devant de la colonne française qu'on lui avait annoncée, pour engager à envoyer à Straubing un détachement assez fort pour s'opposer aux prétentions des patrouilles autrichiennes qui se sont présentées aujourd'hui au nombre de cinq.....
On craignait à Straubing que l'ennemi instruit qu'il n'y avait aucune troupe vînt y mettre des contributions. Cet avis m'a décidé à me rendre en toute hâte à Straubing, où je serai établi vers les dix heures du soir.

BOUDET.

envoyé [1]. Il n'a rien à Frauenhofen ni à Neufrauenhofen. J'ai de
la cavalerie en marche sur Velden ; j'en ai envoyé de Geinsen-
hausen sur Arding en passant par Frauenhofen. Je n'ose trop tirer
des conjectures. J'ai beaucoup de monde en l'air. J'espère ce soir
apprendre quelque chose de plus positif ; j'aurai l'honneur de
vous en instruire. J'ai toutes mes troupes réunies en arrière de
Vilsbiburg.

BESSIÈRES.

P.-S. — Deux déserteurs m'arrivent à l'instant, et rapportent
que l'ennemi s'est retiré ce matin, à 3 heures, par la route de
Mühldorf et par la route d'Otting. Ils n'ont connaissance d'aucun
mouvement sur notre droite.

LE DUC D'ISTRIE AU MAJOR GÉNÉRAL.

Vilsbiburg, le 25 avril 1809, à minuit.

Monseigneur,

Je m'empresse de faire parvenir à V. A. des renseignements
certains sur la marche du corps ennemi que j'avais devant moi.

---

1. « Le 25, la division Marulaz gardait sa position de la veille ; elle poussa
ses reconnaissances sur Neufrauenhofen et Velden, après avoir placé un fort
détachement à Tättendorf pour les soutenir.

« Le général Marulaz reçut l'ordre de relier ses postes de droite avec ceux
de gauche du général Jacquinot placé avec sa brigade à Geisenhausen. »
(*Journal historique de la division Marulaz.*)

Ga:ndorf, le 25 avril 1809.

Mon aide de camp rentre à l'instant et me fait le rapport qu'il a rencontré
l'ennemi à une demi-lieue de Velden. Un peloton de vingt hommes a tiré sur
mon aide de camp et les quatre chasseurs qui l'accompagnaient.
. . . .

L'officier commandant une autre reconnaissance portée sur Neufrauenhofen
est rentré et rapporte qu'il est passé par Stockham, où se trouve l'embranchement des deux routes qui vont l'une à Neufrauenhofen et l'autre à Velden.
Cet officier a pris celle de Velden directement et est passé à Obervilslern,
village à un quart de lieue de Velden. Les éclaireurs se sont portés jusque sur
le pont de Velden occupé par l'ennemi, et aussitôt l'officier les fit retirer lorsqu'il aperçut le poste qui montait à cheval. D'après le rapport d'un paysan
rencontré sur le pont par nos éclaireurs, le bourg de Velden était occupé par
de l'infanterie et de la cavalerie, qui ont remplacé une autre colonne ennemie
qui y a bivouaqué cette nuit.

Cette colonne était forte d'environ sept à huit mille hommes, tant infanterie
que cavalerie, mais plus de la seconde arme. Cette colonne est partie de Velden
aujourd'hui vers neuf ou dix heures du matin, se dirigeant sur Erding.

La reconnaissance portée sur Neumarkt est entrée dans cette ville, c'est-à-
dire dans le faubourg, car elle s'est arrêtée à la porte.

Les Autrichiens ont évacué Neumarkt entre trois et quatre heures du matin
et ont pris la route de Mühldorf. Ils ont laissé pour faire la retraite la valeur
d'un escadron, qui était encore à onze heures du matin sur les hauteurs au delà
de Neumarkt.

MARULAZ.

Il a évacué Neumarkt à 3 heures du matin; une grande partie de ses forces a filé sur Ampfing et l'autre sur Otting [1]. Il paraîtrait que ce qui était à Munich se trouve dans ce moment à Haag. L'ennemi occupe toujours Velden avec de l'infanterie et de la cavalerie. Il a évacué Neumarkt et brûlé le pont. On a trouvé à Neumarkt 300 blessés, dont un tiers autrichien, et le reste qui n'avait pas pu être évacué lors du mouvement rétrograde que je fus forcé de faire sur Vilsbiburg. Demain, j'enverrai un fort parti de cavalerie sur la route d'Ampfing et de Mühldorf, pour savoir si l'ennemi se retire sur Salzburg ou s'il suit la grande route de Munich.

Je n'ai point pu adreser à V. A. le rapport sur l'affaire d'hier; les troupes se sont parfaitement bien conduites et la retraite s'est faite dans le plus grand ordre. Le 16e régiment et le 37e d'infanterie ont beaucoup contribué à dégager la division bavaroise et à protéger sa retraite. Quatre compagnies du 2e régiment, commandées par le chef de bataillon Maréchal, qui avaient été envoyées en observation sur la route d'Eggenfelden avec 150 hommes de cavalerie, ont soutenu le feu de plus de 3,000 hommes, fait 150 prisonniers et opéré leur retraite sur la route vicinale de Landshut sans perdre un seul homme.

Parmi le nombre des officiers bavarois qui ont été tués, se trouve le colonel de la Tour-Taxis, officier du plus grand mérite. Notre perte en tués et en blessés a été moins considérable que je vous l'avais annoncée. L'ennemi a perdu plus de 2,000 hommes tués ou blessés, d'après le rapport des prisonniers et des déserteurs.

J'envoie à V. A. le dernier rapport que je reçois à l'instant sur l'ennemi [2].

BESSIÈRES.

---

1. L'empereur d'Autriche avait reçu à Schärding, le 24 dans la matinée, un second rapport de l'archiduc Charles annonçant la retraite de l'armée autrichienne vers la Bohème ; c'est alors que fut transmis au général Hiller l'ordre de se retirer derrière l'Inn (*cet ordre dut parvenir au général Hiller dans la nuit du 24 au 25*).

Ce général franchit de nouveau l'Inn, le 25 au matin, à Altötting. (*L'archiduc Charles comme général en chef et organisateur d'armée*, par le colonel Von Angeli.)

2. Dans le rapport d'un officier bavarois envoyé en reconnaissance sur Velden et adressé au maréchal Bessières, il était dit que « quelques paysans revenant de là s'accordaient tous à dire que les 4,000 hommes de cavalerie et les 3,000 hommes d'infanterie, qui se trouvaient hier à Velden, s'étaient retirés sur Dorfen et Haag, mais que dans la nuit dernière il était passé 3,000 hommes de cavalerie qui s'étaient portés sur Moosburg ; au reste, le bourg de Velden est occupé maintenant par 50 hommes de cavalerie et quelque infanterie.

« Les 7,000 Autrichiens qui ont dû marcher sur Haag doivent, d'après le rapport du greffier de Velden, y revenir et suivre les autres. »

LE DUC DE DANZIG AU MAJOR GÉNÉRAL.

Landshut, le 25 avril 1809, 7 heures du matin.

J'ai l'honneur de rendre compte à V. A. S. que je suis arrivé hier soir de ma personne à Landshut. La division du général Demont s'y est également rendue et a pris position, à minuit, en avant de la ville sur la route de Burghausen. La division aux ordres de M. le général Deroy est venue jusqu'à Ergoltsbach et arrivera ce matin à Landshut, où je lui ferai prendre position en avant.

La division du prince royal occupe Moosburg avec une brigade, l'autre est en avant, entre cette ville et Landshut.

J'ai fait chercher la division de Wrède pour en avoir des nouvelles. Ce général me rend compte, dans le moment, que la cavalerie de M. le maréchal duc d'Istrie ayant été attaquée et repoussée hier matin de sa position en avant de Neumarkt, il fut ensuite attaqué par une armée fraîche de 30,000 hommes, presque tous Hongrois, que l'on porte même jusqu'à 50,000 hommes, et obligé de se replier derrière la Vils avec tout le corps aux ordres de M. le maréchal duc d'Istrie. Cette division est donc en position à Vilsbiburg. Il paraît qu'elle a perdu du monde, puisque le général me marque qu'il a eu 35 officiers tués ou blessés.

L'ennemi occupe Ganghofen et Eggenfelden, ce qui fait croire qu'il marche vers sa droite.

LEFEBVRE.

J'aurais envoyé ma cavalerie en avant, si elle n'avait été aussi fatiguée.

L'ennemi a évacué Munich avant-hier dans l'après-midi; les troupes ennemies se sont retirées d'abord vers Ebersberg et ensuite vers Hohenlinden et Haag.

Le bailli de Landshut me rend compte, dans le moment, qu'il y a des hommes égarés dans les environs de Bruckberg; je viens d'y envoyer un fort parti.

Ci-joint le rapport du général de Wrède [1].

---

1. LE GÉNÉRAL DE WRÈDE AU DUC DE DANZIG.

Vilsbiburg, le 25 avril, à 3 heures du matin.

Monsieur le Maréchal,

Je viens de recevoir la lettre de V. E. en date d'hier, 11 heures du soir, et je m'empresse de lui rendre compte que la cavalerie légère de M. le maréchal duc d'Istrie a été attaquée et repoussée hier matin, à 7 heures, en avant de Neumarkt. L'ennemi se porta avec 36,000 hommes de troupes fraîches, presque toutes hongroises, sur moi et m'attaqua avec une impétuosité rare. Ma brave

LE DUC DE DANZIG AU MAJOR GÉNÉRAL.

Landshut, le 25 avril 1809.

Monseigneur,

Conformément aux ordres de V. A. en date d'hier, la division du prince royal se rend aujourd'hui à Freising et demain à Munich. La division du général Deroy sera rendue demain à Freising et après-demain à Munich, si les circonstances l'exigent. La division du général de Wrède est toujours en position à Vilsbiburg.

LEFEBVRE.

Je m'établis ce soir à Moosburg et demain à Freising.

LE DUC DE DANZIG AU MAJOR GÉNÉRAL.

Moosburg, le 25 avril 1809, 9 heures du soir.

Monseigneur,

Lorsque j'ai reçu l'ordre de V. A. S. d'envoyer la division du prince royal à Munich, je l'ai fait partir pour Freising. J'ai placé la division Deroy entre Landshut et Moosburg, pour qu'elle soit à même de protéger la première en cas de besoin. La division de Wrède est restée à Vilsbiburg vu les circonstances; j'avais le projet de la réunir au corps d'armée à Ampfing lorsqu'elle se serait reportée sur Neumarkt, en faisant partir la première division de Munich directement sur Hohenlinden et la troisième de Moosburg sur le même point, en passant par Erding. Comme j'apprends à l'instant que le roi de Bavière est arrivé ce matin à Munich, je prie V. A. de vouloir bien me dire si cette circonstance ne doit point changer mes dispositions.

---

division a repoussé avec la plus grande opiniâtreté tous les efforts de l'ennemi, mais celui-ci ayant toujours renforcé sa ligne et m'ayant attaqué par ma gauche et ma droite, j'ai dû enfin, après midi, faire battre la retraite et me retirer derrière Neumarkt, où la division Molitor s'est formée en bataille pour couvrir mon mouvement rétrograde.

Monsieur le maréchal duc d'Istrie, ayant été informé que l'ennemi marchait avec deux corps sur Eggenfelden et Ganghofen, a cru devoir ordonner que tout le corps sous ses ordres fasse un mouvement rétrograde et prenne position ici, de manière qu'hier, à 7 heures, nous avons occupé le bivouac derrière cette ville ayant la Vils devant le front.

Nous ignorons encore si l'ennemi continue son mouvement. . . . .

J'ai eu de ma division 35 officiers tués et blessés, parmi lesquels deux colonels et deux majors. Mon officier d'ordonnance a été tué et presque tous mes ordonnances.

WRÈDE.

J'apprends indirectement que la division de Wrède a dû beaucoup souffrir hier à Neumarkt; des personnes qui y étaient présentes me portent sa perte à 2,000 hommes, ce que je ne puis pas croire.

LEFEBVRE.

P.-S. — Il rôde encore des partis dans les environs de Munich. Si j'avais de la cavalerie fraîche, j'en enverrais après eux. Vous savez que la mienne est abîmée de fatigue et qu'elle est réduite à rien.

L'Empereur, ayant pris la détermination de se diriger sur Vienne, par la rive droite du Danube, avec le gros de ses forces, écrivait, le 25 avril, au roi de Wurtemberg :

« Je vais me porter sur la rive droite et passer l'Inn; mon avant-garde l'a passée; mais je ne quitterai pas Ratisbonne que je ne sois assuré que la rive gauché est purgée. » En même temps, dans une seconde lettre, il lui demandait de prendre les mesures nécessaires, pour garantir les derrières de l'armée de toute attaque du côté des hautes vallées de l'Iller et du Lech : « Je désirerais, écrivait-il au roi de Wurtemberg, que V. M. pût envoyer 2,000 hommes, cavalerie et infanterie, sur la frontière du Vorarlberg pour contenir Kempten, Füssen et empêcher l'insurrection du Tyrol de se répandre: Cette colonne mobile, qui pourrait se porter partout, serait, je pense, fort utile pour maintenir la tranquillité dans toute la Souabe[1]. »

---

1. L'Empereur se préoccupait non seulement de renforcer l'armée d'Allemagne, en groupant à Augsbourg toutes les unités disponibles ou de nouvelle formation, mais des ordres étaient donnés pour la formation d'un corps de réserve sur le Rhin, afin d'assurer la tranquillité sur les derrières de l'armée pendant sa marche en avant.

Le 25 avril, il écrivait au ministre de la guerre :

« Je vous ai mandé de faire partir le régiment de Westphalie pour Strasbourg; donnez-lui l'ordre de se diriger sur Augsbourg.

« Le 1er régiment provisoire de chasseurs à cheval doit également être dirigé sur Augsbourg.

Peu de temps après, l'Empereur, recevant la nouvelle de la marche en retraite du général Bellegarde sur Burglengenfeld et Schwarzenfeld[1], prenait ses dispositions pour se diriger sur Landshut. Des ordres étaient expédiés pour que toutes les troupes, qui gardaient les ponts du Danube au-dessus de Ratisbonne, rejoignissent leurs divisions.

LE MAJOR GÉNÉRAL AU GÉNÉRAL ROUYER.

Ratisbonne, le 25 avril 1809.

L'intention de l'Empereur, Monsieur le général Rouyer, est que vous rappeliez sur-le-champ toutes les troupes du corps que vous commandez qui se trouvent en arrière, soit à Donauwerth, soit à Neuburg et tout autre point, depuis Donauwerth jusqu'au point où vous êtes, de manière que vous réunissiez entièrement votre corps, à l'exception seulement d'une compagnie que vous laisserez à Rain, pour garder la tête de pont et l'artillerie qu'elle renferme. Vous vous mettrez en marche le plus tôt possible avec toutes vos troupes et vous vous rendrez à Ratisbonne, où vous attendrez l'arrivée de la division du général Dupas dont vous faites partie. A votre arrivée et pendant votre séjour à Ratisbonne, vous prendrez les ordres de M. le maréchal duc d'Auerstaedt. Instruisez-moi de l'exécution de ces dispositions; faites moi connaître l'époque précise de votre arrivée à Ratisbonne et

---

« Les six régiments provisoires de dragons, qui s'organisent à Strasbourg, doivent bientôt être en état d'entrer en campagne.

. . . . . « Il me semble que ces six régiments doivent bientôt former 4,000 hommes. Faites-leur donner six pièces d'artillerie légère et qu'ils se mettent en marche, du 1er au 5 mai, pour se rendre à Augsbourg.

« Continuez à faire organiser les 5e et 6e compagnies et faites-les ensuite diriger sur Augsbourg. Faites également partir tous les 4es bataillons qui doivent être à Saint-Denis.

« Lorsque les deux demi-brigades réunies à Saint-Omer formeront 3,000 hommes et que les gardes nationales seront organisées, faites aussi partir pour Strasbourg les 4es bataillons du camp de Boulogne. »

Le même jour, le major général transmettait l'ordre au duc de Valmy « de prendre le commandement des 5e et 26e divisions militaires, d'organiser les demi-brigades qui se forment à Strasbourg, Mayence, Metz et Sedan, afin de pouvoir, avec ce corps, maintenir la tranquillité sur la rive droite et la rive gauche du Rhin ». (*Voir la lettre de l'Empereur au major général, du 29 avril 1809.*)

1. Voir le rapport du capitaine de Faudoas à l'Empereur, du 25 avril.

la situation de vos troupes. Vous ne devez, je vous le répète, laisser aucun corps ni détachement en arrière, soit à Donauwerth, Neuburg, Ingolstadt, Vohburg, Neustadt et autres points, à l'exception seulement de la compagnie qui restera pour garder la tête de pont de Rain.

Il était resté, à Neuburg, un bataillon de troupes de Wurtemberg pour garder le pont; si ce bataillon s'y trouve encore, faites-le partir de suite et dirigez-le par Geisenfeld et Mainburg sur Landshut, pour y rejoindre son corps. Faites-moi connaître ce que vous aurez fait à cet égard [1].

Le général Vandamme recevait également l'ordre du major général, dans la journée du 25, « de partir avec tout ce qu'il a avec lui pour arriver demain soir à Landshut, laissant le 2° régiment d'infanterie de ligne à Ratisbonne, jusqu'à ce qu'il soit remplacé par les troupes du général Rouyer. »

LE MAJOR GÉNÉRAL AU PRINCE DE PONTE-CORVO.

Ratisbonne, le 25 avril 1809, à 7 heures du matin.

Prince, je vous envoie de nouveau l'ordre du jour [2].

Voici la position de l'armée :

Le duc de Danzig marche avec les Bavarois sur Salzburg.

Le duc d'Istrie est arrivé à Braunau.

Le duc de Rivoli est à Passau.

Le duc d'Auerstaedt poursuit l'ennemi par Waldmünchen.

S. M. espère que vous vous trouvez en mesure de tomber sur les derrières des Autrichiens pour les poursuivre et entrer en Bohême.

L'Empereur avec son armée marche droit sur Vienne, où nous attirerons les principales forces de l'ennemi. S. M. espère avoir souvent de vos nouvelles par la route directe.

Faites réimprimer et répandre l'ordre du jour.

---

1. En exécution de ces ordres, le général Rouyer se mettait en marche sur Ratisbonne, où il devait arriver les 27 et 28 avril. Le 4° bataillon du 17° de ligne de la division Demont, qui occupait le pont de Vohburg, était dirigé sur Landshut pour rejoindre sa division.

2. Voir la lettre du major général au maréchal Bernadotte, du 24 avril.

CHAPITRE II

MARCHE DE L'EMPEREUR SUR L'INN.

———

Jusqu'à ce jour (26 avril), l'Empereur était resté à Ratisbonne, retenu sur ce point par le pressant désir d'être éclairé d'une manière définitive sur la direction de retraite suivie par l'archiduc Charles[1]. Cependant, depuis le 24, il demeurait convaincu que le généralissime autrichien effectuerait sa retraite par la Bohême[2], et qu'il s'efforcerait de faire sa jonction avec le feld-maréchal Hiller, en un point de la rive droite du Danube où il pourrait couvrir la capitale[3].

Le 26, quoique n'ayant pas encore reçu la réponse aux lettres qu'il adressait au maréchal Davout à 3 et 4 heures du matin, l'Empereur se décidait à quitter Ratisbonne dans la matinée et arrivait à 2 heures de l'après-midi à Landshut, où il attendait des nouvelles

———

[1]. Voir la lettre de l'Empereur au roi de Wurtemberg, du 25 avril.

[2]. Voir la lettre du major général au maréchal Bernadotte, du 24 avril.

[3]. Voir la lettre de l'Empereur au duc d'Auerstaedt, du 26 avril, à 3 heures de l'après-midi, ainsi que celle du major général adressée de Ratisbonne, à 7 heures du matin.

Dans son ouvrage sur *L'Archiduc Charles, comme général en chef et organisateur d'armée*, le colonel von Angeli signale le souci qu'avait l'empereur d'Autriche, après les événements de Ratisbonne, « de diriger les opérations au sud du Danube en concordance avec les intentions du généralissime. » Dans ce but, si la route de Schärding-Linz était découverte, « la destruction du pont de cette ville devrait être préparée, mais celui de Mauthausen devait être épargné aussi longtemps que possible, pour assurer la liaison avec l'archiduc Charles. »

des maréchaux Davout, Lannes, Bessières et Lefebvre avant de prendre des résolutions définitives.

L'EMPEREUR AU DUC D'AUERSTAEDT.

Ratisbonne, le 26 avril 1809, à 3 heures du matin.

Mon Cousin, je reçois votre lettre du 25 à 11 heures du soir, où je vois que vous pensez que le prince Charles se serait porté sur Passau par Cham. Cette marche de flanc serait bien hasardeuse. Nous devons être aujourd'hui 26 à Passau[1]. D'ailleurs vous ne dites point sur quoi vous fondez cette opinion. Les renseignements donnés par le général Montbrun qui les a pris sur les lieux sont tout opposés. Tout porte donc à penser qu'il a pris la direction qu'annonce le général Montbrun ; cette marche est plus naturelle. Cependant j'attends de connaître positivement ce qui en est ; il m'importe beaucoup d'être éclairé sur cette affaire.

Hemau étant libre et Bellegarde s'étant retiré sur Schwandorf, il ne faut pas épuiser votre cavalerie en courses inutiles du côté de Nuremberg, de simples estafettes suffisent, et employez le 12e de chasseurs à talonner l'arrière-garde de Bellegarde. Je pense qu'avec votre corps d'armée vous devez vous porter sur Bruck, où vous saurez positivement le parti que prendra le prince Charles. Le général de division Dupas, avec une brigade française de 5,000 hommes et une brigade composée des contingents des petits princes, que commande le général Rouyer, formant une division de 10,000 hommes, se rend à Ratisbonne où je suppose qu'il sera arrivé le 27. Je retiens le général Boudet à Straubing jusqu'à nouvel ordre ; il y est arrivé hier 25, à 10 heures du soir. J'ai bien de l'impatience à savoir ce que fait l'ennemi.

NAPOLÉON.

---

1. Le maréchal Masséna arrivait en effet devant Passau, le 26, et débloquait aussitôt la citadelle.

L'EMPEREUR AU DUC D'AUERSTAEDT A REGENSTAUF.

Ratisbonne, le 26 avril 1809, à 4 heures du matin.

Mon Cousin, comme il serait possible que je partisse d'ici ce matin, je désirerais avoir avant de partir les rapports d'avant-garde, et savoir sur quoi est fondée l'idée que vous avez que l'ennemi se retire sur Passau[1] ; est-ce conjecture, ou votre opinion est-elle appuyée sur des témoignages ? Le duc de Rivoli, qui était à Straubing, me mandait, le 25, qu'à huit lieues à la ronde il n'y avait pas d'ennemis.

NAPOLÉON.

LE MAJOR GÉNÉRAL AU DUC D'AUERSTAEDT.

Ratisbonne, le 26 avril 1809, à 7 heures du matin.

Vous trouverez ci-joint un duplicata et un triplicata de lettres que vous ferez passer le plus tôt que vous pourrez au prince de Ponte-Corvo, par deux occasions différentes[2]. L'Empereur sera à

---

1. Voir la lettre du maréchal Davout à l'Empereur, du 26 avril.

2.   LE MAJOR GÉNÉRAL AU PRINCE DE PONTE-CORVO.

Ratisbonne, le 26 avril 1809, à 7 heures du matin.

Je vous ai écrit pour vous annoncer les succès que nous avons obtenus. Hier 25, le corps de Bellegarde fort de 25,000 hommes était à Schwarzenfeld se retirant sur la Bohême ; les débris de la partie de l'armée du prince Charles, de ce qui a été battu aux batailles de Ratisbonne, etc., étaient à Rötz hier ; nous avons déposté son avant-garde de Nittenau. Dans cet état de choses, S. M. ne peut vous donner des ordres précis, mais voilà votre instruction générale.

Si vous avez pu arriver à temps pour talonner l'armée du général Bellegarde et le faire rentrer le plus vite en Bohême, vous l'aurez fait, mais dans tous les cas il faut contenir les Autrichiens en Bohême, en tenant votre ligne d'opération sur Ratisbonne, et par là vous vous trouverez réuni à l'armée dans quelque lieu où vous soyez. Il faut manœuvrer de manière à vous mettre entre la Bohême et Ratisbonne, en sorte que votre retraite soit toujours assurée sur cette ville et que votre ligne soit la même que celle de l'armée et que, suivant les circonstances, vous puissiez être secouru et renforcé par notre armée.

L'Empereur, voulant marcher droit sur Vienne et ayant déjà fait passer l'Inn à son avant-garde, attend avec impatience votre arrivée entre la Bohême et Ratisbonne, pour ensuite calculer l'expédition de Bohême et coordonner vos opérations avec celles des autres corps de l'armée. Le duc d'Auerstaedt pour-

midi à Landshut, il attendra de vos nouvelles pour disposer de la division Boudet qui est à Straubing. La division Rouyer qui se rend à Ratisbonne est forte de 10,000 hommes, elle y sera après-demain ; cette division sera sous vos ordres. Le duc de Rivoli arrive aujourd'hui à Passau.

Un corps assez considérable s'est présenté entre Neumarkt et Otting, nous allons l'attaquer[1]. Il est bien important de faire passer les deux dépêches au prince de Ponte-Corvo, car quand il sera mis en ligne, il pourra être appelé à la bataille qui aura lieu pour arriver à Vienne.

ALEXANDRE.

LE DUC D'AUERSTAEDT A L'EMPEREUR.

26 avril 1809.

Sire,

Les forces que l'ennemi a déployées à Bruck y sont toujours. Le général Montbrun a vu la valeur de cinq régiments, il est vraisemblable qu'il y a d'autres forces derrière. Ce qui me fait supposer que c'est le corps du général Bellegarde, c'est que les déserteurs et prisonniers du corps de Kollowrat et des autres corps qui ont passé par ici annoncent que ces corps sont en marche sur Waldmünchen et Cham.

Le rapport ci-joint[2], du commandant d'un parti envoyé à Burglengenfeld, me confirmerait dans cette opinion quoiqu'il contienne quelque chose d'inintelligible. En effet, il n'est pas probable que l'ennemi ait passé sur la rive droite de la Nab et ait brûlé les ponts.

_____

suit encore l'ennemi, mais aussitôt votre arrivée, ce maréchal fera un mouvement sur sa droite. Vous trouverez à Ratisbonne des troupes françaises et des renforts pour augmenter votre corps ; quant à l'armée polonaise, elle doit agir indépendante et suivant les circonstances. L'armée russe ne doit pas être éloignée d'entrer en Galicie pour contenir les Autrichiens.

1. Voir la lettre du major général au duc de Rivoli, datée de Ratisbonne le 25 avril 1809, à 5 heures du soir.

2. Le capitaine Mexner, commandant les avant-postes, au général Montbrun, commandant la cavalerie légère.

Burglengenfeld, le 26 avril 1809.

J'ai l'honneur de vous prévenir que, d'après plusieurs découvertes que j'ai poussées, il résulte que les avant-postes autrichiens qui se trouvaient entre Schwandorf et Burglengenfeld se sont retirés ce matin à 10 heures ; une partie a passé la Nab, l'autre composée d'une partie de la cavalerie a pris la route de Schwarzenfeld. Un pont a été brûlé et l'autre coupé ; maintenant il me reste à me garder du côté du pont de Burglengenfeld, ayant à craindre la portion des troupes qui ont passé la Nab.

Au reste, j'ai dans cet endroit un officier dont j'attends le rapport.

D'après la déclaration faite ce soir par un déserteur, il paraîtrait que les débris du corps de l'archiduc Louis ont passé par ici et sont entrés en Bohême depuis 2 ou 3 jours.

Duc D'AUERSTAEDT.

LE DUC D'AUERSTAEDT A L'EMPEREUR.

Regenstauf, le 26 avril 1809.

L'opinion que j'ai manifestée à V. M. que les ennemis se réunissaient à Cham, pour de là se porter sur Passau, est fondée sur les déclarations ci-jointes [1].

Le pont de Nittenau a été détruit, je fais partir des sapeurs pour le rétablir.

Je me rends à Nittenau et je me porterai sur Bruck avec une partie de l'armée [2].

Duc D'AUERSTAEDT.

LE DUC D'AUERSTAEDT A L'EMPEREUR.

Nittenau, le 26 avril 1809, à 1 heure et demie après midi.

J'ai l'honneur d'adresser à V. M. la déclaration des déserteurs et prisonniers. Il ne me reste plus de doute sur le mouvement du 2e et du 3e corps de l'ennemi. Le 2e s'est porté sur Rötz et Valdmünchen, et le 3e sur Cham. Quant aux grenadiers, je crois qu'ils ont dû prendre aussi la route de Cham. Des déserteurs de Latour-dragons m'ont déclaré qu'ils avaient entendu dire à leurs officiers qu'ils devaient se diriger sur Budweis. Quelques officiers d'autres régiments ont aussi dit à leurs soldats qu'ils devaient se diriger sur Linz.

L'armée était hier à Bruck; ce qu'ils ont montré en infanterie et cavalerie était assez bien rallié.

Ils ont brûlé tous les ponts sur la Regen; il y a beaucoup

---

1. Les déclarations de déserteurs, interrogés à l'état-major du maréchal Davout, s'accordaient à dire que l'armée autrichienne se rassemblait à Cham. Des guides du pays, qui avaient accompagné les généraux autrichiens, rapportaient avoir entendu dire que l'armée autrichienne devait marcher de Cham sur Passau.

2. Le 26, le 3e corps occupait les positions suivantes : la cavalerie légère en avant de Nittenau; la 1re division à Regenstauf; la 2e division à Kürn (le 48e de ligne occupait les hauteurs de la Trinité en avant de Ratisbonne); la 3e division à Nittenau.

d'ouvrage à celui qui est ici ; on en a fait un pour faire passer
l'infanterie. Le général Montbrun est en marche pour se porter
sur Bruck avec sa cavalerie et un régiment d'infanterie.

Je n'ai pas de nouvelles du corps de Bellegarde qui était hier
à Schwarzenfeld et Schwandorf. Je présume qu'il prendra la
route de Waidhausen.

Nos reconnaissances qui ont été ce matin à une demi-lieue de
Cham y ont aperçu un camp ennemi.

Le maréchal duc D'AUERSTAEDT.

Je reçois à l'instant un rapport par lequel le général Montbrun
me fait connaître que l'ennemi a pris position sur les hauteurs
de Bruck et montre de très grandes forces de toutes armes. Je
lui ai défendu d'engager une affaire.

Le maréchal duc D'AUERSTAEDT.

LE MAJOR GÉNÉRAL AU GÉNÉRAL BOUDET.

Ratisbonne, le 26 avril 1809, à 3 heures du matin.

J'ai mis sous les yeux de l'Empereur, Monsieur le général
Boudet, la lettre par laquelle vous me dites que vous arriverez à
Straubing à 10 heures du soir [1]. S. M. désire que vous y res-
tiez toute la journée d'aujourd'hui. Envoyez des postes sur la
rive gauche du Danube et des reconnaissances dans la direction
de Cham. Dites au bailli de Straubing d'envoyer des estafettes
aux baillis dans les villages du côté de Cham, pour avoir des
nouvelles de l'ennemi. Il est fâcheux que vous n'ayez pas de
cavalerie, mais vous avez le pays pour vous. Envoyez les renseignements que vous auriez au duc de Rivoli sur Passau, au duc
d'Auerstaedt par Ratisbonne. Le duc d'Auerstaedt était le 25 au
soir à Nittenau. Les uns disaient que le prince Charles était avec
son armée à Rötz, d'autres qu'il se retirait sur Cham ; cette
dernière assertion paraît assez extravagante ; cette fois il est nécessaire que vous vous en éclaircissiez. Écrivez-moi par duplicata à Ratisbonne et à Landshut, car il n'est pas sûr que l'Empereur soit là à midi.

LE MAJOR GÉNÉRAL AU GÉNÉRAL BOUDET.

A Landshut, le 26 avril 1809, à 2 heures de l'après-midi.

Je reçois, Monsieur le général Boudet, votre première estafette

---

1. Voir la lettre du général Boudet au major général, datée de Pfatter, le
25 avril 1809, à 6 heures du soir.

de Straubing [1]. Les nouvelles que vous donnez, qui tendent à faire croire qu'il y a un corps considérable d'ennemis à Cham, sont fort importantes. Si cela est, faites-en prévenir le duc d'Auerstaedt et le duc de Rivoli. S'il y a quelque chose de nouveau, correspondez fréquemment ici par estafette. Il est fort important pour l'Empereur de savoir ce qui se passe sur la rive gauche du Danube ; il est bien important d'avoir des nouvelles du duc de Rivoli. S. M. ordonne à un régiment de cavalerie wurtembergeoise de se rendre à Straubing, où ce régiment sera à vos ordres ; il couchera aujourd'hui à mi-chemin, venant de Landshut ; envoyez au-devant de lui pour accélérer sa marche. Vous l'emploierez comme vous l'entendrez, pour vous éclairer [2].

Si vous receviez des avis du duc d'Auerstaedt ou du duc de Rivoli, vous devez, avant tout, vous tenir prêt et envoyer une estafette ici. Il est bien important d'éclairer la rive gauche, et de savoir quel parti prend l'ennemi.

----

1. **LE GÉNÉRAL BOUDET AU MAJOR GÉNÉRAL.**

Straubing, le 26 avril 1809, à minuit et demi.

Monseigneur,

J'ai eu l'honneur d'écrire à V. A., de Pfätter, à 6 heures du soir, pour lui rendre compte qu'un conseiller de la préfecture de Straubing avait été envoyé au-devant du commandant des troupes qu'on supposait en route pour Straubing, afin de l'instruire que des patrouilles autrichiennes s'étaient présentées sur Straubing. J'ai pris, à mon arrivée ici, de nouveaux renseignements ; ces patrouilles se sont seulement montrées sur la rive gauche du Danube et ont été vues de plusieurs personnes de la ville.

J'ai l'honneur de vous envoyer copie d'une réquisition faite dans le bailliage de Mitterfels ; la personne qui a apporté cette pièce dit qu'il est arrivé aujourd'hui, à Stallwang, cinq cents hommes d'infanterie et qu'il y en a beaucoup de placés dans les villages en remontant de Stallwang à Cham.

J'ai reçu la lettre que V. A. m'a écrite de Ratisbonne ; je ne peux lui dire le parti que je prendrai demain, j'attends des renseignements de ce qui se passe sur l'autre rive.

Je n'ai encore eu aucune nouvelle de M. le Maréchal duc de Rivoli.

D'après les circonstances que V. A. me laisse prévoir, j'aurai l'honneur de lui écrire demain matin, pour lui annoncer le parti que j'aurai pris d'après les renseignements qui me parviendront.

BOUDET.

La réquisition dont il est question dans cette lettre, datée de Cham le 25 avril, et signée du prince de Liechtenstein, mettait le bailliage de Mitterfels dans l'obligation de fournir à l'armée autrichienne 30,000 rations de pain, 100 bœufs et 15,000 rations de foin.

2. L'Empereur, très préoccupé d'être promptement renseigné sur les mouvements de l'archiduc Charles, faisait donner l'ordre au régiment de cavalerie wurtembergeois qui l'avait accompagné à Landshut, de partir sur-le-champ « pour coucher ce soir le plus près qu'il pourra de Straubing et d'envoyer 50 coureurs des meilleurs chevaux qui iront à Straubing. Le régiment fera prévenir le général de division Boudet, qui est à Straubing, qu'il arrive pour être à ses ordres. Le régiment sera rendu en entier, demain matin de bonne heure, à Straubing. »

LE GÉNÉRAL BOUDET AU MAJOR GÉNÉRAL.

Straubing, le 26 avril 1809, à une heure.

Monseigneur,

J'eus l'honneur d'écrire, hier à minuit, à V. A. à Landshut, comme elle m'en donnait l'ordre. Je lui adressai la copie d'une réquisition faite à Mitterfels, dont ci-joint le duplicata; elle trouvera également le rapport des émissaires qui ont été envoyés, d'après mes ordres, par le préfet de Straubing.

J'avais prévu les intentions de V. A., et j'ai fait pousser dès le jour une reconnaissance sur la route de Cham, elle rentre à l'instant; elle n'a été qu'au delà de Steinach, n'a rien rencontré ni obtenu d'autres renseignements, excepté que quelques patrouilles s'étaient montrées hier matin.

J'ai des émissaires qui doivent avoir été jusqu'à Cham, le bailli les attend à chaque instant.

J'envoie une nouvelle reconnaissance, assez forte pour ne point être compromise, à laquelle j'ai joint les dix ordonnances à cheval qui sont à la division, avec ordre de pousser le plus avant qu'il sera possible. J'espère pouvoir vous donner ce soir des renseignements plus positifs, et j'agirai suivant les circonstances.

Je n'ai point encore reçu d'avis de M. le maréchal d'Empire, duc de Rivoli.

J'attendrai à Straubing de nouveaux ordres de V. A., prévoyant bien qu'il n'y aura rien à faire sur la rive gauche du Danube.

BOUDET.

L'EMPEREUR AU DUC D'AUERSTAEDT, A REGENSTAUF.

Landshut, le 26 avril 1809, à 3 heures après midi

Mon Cousin, je reçois votre lettre du 26 par un officier d'ordonnance [1].

Le général Boudet est avec sa division à Straubing; il me mande que l'on dit dans le pays que le général Liechtenstein est à Cham et que les avant-postes arrivent à moitié chemin de Cham, à Straubing. Je suppose que le mouvement du duc de Rivoli sur Straubing les aura attirés de ce côté. Le géné-

---

1. Le 26, le maréchal Davout adressait trois lettres à l'Empereur. La lettre à laquelle il est fait allusion doit être la première, celle dans laquelle le duc d'Auerstaedt écrit: « ..... il paraîtrait que les débris du corps de l'archiduc Louis ont passé par ici..... »; celle de l'Empereur contenant cette phrase: « ..... du moment où l'ennemi se sera retiré en Bohème.,... » semble bien se rapporter à cette lettre.

ral Boudet restera en position jusqu'à nouvel ordre, et j'attendrai de nouvelles circonstances ou un besoin commandé pour le retirer de Straubing. Je lui ai envoyé un régiment de cavalerie légère wurtembergeoise. Le duc de Rivoli a dû arriver à Passau ; je n'en ai point encore de nouvelles. L'ennemi paraît avoir des forces imposantes du côté de Salzburg, dans le Tyrol.

J'attends de vos nouvelles avec impatience.

NAPOLÉON.

P.-S. — Je n'ai pas besoin de vous répéter que votre instruction est générale et que, du moment où l'ennemi se sera retiré en Bohême, vous devez marcher sur Passau, laissant à Ratisbonne la division Dupas jusqu'à ce que le prince de Ponte-Corvo ait appuyé sur Ratisbonne.

Il est important que vous vous trouviez à la bataille qui doit avoir lieu entre Passau et Vienne.

LE DUC DE MONTEBELLO A L'EMPEREUR.

Landshut, le 26 avril 1809, à 3 heures du matin.

Sire,

J'arrive à l'instant et je vais partir sur-le-champ pour Vilsbiburg, où se trouve M. le maréchal Bessières avec les divisions Oudinot, Saint-Hilaire et Demont, et quand j'aurai des renseignements sur l'ennemi, je le suivrai.

Je ferai en sorte de ne pas lui laisser passer l'Inn sans en avoir la queue. J'écris à M. le maréchal Lefebvre de se réunir à moi[1].

Les dragons de la Garde de V. M. et 200 grenadiers sont ici.

Il paraît, Sire, que l'ennemi n'avait pas connaissance de la

---

1. Le duc de Danzig répondait au maréchal Lannes :

Moosburg, le 26 avril 1809.

Je reçois, mon cher Maréchal, ta lettre datée de 4 heures du matin. Je remplirais avec grand plaisir tes intentions si je n'avais des instructions directes. Ma 1re division doit s'emparer de Munich et je dois la soutenir avec la 3e, que je porte à cet effet aujourd'hui à Erding, d'où elle pourra agir avec la 1re si, comme j'en ai eu l'avis cette nuit, le général Jellachich marche sur Munich avec 12,000 hommes. Dans le cas contraire, mes deux divisions seront réunies demain entre Hohenlinden et Haag, d'où je me porterai sur Mühldorf. Ainsi tu peux, mon cher Maréchal, garder ma 2e division jusqu'après-demain, en ne l'éloignant pas de la direction de Mühldorf où j'ai ordre de réunir mon corps d'armée, pour marcher ensuite vers Kufstein que je dois débloquer, et m'emparer après de Salzburg. LEFEBVRE

bataille [1] lorsqu'il a attaqué M. le maréchal Bessières, et il y a
à parier qu'il en est instruit en ce moment et qu'il se retire sur
l'Inn, s'il ne l'a déjà fait [2].

LANNES.

LE DUC DE MONTEBELLO A L'EMPEREUR.

Vilsbiburg, le 26 avril 1809.

Sire,

Il paraît, d'après tous les renseignements, que l'ennemi a
passé l'Inn et se réunit derrière Mühldorf. D'après ce que m'a
dit M. le maréchal Bessières, il paraîtrait qu'il serait au nombre
de 40,000 hommes.

Le 1re division bavaroise et la division Molitor doivent être en
ce moment à une lieue de Mühldorf. J'attends le rapport des
avant-postes ; aussitôt que je l'aurai, je le ferai passer à V. M.

Demain, au point du jour, les divisions Oudinot, Saint-Hilaire
et Demont qui sont restées ici pour rallier leurs troupes partiront pour Mühldorf, à moins que V. M. ne donne des ordres
contraires.

Je reçois à l'instant une lettre de M. le maréchal Lefebvre qui
m'annonce qu'un corps de 12,000 hommes marche sur Munich.
J'ai bien de la peine à le croire ; si cela était, pas un seul ne devrait échapper.

Si M. le maréchal Masséna a passé le Danube à Passau, le
corps d'armée qui se trouve à Mühldorf aura sans doute évacué ;
dans le cas contraire, je pense que nous trouverons des difficultés à passer la rivière sur ce point.

LANNES.

LE MAJOR GÉNÉRAL AU DUC DE MONTEBELLO [3].

Landshut, ce 26 avril, à 7 heures du soir.

Le duc de Rivoli a dû se présenter aujourd'hui devant Passau,
faire lever le blocus et pousser l'ennemi ; il est probable que ce
mouvement a forcé l'ennemi à se reployer par Otting, pour de là
tourner sur Braunau et s'opposer au duc de Rivoli.

L'Empereur n'a pas encore de nouvelles du duc de Danzig qui
se porte à Freising [4], mais tout porte à penser qu'il y a aussi un

---

1. Le maréchal Lannes fait allusion à la bataille d'Eckmühl.
2. Voir la deuxième note faisant suite à la lettre du maréchal Bessières au
major général, datée de Biburg, le 24 avril 1809.
3. Lettre dictée au major général par l'Empereur.
4. Voir la lettre qui suit du major général au duc de Danzig.

corps qui se retire à Salzburg. Le principal est de se mettre en communication avec le duc de Rivoli, cela peut se faire par des gens du pays et par des patrouilles.

Tout porte à penser que le duc de Rivoli pourra entrer aujourd'hui à Passau et ne passera l'Inn que demain.

L'Empereur attend cette nuit des nouvelles de plusieurs points qui le décideront à partir.

Nous attendons aussi, dans la nuit, de vos nouvelles [1].

. . . .

LE MAJOR GÉNÉRAL AU DUC DE DANZIG.

A Landshut, le 26 avril 1809, à 2 heures de l'après-midi.

J'ai reçu votre lettre de Moosburg, 4 heures du matin [2]. S. M.

---

[1]. L'Empereur, à son passage à Landshut, donnait des ordres pour l'organisation de la ligne d'opérations. Le 26, il adressait au major général les prescriptions suivantes :

« Mon Cousin, le dépôt général de cavalerie de l'armée sera placé à Landshut ; en conséquence, tout ce que les régiments de cavalerie auraient du côté de Ratisbonne, Dillingen, Nordlingen, etc., se réunira à Landshut. En attendant l'arrivée du général Bourcier, vous nommerez un officier supérieur pour prendre le commandement de ce dépôt. Quand le dépôt passera plus de 8,000 chevaux, il sera divisé en dépôts de chasseurs, hussards, grosse cavalerie, placés à Moosburg et autres endroits favorables pour le fourrage.

« NAPOLÉON. »

[2]. 　　　LE DUC DE DANZIG AU MAJOR GÉNÉRAL.

Moosburg, le 26 avril 1809, à 4 heures du matin.

Monseigneur,

J'ai l'honneur d'envoyer à V. A. S. deux rapports du général de Wrède, qui m'arrivent dans le moment, datés l'un de 5 heures et l'autre de 6 heures du soir d'hier. (*Voir ces rapports à la suite.*) Je vais mettre en campagne des partis afin de connaître la vérité, et j'aurai l'honneur de faire part à V. A. de ce que j'apprendrai.

Il me paraît que le bruit de la marche de l'armée ennemie a été jusqu'au roi, qui était à Munich, et que ce prince s'est retiré de sa capitale. Le prince royal, avec sa division, a arrêté le mouvement qu'il avait accéléré sur Munich à cause de l'arrivée du roi, il se trouve en avant à deux lieues de Freising. Je l'ai chargé de s'éclairer sur Munich et de marcher avec précaution. De mon côté, en attendant que tout cela s'explique, je vais envoyer sur Erding et en avant, pour savoir si ce que l'on dit est vrai car tous les rapports me paraissent peu vraisemblables et même contradictoires.

LEFEBVRE.

P.-S. — Ce n'est point le bruit de la marche de l'ennemi qui se trouve vis-à-vis le général de Wrède qui a fait partir le roi de Munich, c'est l'arrivée du général Jellachich avec 12,000 hommes sortis du Tyrol. M. de Hompesch,

arrive à Landshut, et désire fort d'avoir des nouvelles de l'ennemi. Où est la division Deroy? Où est celle du prince royal? Que se passe-t-il à Munich? Le duc de Montebello est parti ce matin pour se porter sur Vilsbiburg. Ne perdez pas un instant pour me faire connaître ce qui se passe.

———

ministre des finances, a fait prévenir le prince royal de ce dernier mouvement. S'il se confirme, je marcherai avec le prince royal sur Munich pour en chasser l'ennemi.

LE GÉNÉRAL DE WRÈDE AU DUC DE DANZIG.

Vilsbiburg, ce 25 avril, à 5 heures du soir.

Monsieur le Maréchal,

Je viens de recevoir la lettre de M. le général comte Drouet, par laquelle V. E. m'ordonne de lui rendre compte des mouvements que l'ennemi a faits. Par l'officier que S. E. M. le maréchal duc d'Istrie lui envoie, elle apprendra que l'ennemi porte de grandes forces sur Erding et qu'il est probable qu'y compris le corps qui se trouve à Munich, il réunira de ce côté une armée de 60,000 hommes.

La certitude de ce mouvement engage M. le maréchal duc d'Istrie à se rapprocher de l'Isar, pour vous appuyer au besoin, et il m'ordonne en conséquence, dans ce moment, de prendre position à Geisenhausen, qui se trouve à deux lieues en arrière de la position actuelle sur la route de Landshut, où il réunira toutes les troupes sous ses ordres en laissant de sa cavalerie ici.

Je prie V. E. de me faire parvenir ses ordres à Geisenhausen.

WRÈDE.

L'ennemi occupe dans ce moment Velden et (illisible) sur les deux Vils.

LE GÉNÉRAL DE WRÈDE AU DUC DE DANZIG.

Vilsbiburg, ce 25 avril, à 6 heures du soir.

. . . .

A l'heure qu'il est, je ne pourrai donner à V. E. des renseignements bien exacts sur les mouvements que l'armée ennemie, qui m'est tombée hier sur le corps, a pu faire.

Par un officier parlementaire, nous avons la nouvelle sûre que l'ennemi s'est retiré la nuit passée en partie vers l'Inn, qu'il a brûlé le pont de Neumarkt et qu'il n'a plus que des petits postes dans ce bourg. Il est également positif que les Autrichiens ont porté des forces vers Erding et qu'ils ont défilé avec un corps nombreux par Velden, sur notre droite, et il paraît que de là ils regagneront la grande route d'Ampfing.

Il est difficile, Monsieur le Maréchal, de se prononcer sur le but de tous ces mouvements; ou l'ennemi les dirige vers Erding pour attirer à lui le corps de Jellachich, qui se trouve à Munich, et avoir alors entre cette capitale et le Tyrol une armée de 60,000 hommes, ou les fait-il pour attirer l'attention de S. M. l'Empereur et Roi de ce côté-là, afin de dégager l'armée battue de l'archiduc Charles et se retirer, si on s'approche de lui, par Wasserburg et Salzburg.

. . . .

WRÈDE.

LE DUC DE DANZIG AU MAJOR GÉNÉRAL.

Erding, le 26 avril 1809, à 9 heures et demie du soir.

Monseigneur,

J'ai eu l'honneur de rendre compte, à V. A. S., des motifs qui avaient déterminé mon mouvement sur Moosburg. Je l'ai également prévenue que j'ai été instruit dans la nuit par divers rapports et par le roi qui se trouvait à Munich, que le général Jellachich se portait sur cette capitale avec 12,000 hommes. Je n'en ai pas moins ordonné au prince royal de continuer son mouvement sur Munich, tandis qu'avec la division Deroy je me dirigeais sur Erding et Hohenlinden, pour prendre l'ennemi à revers s'il osait continuer sa marche.

J'ai appris, en arrivant à Erding, que les Autrichiens avaient fait halte à Ebersberg [1]. J'ordonne, en conséquence, au prince royal de partir demain, à 4 heures du matin, avec sa division pour se porter à Ebersberg, à l'effet de se réunir à la division Deroy, d'attaquer l'ennemi et de le rejeter de l'autre côté de l'Inn. J'enverrai des partis sur Mühldorf et Altötting pour communiquer avec le duc de Montebello, que je suppose s'être porté sur ce point avec toutes ses forces.

Les événements survenus à Neumarkt ne m'ont pas permis de disposer de la division du général de Wrède ; j'ai même écrit au duc de Montebello d'user de cette division jusqu'à son arrivée sur l'Inn, où je lui donnerai l'ordre de me rejoindre, à l'effet de porter tout mon corps sur Salzburg ou sur Kufstein, pour en faire lever le blocus.

Si, cependant, ces dispositions ne coïncidaient pas avec celles de S. M., je suis prêt à exécuter tel ordre qu'il lui plaira de me donner.

J'ai fait rétablir le pont de Freising.

Mon quartier général sera demain à Ebersberg.

LEFEBVRE.

Le roi est reparti pour Augsbourg sur l'avis qu'il a eu de l'arrivée de l'ennemi.

LE MAJOR GÉNÉRAL AU DUC D'ISTRIE.

A Landshut, le 26 avril 1809, à 2 heures de l'après-midi.

Je vous préviens que l'Empereur arrive à l'instant à Landshut.

---

1. Bourg de la Bavière situé entre Munich et Mühldorf, qu'il ne faut pas confondre avec le bourg du même nom situé sur la Traun.

Le duc de Montebello doit être arrivé près de vous. L'Empereur attend des nouvelles pour les opérations ultérieures. Tâchez de bien connaître ce que fait l'ennemi.

LE DUC D'ISTRIE AU MAJOR GÉNÉRAL.

Vilsbiburg, le 26 avril 1809, à 9 heures du matin.

Monseigneur,

La plus grande partie des forces de l'ennemi s'est retirée sur Ampfing. Le corps qui était à Velden a évacué hier au soir, à 11 heures, et a pris la route de Haag. J'ai des partis sur les trois routes d'Otting, d'Ampfing et de Haag. Je fais rétablir en ce moment le pont de Neumarkt qui a été fortement endommagé. L'ennemi avait à Velden, hier, deux régiments de dragons, deux régiments de hussards et un gros corps d'infanterie, et les partis que j'ai envoyés à Erding et sur Freising se sont liés avec la cavalerie bavaroise du maréchal et ont rapporté que l'ennemi n'était point à Erding et que le pont de Freising était coupé.

Les troupes sont prêtes à marcher au premier ordre ; je vais réunir toute ma cavalerie en avant de Biburg [1].

BESSIÈRES.

LE DUC D'ISTRIE AU MAJOR GÉNÉRAL, A BIBURG.

Le 26 avril 1809, 9 heures du soir.

La division de Wrède est à Mühldorf. La division Molitor occupe la tête du défilé de Rohrbach.

J'ai envoyé sur Otting, pour savoir s'il n'y a rien de ce côté-ci de l'Inn et si le pont est rompu.

Ce qui a passé à Ampfing consiste en un régiment d'infanterie et un régiment de hussards. L'infanterie a été sur Haag, la cavalerie sur Otting.

Je n'ai laissé personne à Neumarkt, parce que j'ai compté que la division Oudinot l'occuperait.

---

1. A midi, la division de cavalerie légère du général Marulaz reçut l'ordre de marcher sur Neumarkt. Après l'avoir traversé, elle vint prendre position, les 3e et 23e chasseurs à une demi-lieue de Mühldorf, le 19e et les chevau-légers hessois en avant d'Erharting. Les Bavarois occupèrent Mühldorf, et la division de M. le général Molitor se plaça en arrière du défilé de Rohrbach, portant la brigade du général Leguay derrière le village d'Erharting, pour appuyer la cavalerie du général Marulaz. (*Journal historique des opérations militaires de la division de cavalerie légère du général Marulaz.*)

Il serait nécessaire que les troupes échelonnées en arrière se missent en mouvement de grand matin.

BESSIÈRES.

L'ennemi avait rompu trois ponts dans le défilé, il a fallu les réparer.

LE DUC DE RIVOLI AU MAJOR GÉNÉRAL.

Passau, le 26 avril 1809.

Monseigneur,

Je suis arrivé à Passau, à 1 heure après midi, avec mon avant-garde. L'ennemi s'est retiré, à mon approche, au nombre de 400 hommes. Il a détruit en partie le pont et a crénelé toutes les maisons qui l'avoisinent, ce qui présentait une défense semblable à une tête de pont. J'ai fait réunir plusieurs barques que j'ai chargées de 300 hommes, que j'ai fait débarquer à la presqu'île. Il restait encore une planche à pouvoir passer un homme sur le pont, j'y ai placé des troupes pour seconder celles débarquées à la presqu'île. Le bataillon du Pô, qui était à la tête du pont et qui devait passer un des premiers, n'a pas attendu que les 300 hommes fussent arrivés au point indiqué pour l'attaque, ils se sont jetés comme des furieux, passant un à un et exposés à une fusillade des plus terribles ; ils ont emporté le village et les 400 ennemis ont été faits prisonniers, je n'ai perdu que trois hommes [1].

J'ai fait prendre position à l'infanterie. Dès que le pont sera rétabli de manière à pouvoir faire passer la cavalerie, je ferai pousser des reconnaissances bien avant sur les routes de Linz et de Schärding.

La division Legrand a été détachée sur Schärding, à l'embranchement des routes, à Fürstenzell avec trois régiments de cavalerie. Je reçois à l'instant son rapport qui m'annonce qu'il est arrivé sur la rive gauche devant Schärding, que le pont est détruit et que, comme les piles sont en maçonnerie, il croit pouvoir le faire rétablir dans la nuit. Il a trouvé sur la rive droite un camp de 6,000 hommes, qu'il a mis en désordre avec quelques coups de canon et qui ont pris la route de Linz.

---

1. A la suite de cette opération, le maréchal Masséna écrivait à l'Empereur :

Passau, le 26 avril 1809.

Sire,

Si l'intention de V. M. est de me retirer la division Claparède, je la supplie de vouloir bien me donner les bataillons corses et du Pô, que je mettrai dans la division Boudet qui n'a que trois régiments. Ce sera un véritable cadeau que je tiendrai de V. M.

MASSÉNA.

J'espère que le pont de Passau sera réparé demain matin, de manière à pouvoir y faire passer de l'artillerie. Je me porterai de très bonne heure sur Schärding, pour faire ma jonction avec le général Legrand et chercher l'ennemi [1]. Jusqu'à nouvel ordre, je me tiendrai sur la rive droite de l'Inn.

J'ai donné l'ordre à M. Montigny, général bavarois commandant la forteresse de Passau, de remplacer les provisions de tout genre qu'il a consommées pendant le blocus [2].

MASSÉNA.

---

[1].   ORDRE DE MARCHE POUR LE 27 AVRIL 1809.

Le 4e corps se mettra en marche demain, à 5 heures du matin, pour se diriger sur Schärding par la rive droite de l'Inn et opérer la jonction avec la division Legrand.

    Passau, le 26 avril 1809.

BEKER.

[2]. Extrait du « Journal de ce qui s'est passé depuis la retraite des troupes de la ville de Passau à la citadelle, faite le 10 avril 1809 à 10 heures du matin, jusqu'au 27 avril 1809 » par le général Chambarlhiac :

Vers les trois heures du matin (le 26 avril), les vedettes se sont aperçues que celles des ennemis s'étaient retirées. On a envoyé plusieurs patrouilles que l'on a poussées jusqu'au bas de la montagne dans tous les sens et qui n'ont rien rencontré. Les Autrichiens s'étaient retirés à la faveur du brouillard.

Vers les sept heures du matin, on a envoyé prévenir de la ville que les troupes ennemies l'avaient évacuée, que le général Dedowich, qui commandait le blocus, en était parti vers les deux heures du matin.

Alors, les deux généraux qui étaient à la citadelle en sont descendus, en amenant avec eux les sapeurs et 300 hommes bavarois pour faire les gardes des portes et de la ville.

A huit heures du matin, l'avant-garde du 4e corps, commandée par S. E. le maréchal Masséna, duc de Rivoli, est arrivée à Passau, et M. le duc y est entré vers les onze heures.

300 Autrichiens et Croates, commandés par un major, s'étaient retirés dans l'Inn-Stadt et faisaient un feu très nourri, de chaque côté de la porte située à la gorge de ce faubourg, dirigé sur le pont de l'Inn, afin d'empêcher de le refaire pour le passage des troupes du 4e corps d'armée.

Alors, M. le duc de Rivoli donna l'ordre à 600 hommes de troupes d'infanterie légère de s'embarquer sur le Danube avec le général Coëhorn, de le descendre jusqu'au-dessous de l'Inn-Stadt et d'y débarquer pour aller attaquer ce faubourg et en débusquer l'ennemi, ce qui fut fait de suite.

Pendant ce trajet, les voltigeurs du Pô, impatientés d'essuyer à l'extrémité du pont de l'Inn les feux des Autrichiens qui étaient à l'autre, se sont mis à courir au pas de charge sur la partie de ce pont qui était restée couverte ; ayant ensuite rencontré trois palées découvertes, sur lesquelles il n'y avait que deux longerons à deux mètres de distance l'un de l'autre et assez étroits, cet obstacle n'a point arrêté leur élan, et malgré le feu constant de mousqueterie que l'ennemi continuait que leur eux à brûle-pourpoint, ils ont franchi le précipice et sont parvenus au faubourg, où ils ont pénétré dans les maisons pour y prendre les Autrichiens qui tiraient des fenêtres ; les Bavarois ont suivi les Français dans cette expédition. Les 600 hommes qui avaient passé le Danube sont aussi entrés dans l'Inn-Stadt et, s'étant joints aux voltigeurs du Pô et aux Bavarois, ont fait prisonniers un major, des officiers et plus de 200 hommes qui, le lendemain, ont été conduits à Landshut sur l'Isar.

Les Français et Bavarois n'ont perdu que trois hommes dans cette attaque ;

LE MAJOR GÉNÉRAL AU GÉNÉRAL VANDAMME.

Landshut, le 26 avril 1809.

Il est ordonné au général Vandamme de se rendre de suite de sa personne à Landshut, et de faire suivre sa division wurtembergeoise également sur Landshut.

Signé : ALEXANDRE.

LE PRINCE DE PONTE-CORVO A L'EMPEREUR.

A Rudolstadt près Saalfeld, le 26 avril 1809.

Sire,

M. Lebrun m'a remis la lettre que le major général m'a écrite de la part de V. M., du champ de bataille de Rohr[1]. Je prie V. M. d'agréer mes félicitations bien sincères sur le brillant début d'une campagne dont l'issue n'est point douteuse.

Lorsque M. Lebrun m'a rencontré, je me dirigeais sur Bamberg pour être à même, suivant les dernières instructions du major général, de manœuvrer au besoin sur Bayreuth ou sur Würtzbourg.

Mais maintenant je marche sur Plauen, mon avant-garde y arrivera demain soir ; j'y réunirai toutes mes troupes et je tâcherai d'entrer en Bohême par Egra.

Le colonel Pazschowski, que j'avais envoyé de Dresde au prince Poniatowski, m'a écrit la lettre ci-jointe ; j'ai cru devoir la mettre en original sous les yeux de V. M. J'attendrai les ordres de V. M. pour donner de nouvelles instructions au prince Poniatowski.

---

les Autrichiens en ont eu plusieurs de tués, au nombre desquels était un lieutenant-colonel qui n'a pas voulu se rendre.

. . . .

Après cette affaire, M. le général Coëhorn a poursuivi pendant deux lieues plusieurs pelotons ennemis dispersés dans les bois sur la hauteur de Maria Hülf, et en avant sur la chaussée de Schärding.

A sept heures du soir, le pont de l'Inn était suffisamment rétabli pour pouvoir passer de l'infanterie sur deux files, et la cavalerie sur une, étant pied-à-terre.

La division du général Claparède y est passée aussitôt, la cavalerie a défilé après elle, cette manœuvre a duré jusqu'à neuf heures du soir.

Après le passage de ces troupes, on s'est remis à l'ouvrage pour refaire le pont dans toute sa largeur, en reposant cinq longerons à chaque travée avec tous les madriers qui forment le plancher ; cette opération a duré jusqu'à deux heures du matin du 27 avril. Alors les voitures appartenant au 4e corps ont pu passer, de même que l'artillerie, etc.

1. Voir la lettre du major général au maréchal Bernadotte, du 24 avril 1809.

D'autres rapports, qui m'arrivent d'un agent que j'avais envoyé sur les lieux, portent que l'armée de l'archiduc Ferdinand est effectivement de trente à trente-cinq mille hommes et que les levées continuent en Galicie. D'un autre côté, l'armée russe n'a encore fait aucun mouvement vers la Galicie. Leurs forces sont dispersées sur les frontières du duché de Varsovie ; on les évalue à trente mille hommes. Je suis toujours content de l'armée saxonne ; ces troupes marchent, il est vrai, beaucoup plus lentement que les nôtres, mais elles témoignent beaucoup de bonne volonté ; cependant, je ne saurais trop répéter à V. M. qu'une division française serait très nécessaire auprès d'elles pour l'exemple et l'encouragement ; si j'en avais une, je n'hésiterais pas à marcher directement sur Prague. Les généraux saxons eux-mêmes reconnaissent la nécessité d'un tel appui.

J'ai l'honneur de remettre à V. M. une lettre du roi de Saxe et la proclamation de ce souverain.

BERNADOTTE.

Le 27, dans la matinée, l'Empereur ne paraît plus avoir aucun doute sur la réunion totale de l'armée autrichienne à Cham, et sur les résolutions définitives de l'archiduc Charles. Aussi, tous les ordres nécessaires sont-ils donnés pour accélérer la marche des différents corps sur Vienne.

L'Empereur fait également sentir au maréchal Davout combien il serait désireux qu'il pût bientôt rejoindre l'armée. Mais, si le commandant du 3ᵉ corps paraît déjà suffisamment éclairé sur les dispositions du généralissime autrichien, il semble attendre encore des renseignements complémentaires sur la marche du Iᵉʳ corps autrichien [1]. Ce n'est que dans la journée du 27, que le maréchal Davout acquiert la certitude de la réunion presque totale de l'armée autrichienne à Cham [2]. Aussi, va-t-il modifier ses dispositions : les

---

1. Voir la lettre du duc d'Auerstaedt à l'Empereur, du 27 avril, à 8 heures et demie du matin.

2. Voir la lettre du duc d'Auerstaedt à l'Empereur, du 27 avril, à 2 heures après midi.

divisions du 3ᵉ corps, qui tenaient principalement les routes de Bruck et de Burglengenfeld, vont être orientées sur la direction de Cham, afin d'être en situation de couvrir Ratisbonne et Straubing.

L'extrême prudence que montre le maréchal Davout, dans la poursuite des troupes de l'archiduc, semble résulter de cette opinion que le généralissime autrichien cherchait à l'attirer dans la direction de Rötz pour se diriger alors sur Straubing[1].

L'EMPEREUR AU DUC D'AUERSTAEDT, A NITTENAU.

Landshut, le 27 avril 1809, à 9 heures du matin.

Mon Cousin, le duc d'Istrie est à Otting. Je n'ai pas de nouvelles du duc de Rivoli que je crois à Passau[2]. Je pars pour passer la Salza et me joindre avec lui. Je donne ordre au général Boudet de partir de Straubing, aujourd'hui, pour rejoindre le duc de Rivoli à Passau. 200 hommes d'un escadron de marche, appartenant à la brigade de cavalerie légère du général Pajol, resteront à Straubing sous les ordres du major Ameil[3]. Ils seront sous vos ordres pour vous instruire

---

1. Voir la lettre du duc d'Auerstaedt à l'Empereur, du 29 avril, à 11 heures du matin.

Dans le journal de marche du 3ᵉ corps, à la journée du 28, on relève cette remarque : « L'ennemi avait manœuvré pour faire croire qu'il abandonnait le Danube et s'était retiré sur Waldmünchen; il avait même fait parvenir de faux renseignements pour induire en erreur le maréchal, mais ce dernier n'ayant pas pris le change et s'étant constamment tenu en position de couvrir Straubing et Ratisbonne, l'ennemi quitta Cham et se jeta en Bohème. »

Au sujet de ces opérations du 3ᵉ corps, le lieutenant-général de Berthezène s'exprime ainsi dans ses *Souvenirs militaires :* « Trois divisions du corps de Davout furent chargées de suivre l'ennemi et de l'observer. Il entrait dans les vues de Napoléon de ne pas le presser, afin qu'il perdît du temps et qu'il ne marchât pas de suite au secours de Vienne. »

2. La lettre du duc de Rivoli au major général, datée du 26 avril et écrite sans doute dans la soirée, ne devait parvenir au quartier général que dans la soirée du 27.

3. ORDRE DE L'EMPEREUR AU MAJOR GÉNÉRAL.

Envoyer 200 chevaux de la brigade Pajol à Straubing. Donner pour instruction à ce major de voir ce que fait l'ennemi du côté de Cham, où est le maréchal Davout. Je suis avec le général Boudet qui marche sur Passau. Avoir des

de tout ce qui se passera, et, lorsque vos troupes seront à Cham, ils les rejoindront pour être incorporés dans leurs régiments. Tout porte à penser que les ennemis se retirent en Bohême, probablement pour tâcher de gagner Budweis. Toutefois, il est très important de tâcher d'arriver à temps pour la bataille qui doit se livrer. Point de nouvelles du prince de Ponte-Corvo, depuis le 20. Ce soir mon quartier général sera à Neumarkt. Un parlementaire que le prince de Liechtenstein envoyait à Straubing, pour savoir ce qui se passait, a été retenu ; gardez-le le temps nécessaire, après quoi vous le renverrez.

NAPOLÉON.

LE DUC D'AUERSTAEDT A L'EMPEREUR.

Nittenau, le 27 avril 1809, à 8 heures et demie du matin.

Sire,

J'ai l'honneur d'adresser à V. M. les rapports que j'ai reçus du colonel Guyon [1]. Il est vraisemblable, d'après cela, que c'était le corps du général Bellegarde qui avait pris position hier à Bruck ; nous y sommes entrés ce matin. Une partie de ces troupes s'était portée sur Cham et l'autre sur Rötz ; il paraîtrait même que ce serait la majeure partie de leurs troupes qui se serait portée sur Cham.

Je porte la division Friant sur Falkenstein et la division Morand en arrière, sur la route de Cham à Ratisbonne. De ma personne je me porte à Bruck pour aller aux nouvelles.

Je reçois à l'instant la lettre de V. M. du 26, à 3 heures après midi.

J'ordonne qu'on pousse des partis sur la route de Cham à

---

postes intermédiaires et donner fréquemment des nouvelles au quartier général à Neumarkt. Il faudra aussi qu'il prévienne le commandant de Landshut, si l'ennemi faisait des mouvements qui pussent l'intéresser.

1. Le colonel Guyon, commandant le 12e chasseurs, avait reçu l'ordre du maréchal Davout de se porter de Hemau sur Burglengenfeld, où il arrivait dans l'après-midi du 26. Il envoyait aussitôt une reconnaissance sur Schwandorf. A 10 heures un quart du soir, il écrivait au maréchal Davout : « Le chef d'escadron Tavernier, que je vous ai annoncé par ma première avoir été à Schwandorf, me fait part que l'ennemi a évacué cet endroit aujourd'hui et a fini son évacuation à 4 heures après midi. Ils ont brûlé les ponts. Toute leur artillerie s'est retirée avant-hier par la route de Schwarzenfeld sur Rötz, et la troupe partie aujourd'hui s'est dirigée par Bruck sur Neuburg. »

Straubing. En revenant de Bruck, je renverrai à V. M. son officier d'ordonnance qui vient d'arriver.

Je joins ici le rapport d'un ancien militaire bavarois qui s'est échappé des mains des Autrichiens; il paraîtrait, d'après lui, que le corps de Bellegarde se serait porté sur Cham.

Duc D'AUERSTAEDT.

LE DUC D'AUERSTAEDT AU MAJOR GÉNÉRAL.

Nittenau, le 27 avril 1809, à 1 heure après midi.

Monseigneur,

Par les reconnaissances et les rapports des déserteurs ayant été informé, ainsi que par les habitants, que la majeure partie des forces ennemies se réunissaient à Cham, j'ai cru devoir ordonner de suite les dispositions suivantes :

La division du général Friant se porte à Süssenbach où sera sa tête de colonne.

La division Gudin à Kürn.

La division Morand à Gonersdorf.

Avec la cavalerie légère j'occupe Bruck, poussant des reconnaissances sur Rötz et Falkenstein, où le général Montbrun sera de sa personne poussant des reconnaissances sur Cham et sur la route de Cham à Straubing.

Mon quartier général sera ce soir à Kürn.

Duc D'AUERSTAEDT.

J'ai envoyé le général Tousard à Straubing, pour voir s'il est possible de mettre ce pont à l'abri d'un coup de main.

LE DUC D'AUERSTAEDT A L'EMPEREUR.

Nittenau, le 27 avril 1809, à 2 heures après midi.

Sire,

Les renseignements que j'ai pris à Bruck confirment ceux que j'ai eu l'honneur d'adresser ce matin à V. M.

Une partie du corps du général Bellegarde réunie à quelques corps du général Kollowrat tenait, hier, la position de Bruck.

Cette nuit, Bruck a été évacué et ces troupes se sont dirigées sur Cham.

Ainsi, il y a sur ce point tout le corps du général Bellegarde, celui du prince Liechtenstein et d'autres troupes ; on peut évaluer le tout à 50,000 ou 60,000 hommes.

Je conserverai Bruck par des troupes légères, qui auront ordre de pousser des partis sur Rötz et Neuburg.

J'ai porté une avant-garde d'infanterie et de cavalerie à Falkenstein ; elle poussera des partis sur Cham et sur la route de Cham à Neuburg.

Je joins ici quelques déclarations de déserteurs et d'habitants[1].

Je prends mon quartier général ce soir à Kürn, sur la route de Ratisbonne à Cham.

Duc d'Auerstaedt.

LE DUC D'AUERSTAEDT AU GÉNÉRAL BOUDET.

Nittenau, ce 27 avril 1809, à 1 heure et demie après midi.

Monsieur le Général,

J'ai reçu votre lettre du 26. Je vous remercie des renseignements que vous me donnez. Voici ceux que j'ai.

Le corps du général Bellegarde qui était à Schwandorf et Schwarzenfeld en est parti hier. Une partie s'est dirigée sur Cham par Rötz et partie sur Bruck, où elle s'est réunie à une partie des corps de Kollowrat ; notre avant-garde était hier en présence d'un corps de 20,000 à 25,000 hommes.

Cette nuit, ce qui appartient au corps de Kollowrat s'est porté sur Rötz et ce qui appartient au corps de Bellegarde sur Cham, où se trouvaient déjà le corps du prince Liechtenstein et des débris d'autres corps ; il peut donc y avoir sur ce point 50,000 à 60,000 hommes.

Je porte aujourd'hui une avant-garde à Falkenstein ; elle poussera des partis sur Cham et sur la route de Cham à Straubing,

---

1. « Un déserteur du régiment de Zach, arrivé aujourd'hui, rapporte qu'il a déserté le 25 au moment où le régiment, parti ce même jour à 4 heures du matin de Bruck, se dirigeait sur Rötz ; on avait donné l'ordre, avant de partir, que le régiment s'arrêterait à deux lieues au delà de Rötz, sur la route de Waldmünchen, y ferait la soupe et continuerait ensuite sa marche sur la Bohême ; les régiments de Joseph Colloredo, de Frölich et de..... faisaient partie de cette division qui appartient au corps de Kollowrat.

« Le 26, obligé de passer la journée dans les bois, cet homme a vu quatre régiments du corps de Bellegarde se tenir en position à Bruck toute la journée, réunis à quelques escadrons de uhlans et quelques compagnies de chasseurs. Toutes ces troupes ont filé à la nuit sur Cham, l'arrière-garde n'a quitté que ce matin.

« Le curé de Bruck a dit que l'archiduc Charles avait passé dans son village la nuit du 24 au 25, et en est parti à 4 heures du matin se rendant à Cham ; que les quatre régiments du corps de Bellegarde, qui étaient à Bruck le 26, étaient commandés par le général Winzingerode et qu'ils y étaient venus de Schwarzenfeld.

« Ce même curé prétend avoir entendu dire aux officiers autrichiens qu'ils ne regardaient pas la partie comme perdue, qu'ils réuniraient leurs troupes sans se retirer en Bohême et se reporteraient en avant, soit par la même route, soit par celle de Straubing ou de Passau. »

et entre autres sur Stallwang ; ils auront l'ordre de communiquer avec vos troupes.

Il est bien important, mon cher Général, de mettre le pont de Straubing à l'abri de toute insulte, ce qui serait possible en faisant quelques redoutes ou en crénelant quelques maisons, en avant du pont sur la rive gauche.

Dans le cas où vous recevrez l'ordre de faire un mouvement, je vous prie de laisser des troupes en quantité suffisante pour la garde du pont jusqu'à ce que je puisse les faire relever.

J'établis ce soir mon quartier général à Kürn, je fais porter les trois divisions sur la route de Cham.

Je vais envoyer M. le général du génie Tousard à Straubing, pour les travaux à faire au pont ; il ne s'agit pas d'en faire de très grands, mais de mettre ce pont à l'abri d'un coup de main.

Si vous pouviez nous faire faire 60,000 ou 80,000 rations de pain biscuité, vous nous rendriez un grand service ; je vous serais obligé de faire réunir cette quantité à Straubing, pour être mise à ma disposition [1].

DUC D'AUERSTAEDT.

LE MAJOR GÉNÉRAL AU DUC D'AUERSTAEDT.

Mühldorf, le 27 avril 1809, à 8 heures du soir.

Je vous préviens, Monsieur le Duc, que le duc de Rivoli a passé l'Inn à Passau après avoir débloqué cette place. L'Empereur a passé ce soir l'Inn à Mühldorf, et passera demain la Salza à Burghausen. Le duc de Danzig est à Wasserburg, se porte sur Kufstein et Salzburg. L'ennemi paraît sur tous les points dans la plus complète déroute.

LE MAJOR GÉNÉRAL AU GÉNÉRAL BOUDET.

Landshut, le 27 avril 1809, à 10 heures du matin.

L'intention de l'Empereur, Monsieur le général Boudet, est que vous laissiez 80 chevaux à Straubing, que vous fassiez armer les paysans et 300 hommes de la garde nationale pour défendre le pont contre la cavalerie. Pour la journée, vous laisserez un bataillon à Straubing, qui en partira demain pour vous rejoindre. Avec votre division, vous vous mettrez en mouvement et vous manœuvrerez de manière à rejoindre le duc de Rivoli. Cet ordre

---

1. Le maréchal Davout prévoyait ainsi sa marche sur Straubing pour le lendemain ou le surlendemain.

Détachement de chevau-légers. 100 hommes.	Dragons. 500 hommes.
. . . .	. . . .
. . . .	. . . .
. . . .	. . . . . .
Strasbourg.	. . . .
Bischoffsheim.	Strasbourg.
Rastadt.	Bischoffsheim.
Pforzheim.	Rastadt.
Stuttgart.	Pforzheim.
Göppingen.	Stuttgart
Ulm.	Göppingen.
Zusmarshausen.	Ulm.
Augsbourg.	Zusmarshausen.
. . . .	Augsbourg.
. . . .	. . . .
. . . .	. . . .
. . . .	. . . . . .

général est en supposant que l'ennemi n'ait rien fait de nouveau du côté de Cham [1].

J'ordonne au 2ᵉ escadron de marche de se rendre à Straubing ; lorsqu'il sera arrivé, les 80 hommes que vous aurez laissés vous rejoindront.

L'EMPEREUR AU DUC DE MONTEBELLO, A VILSBIBURG.

Landshut, le 27 avril 1809, à 6 heures et demie du matin.

Le mouvement du duc de Rivoli a décidé l'ennemi à se porter sur Passau [2]. Il est important de passer promptement l'Inn et la Salza, afin de faire une diversion pour le duc de Rivoli.

Le duc de Danzig se porte sur Salzburg, poussant devant lui la division ennemie. Je serai de bonne heure à Neumarkt avec les cuirassiers, une division de cavalerie légère, quelque chose de ma garde et les Wurtembergeois [3].

Aussitôt que vous aurez passé la Salza, éclairez-vous sur la droite et sur la gauche. Il ne serait pas impossible qu'on coupât un corps d'armée ennemi qui vient du Tyrol.

---

1. Voir la lettre du maréchal Davout au général Boudet, du 27 avril.

2. Voir la lettre du major général au duc de Montebello, du 26 avril, à 7 heures du soir. Dès le 26, l'Empereur prévoyait donc la marche vers le Danube du général Hiller pour s'opposer au mouvement du maréchal Masséna. Dans la matinée du 27, des renseignements devaient lui parvenir qui le confirmaient dans son opinion et déterminaient son départ de Landshut, pour rejoindre le commandant du 4ᵉ corps. Le major général pressait, de son côté, le départ de la division Boudet pour rejoindre le maréchal Masséna. (*Voir la lettre qui précède, du major général au général Boudet.*)

3. Le général de Nansouty recevait l'ordre de se rendre avec sa division à Neumarkt, et de prescrire à la division Saint-Sulpice, qui était à Pfaffenberg, de suivre son mouvement. Le général Vandamme recevait l'ordre de se porter sur Vilsbiburg avec les Wurtembergeois, à l'exception du régiment laissé à Ratisbonne et d'un second régiment destiné à former la garnison de Landshut. Deux régiments de cavalerie dont le général de Piré était appelé à prendre le commandement, le 8ᵉ régiment de hussards et le 16ᵉ régiment de chasseurs, ainsi que la brigade Jacquinot (1ᵉʳ et 2ᵉ chasseurs) étaient également dirigés sur Neumarkt. Quant à la garde, le général Walther recevait l'ordre de se diriger de suite sur Neumarkt « avec tout ce qui se trouve ici de la garde impériale, infanterie et cavalerie, excepté ce qui doit rester pour marcher avec l'Empereur ». Le tableau ci-joint, adressé à l'Empereur, faisait connaître les dates successives d'arrivée des différents corps de la garde. 2,900 hommes de la garde (infanterie) étaient arrivés à Landshut.

TABLEAU.

LE MAJOR GÉNÉRAL AU DUC DE MONTEBELLO.

Mühldorf, le 27 avril 1809, à 8 heures du soir.

L'intention de l'Empereur, Monsieur le Duc, est que vous donniez l'ordre à la division Oudinot et à la brigade Colbert de se mettre en marche à 2 heures du matin, à la division Saint-Hilaire de se mettre en marche à 3 heures du matin, à la division Demont de se mettre en marche à 4 heures du matin, pour se porter sur Burghausen ainsi que l'Empereur vous l'a dit de vive voix [1].

LE MAJOR GÉNÉRAL AU DUC DE DANZIG.

Landshut, le 27 avril, à 1 heure du matin.

Je vous ai expédié hier au soir, à 4 heures, Monsieur le Duc, un officier d'état-major pour avoir de vos nouvelles et de celles de l'ennemi, de ce qui se passe à Munich. Il est 1 heure du matin et nous n'avons pas entendu parler de vous. Répondez-moi donc sur-le-champ par estafette et envoyez-moi un officier.

LE MAJOR GÉNÉRAL AU DUC DE DANZIG, A WASSERBURG.

Mühldorf, le 27 avril 1809, à 7 heures trois quarts du soir.

Je vous préviens, Monsieur le Duc, que le duc de Montebello a passé l'Inn avec son avant-garde et qu'il est sur la Salza; il va à l'instant même faire une marche de nuit et se diriger sur Tittmoning et passer la Salza. Nous envoyons des partis battre la campagne, pour trouver la division que vous poursuiviez hier et lui tomber dessus. Le duc de Rivoli a passé l'Inn à Passau, après avoir débloqué cette place. A 5 heures du matin, l'Empereur sera sur Burghausen.

Si vous avez connaissance de la division ennemie, marchez dessus et battez-la. Si vous n'avez aucune connaissance de l'ennemi, envoyez de forts partis sur Kufstein dont le siège doit être levé et dirigez-vous, avec votre corps, à grandes marches sur Salzburg, afin d'entrer en ligne d'opérations avec nous.

---

1. Le maréchal Lannes avait quitté Vilsbiburg dans la matinée et s'était porté sur Mühldorf. Les divisions placées sous ses ordres étaient bivouaquées à Erharting et en arrière de Mühldorf.
L'Empereur était arrivé à 4 heures de l'après-midi à Mühldorf.

Si vous aviez des nouvelles que l'ennemi ait laissé une division devant Kufstein, manœuvrez pour la prendre.

LE GÉNÉRAL DROUET AU GÉNÉRAL DE WRÈDE.

Hohenlinden, ce 27 avril 1809, à 10 heures et demie du matin.

Monsieur le Général,

S. E. Monsieur le maréchal me charge de vous prévenir que les 1re et 3e divisions prendront position, ce soir, devant Wasserburg [1]. Comme il pense que vous serez venu aujourd'hui à Ampfing et que vous aurez fait éclairer Mühldorf et Kraiburg, afin de savoir si l'ennemi veut défendre le passage de l'Inn, et qu'il croit également que le corps aux ordres de M. le maréchal duc de Montebello et celui aux ordres de M. le maréchal duc d'Istrie seront venus sur Neuötting, ce que vous êtes à même de savoir positivement, il désirerait que vous lui en donnassiez des nouvelles et que, l'ennemi vous laissant la facilité de passer à Kraiburg, vous vous dirigiez sur Altmarkt pour rejoindre les deux autres divisions qui passeraient l'Inn à Wasserburg.

Dans le cas où toutes ces suppositions n'auraient pas lieu et que nous ne puissions pas passer l'Inn demain 28, il faut que vous vouliez bien me faire connaître ce soir votre position, et m'informer exactement de celles des autres corps d'armée qui se trouvent à portée de vous et qui ont dû déboucher par Neumarkt [2].

---

1. « Le maréchal Lefebvre, ayant appris que le corps du général Jellachich avait fait halte à Ebersberg, se mit en marche de très bonne heure, avec la division du général Deroy, pour se porter sur ce point, et ordonna à la 1re division de partir de Munich pour se rendre directement à Ebersberg. Mais l'ennemi s'en était déjà retiré. Les deux divisions réunies se portèrent encore ce jour jusqu'à Wasserburg. Malgré toute cette diligence on ne put joindre l'ennemi, et le pont était déjà presque entièrement consumé lorsque la tête de la colonne arriva dans cette ville. Un piquet de cavalerie ennemie était resté pour observer nos mouvements, mais, ayant fait passer quelques tirailleurs bavarois, il s'éloigna promptement. On s'occupa de suite à réparer le pont et les divisions prirent position sur les hauteurs en arrière de la ville. » (*Rapport sur les mouvements journaliers du corps bavarois par le général Drouet, chef d'état-major du corps d'armée.*)

2. « Le 27, à 6 heures du matin, l'avant-garde de la 2e division passa le pont de Mühldorf et s'établit sur la rive droite de l'Inn.

« L'Empereur arriva à Mühldorf à 4 heures après midi, reconnut les environs de la rive droite et le pont. Le général commandant, qui avait l'honneur d'accompagner S. M., en reçut l'ordre de marcher sur-le-champ sur Wald pour y passer l'Alz, et de se diriger de là sur Tittmoning et de passer la Salza près de cette ville ou à Laufen.

« La division arriva à minuit à Garching, vis-à-vis de Wald, mais elle ne

Le quartier général sera ce soir sur la route d'Ebersberg à Wasserburg, le plus près possible de cette dernière ville.

DROUET.

LE DUC D'ISTRIE AU MAJOR GÉNÉRAL.

Rohrbach, le 27 avril 1809.

L'ennemi a brûlé le pont d'Otting. Il s'est retiré en grande partie sur Burghausen. Je fais porter la division Molitor sur Mühldorf, où je réunirai toutes les troupes et où j'attendrai vos ordres.

BESSIÈRES.

LE DUC D'ISTRIE AU MAJOR GÉNÉRAL.

Mühldorf, le 27 avril 1809.

Le pont de Mühldorf est réparé. Mes avant-postes sont sur l'Alz dont le pont est également coupé. Les ponts d'Otting et de Marktl ont été coupés cette nuit. L'ennemi avait pris d'abord la route de Marktl ; par un contre-ordre il s'est rejeté sur la route de Burghausen ', où le quartier général était hier au soir. Le colonel bavarois, comte de Taxis, a été laissé à Neuötting.

La grande route de Munich à Mühldorf est libre ; le pont de Kraiburg est brûlé. J'ai envoyé des partis sur Wasserburg.

BESSIÈRES.

LE DUC D'ISTRIE A L'EMPEREUR.

Altötting, le 27 avril 1809, à minuit.

Sire,

Conformément aux ordres de V. M., j'ai été à Hohenwart. Le pont de l'Alz n'a pas été rompu, j'y ai établi deux compagnies

---

put y passer l'Alz parce qu'il n'y avait aucun moyen d'établir un pont ; elle continua donc sa marche sur Trostberg où elle arriva à 6 heures du matin (le 28 avril), chassa l'ennemi de la rive droite, y fit rétablir le pont, le passa à 8 heures et se dirigea par des chemins de traverse sur Tittmoning, où elle entra à 1 heure et où elle trouva des magasins assez considérables. » (*Rapport sur les différentes affaires qu'a eues la 2ᵉ division bavaroise, sous les ordres du général de Wrède*.)

1. Un peu plus tard dans la journée, le maréchal Bessières informait le major général que l'ennemi s'était retiré partie sur Braunau, partie sur Burghausen.

de voltigeurs. J'ai poussé un escadron sur Burghausen, la cavalerie est à Hohenwart, l'infanterie en avant de Altötting [1].

J'ai des nouvelles de Burghausen. Le bailli a fait prévenir que le pont avait été rendu impraticable dans la journée, mais qu'en vertu d'un ordre donné ce soir, il avait été rétabli pour le passage d'un régiment de hussards qui venait de Wasserburg. Ce régiment n'avait pas passé le pont en entier à 9 heures.

L'artifice est préparé pour le détruire.

La plus grande partie des troupes s'est retirée sur Braunau; il en restait peu ce soir avec quelques pièces de canon sur la hauteur. Il est minuit, je descends de cheval avec le général Bertrand qui m'a accompagné. Je prie V. M. de ne pas trouver mauvais que je ne me sois pas rendu à Mühldorf, comme elle m'en avait donné l'ordre, mais je n'aurais pas pu être de retour pour mettre les troupes en mouvement demain matin [2].

BESSIÈRES.

LE MAJOR GÉNÉRAL AU DUC DE RIVOLI.

Landshut, le 27 avril 1809, à 2 heures du matin.

Je vous ai expédié, Monsieur le Duc, plusieurs officiers et nous n'avons pas de vos nouvelles. L'Empereur est ici depuis hier soir. Répondez-moi également par estafette. Je vous envoie le double de ma dernière lettre.

Le duc d'Istrie est à Neumarkt.

Le maréchal duc de Montebello marche sur Mühldorf.

La division Boudet se trouve à Straubing.

Êtes-vous à Passau? Avez-vous passé l'Inn? Avez-vous des nouvelles de l'ennemi? Voilà ce qu'il est important de savoir.

LE DUC DE RIVOLI AU MAJOR GÉNÉRAL.

Schärding, le 27 avril 1809, à 2 heures et demie.

Monseigneur,

Je suis arrivé à Schärding avec mon avant-garde, à 10 heures

---

1. C'est de la division Molitor dont il est question. Cette division, partie de son bivouac en avant de Neumarkt, arriva pendant la nuit à Altötting. Quant à la division de Wrède, elle avait reçu l'ordre verbal de l'Empereur (*voir la note 2, faisant suite à la lettre du général Drouet au général de Wrède, du même jour*) de se porter sur la Salza et de la traverser.

2. Le maréchal Bessières avait sans doute reçu l'ordre de l'Empereur, de se porter le lendemain à la première heure sur Burghausen.

du matin. Mes troupes y sont réunies depuis deux heures [1]. Le pont que l'ennemi avait coupé à Schärding vient d'être rétabli, de manière que la division Legrand est disponible sur les deux rives. Tous les rapports que j'ai reçus annoncent que la majeure partie des forces de l'ennemi s'est retirée sur Linz. Mes reconnaissances ont poussé jusqu'à Ering, à deux lieues de Braunau sur la rive gauche, où elles ont trouvé l'ennemi [2]. J'attends avec bien de l'impatience des nouvelles de V. A. Si la position du duc d'Istrie m'était connue, je manœuvrerais en conséquence. Je lui écris dans la direction de Neumarkt.

La ville de Schärding est presque réduite en cendres. L'ennemi, à l'arrivée du général Legrand, a placé des batteries dans la ville et sur les bords de l'Inn et a fait un feu terrible sur nos troupes ; le général Legrand a fait tirer des obus pour le débusquer et pouvoir faire travailler à la réparation du pont. L'incendie s'est mis dans la ville et a fait de si grands progrès que plus des trois quarts ont été la proie des flammes. Les Autrichiens en se retirant ont eux-mêmes mis le feu à leurs magasins, ce qui a considérablement augmenté l'incendie.

Nous avons trouvé 260 ennemis blessés à l'abbaye de Suben.

                                                            MASSÉNA.

L'Empereur apprenait, dans la soirée du 27, que les Autrichiens avaient été chassés des alentours de Passau

---

1. Position du 4e corps, le 27 avril.

Les dragons badois à Sigharding ; un régiment de cuirassiers à Taufkirch.

La 1re brigade de la division Saint-Cyr bivouaquera à une forte lieue sur la route de Schärding à Linz, et le reste de la division à un quart de lieue en arrière.

La division Claparède en entier prendra position entre Schärding et Suben, de manière que la tête de la colonne touche ce dernier endroit et la queue à l'embranchement des routes de Linz et de Braunau.

Le 14e régiment de chasseurs à cheval s'établira militairement à Dierichshofen.

Un régiment de cuirassiers à Saint-Florian.

La division Legrand restera en totalité sur la rive gauche, ainsi que la 2e brigade de cuirassiers.

Le parc de réserve en avant de Schärding, dans le bivouac abandonné par l'ennemi.

Toute la cavalerie légère poussera des reconnaissances sur le front de son établissement, pour obtenir des renseignements sur l'ennemi.

Le quartier général s'établira à Neuhaus, sur la rive gauche de l'Inn.

. . . .

                                                            BEKER.

2. Un officier de cuirassiers envoyé en reconnaissance sur Braunau, par la rive gauche de l'Inn, informait le maréchal Masséna, dans la nuit, que les Autrichiens avaient traversé l'Inn et brûlé le pont de Braunau.

par le maréchal Masséna. Il informait aussitôt son ministre plénipotentiaire à Munich, de l'arrivée de son armée sur l'Inn.

NOTE POUR M. OTTO, MINISTRE DE FRANCE
Près le Roi de Bavière.

Muhldorf, le 27 avril 1809.

Le duc de Rivoli est arrivé le 26 à Passau. 400 hommes retranchés ont voulu lui disputer le passage de la rivière ; il les a pris, a débloqué le fort et pris position à Schärding. De l'autre côté, les corps des ducs d'Istrie et de Montebello ont passé l'Inn à Mühldorf.

Nous voilà en Autriche et nous marchons à grandes journées. Rien ne peut peindre le désordre et le découragement où sont tombés tous ces gens-ci.

LE MAJOR GÉNÉRAL AU GÉNÉRAL VANDAMME, A NEUMARKT.

Mühldorf, le 27 avril 1809, à 7 heures trois quarts du soir.

Partez, Général, à la pointe du jour et dirigez-vous sur Neuötting où vous recevrez des ordres. Vous m'enverrez un officier ici pour prendre des ordres.

L'EMPEREUR AU MAJOR GÉNÉRAL.

Burghausen, le 28 avril 1809.

Mon Cousin, donnez l'ordre que tout ce qui est à Augsbourg destiné pour l'armée, infanterie, cavalerie, artillerie, soit dirigé sur Braunau et que tout ce qui arriverait à Landshut, Munich et Augsbourg suive la même direction.

Le duc de Rivoli a laissé un bataillon badois et un bataillon de Hesse-Darmstadt à Augsbourg [1] ; ils ont dû se rendre à Munich : donnez-leur l'ordre de continuer leur route

---

1. Le maréchal Masséna avait laissé à Augsbourg un régiment hessois et un régiment badois pour la défense de la place. (Voir tome II, page 219 : *Instructions du maréchal Masséna au général Moulin.*)

sur Braunau. Donnez ordre à la brigade Bruyère de continuer également sa marche sur Braunau [1]. Donnez ordre au duc d'Auerstaedt, aussitôt que la division Rouyer sera arrivée à Ratisbonne, de diriger le régiment wurtembergeois qui est dans cette ville sur Passau.

NAPOLÉON.

LE MAJOR GÉNÉRAL AU DUC D'AUERSTAEDT.

Mühldorf, le 28 avril 1809, à 4 heures du matin.

Le duc de Rivoli a passé, le 26, l'Inn à Passau et s'est porté sur Schärding. Nous avons passé l'Inn à Mühldorf, nous passons la Salza [2].

Les restes des corps du prince Louis et du général Hiller, réduits à 30,000 hommes, battent en retraite et se retirent sur Lambach [3].

Le général Boudet s'étant rendu à Passau, il serait convenable

---

1. État des troupes arrivées à Munich, le 28 avril 1809 :

	Hommes.	Chevaux.
Régiment des gardes du corps de Hesse.	1,408	»
3e régiment de Bade	1,600	»
Brigade Bruyère . { 13e régiment de chasseurs à cheval .	650	650
{ 24e — — .	550	550
Régiment provisoire de chasseurs portugais	233	246
Deux escadrons portugais	180	180
Totaux	4,621	1,626

4 pièces d'artillerie portugaises attelées et servies par 49 canonniers.

La brigade Bruyère partait le 29 de Munich et arrivait le 1er mai à Braunau.

Le général Marion devait arriver le 29 à Munich, avec sa brigade composée de 8 bataillons de marche. Ce général se dirigeait aussitôt sur Braunau, avec toutes les troupes réunies à Munich.

2. Un petit détachement avait pu être jeté, à l'aide de quelques bateaux et radeaux, sur la rive droite de la Salza pour protéger le rétablissement du pont. Ce n'est que le 1er mai, que les troupes du maréchal Bessières purent commencer à effectuer leur passage.

3. Au sujet des mouvements que le général Hiller se décide à faire exécuter à son armée, le 28 avril, le colonel von Angeli, dans l'ouvrage déjà cité, s'exprime ainsi :

« Le 28, le feld-maréchal lieutenant Hiller reçut une lettre du généralissime datée du 24; elle indiquait Linz ou les environs de Budweis comme étant les points choisis pour la réunion de l'armée. En conséquence, il prend la résolution de s'assurer le passage du Danube à Linz, et par suite aussi ceux de la Traun et de l'Enns. Ainsi qu'il l'exposait dans une lettre à l'archiduc Charles, il espère atteindre Linz le 2 mai, en passant par Wels; là il veut compléter les défenses, jeter un pont en dessous de la ville, et, d'une façon générale, mettre tout en état pour pouvoir y tenir jusqu'à l'arrivée de l'armée principale.

« Le 28, le général Hiller se porte par Haag, Lambach, Wels, sur Linz... »

de mettre à Straubing quelques chevaux de la division-Rouyer.
A-t-on des nouvelles des Saxons [1] ?

LE DUC D'AUERSTAEDT A L'EMPEREUR.

Kürn, le 28 avril 1809, à 4 heures de l'après-midi.

Tous les rapports d'hier annonçaient que l'armée autrichienne
s'était concentrée à Cham ; l'archiduc Charles y avait son quartier général et on assurait même qu'il y avait passé la revue des
troupes.

Ce matin, il est venu quelques rapports du général Montbrun
annonçant que cette armée commençait à se retirer vers la
Bohême; je les joins ici [2].

Je fais pousser une forte reconnaissance d'infanterie et de
cavalerie sur Cham.

Le corps de Kollowrat s'est retiré sur Rötz. Nos partis sont
entrés à Neuburg et ont trouvé l'ennemi entre Neunkirchen et
Rötz. Quelques uhlans qui ont été pris et les déserteurs annoncent que ce corps d'armée se retire sur Egra.

Des rapports assurent que le corps du prince de Liechtenstein
a pris la même direction et a devancé, sur Egra, le corps du général Kollowrat. Ce mouvement peut avoir été déterminé par
celui du prince de Ponte-Corvo.

J'ai envoyé à ce prince les ordres du major général en quadruplicata, par des officiers et sous-officiers très intelligents et
bien montés.

---

1. Le major général écrivait de nouveau dans la journée au maréchal Davout :

« Nous sommes aujourd'hui sans nouvelles. Faites faire des reconnaissances
sur la Bohême afin de connaître la direction que prend l'ennemi.

« Faites faire à Passau 500,000 rations de biscuit, 100,000 rations de pain
pour filer sur le Danube. »

(*Ces deux lettres paraissent avoir été écrites par le major général sous la
dictée de l'Empereur.*)

2. « Le 28 avril, l'armée autrichienne se mit en mouvement de Cham sur Budweis. Le IIe corps et le Ier corps de réserve marchèrent avec le quartier général sur Budweis par Furth, Neumarkt, Klattau, Horazdiowitz et Strakonitz ;
le Ier corps se porta dans la même direction par Klentsch, Bischofteinitz, Pres-
titz et Pisek. Les IIIe et IVe corps suivirent d'abord la route jusqu'à Furth, et,
de là, le premier des deux se dirigea sur Budweis par Klattau, Schwihau et
Nepomuk, tandis que le IVe fit un crochet vers Eschelkam et prit le chemin de
Krumau, en passant par Velhortic, Bergreichenstein et Prachatitz.

« 5 bataillons et 8 escadrons, sous les ordres du feld-maréchal Sommariva, restèrent à Klattau comme arrière-garde ; 17 bataillons de landwehr lui furent
adjoints. Il devait constamment se tenir en relation avec le feld-maréchal Klenau, chargé de couvrir le flanc droit en suivant l'itinéraire Untermoldau, Wei-
tersfelden et Trauenstein. » (*L'Archiduc Charles, comme général en chef et
organisateur d'armée,* par le colonel von Angeli.)

Enfin, j'ai fait passer la Nab à un parti de 150 chevaux commandés par le chef d'escadron Tavernier, pour battre le pays et faire la jonction avec le prince de Ponte-Corvo. Il est porteur d'une lettre, où je fais connaître au prince les ordres que j'ai été chargé de lui faire passer.

La route de Neumarkt à Ratisbonne est parfaitement libre. Je n'ai pas de certitude pour Nuremberg. On débite qu'il y a d'assez forts partis sur ce point ; j'y envoie un officier avec quelque cavalerie wurtembergeoise.

Si la rentrée de l'ennemi en Bohème se confirme, je ferai partir demain, de très grand matin, la division Morand pour Straubing [1] et successivement le corps d'armée.

Vous trouverez, Sire, ci-joint, une note de tous les régiments autrichiens qui ont effectué leur retraite par ce point-ci [2].

Duc D'AUERSTAEDT.

---

1. La division Morand recevait l'ordre, dans la soirée, de se diriger le lendemain, à la pointe du jour, sur Straubing.

Le 28, le général Barbanègre reçut, de grand matin, l'ordre de se porter de la Trinité sur Straubing, avec 2 bataillons du 48e pour garder la tête de pont ; le 3e bataillon de ce régiment devant rester à la Trinité.

2. « Il résulte du rapport de tous les prisonniers et déserteurs arrivés au 3e corps, depuis sa sortie de Ratisbonne, que les corps qui, par la rive gauche du Danube, se sont dirigés sur la Bohème, sont :

« 1o Le 1er corps ou corps de Bellegarde, composé des régiments d'Erbach, Jean Népomucène, Kollowrat, Reuss-Plauen, archiduc Régnier, Vogelsang, Ant. Mitrowsky, des volontaires de Moravie, deux bataillons de chasseurs, des uhlans de Schwarzenberg et des hussards de Blankenstein, lesquels se sont dirigés par Hémau, Schwarzenfeld, Rötz, Bruck et Cham ;

« 2o Le 2e corps ou corps de Kollowrat, composé des régiments en partie détruits de Zach, Jos. Colloredo, Zettwitz, Froon, Stuart, Rohan, Fröhlich, la légion de l'archiduc Charles, les chevau-légers de Klenau et les uhlans de Meerfeld, qui a pris sa route par Kürn, Nittenau, Bruck, Rötz et Waldmünchen ;

« 3o Le 3e corps ou corps de Hohenzollern, composé des régiments de Wenzel-Colloredo, Carl Schröder, Kaiser, Lindenau, Manfredini, Wurzburg, Kaunitz, Wurtemberg, une légion d'Autriche, le régiment de Peterwardeiner, qui s'est retiré par Kürn, Nittenau, Bruck et Cham ;

« 4o Le 4e corps ou corps de Rosenberg, composé des régiments de l'archiduc Louis, Czartorinsky, Coburg, Reuss-Greitz, Bellegarde, Jos. Mitrowsky, une légion d'Autriche, des dragons de Latour et des hussards de Saint-Julien, qui a marché par Kürn et a suivi la même route que le précédent ;

« 5o Partie du 5e corps ou corps de l'archiduc Louis, composée des régiments de l'archiduc Charles, Stein, Hiller et Sztaray, qui s'est retirée par la route de Rötz et de Waldmünchen ;

« 6o Enfin la réserve de grenadiers et la cavalerie pesante du prince de Liechtenstein, qui a également suivi la même route.

« De nouveaux déserteurs, arrivés dans le moment, disent que les hussards de Kienmayer et les uhlans de l'archiduc Charles ont suivi le 5e corps dont ils faisaient partie. Le 2e et le 5e corps ont prodigieusement souffert, plusieurs régiments sont réduits à rien, d'autres à moitié. Le 3e et le 4e sont à peu près dans le même cas. »

P.-S. — Un bruit vague annonce que le prince de Ponte-Corvo est entré en Bohême.

LE GÉNÉRAL BOUDET AU MAJOR GÉNÉRAL.

Straubing, le 28 avril 1809.

Monseigneur,
L'ordre, que V. A. m'adressa hier pour le départ de ma division, m'étant parvenu tard, et attendant le rapport d'une reconnaissance qui a poussé jusqu'à Rogensdorf, j'ai différé mon départ jusqu'à ce matin trois heures. La reconnaissance n'a rien rencontré, elle a appris seulement que l'ennemi réunissait ses forces sur la ligne de Rötz, Cham, Kötzting et Viechtach.

Je faisais rester un bataillon à Straubing, pour n'en partir que lorsqu'il aurait été relevé par des troupes que devait envoyer le maréchal duc d'Auerstaedt; apprenant à l'instant que ces troupes arrivent avant midi, ce bataillon joindra ma division aujourd'hui à Osterhofen.

Mon dessein était d'aller aujourd'hui jusqu'à Vilshofen ; mais la crainte de laisser trop dégarni le point de Straubing, très important pour le maréchal duc d'Auerstaedt, m'a engagé à prendre une position plus rapprochée dans le cas où mon retour eût été nécessaire.

J'accélérerai demain ma marche, pour rejoindre le plus tôt possible le duc de Rivoli[1].

BOUDET.

LE MAJOR GÉNÉRAL AU DUC DE RIVOLI.

Burghausen, le 28 avril 1809.

J'ai reçu, Monsieur le Maréchal, vos lettres du 27 et du 28[2]; S. M. en a pris lecture. Nous sommes occupés à réparer le pont de Burghausen, qui ne sera prêt que demain vers midi. Je pense que S. M. vous enverra des ordres dans la nuit.

ALEXANDRE.

---

1. Le même jour, le général Beker, chef d'état-major du 4e corps, écrivait au général Boudet : « M. le maréchal, étant informé que l'ennemi reste en position entre Schärding et Braunau, se propose de marcher à lui demain matin. Pour appuyer ce mouvement, il désire que votre division arrive demain devant Schärding, pour prendre position sur la rive droite et veiller à la conservation de ce point important, en attendant que M. le maréchal dispose de vous.

« Je vous préviens qu'un détachement de 50 dragons badois est chargé d'éclairer la route de Linz, et qu'un bataillon de la même nation reste à Schärding gardant le pont et surveillant les autres communications. »

2. Voir la lettre du maréchal Masséna au major général, du 27 avril à 2 heures et demie, demandant à être renseigné sur les mouvements du maréchal Bessières, et la lettre qui suit.

LE DUC DE RIVOLI AU MAJOR GÉNÉRAL.

Schärding, le 28 avril 1809, à 5 heures du matin.

Monseigneur,

J'ai reçu la lettre que V. A. m'a fait l'honneur de m'écrire par estafette [1] et à laquelle je m'empresse de répondre, comme je l'ai fait à toutes celles que j'ai reçues depuis mon départ de Straubing.

Hier, à mon arrivée à Schärding, j'ai expédié un officier à V. A. et j'ai écrit par le même à M. le Maréchal duc d'Istrie, à Neumarkt. Ma position dès lors est toujours la même ; je fais pousser de fortes reconnaissances sur Linz et sur Braunau.

On me rend compte que l'Inn charrie du bois brûlé, ce qui ferait présumer que l'ennemi a brûlé quelques ponts sur le haut Inn.

Je suis prêt à me porter sur les deux rives de l'Inn d'après les circonstances et les ordres que je pourrais recevoir. Mon intention était de partir ce matin de très bonne heure, pour me porter à Altheim à quatre lieues de Braunau, sur la rive droite, mais MM. les maréchaux ducs de Montebello et d'Istrie étant bien encore en arrière de l'Inn, je continuerai à rester ici et ferai pousser de forts partis [2]. Si je parviens à avoir des nouvelles de l'ennemi, je marcherai à lui avec rapidité [3]. Mes re-

---

1. Lettre du major général au duc de Rivoli, du 27 avril à 2 heures du matin.

2. Par suite de ces circonstances, le maréchal Masséna arrêtait son mouvement sur l'Inn. Dans la journée du 28, le quartier général du 4e corps était établi à Saint-Florian, près du point de jonction des routes de Linz et de Braunau à Schärding.

3. Le duc de Rivoli, étant informé que l'ennemi restait en position entre Schärding et Braunau (*voir la note* [1], *faisant suite à la lettre du général Boudet au major général, du 28 avril*), prescrivait au général Claparède de porter sa 1re brigade avec 3 pièces d'artillerie légère sur Dierichshofen, pour appuyer le 14e chasseurs. « Vous tiendrez votre division prête à marcher sur le même point, lui écrivait le général Beker. Je préviens le général Espagne pour qu'il tienne un régiment de cuirassiers prêt à marcher au premier ordre. »

ORDRE AU GÉNÉRAL CARRA-SAINT-CYR.

« Tenez-vous prêt à partir demain, à la pointe du jour, pour suivre le mouvement de la division Claparède sur la route de Braunau. Lorsque vous recevrez l'ordre d'effectuer ce mouvement, vous laisserez en observation 50 dragons badois sur la route de Linz, avec ordre d'éclairer cette partie et d'informer M. le maréchal, sur la route de Braunau, des renseignements que ce chef de détachement pourra se procurer sur l'ennemi.

« BEKER. »

ORDRE AU GÉNÉRAL LEGRAND.

« Demain, à 5 heures du matin, toutes les troupes du 4e corps se mettront en

connaissances n'ont encore trouvé que quelques petits postes à
deux lieues de Braunau sur la rive gauche, ainsi que j'ai eu
l'honneur de vous en rendre compte hier.

MASSÉNA.

P.-S. — Ci-joint copie d'un rapport que je viens de recevoir.

LE MAJOR GÉNÉRAL AU DUC D'ISTRIE.

Burghausen, le 28 avril 1809, à 1 heure après midi[1].

Je vous adresse, Monsieur le Duc, une lettre de M. le général
de Wrède, de Trostberg[2]; envoyez de la cavalerie avec de l'artillerie légère sur Tittmoning[3].

---

marche; le point de direction sera indiqué au moment du départ. La division
Legrand partira à 4 heures, pour prendre son rang dans la colonne après la division Claparède.

« Un régiment badois commandé par le général restera en position sur la rive
gauche de l'Inn . . . .

« BEKER. »

1. Le major général était arrivé à Burghausen à midi.

2.　　　　　LE GÉNÉRAL DE WRÈDE AU MAJOR GÉNÉRAL.

Trostberg, le 28 avril 1809, à 7 heures du matin.

Monseigneur,

Je suis arrivé après minuit devant le bourg de Wald, mais n'ai trouvé aucun
moyen de passer l'Alz, puisque l'ennemi avait non seulement entièrement détruit
le petit pont qui se trouvait à un quart de lieue de là pour les piétons, mais
qu'il avait aussi brûlé la barque sur laquelle auraient pu passer mon artillerie et
ma cavalerie. J'ai donc continué ma marche ici et l'ai tellement accélérée, que
l'ennemi, qui vient tout à l'heure de quitter la rive droite de l'Alz, n'a trouvé
le temps que de démolir un arc du pont; comme celui-ci sera rétabli dans une
heure et demie le plus tard, j'espère que je pourrai encore atteindre avec ma
cavalerie l'arrière-garde de l'ennemi, avant qu'il arrive à Tittmoning ou Laufen.

Ses plus grandes forces doivent avoir pris la route sur Tittmoning, où il n'y
a point de pont, et tout doit passer sur des barques. J'espère arriver là le plus
tard à midi avec mon avant-garde; une partie de mes tirailleurs suivent la cavalerie sur des chariots.

Toute la division marchera sur Tittmoning, et c'est là que j'attendrai les ordres de V. A. S., si je dois passer la Salza sur des barques, ou si S. M. l'Empereur et Roi ordonne que je me dirige sur Laufen.

J'apprends, dans ce moment, qu'il y avait encore dans la nuit un corps ennemi
de 3,000 à 4,000 hommes à Obing et Pittenhart. Ce corps venait de Wasserburg et très probablement de Munich. Comme je dois arriver nécessairement
avant lui sur la Salza, il ne pourra plus rejoindre la Grande-Armée, et tout au
plus par Traunstein ou Reichenhall dans le Tyrol.

J'en préviens dans ce moment M. le maréchal duc de Danzig, pour qu'il puisse,
s'il le trouve bon, avancer le plus tôt possible sa droite.

WRÈDE.

3. Le chef d'escadrons Marqueron, du 1er régiment de chasseurs, ayant reçu

LE MAJOR GÉNÉRAL AU GÉNÉRAL DE WRÈDE.

Burghausen, le 28 avril 1809, à 1 heure après midi..

Je reçois, M. le général de Wrède, votre lettre de Trostberg. L'Empereur a lu votre rapport avec intérêt. Je viens de donner l'ordre au duc d'Istrie de faire marcher un gros corps de cavalerie avec de l'artillerie légère sur Tittmoning ; quant à votre direction, S. M. s'en rapporte à vous et vous laisse le maître d'agir comme vous le jugerez convenable, pour faire le plus de mal possible à l'ennemi, d'après les renseignements que vous aurez. Le pont de Burghausen ne sera réparé que dans la nuit [1],

---

l'ordre de remonter la Salza jusqu'à Tittmoning, écrivait au général Jacquinot, commandant la 1re brigade de cavalerie légère, à Burghausen :

                                        Tittmoning, le 28 avril 1809.
        Mon Général,

J'ai l'honneur de vous rendre compte que je n'ai trouvé ni Autrichiens ni magasins au couvent de Raitenhaslach.

J'ai appris seulement que 15 hussards et 25 hommes d'infanterie avaient rafraîchi.

Il y avait deux heures qu'ils étaient partis lorsque je suis arrivé ; j'ai continué ma route jusqu'à Tittmoning, où j'ai trouvé 800 hommes d'infanterie qui passaient l'Inn avec des barques.

Je me suis porté rapidement en avant pour les empêcher de continuer leur embarquement. Ils ont filé le long du bois qui borde la rivière ; ne pouvant point les charger dans le bois, vu son épaisseur, je les ai cernés de tous côtés et ai envoyé un officier et un trompette pour parlementer et les faire capituler. Ce n'est point sans peine qu'ils se sont décidés, mais lorsque j'ai dit au commandant qu'il y avait une colonne d'infanterie qui était proche de la ville, il s'est rendu avec une colonne de 500 hommes formant trois compagnies et leurs officiers, que je vous fais conduire par un escadron.

Je m'arrête ici pour faire rafraîchir ma troupe et ensuite je vous rejoindrai.
                                                    MARGUERON.

P.-S. — Je vous fais conduire les fusils des prisonniers autrichiens.

La division Molitor, aux ordres du duc d'Istrie, était établie à Burghausen. Quant à la cavalerie qui comprenait non seulement les 4 régiments du général Marulaz, mais encore les brigades légères Jacquinot et de Piré, elle fut échelonnée entre Burghausen et Tittmoning ; le 19e chasseurs et la brigade de Piré furent poussés dans la soirée entre Tittmoning et Laufen.

Le général Walther avait également reçu l'ordre, du major général, d'envoyer à Burghausen ce qui était arrivé de la cavalerie de la garde. L'infanterie de la garde et les divisions Nansouty et Saint-Sulpice restaient aux environs d'Altötting.

[1]. Le général Bertrand avait dirigé, dans la nuit du 27 au 28, le parc du génie sur Burghausen. Les compagnies de sapeurs de la division Oudinot et 10 pontons avaient été également dirigés sur Burghausen.

Le général Paulin, alors aide de camp du général Bertrand, s'exprime ainsi dans ses *Souvenirs* au sujet du rétablissement de ce pont : « Nous arrivâmes de bonne heure dans la journée à Burghausen, sur la rive gauche de la Salza, dont le pont avait été brûlé par l'ennemi. Les pluies du printemps ayant gonflé

ce qui retient notre cavalerie sur la rive gauche; le duc de Rivoli a passé l'Inn à Passau.

Nous attendons un rapport sur ce que vous aurez fait dans la journée [1].

Pendant que l'Empereur, avec le centre de l'armée, se trouvait momentanément arrêté sur la Salza par la destruction des ponts, à l'aile droite, le maréchal Le-

---

toutes les rivières, la Salza avait plus de 100 mètres de largeur en ce point, et de tout ce pont en bois, on n'apercevait que la partie supérieure de quelques pilots charbonnés qui indiquaient l'emplacement des palées. . . . .

« Sur notre rive, les bateaux avaient été enlevés et ce ne fut qu'après de longues recherches en amont et en aval de la Salza, que nous pûmes nous en procurer le nombre suffisant pour travailler, ainsi que pour jeter quelques compagnies d'infanterie sur la rive opposée, afin de protéger le travail des sapeurs du génie. »

1. Le général de Wrède arrivait à 2 heures de l'après-midi à Tittmoning, d'où il écrivait au major général :

« Je suis arrivé ici il y a une heure, mais trop tard pour prendre les troupes de l'ennemi que j'avais poursuivi. Un escadron du 1er et un du 2e régiment de chasseurs sont arrivés à onze heures de Burghausen, ici, et ont pris un bataillon de la landwehr.

« J'ai établi militairement ma division sur la route de Laufen, où j'ai envoyé une forte reconnaissance. Je me fais préparer les barques nécessaires pour pouvoir faire passer la division sur la rive droite, en cas que le pont de Laufen serait détruit. Comme l'ennemi a presque partout abandonné la rive droite de la Salza, il est à croire qu'il n'a pas le projet de défendre Salzburg. »

Le général de Wrède expédiait de nouveau, à 6 heures du soir, la dépêche qui suit au major général : _

                    Monseigneur,

Mes chevau-légers m'amènent, dans ce moment, des prisonniers du régiment des chevau-légers d'O'Reilly, qu'ils ont pris à moitié chemin d'ici à Laufen. Ces prisonniers me confirment entièrement que c'est le corps du général Jellachich, composé des régiments d'Eszterhazy et Devaux infanterie, d'un régiment des frontières et desdits chevau-légers d'O'Reilly qui n'a pas encore entièrement passé la Salza et qui se trouve encore en partie entre cette rivière et l'Alz.

Je viens d'envoyer 6 escadrons de chevau-légers en échelons sur Laufen, pour tomber coûte que coûte sur la cavalerie de l'ennemi et couper la retraite à son infanterie. Tandis que je dicte ce rapport, on continue à m'amener des prisonniers du régiment d'O'Reilly ; j'espère donc que je parviendrai encore à occuper ce soir Laufen.

J'ai le projet de faire passer de l'infanterie sur la rive droite de la Salza, pour remonter cette rivière vers Laufen, tandis que je me propose de marcher demain, au point du jour, avec toute ma division sur ce point.

V. A. m'ayant fait l'honneur de m'écrire que S. M. l'Empereur et Roi daignait de donner à ma division la direction que je croirais la plus convenable, je compte passer la Salza à Laufen et marcher sur Salzburg par les derrières de cette ville.

J'expédie le porteur de celle-ci à V. A., pour lui demander si ce mouvement obtiendra l'agrément de S. M.

                                        WRÈDE.

febvre continuait à poursuivre le général Jellachich, et se dirigeait sur Salzburg.

Wasserburg, le 28 avril 1809, à 7 heures du matin.

Monseigneur,

Ayant eu l'honneur d'annoncer à V. A. S. que la colonne ennemie aux ordres du général Jellachich qui s'était arrêtée à Ebersberg se retirait par Wasserburg, je me suis mis à sa poursuite, mais, malgré la diligence que j'ai faite, je n'ai pu la joindre, elle avait passé l'Inn à mon arrivée. Je suis parvenu, non sans peine, à amener hier jusqu'ici mes Bavarois. Je dois avouer à V. A. que tout ce que je pourrai faire aujourd'hui sera de me porter à Altenmarkt et encore me manquera-t-il beaucoup de monde. L'ennemi avait brûlé le pont et n'avait laissé que quelques piquets de cavalerie, qui ont été chassés par les hommes que j'ai fait passer dans des bateaux. J'ai donné des ordres pour le rétablissement du pont qui sera en état dans la matinée; et me mettrai de suite en marche, pour arriver ce soir à Altenmarkt. Je me dirigerai aussi vite que possible sur Salzburg.

D'après les rapports, les troupes ennemies sont terrorisées et se sauvent en toute hâte, je ferai tout ce qui dépendra de moi pour les joindre.

Ayant eu avis que la colonne du général Jellachich s'était retirée tout entière sur Wasserburg, j'ai envoyé, sous les ordres d'un de mes aides de camp, un détachement d'un bataillon, un escadron et une pièce d'artillerie pour faire lever le blocus de Kufstein; si cela ne suffisait pas, j'enverrais d'autres troupes, enfin j'agirai selon les circonstances.

LEFEBVRE.

P.-S. — Le pont ayant été brûlé est très difficile à rétablir; je ferai cependant mon possible pour arriver ce soir à Altenmarkt [1].

---

1. « Malgré toute l'activité qu'on avait mise à réparer le pont de Wasserburg, le passage ne fut praticable qu'à midi, ce qui mit le corps dans l'impossibilité de joindre l'ennemi, qui avait près de dix-huit heures d'avance.

« Les divisions du prince royal et du général Deroy, ayant passé l'Inn, se portèrent sur Altenmarkt, où il fallut encore réparer le pont sur l'Alz. Elles y prirent position..... » (*Rapport des mouvements particuliers du corps bavarois, par le général Drouet, chef d'état-major du corps d'armée.*)

Altenmarkt, le 28 avril 1809, à 7 heures et demie du soir.

Monsieur le Général,

S. E. M. le maréchal me charge de vous faire savoir qu'il a établi son quar-

LE PRINCE DE PONTE-CORVO AU MAJOR GÉNÉRAL.

A Schleiz, le 28 avril 1809.

Prince, j'ai l'honneur de prévenir V. A. que je suis arrivé à Schleiz; j'y réunis les troupes. On fait quelques réparations urgentes à l'artillerie, et de suite je marche sur Egra, où j'espère que mon avant-garde entrera après-demain.

Aussitôt que j'ai eu reçu la lettre de V. A., en date du 24 avril[1], j'ai expédié deux officiers pour chercher la division Dupas et la diriger sur Bayreuth.

Mais comme je crains que le général Dupas ne se trouve déjà trop avancé pour se croire autorisé à exécuter mon ordre, je prie V. A. de vouloir bien lui expédier l'ordre direct de rejoindre mon corps d'armée.

Je puis assurer V. A. que cette division, toute faible qu'elle est, sera très utile auprès des Saxons.

J'ai l'honneur d'accuser à V. A. la réception de sa lettre du 25 et de la proclamation de S. M. Je l'ai fait de suite réimprimer et répandre.

BERNADOTTE.

L'EMPEREUR AU DUC D'AUERSTAEDT.

Burghausen, le 29 avril 1809, 2 heures après midi.

Mon Cousin, le général Rouyer a dû arriver le 27 à Ratisbonne. Le général Dupas a dû y arriver le 29. Ainsi, je

---

tier général ce soir à Altenmarkt, qu'il a fait réparer les ponts, et qu'il se mettra demain matin én marche, avec les 1re et 3e divisions, pour se porter sur Salzburg et s'en approcher le plus possible.

Son intention est que vous passiez la Salza à Laufen, si vous ne l'avez pas fait à Tittmoning, et que vous vous dirigiez ensuite sur Salzburg par la rive droite, tandis que nous marcherons par la rive gauche, de manière à être rendus devant cette ville après demain 30, dans la matinée.

Le général Jellachich se retire dans le plus grand désordre. Si vous parvenez à couper la route de Neumarkt à Salzburg avec votre cavalerie, vous pourriez prendre une grande partie de ses équipages, s'il n'a pas, dans la crainte d'être coupé, pris sa route vers le Tyrol. Tout annonce jusqu'ici qu'il s'est retiré sur Salzburg.

Donnez-moi de vos nouvelles et faites-nous connaître où vous coucherez demain, afin que nous puissions opérer de concert, s'il en était nécessaire.

DROUET.

1. Voir aussi la lettre du major général au maréchal Bernadotte, datée d'Ingolstadt, le 19 avril à midi (*Tome II*), traçant au commandant du corps saxon la conduite qu'il aura à tenir suivant les circonstances.

suppose que, demain soir, vous aurez à votre disposition à
Straubing, une brigade française forte de 5,000 hommes et
5,000 Saxons avec 14 canons. Vous aurez également 200
hommes de cavalerie du général Rouyer et 200 commandés
par le major Ameil, qui, avec le régiment wurtembergeois
qui est en garnison à Ratisbonne, formeront un total de plus
de 12,000 hommes, qui seront parfaitement placés à Straubing sur la rive droite du Danube. Je fais donner ordre à
une compagnie de canonniers bavarois qui est à 'Rain, avec
12 pièces de canon, de se rendre à Straubing. Il sera bon
de les y laisser dans tout état de choses, pour défendre le
pont quand nous n'y serons plus. Donnez ordre au commandant bavarois qui est à Straubing de former deux ou trois
bataillons bourgeois, que vous réunirez à Straubing et que
vous armerez avec les fusils autrichiens provenant du désarmement de Ratisbonne.

NAPOLÉON.

Les dernières nouvelles que j'ai de vous sont du 27. Nous
sommes arrêtés ici pour réparer le pont de la Salza, qui est
tout à fait détruit [1]. Nous avons occupé Salzburg et fait bon
nombre de prisonniers.

NAPOLÉON.

LE DUC D'AUERSTAEDT A L'EMPEREUR.

Kürn, le 29 avril 1809, à 11 heures du matin.

Sire,
J'ai l'honneur de rendre compte à V. M. que nos avant-gardes
sont entrées ce matin à Cham et à Rötz [2].

---

1.   LE MAJOR GÉNÉRAL A MONSIEUR DARU.

Burghausen, le 29 avril 1809, 6 heures du matin.

Nous sommes arrêtés ici parce que le pont n'est pas prêt ; nous mourons de
faim. Faites avancer le biscuit et tout ce que vous pouvez avoir en fabrication
derrière nous, et cela de préférence à tout. Il faut laisser à Altötting tous les
embarras, c'est-à-dire tous les gros bagages. De votre personne, vous pouvez
venir ici, si vous nous amenez des subsistances.

(*Archives du comte Daru.*)   ALEXANDRE.

2.   LE GÉNÉRAL MONTBRUN AU DUC D'AUERSTAEDT, A KÜRN.

Falkenstein, le 29 avril 1809, à 6 heures du matin.

J'ai l'honneur de prévenir S. E. que les reconnaissances que j'avais envoyées

Le corps du général Bellegarde est parti le 28, à 7 heures du matin, de Rötz, se dirigeant sur Waldmünchen et Klencz [1].

Les généraux Montbrun et Pajol vont suivre l'arrière-garde de l'ennemi, jusqu'à ce qu'il soit rentré en Bohême.

J'ai donné au général Montbrun le 13e régiment d'infanterie légère.

Ce matin, la 1re division s'est portée à Pfatter; demain, elle sera à Plattling.

La division Friant part à l'instant et sera rendue demain de bonne heure à Straubing.

Quant à la division du général Gudin qui est aux environs de Kürn, j'attends des renseignements plus détaillés du général Montbrun pour la mettre en marche. Je reste ici avec elle.

Il est certain que le corps de M. de Bellegarde était hier à Rötz, que la majeure partie du corps du prince Charles était aussi hier à Cham; ainsi, par les mouvements que je fais faire aux divisions, nous avons des marches sur l'ennemi.

Aussitôt que j'ai été instruit du départ de la division Boudet de Straubing, j'y ai envoyé le 48e régiment et un bataillon de la division Rouyer.

On achève quelques retranchements commencés sur la rive gauche pour couvrir les ponts de Straubing. J'ai ordonné au général Hanicque d'y envoyer 10 pièces de 6 autrichiennes avec des munitions.

Les chemins sont impraticables pour l'artillerie, pour se rendre à Straubing par la rive gauche.

Les rapports des déserteurs disent qu'il y a trois ou quatre jours les troupes, qui avaient été mises en marche de Cham sur Furth, étaient revenues sur Cham.

Il paraît que l'Archiduc, ayant supposé que je suivais l'ennemi à Rötz, avait réuni beaucoup de troupes à Cham, pour se porter

---

cette nuit sur Cham, me rendent compte que l'ennemi a évacué cette ville et s'est retiré sur Furth.

Je me porte à ce moment avec toute ma division sur Cham, j'y ferai rétablir le pont et suivrai l'ennemi. Je vous rendrai compte de la direction qu'il a prise, et de tous les renseignements que je pourrai obtenir dans cette ville; ils doivent être certains.

MONTBRUN.

1. Un officier du 11e chasseurs, envoyé en reconnaissance sur Rötz, avait rapporté les renseignements qui suivent : « Le corps d'armée commandé par le général Bellegarde a passé ici (Rötz), le 28 à 7 heures du matin; il est composé de 40,000 hommes, dont 10,000 se sont dirigés sur Waldmünchen et 30,000 sur Klencz en Bohême, avec 18 pièces de canon.

« Les avant-postes se trouvent, aujourd'hui 29, à Schönthal.

« L'archiduc Charles et le général Colloredo se sont dirigés sur Cham, le 25.

« La colonne commandée par le prince Liechtenstein n'a pas passé à Rötz. »

sur Straubing et Ratisbonne, et qu'il a changé d'idée lorsque je me suis porté sur la route de Cham [1].

Duc D'AUERSTAEDT.

LE DUC D'AUERSTAEDT AU MAJOR GÉNÉRAL.

Kürn, le 29 avril 1809, à 11 heures et demie du matin.

Monseigneur,

J'ai reçu la lettre de V. A., du 28 à 5 heures du matin [2].

Je n'ai aucune nouvelle du prince de Ponte-Corvo; je lui ai envoyé par quadruplicata vos dépêches pour lui. J'en ai chargé des officiers et sous-officiers intelligents [3].

Je viens de faire partir un parti de 150 chevaux pour en avoir des nouvelles.

Je rends compte à S. M. que nous sommes entrés ce matin à Rötz et à Cham.

La retraite de l'ennemi se fait sur Waldmünchen et Furth.

La division Morand, qui est partie ce matin à la pointe du jour, sera à Plattling demain.

Celle du général Friant sera demain à Straubing.

Je reste ici avec la division Gudin, jusqu'à ce que j'aie des nouvelles positives du général Montbrun.

J'ai prévenu vos intentions en envoyant un bataillon de la division Rouyer à Straubing; le 48e y est aussi depuis hier.

On achève quelques ouvrages commencés sur la rive gauche, pour la protection de ce pont.

Le général Hanicque y fait conduire 10 pièces de 6 autrichiennes, avec des munitions.

Duc D'AUERSTAEDT.

LE DUC D'AUERSTAEDT A L'EMPEREUR.

Kürn, le 29 avril 1809, à 7 heures du soir.

Sire,

J'ai l'honneur d'adresser à V. M. un rapport que je reçois du

---

1. Lettre du maréchal Davout au major général, du 27 avril à 1 heure après midi, faisant connaître les ordres donnés au 3e corps, lorsque la réunion de l'armée autrichienne à Cham est définitivement connue.

2. La minute de cette lettre porte 4 heures du matin.

3. Voir la lettre du major général au prince de Ponte-Corvo, datée du 26 avril, à 7 heures du matin.

général Montbrun [1], il confirme ceux que je vous ai adressés précédemment.

L'ennemi a perdu un temps précieux à Cham, et ce ne sera pas de sitôt qu'il sera à Linz [2].

Il y a cependant des corps de cette armée qui sont partis de Cham il y a deux ou trois jours.

Les rapports des déserteurs et de quelques soldats du 65e, qui étaient cachés dans les bois aux environs de Cham, confirment que ce n'est qu'hier que l'archiduc Charles avec une partie de l'armée a évacué Cham.

Quant à la force de cette armée, que le rapport porte à 150,000 hommes, elle est certainement exagérée du double [3].

---

1.   RAPPORT DU GÉNÉRAL DE DIVISION MONTBRUN,
daté de Cham, le 29 avril 1809, à 1 heure après midi.
    Monseigneur,

J'arrive avec ma division à Cham où j'ai fait rétablir le pont. Je pousse à l'instant des partis sur Furth et sur Waldmünchen.

L'archiduc Charles est parti d'ici, hier après midi.

Le corps du prince Liechtenstein est arrivé ici dimanche, venant directement de Ratisbonne.

Le corps de Rosenberg est arrivé aussi ici, dimanche et lundi.

Celui de Kollowrat a pris position en arrière de la ville, lundi soir.

Le corps de Bellegarde, faisant l'arrière-garde, commandé en personne par le prince Charles, est arrivé mercredi sur la ligne, dans la nuit ; de sorte que, jeudi au matin, les cinq corps d'armée autrichiens, formant un total de 150,000 hommes, étaient réunis dans le camp et sur les hauteurs en arrière de Cham, où l'archiduc Charles les a passés en revue et a harangué chaque régiment en particulier.

. . . .
L'armée est partie hier matin, l'arrière-garde hier soir prenant la direction de Neumarkt par Furth.

D'après tous les rapports des habitants, il est à présumer que cette armée prend la direction et marche sur Linz ; c'est du moins le bruit que faisaient courir les officiers.

L'ennemi a laissé à Cham un hôpital de 150 hommes ; il n'a laissé aucun magasin.

2. La communication entre Cham et Linz, par la rive gauche du Danube, ne pouvait être établie, pour une armée, que par la Bohême (par Furth, Klattau, Strakonitz, Budweis, Freystadt). Une communication secondaire pouvait s'établir par Winterberg, Hohenfurth. Quant aux chemins qui suivaient très irrégulièrement la rive gauche du fleuve, ils n'étaient praticables que pour de faibles détachements.

L'archiduc Charles, pour se porter sur Linz, avait à parcourir une distance de 38 milles. allemands, soit 70 lieues environ, tandis que la distance qui séparait Ratisbonne de Linz, par la rive droite, était de 27 milles, soit 50 lieues environ. Si le généralissime autrichien n'a pas été retenu à Cham, du 25 au 28, par la nécessité de rétablir l'ordre dans son armée, il a, comme le dit justement le maréchal Davout, perdu un temps précieux.

3. Dans son ouvrage sur l'archiduc Charles, le colonel von Angeli estime à 93,000 hommes et près de 12,000 chevaux les forces réunies à Cham par le généralissime autrichien. Dans son rapport à l'empereur d'Autriche, du 27 avril, l'archiduc ne pense pas pouvoir réunir plus de 50,000 combattants.

J'ai fait connaître ce matin à V. M. que demain la division Morand serait à Plattling sur l'Isar, et la division Friant à Straubing.

J'attends encore le résultat des reconnaissances que le général Montbrun envoie sur les derrières de l'armée ennemie, pour mettre en mouvement la division Gudin.

Duc d'Auerstaedt.

P.-S. — Je suis informé que la route d'Amberg et celle de Nuremberg étaient parfaitement libres.

J'ai appris indirectement que le prince de Ponte-Corvo était, le 27, à Hof. J'ai ordonné à mes reconnaissances de communiquer avec lui et de l'instruire des mouvements de l'ennemi.

L'EMPEREUR AU DUC DE DANZIG.

Burghausen, le 29 avril 1809.

Mon Cousin, je suppose que vous êtes arrivé aujourd'hui à Salzburg[1]. Envoyez une forte avant-garde d'infanterie et de cavalerie sur le chemin de Spittal jusqu'à seize lieues, la cavalerie à Rastadt, Bruck et Leoben[2]. Faites que cette avant-garde annonce l'arrivée d'une armée de 40,000 hommés, pour couper tout ce qui serait dans le Tyrol. Sachez si Chasteler, qui s'est porté sur Brixen, s'est retiré; s'il ne l'est pas, ce mouvement doit le faire retourner. Je pense que cette avant-garde doit être composée d'une brigade.

Aussitôt que vous aurez débloqué Kufstein réunissez-en la garnison avec de la cavalerie, artillerie, et vous y ajoute-

---

1. La 1re division du corps bavarois était partie, le 29 de grand matin, de sa position d'Altenmarkt, en passant par Waging et Petting, pour se porter sur Salzburg, et la 2e division était partie à la même heure, passant par Trannstein et Teisendorf. Mais le pont sur la Saal avait été totalement détruit, ce qui força de faire prendre position à ces deux divisions à Schönwang et à Teisendorf. » Le duc de Danzig ne devait entrer à Salzburg que le lendemain 30. (*Rapport des mouvements journaliers du corps bavarois, par le général Drouet, chef d'état-major du 7e corps.*)

2. L'Empereur, ayant appris, le 26, l'échec du prince Eugène à Sacile et la retraite de l'armée d'Italie derrière l'Adige, pouvait craindre un mouvement des Autrichiens sur sa droite.

Le major général écrivait, le même jour, au maréchal Lefebvre : « De Salzburg, il faut que vous envoyiez de forts partis sur le chemin de Spittal en Carinthie, afin d'avoir des nouvelles d'Italie. Il est important que vous soyez éclairé à 15 ou 18 lieues sur cette route, parce que des colonnes ennemies venant d'Italie pourraient se porter sur vous, et il faudrait le savoir à temps. »

rez ce qui sera nécessaire pour former une colonne que vous porteriez à la frontière, pour observer ce qu'ils font dans le Tyrol.

Faites imprimer et publier ce qui s'est passé avec le prince Louis, Hiller, et, avec des proclamations, apprenez-leur le danger qu'ils courent.

Portez le général de Wrède à Strasswalchen, et, avec la tête de votre corps, tenez-vous à Salzburg, pour être à portée de soutenir vos deux avant-gardes, surtout celle qui sera sur le chemin de Rastadt.

Faites briser les armes de la Maison d'Autriche à Salzburg. Faites rappeler les milices et rapporter les armes à Salzburg. Faites-vous remettre l'état des milices qui se sont armées, et faites publier que, si sous huit jours elles ne sont pas rentrées dans leurs foyers, les communes seront traitées militairement. Faites arrêter les officiers autrichiens que l'Empereur a laissés dans le Tyrol; ils serviront d'otages contre les traitements que l'on fera éprouver aux baillis bavarois. Faites arrêter les agents de l'insurrection. Nommez une commission de gouvernement composée de cinq membres, qui administreront le pays en mon nom; faites-leur prêter serment de ne rien faire contre le bien de mon service.

Faites travailler sur-le-champ à la citadelle[1], mettez-y quelques canons de Kufstein; faites-y faire des palissades, et prenez des mesures telles que, dans cinq jours, elle soit en état de soutenir trois mois de siège et puisse me répondre de la tranquillité de la ville.

Quant à l'économie, veillez à ce que les caisses ne soient point pillées. Mettez le séquestre sur tout ce qui appartient aux Autrichiens.

Le major général va envoyer un commandant pour la citadelle, et l'intendant général un administrateur pour la province. Mettez sur-le-champ en confection 200,000 rations de biscuit.

---

1. L'Empereur, qui attachait une très grande importance à ce que la citadelle de Salzburg fût mise immédiatement en état de défense, donnait des ordres très pressants à ce sujet au général Bertrand.

Burghausen, le 29 avril 1809, à 9 heures du matin.

Il est vraisemblable, Général, que dans ce moment vous êtes à
Salzburg [1]; l'intention de l'Empereur est que le duc de Danzig
qui doit également y être arrivé y prenne position; quant à vous,.
Monsieur le Général, l'intention de S. M est qu'avec votre division vous vous dirigiez demain sur Strasswalchen [2], d'où vous
enverrez des partis sur Braunau, pour vous lier à l'armée française; nous ne pouvons passer le pont de Burghausen que dans
la nuit, car on aura beaucoup de peine à le réparer d'ici à ce
soir. Envoyez des partis sur la route de Lambach ainsi que sur
celle qui longe les montagnes et rendez-moi compte de tout ce
que vous apprendrez.

LE DUC DE DANZIG AU MAJOR GÉNÉRAL.

Waging, le 29 avril 1809, à midi.

Monseigneur,
J'ai l'honneur de rendre compte à V. A. S. que, le pont de
Wasserburg n'ayant été rétabli que vers midi, les troupes n'ont
pu se mettre en marche qu'à cette heure; elles sont néanmoins
venues jusqu'à Altenmarkt, où nous avons encore trouvé le pont
rompu; il a été rétabli dans la nuit, et nos avant-postes ont encore
pu être portés à Stein. Le général de Wrède a dû venir jusqu'à
Trostberg pour passer l'Alza, il s'est dirigé de cette ville sur
Tittmoning où il est arrivé hier soir. Sa cavalerie, d'après le

1. Le général de Wrède écrivait de Tittmoning, le 29, au major général : « A
4 heures du matin, toute ma division se met en marche sur Laufen où je passerai la Salza, et compte arriver à 4 heures après midi à Salzburg. Le général
Beckers, à qui je fais passer en ce moment la Salza ici, sur des barques, marche
sur la rive droite pour gagner la route de Salzburg. »
Le général Preysing, commandant la cavalerie du général de Wrède, qui occupait Laufen depuis la veille au soir, adressait dans la nuit du 28 au 29 une
lettre du général Jellachich, dont le porteur avait été fait prisonnier. D'après
cette lettre, le général autrichien occupait avec sa division Salzburg et Bergheim.
A 5 heures du soir, le général de Wrède occupait Salzburg, après une faible
résistance du général Jellachich qui, d'après une lettre du général de Wrède à
l'Empereur, se retirait en partie vers Hallein.
2. Le général de Wrède écrivait de Salzburg au major général, le 29 à
10 heures et demie du soir : « Je viens de recevoir l'ordre de V. A. d'après lequel je dois me porter demain sur Strasswalchen, sur la route de Vienne. Je
partirai incontinent, après l'arrivée ici de M. le maréchal duc de Danzig. »

compte qu'il vient de me rendre, s'est portée sur Laufen où elle a eu un engagement, et est entrée pêle-mêle dans cette ville avec l'ennemi. Il me mande qu'il a fait un bon nombre de prisonniers des dragons d'O'Reilly. L'infanterie a tenu assez de temps pour leur donner la facilité de brûler une arche du pont.

Dès hier, j'avais donné ordre au général de Wrède de se porter sur Laufen, s'il pouvait passer la Salza à Tittmoning, à l'effet de remonter sur la rive droite derrière Salzburg, de jeter sa cavalerie sur la route de Neumarkt pour tomber sur les bagages et interrompre cette route.

Une lettre, que je reçois à l'instant du général de Wrède, m'annonce que la brigade du général Beckers a passé la Salza ce matin, à 4 heures, dans des barques vis-à-vis Tittmoning, et qu'il se porte de sa personne avec le reste de sa division à Laufen, par la rive gauche, où il espère passer en totalité dans la journée.

La division du général Deroy est partie ce matin d'Altenmarkt, pour se rendre à Salzburg par la route de Traunstein, par où une partie de la colonne ennemie s'est retirée. Je marche de ma personne avec la division du prince royal par Waging. Nous aurions lieu d'espérer d'avoir quelque chose du corps de Jellachich, si nous avions des jambes. Je m'approcherai le plus que je pourrai de Salzburg, mais, si le général de Wrède peut arriver d'assez bonne heure sur Neumarkt, je ne doute pas qu'il fasse une bonne capture.

LEFEBVRE.

LE DUC DE RIVOLI AU MAJOR GÉNÉRAL.

Saint-Florian, le 29 avril 1809, à 7 heures du soir.

Monseigneur,

J'ai reçu les trois lettres que V. A. m'a fait l'honneur de m'écrire.

La division Boudet est arrivée aujourd'hui à Schärding, avec le régiment de chasseurs wurtembergeois.

J'ai été instruit, ce matin, que quelques troupes ennemies se trouvaient à Obernberg venant de Braunau. J'ai envoyé de suite quelque infanterie et le 14e régiment de chasseurs, que mon premier aide de camp Sainte-Croix conduisait appuyé par un régiment de cuirassiers; ils n'ont pu joindre que l'arrière-garde et on leur a fait 100 prisonniers ; le nombre en eût été plus considérable si j'avais eu davantage de cavalerie légère, mais le 14e de chasseurs, qui a perdu son colonel devant Ratisbonne, n'est plus que de 200 hommes un peu découragés. Il reprendra de l'énergie, quand il sera réuni aux autres régiments de chasseurs que M. le maréchal duc d'Istrie m'annonce.

Hier, le major Sainte-Croix, mon premier aide de camp, fut envoyé en reconnaissance avec les dragons badois sur la route de Linz, il arriva jusqu'à une lieue d'Efferding; c'est là qu'il a trouvé les premiers postes ennemis, il les a chargés et leur a fait 70 prisonniers.

Tous les rapports que me font les déserteurs et les prisonniers annoncent que l'ennemi se retire sur Linz, Wels et Lambach. S'il y a encore quelque chose sur la rive droite de l'Inn, ce ne sont que des hommes égarés.

J'attends avec impatience des ordres pour avancer.

V. A. ne me dit rien de la lettre que j'ai eu l'honneur de lui écrire de Passau et dont un officier du quartier général impérial était porteur. Je crains qu'elle ne soit perdue et j'en envoie un duplicata à V. A.[1].   MASSÉNA.

LE MAJOR GÉNÉRAL AU GÉNÉRAL VANDAMME.

Burghausen, le 29 avril 1809, 6 heures du matin.

L'intention de l'Empereur, Monsieur le général Vandamme, est que de Mühldorf[2] vous vous portiez par la rive gauche de l'Inn dans la direction de Braunau; faites-vous éclairer et envoyez des partis dans cette direction pour savoir ce qui se passe de ce côté[3]. Nous passerons aujourd'hui le pont de Burghausen, et lorsque nous serons à Braunau vous recevrez des ordres ultérieurs.

---

1. Voir la lettre du duc de Rivoli au major général, datée de Passau le 26 avril, annonçant l'occupation de cette ville par les troupes du 4ᵉ corps et la retraite de l'ennemi.

2. Le même jour, à 4 heures du matin, le major général avait expédié l'ordre qui suit au général Vandamme, dont le quartier général était à Altötting : « L'Empereur ordonne, Monsieur le général Vandamme, que toute votre division soit réunie à Mühldorf; exécutez sans perdre de temps ce mouvement. »

3. En exécution de ces ordres, le général Vandamme écrivait au major général :

Au quartier général Winhöring, 29 avril 1809, 8 heures et demie du soir.

Monseigneur,

En exécution des ordres de V. A., j'ai réuni ce matin toutes mes troupes à Mühldorf, d'où je les ai dirigées sur Braunau. J'espérais moi-même me rendre à Marktl, mais le chemin pour y parvenir est tellement impraticable, la route présente de tous côtés des endroits si dangereux que, quant à présent, je n'ai pas cru devoir passer outre et je me suis établi au château de Winhöring. L'artillerie légère a extrêmement souffert et la cavalerie seule a pu faire ce trajet, quoique ses chevaux se trouvent on ne peut plus fatigués. J'ai arrêté, ici, l'artillerie à pied et une grande partie des bagages.

J'ai organisé au pont, en face de Neuötting (ce pont était détruit; voir la lettre du maréchal Lannes au major général, datée de Mühldorf, le 27 avril), plusieurs bateaux pour les communications, et je prie V. A. de vouloir bien me faire parvenir par là les ordres qu'elle aurait à m'adresser et que j'attends ici.

VANDAMME.

Préoccupé des mouvements insurrectionnels qui se fomentaient en Allemagne, l'Empereur allait prendre des dispositions pour garantir la sécurité sur le Rhin, et être en mesure de faire face aux menaces de soulè- vement en Westphalie.

Déjà, le 9 avril, l'Empereur écrivait au roi de West- phalie : « Le major général vous fera connaître que je vous ai donné le commandement du 10° corps de l'armée d'Allemagne, composé de vos troupes, des troupes qui sont à Hambourg, et des garnisons de. Küstrin et de Stettin. Votre principale fonction sera de maintenir la tranquillité depuis Hambourg jusqu'au Main. »

Le 12, il écrivait de nouveau au roi Jérôme : « Ayez l'œil sur tout ce qui se passe du côté de Dresde, en Hanovre et du côté de Hambourg. »

Les événements qui venaient de jeter l'alarme à Cassel[1] et dont la nouvelle parvenait au quartier im- périal, à Burghausen, le 29 avril, et sans doute aussi la nécessité de posséder des forces suffisantes pour empêcher les Autrichiens de faire quelques tentatives sur les derrières de l'armée, décidaient l'Empereur à créer un corps de réserve sur le Rhin.

L'EMPEREUR AU MAJOR GÉNÉRAL.

Burghausen, 29 avril 1809.

Mon Cousin, mon intention est de former, dans le comté de Hanau, un corps d'observation qui sera commandé par le duc de Valmy, qui aura sous ses ordres les généraux de di-

---

1. Complot du baron Dœrnberg, commandant le régiment des chasseurs de la garde du roi de Westphalie.

vision Rivaud et Beaumont, le général de brigade Boyer, et
deux autres généraux de brigade que nommera le ministre
de la guerre. Ce corps sera composé : 1° de trois régiments
provisoires de dragons, les plus en état des six qui se forment à Strasbourg, au choix du général Beaumont qui par-
tira avec ces trois régiments; 2° des 4es bataillons des 75e,
36e, 46e et 50e, qui sont à Paris, et qui reçoivent l'ordre de se
porter sur Mayence; 3° des demi-brigades provisoires de ré-
serve qui se réunissent à Mayence, à Metz et à Sedan, formant 8,000 hommes ; 4° de douze pièces d'artillerie qui
seront organisées à Mayence. Tout cela formera un corps de
14,000 hommes, qui portera le nom de corps d'observation
de l'Elbe. Donnez les ordres directement pour ce qui fait
partie de l'armée, c'est-à-dire pour les trois régiments provisoires de dragons, au général Beaumont. Si sa division
était déjà partie, il se porterait sur Hanau avec ses trois
meilleurs régiments, et les trois autres continueraient leur
route sur Augsbourg, sous les ordres du général de brigade
Picard. Pour les troupes qui sont dans l'intérieur de la
France, transmettez les ordres au ministre de la guerre[1].
Recommandez au duc de Valmy de porter, aussitôt que pos-

---

1. Corps d'observation de l'Elbe commandé par M. le maréchal duc de Valmy.

État-major. 29 avril 1809.

Commandant en chef.	M. le maréchal duc de Valmy.
Général de brigade.	Boyer (Pierre), chef de l'état-major.
Adjudant commandant	Hector.
Officiers d'état-major	Bin, chef de bataillon, Gaareze, capitaine, Pressolle, lieutenant, Randon, lieutenant.

Troupes désignées par l'ordre de l'Empereur, en date du 29 avril :

		Offi- ciers.	Trou- pes.	Che- vaux.
	3e régiment d'infanterie du grand-duché de Berg	42	1,493	»
	5e 1/2 brigade provisoire de réserve.	25	1,741	»
Général de division Rivaud.	10e 1/2 brigade provisoire de réserve.	13	595	»
Généraux de brigade.	Clément . . .	13e 1/2 brigade provisoire de réserve.	25	1,624	»
	Vaufreland . .	4e bataillon du 36e de ligne . . .	9	876	»
	Valletaux. . .	4e bataillon du 50e de ligne . . .	16	710	»
		4e bataillon du 75e de ligne . . .	13	939	»
		Grenadiers et voltigeurs du 4e bataillon du 46e.	6	234	»

sible, son quartier général à Hanau, d'y réunir ses troupes [1], et surtout de les faire donner ensemble et de ne pas les éparpiller; enfin, de faire grand bruit de la formation de son corps et de répandre qu'il est de 50,000 hommes, avec lesquels il devra se porter partout où il serait nécessaire.

NAPOLÉON.

		Offi-ciers.	Trou-pes.	Che-vaux.
Général de division Beaumont, désigné par l'Empereur, a reçu l'ordre de se rendre à Augsbourg . . .	1er régiment provisoire de dragons [1].	»	»	»
	5e régiment provisoire de dragons [1].	».	»	»
Généraux { Duverger. . . de brigade. { Lameth (Ch.).	6e régiment provisoire de dragons	19	872	914
Major d'artillerie Desgras. .	Détachement du 5e régiment d'artillerie à pied.	1	62	»
	Détachement du 6e régiment d'artillerie à cheval.	1	54	60
Matériel, 12 bouches à feu conduites par 240 chevaux.				
	Total.	170	9,200	974

Troupes dirigées sur Hanau par le ministre de la guerre :

	Offi-ciers.	Trou-pes.	Che-vaux.
1er régiment provisoire de chasseurs à cheval	14	772	800 [2]
Régiment de chasseurs à cheval du grand-duché de Berg . . .	22	640	680 [2]
1 escadron de chasseurs à cheval portugais	6	130	140 [2]
Le 4e bataillon du 25e de ligne.	13	685	»
Le 4e bataillon du 28e de ligne.	18	834	»
Le 4e bataillon du 19e de ligne.	15	751	»
Total.	88	3,812	1,620

1. Désignés par l'Empereur, ont reçu l'ordre de se rendre à Augsbourg.
2. Ces trois corps ont l'ordre de se rendre à Augsbourg.

1. L'Empereur écrivait le même jour au maréchal Kellermann : « Rendez-vous à Mayence, afin d'avoir l'œil sur la Westphalie et de porter au roi tous les secours que vous pourrez. »

Il écrivait également au roi de Westphalie : « Je viens d'ordonner la formation d'un corps d'observation de l'Elbe, dans le comté de Hanau, fort de 18,000 hommes et de 2,000 chevaux, sous les ordres du duc de Valmy; mais il faut lui donner le temps de se former et ne pas l'éparpiller. Ce corps passera sous vos ordres, aussitôt qu'il sera formé, et augmentera le 10e corps. Il est destiné non seulement à se porter sur l'Elbe et dans le Hanovre, mais aussi sur les côtes, si les Anglais faisaient quelques tentatives. »

CHAPITRE III

LE MARÉCHAL DAVOUT REPLOIE SES DIVISIONS SUR LA
RIVE DROITE DU DANUBE ET MARCHE SUR PASSAU. —
L'EMPEREUR AVEC LE CENTRE DE L'ARMÉE MARCHE SUR
LINZ ET LA TRAUN. — LE MARÉCHAL LEFEBVRE OCCUPE
SALZBURG.

30 avril-2 mai.

Le maréchal Davout, agissant avec une extrême prudence, ne devait abandonner les lignes de retraite du
prince Charles, en Bohême, qu'après s'être assuré que
la marche de l'armée autrichienne sur Budweis était
définitive.

Ce n'est qu'après plusieurs confirmations successives
du mouvement de l'archiduc, et lorsque le général
Rouyer est arrivé à Ratisbonne et le maréchal Bernadotte signalé vers Neumarkt, que le commandant du
3ᵉ corps porte en échelons sur Straubing, Plattling et
Vilshofen ses trois divisions, pour continuer ensuite
son mouvement sur Passau; la division Montbrun,
appuyée par un régiment d'infanterie, restant en surveillance sur la rive gauche du Danube.

L'Empereur, qui avait été arrêté sur la Salza du 28
au 30 avril et qui, depuis le 28, était renseigné sur le

mouvement de retraite du général Hiller sur Lambach[1],
remet son armée en marche dès que le pont de Burghausen est rétabli. Tandis que l'ordre de s'emparer du
pont de Linz est expédié au maréchal Masséna, la
cavalerie du maréchal Bessières et le corps du maréchal Lannes reçoivent l'ordre de se porter sur la Traun
en se rapprochant du Danube.

LE DUC D'AUERSTAEDT A L'EMPEREUR.

Kürn, le 3o avril 1809, à 2 heures et demie du matin.

Sire,

J'ai l'honneur d'adresser à V. M. une lettre qui a été remise,
aux avant-postes du général Montbrun, par un parlementaire que
l'on gardera jusqu'à la réponse de V. M.[2]

Le général Montbrun m'écrit de Cham, le 29, à 5 heures du
soir, que son avant-garde a poussé l'arrière-garde ennemie jusqu'au delà de Weiding, où l'ennemi a un régiment d'infanterie,
une division de uhlans et une de chasseurs.

---

1. Voir la lettre du major général au maréchal Davout, du 28 avril, à 4 heures
du matin.

2. Dans sa dépêche à l'empereur d'Autriche annonçant la défaite d'Eckmühl,
l'archiduc, ayant peu d'espoir de voir les événements prendre une tournure favorable à son pays, crut devoir conseiller la voie des accommodements. L'empereur François, dans sa réponse transmise par le comte Stadion, laissait le
généralissime autrichien seul juge de l'opportunité d'engager des pourparlers
dans le sens de la paix. C'est alors que l'archiduc Charles écrivit à l'Empereur
la lettre qui suit, et qui fut remise aux avant-postes du général Montbrun :

« Sire,

« V. M. m'a annoncé son arrivée par des coups de canon, sans me laisser
le temps d'aller la complimenter. J'étais à peine instruit de sa présence, que
les pertes que j'éprouvais me la faisaient cruellement sentir. Vous m'avez enlevé beaucoup de monde ; mes troupes, de leur côté, vous ont fait quelques
milliers de prisonniers sur les points où vous ne commandiez pas vous-même.
Je propose à V. M. l'échange homme pour homme, grade pour grade, et, si
cette proposition vous agrée, veuillez me faire connaître vos intentions relativement au lieu où doit être opéré cet échange.

« Je me sens flatté, Sire, de me mesurer avec le plus grand capitaine du
siècle. Je serais vraiment heureux si le sort m'avait choisi pour assurer à ma
patrie une paix durable ; mais quelles que soient les chances de la guerre ou les
approches de la paix, je prie V. M. de croire que mon ambition m'amène toujours vers elle, et que je me tiendrai également honoré de me rencontrer avec
vous, Sire, l'épée ou la branche d'olivier à la main. »

(Voir la réponse de l'Empereur au maréchal Davout, datée de Burghausen
le 1er mai 1809.)

J'attends incessamment l'état de tous les régiments qui composent cette armée.

Duc d'Auerstaedt.

LE DUC D'AUERSTAEDT A L'EMPEREUR.

Kürn, le 30 avril 1809, à 9 heures du matin.

Sire,

Hier, j'ai adressé à V. M. les rapports de Rötz et de Cham qui annonçaient la retraite de l'ennemi sur la Bohême. Sur ces rapports, je me suis déterminé à faire partir la division Morand, qui sera aujourd'hui à Plattling sur l'Isar. La division Friant est partie également et sera aujourd'hui à Straubing.

Je resterai à Kürn, avec la division Gudin, en attendant les rapports de nos reconnaissances de Cham sur Furth.

Le rapport du général Montbrun, que je reçois à l'instant et que je communique à V. M. [1], me détermine à donner l'ordre au général Gudin de se porter le plus près possible de Straubing. La tête de ses troupes sera ce soir à Rain.

J'ai un régiment d'infanterie à Stallwang, entre Cham et Straubing, pour soutenir le général Montbrun.

Je porte mon quartier général à Straubing. Je ne doute pas que je ne reçoive de V. M. des ordres dans la nuit. Dans tous les cas, je continuerai à faire marcher sur Passau, suivant les nouvelles que je recevrai du général Montbrun.

Quelle que soit la diligence de l'ennemi, nous pourrions être beaucoup plus tôt à Linz que lui.

J'ai indiqué, hier, la position des généraux Morand et Friant, afin que V. M. pût leur transmettre des ordres directement.

---

[1].   EXTRAIT D'UN RAPPORT DU GÉNÉRAL MONTBRUN.

29 avril 1809.

Les reconnaissances, que j'ai fait pousser sur Schönthal et Waldmünchen, rapportent qu'il n'est passé de ce côté que des bagages. Toute l'armée ennemie a pris la route de Furth-Neumarkt. Le corps du général Bellegarde, venu de Bruck par Rötz, a pris la même direction.

Mon avant-garde est à Weiding, à une lieue de Furth, que l'ennemi occupe avec des forces supérieures.

Je marcherai demain sur Furth et ensuite sur Neumarkt, seul point où nous pourrons savoir quelle direction prend cette grande armée, que tout le monde et tous les renseignements font marcher sur Linz.

Je vous adresse les noms des corps ennemis qui ont traversé Cham. Je ne puis vous donner les noms de ceux qui étaient campés sur la montagne.

Un demi-régiment a chargé sur Arnschwang et a fait des prisonniers que je fais filer sur Straubing.

J'ai du monde à Waldmünchen. L'ennemi a évacué tout le Haut-Palatinat.

Signé : Le général de division Montbrun.

Je joins ici des observations sur l'état annoncé dans le rapport du général Montbrun [1].

En supposant que l'ennemi voulût se porter sur le général Montbrun, étant à Straubing, je suis à portée de marcher à son secours, mais cette supposition n'est guère vraisemblable. Tout porte à croire que l'ennemi cherche à faire sa jonction sur Linz ou même plus bas.

DUC D'AUERSTAEDT.

LE DUC D'AUERSTAEDT A L'EMPEREUR.

Straubing, le 3o avril, à 9 heures et demie du soir.

Sire,

J'ai reçu la lettre que V. M. m'a fait l'honneur de m'écrire, le 29 avril, à 2 heures après-midi.

---

1. Le maréchal Davout joignait à la liste des corps envoyée par le général Montbrun les observations qui suivent :

La liste ci-jointe des régiments qui ont passé par Cham est très incomplète, car, d'après le rapport des déserteurs, les cinq corps de la Bohême et la réserve du prince de Liechtenstein se sont retirés par Cham. Or, ces cinq corps sont composés :

1o Le corps de Bellegarde, des régiments d'Erbach, Jean Nepomucène, Kollowrat, Reuss-Plauen, archiduc Reigner, Vogelsang, Ant. Mitrowsky, les volontaires de Moravie, 2 bataillons de chasseurs, les hussards de Blankenstein et les uhlans de Schwarzenberg ;

2o Le corps de Kollowrat, composé des régiments de Zach, de Joseph Colloredo, de Zettwitz, de Froon, de Stuart, de Rohan, de Frölich, de deux légions de l'archiduc, des chevau-légers de Klenau et des uhlans de Merfeld ;

3o Le corps de Hohenzollern, composé des régiments de Wenzer-Colloredo, Schröder, l'Empereur, Lindenau, Manfredini, Wurtzburg, Kaunitz, Wurtemberg, Kotulinsky, une légion d'Autriche, le régiment de Peterwardin, les hussards de Hesse-Hombourg et les hussards de Stipsics ;

4o Le corps de Rosenberg, composé des régiments de l'archiduc Louis, de Czartorinsky, de Coburg, de Reuss-Greitz, de Bellegarde, de Joseph Mittrowsky, de Chasteler, une légion d'Autriche, des dragons de Vincent ci-devant Latour et des hussards de Saint-Julien ;

5o Le corps de l'archiduc Louis, composé des régiments de l'archiduc Charles, de Stain, de Hiller, de Sztaray, Duka, Giulay, Beaulieu, de 2 bataillons de la landwehr d'Autriche, de Brooder, Gradiscaner, des hussards de Kienmayer et des uhlans de l'archiduc Charles ;

6o La réserve, composée de 12 bataillons de grenadiers, des cuirassiers d'Albert et de l'archiduc François, des dragons de Riech et de l'archiduc Jean, des cuirassiers de l'Empereur et de Hohenzollern, enfin des hussards de Ferdinand.

Il manque donc un grand nombre de régiments à la liste ci-jointe. Quant à ceux du prince de Rohan, de B (illisible) et Leiningen, portés sur ladite liste, il faut croire que ce sont des régiments qui, récemment, ont changé de nom.

De tous ces corps, celui de Bellegarde est le seul qui n'ait pas encore souffert ; la réserve est également presque complète ; quant aux quatre autres corps, il y a des régiments absolument détruits, d'autres qui ont tellement souffert, que l'un dans l'autre on peut estimer que ces quatre corps sont réduits à moins de moitié.

Le général Dupas n'est pas encore arrivé à Ratisbonne et je n'ai aucune nouvelle de lui ; j'envoie à sa recherche.

J'ai donné ordre, au général Rouyer, d'envoyer ici un régiment de trois bataillons.

Lorsque le prince de Ponte-Corvo, qui est attendu à Neumarkt, d'après ce que me mande un officier que j'ai envoyé de ce côté, sera à hauteur de Ratisbonne, le reste de la division Rouyer viendra à Straubing, ainsi que le corps du général Dupas.

Je fais faire une petite tête de pont, en avant de celui qui est à l'embouchure de la Regen, près de Ratisbonne ; on fait aussi quelques ouvrages sur la montagne de la Trinité.

Je ne crois pas qu'il soit possible de former ici des bataillons bourgeois, comme le désire V. M. ; les habitants regardent comme un de leurs privilèges de n'être point astreints à l'état militaire.

J'adresse à V. M. un rapport du général Montbrun, daté de Fürth, aujourd'hui à midi [1].

---

1. LE GÉNÉRAL MONTBRUN AU DUC D'AUERSTAELT.

Fürth, le 30 avril 1809, à midi.

Un bataillon d'infanterie légère occupe Fürth, trois escadrons sont poussés en avant pour suivre l'ennemi qui se retire sur Neumarkt, son arrière-garde est à Eschelkam.

Un régiment est à Schönthal et Waldmünchen, et le reste de mes troupes occupe Cham, seul débouché et point de retraite où je m'établis, en attendant des ordres de V. E. Mes avant-gardes sur Waldmünchen et Neumarkt ont ordre de ne pas quitter l'ennemi et de le poursuivre vivement.

L'armée ennemie a passé en entier à Fürth, en se retirant sur Neumarkt ; ce n'est que là que nous pourrons savoir quelle direction elle a prise. On assure qu'une colonne se retire en Bohème par Klattau, et que l'autre partie marche sur Linz par Budweis.

Les officiers autrichiens et les employés de cette armée font beaucoup de contes ; ils assurent que le prince Charles n'a fait qu'une faute, celle de ne pas persister dans le projet qu'il avait d'abord formé de s'emparer d'Abach et de culbuter votre corps d'armée, qu'alors il aurait continué à être maître de Ratisbonne et des deux rives du Danube.

Ils assurent aussi que leur armée n'a pas été battue, qu'elle se propose de marcher à nous de nouveau, et que nous ne sommes pas encore aussi heureux que nous nous l'imaginons.

Dans tous les endroits où ils passent, ils cherchent à persuader aux habitants que leur retraite n'est que pour nous attirer dans la Bohème, où nous trouverons des forces formidables qui doivent nous anéantir, et que les paysans et tous les habitants de ce pays doivent concourir à notre défaite.

Malgré tous ces renseignements, je n'ai pas cru devoir me porter avec toutes mes troupes sur Furth et quitter Cham, dans la crainte que l'ennemi, débouchant par Waldmünchen, n'arrive à Cham avant moi. Je resterai donc à Cham, avec deux bataillons et le reste de deux régiments, occupant Furth et Schönthal par de fortes avant-gardes qui pousseront l'ennemi, afin d'avoir toujours des données sur sa marche, jusqu'à ce que S. E. m'ait donné de nouveaux ordres et m'ait dit positivement quel mouvement fait son corps d'armée, ce dont je dois toujours être instruit pour le couvrir.

Cham est un point extrêmement intéressant à garder ; les routes principales

Tout le Haut-Palatinat, ainsi que la partie de la Bavière qui se trouve entre le Danube et la Bohême, se trouvant dégagés entièrement de troupes ennemies, qui sont rentrées en Bohême pour se porter, d'après tous les rapports et selon toute vraisemblance, sur Budweis et Linz, je crois remplir les intentions que V. M. m'a manifestées dans ses dépêches précédentes, et prévenir les ordres que j'attends à chaque instant, en continuant mon mouvement.

En conséquence, demain, la 1re division se portera sur Vilshofen, la 2e sur Plattling et la 3e sur Straubing, où je continuerai à avoir mon quartier général.

Cette position me paraît bonne, dans toutes les suppositions ; car si, contre toute vraisemblance, l'armée de Bohême voulait se reporter sur le Danube, je serais toujours à même de me porter sur Cham et de couper tout ce qui se dirigerait sur Ratisbonne ou le Haut-Palatinat.

A Straubing, je suis d'ailleurs plus à portée du général Montbrun, et ses rapports me parviennent avec plus de célérité.

Lorsque V. M. m'ordonnera de me porter sur l'Inn, le général Montbrun pourra rejoindre par Passau, en laissant cependant quelques détachements pour observer les débouchés de la Bohême.

Duc d'Auerstaedt.

LE MAJOR GÉNÉRAL AU DUC D'AUERSTAEDT.

Burghausen, le 20 avril 1809.

L'Empereur, Monsieur le Duc, a reçu votre lettre par laquelle vous annoncez que l'ennemi fait décidément sa retraite sur la Bohême [1].

Nous passons aujourd'hui la Salza, à Burghausen. Le duc de Rivoli a passé l'Inn, à Schärding.

M. le Maréchal duc de Danzig est à Salzburg.

Alexandre.

---

de la Bohême y aboutissent, et, par ce point seul, on peut se porter sur le Danube, sur vos derrières et votre gauche.

J'ai encore pris de nouveaux renseignements sur ce que j'ai déjà eu l'honneur de vous mander concernant les cinq corps d'armée qui doivent s'être réunis à Cham ; le conseiller du pays et plusieurs habitants me l'ont de nouveau assuré.

J'ai reçu la composition des corps d'armée en Bohême, que vous avez bien voulu m'envoyer ; je vous en remercie, cela me servira pour les renseignements à prendre.

Montbrun.

1. Voir la lettre du duc d'Auerstaedt à l'Empereur, du 28 avril, à 4 heures de l'après-midi.

LE MAJOR GÉNÉRAL AU DUC D'ISTRIE.

Burghausen, le 30 avril 1809.

L'intention de l'Empereur, Monsieur le Duc, est que vous marchiez sur Ried pour, de là, suivre le chemin de Linz qui est à gauche. L'Empereur vous recommande de ménager les carabiniers et cuirassiers; l'ennemi est loin, rien ne presse.

Le général de Wrède a eu l'ordre de marcher sur Strasswalchen.

LE DUC D'ISTRIE AU MAJOR GÉNÉRAL.

Burghausen, le 30 avril 1809.

Monseigneur,

En réponse à votre lettre de ce jour, je m'empresse de vous instruire que les troupes qui sont sous mes ordres se composent des brigades des généraux Piré, Marulaz et Jacquinot. Ces trois brigades sont dans les environs de Burghausen. Les divisions Nansouty et Saint-Sulpice occupent Altötting et les villages environnants. Dans une heure, après la réception de l'ordre de mouvement, la tête de colonne peut être au pont, et dans trois heures toute la colonne peut être passée [1].

BESSIÈRES.

---

1. Le maréchal Bessières traversait la Salza, dans l'après-midi du 30 avril, précédé de la division Marulaz. « Cette division de cavalerie légère se dirigea sur Braunau, elle ne s'y arrêta pas, et, continuant sa marche, vint prendre poste à Altheim, après avoir envoyé des partis sur les routes de Salzburg et de Schärding, qui furent repoussés et ne purent remplir leur objet. » (*Correspondance du général Marulaz.*)

Le maréchal Bessières s'était établi à Braunau. Le général Marulaz lui écrivait d'Altheim, dans la soirée : « J'ai l'honneur de rendre compte à V. E. que j'ai pris poste à Altheim, après avoir chassé quelques vedettes ennemies qui se trouvaient près de ce bourg. Une patrouille a rencontré celles de l'ennemi, elles ont échangé quelques coups de pistolet. On aperçoit d'ici les feux des bivouacs de l'ennemi. J'enverrai, une heure avant le jour, des partis sur la route de Schärding et de Ried, et je m'empresserai de faire connaître le résultat de ces reconnaissances.

« Voici les documents que je me suis procurés ici, en questionnant les habitants : le 28 avril, le prince Louis a passé à Altheim ainsi que le général Hiller. Une partie de ces troupes s'est dirigée sur Ried, et l'autre par Obernberg sur Saint-Martin. »

Le feldmaréchal Schustekh qui, le 28, couvrait la marche du général Hiller sur Linz, s'était porté sur Obernberg et Ried.

« Le maréchal Bessières était appuyé dans sa marche par la division Molitor qui partit de Burghausen à 4 heures du soir, traversa la Salza sur le pont et arriva la nuit devant Braunau. » (*Extrait de la correspondance du maréchal Molitor.*)

LE MAJOR GÉNÉRAL AU DUC DE MONTEBELLO.

Burghausen, le 3o avril 1809.

S. M. arrivera demain de bonne heure à Braunau, Monsieur le Duc ; faites réparer le pont si cela est possible. L'intention de. l'Empereur est que votre corps d'armée se mette en marche sur Ried, et que l'avant-garde y arrive demain, si cela se peut [1].

LE MAJOR GÉNÉRAL AU DUC DE RIVOLI.

Burghausen, le 3o avril 1809.

Vous trouverez ci-jointe, Monsieur le Duc, la lettre que l'Empereur reçoit du général Chambarlhiac [2]. S. M. est étonnée que ce général ne se soit pas adressé directement à vous [3]. Si le général autrichien Richter, dont il parle, est effectivement aussi près que le dit le général Chambarlhiac, et qu'une bonne division puisse l'atteindre pour le battre et le disperser, faites-le. Voilà deux jours que nous sommes arrêtés ici par la Salza. Cette rivière a tellement grossi et le pont était si fort endommagé, que ce n'est qu'aujourd'hui que nous espérons pouvoir passer.

. . . .

L'Empereur voudrait avoir de vos nouvelles deux fois par jour, et que surtout vous lui disiez ce que fait l'ennemi, sur votre droite et sur votre gauche, si vous en avez en avant de vous.

---

1. Le maréchal Lannes fit traverser la Salza à ses troupes dans la soirée du 3o. La division Saint-Hilaire passa le pont de Burghausen, à 8 heures du soir, et vint s'établir à Raunshofen, à 4 kilomètres de Braunau.

2. Passau, 28 avril 1809, 8 heures du soir.
J'ai l'honneur de prévenir V. M. que M. le général autrichien Richter commande un corps de 8,000 à 9,000 hommes, y compris un régiment de hussards, qui est au bivouac, à un quart de lieue en avant de Wegscheid. Ce général a fait arrêter trois messagers dans la nuit du 27 au 28 ; et, après avoir lu les ordres dont ils étaient porteurs, il les a remis ce matin en liberté, en leur disant qu'il apporterait lui-même à Passau la réponse à leur missive. Je vais, en conséquence, remonter au fort de Passau avec M. le général-lieutenant de Montigny, et y ramenant les troupes qui étaient en ville, et reprendre de suite la plus grande surveillance nécessaire pour empêcher un coup de vive force contre la citadelle.
Signé : CHAMBARLHIAC.

3. Voir la lettre du maréchal Masséna au major général, du 1er mai, à 6 heures du matin.

LE MAJOR GÉNÉRAL AU DUC DE RIVOLI.

Burghausen, le 3o avril 1809.

Le corps du duc de Montebello finit de passer la Salza et se porte sur Lambach. L'intention de l'Empereur, Monsieur le Duc, est qu'avec votre corps d'armée vous vous portiez sur Linz et que vous tâchiez de surprendre le pont [1].

Le quartier général sera demain matin à Braunau. Nous sommes maîtres de Salzburg. Donnez-nous de vos nouvelles à ·Braunau.

LE MAJOR GÉNÉRAL AU GÉNÉRAL WALTHER.

Burghausen, le 3o avril 1809.

L'Empereur, Monsieur le général Walther, ordonne que sa garde à pied et à cheval parte à 5 heures du matin, pour se rendre à Braunau. Vous enverrez l'ordre à sa garde, qui est à Otting, de partir à 4 heures du matin pour suivre le mouvement et rejoindre à Braunau.

LE MAJOR GÉNÉRAL AU DUC DE DANZIG.

Burghausen, le 3o avril 1809, à midi.

Il paraît, Monsieur le Maréchal, que la division du général Jellachich, forte de 7,000 à 8,000 hommes, s'est retirée du côté de Radstadt. L'intention de l'Empereur est que vous la fassiez poursuivre par 10,000 hommes de votre corps d'armée, afin de l'éloigner le plus possible et d'en avoir quelques pièces ou morceaux. S. M. vient de recevoir une députation de l'Évêque et des principaux personnages de Salzburg. Les mesures prises par les États semblent convenables à l'Empereur, en y mettant un commissaire impérial que l'on y va envoyer, et en faisant les actes au nom de S. M.

Faites une proclamation pour rappeler les milices ; tâchez

---

1. Le maréchal Masséna, établi à Schärding depuis le 27 avril, avait arrêté son mouvement sur ce point, attendant que les corps d'armée sur sa droite arrivassent à sa hauteur, ainsi que de nouveaux ordres de l'Empereur (voir la lettre du duc de Rivoli au major général, datée de Schärding, le 28 avril à 5 heures du matin).
Dans la soirée du 3o, le duc de Rivoli prescrivait au général Carra-Saint-Cyr, qui était établi à Taufkirchen, de se porter le lendemain matin sur Raab avec sa division et un régiment de cuirassiers, et au général Espagne de porter la brigade de cuirassiers, qui était sur la rive gauche de l'Inn, à Sigharding. (*Journal de marche du 4e corps d'armée.*)

d'avoir des nouvelles de ce que devient le général. Chasteler ;
enfin, exécutez les mesures que l'Empereur vous a prescrites
dans sa lettre d'hier. Nous attendons dans le jour de vos nouvelles, ainsi que des reconnaissances sur la forteresse. Le quartier général sera ce soir à Braunau.

LE DUC DE DANZIG AU MAJOR GÉNÉRAL.

Au pont de la Saalach, le 30 avril, à 11 heures du matin.

Monseigneur,
J'ai eu l'honneur de rendre compte à V. A. que j'avais donné
ordre au général de Wrède de se diriger par Laufen, sur les
derrières de Salzburg, afin de couper autant de monde que possible à l'ennemi. Ce général paraît avoir exécuté mes ordres
hier, d'après le rapport verbal que vient de me faire un de mes
aides de camp que j'avais envoyé après lui, attendu qu'il ne me
donnait aucune nouvelle. Il doit être entré hier, à 5 heures, à
Salzburg, après avoir pris 500 à 600 hommes et 4 pièces d'artillerie. Comme il ne m'en rend point compte, je présume qu'il a
écrit directement à V. A., avec qui il dit être en relation et recevoir directement des ordres [1].

_____

1. LE GÉNÉRAL DE WRÈDE AU MAJOR GÉNÉRAL.
Strasswalchen, le 30 avril 1809, à 6 heures trois quarts du soir.
Monseigneur,
J'ai l'honneur de rendre compte à V. A., que je suis arrivé ici avec ma divi-
sion et que je suis établi militairement sur les deux routes, dont l'une conduit à
Braunau et l'autre à Lambach.
J'ai de suite envoyé des partis sur Mattighofen pour me lier avec l'armée
française, ainsi que sur Frankenmarkt pour poursuivre deux compagnies de
l'ennemi, qui ont pris cette route à midi, et j'en ai également envoyés sur Mond-
see dans les montagnes.
J'ai fait dans la journée une soixantaine de prisonniers, parmi lesquels se
trouvent 1 officier et 34 chevau-légers d'O'Reilly qui se sont rendus sans tirer
un coup de pistolet.
D'après toutes les nouvelles que j'ai pu me procurer, l'ennemi a donné rendez-
vous à son armée à Wels; et les équipages ont filé derrière l'Enns.
Les habitants, sur cette route, me disent qu'il y a une consternation inconcevable dans l'armée autrichienne. Les officiers ont dit que l'archiduc Charles se réunira, à Linz, avec une partie des 1er et 2e corps aux restes des 3e, 4e, 5e et 6e corps.
. . . .
J'ai quitté Salzburg ce matin, à 9 heures, après y avoir installé le commandant de la place que S. M. l'Empereur et roi y a nommé, et après y avoir
attendu en vain M. le maréchal duc de Danzig; mais j'y ai laissé une forte
arrière-garde composée de 200 chevaux et d'un bataillon et demi, qui ne quit-
tera pas la place que les 1re et 3e divisions y soient arrivées.
WRÈDE.

J'ai été arrêté hier soir au pont de la Saalach, qui a été entièrement détruit et brûlé par l'ennemi ; on travaille à force à son rétablissement, et, dans la journée, l'infanterie et la cavalerie pourront passer. J'avais fait prier le général de Wrède d'envoyer des ouvriers de Salzburg, il me paraît qu'il n'a pu s'en procurer puisqu'il n'en arrive aucun.

Aussitôt arrivé à Salzburg, je transmettrai à M. le général de Wrède les ordres que V. A. m'a donnés pour sa division. Il a déjà chargé mon aide de camp de me dire qu'il en avait reçu directement d'elle.

V. A. ne sera point surprise que la division de Wrède soit arrivée avant moi à Salzburg, parce qu'en outre de l'obstacle du pont, ce général avait beaucoup moins de chemin à faire, il était mon pivot.

Je désirerais bien envoyer les situations de mon corps d'armée à V. A., mais je ne puis en obtenir du général de Wrède, non plus que celles de ses pertes ; elle peut compter sur 8,000 à 9,000 hommes dans les deux divisions du prince royal et du général Deroy ; j'ignore la force de celle du général de Wrède. Si je reste quelques jours à Salzburg je recevrai considérablement de monde, soit des détachements que j'ai fournis pour conduire les prisonniers, soit des traînards qui rejoindront.

Ma chaussure est en bien mauvais état ; je ferai mon possible pour me procurer des souliers.

V. A. m'a écrit que j'avais envoyé trop peu de monde à Kufstein ; comme, d'après ses ordres, je ne devais y envoyer qu'un parti, j'avais cru qu'en le composant d'un bataillon, d'un escadron et une pièce d'artillerie, il serait déjà trop nombreux ; au surplus, j'attends des nouvelles et, s'il est nécessaire, j'y enverrai des troupes en plus grande quantité.

D'après les renseignements que je me suis procurés, il paraît que l'ennemi s'est retiré par Hallein, je mettrai ma cavalerie à sa poursuite [1].

Le maréchal duc DE DANZIG.

---

1. « Le pont sur la Saalach ayant été rétabli, les 1re et 3e divisions entrèrent à Salzburg. Une brigade de la 1re division fut placée à Hallein, pour observer la route de Rastadt. Une brigade de la 3e division fut placée à Reichenhall, pour observer les débouchés du Tyrol.

« On envoya des partis sur la route de Saint-Gilgen et sur celle de Berchtesgaden, pour observer l'ennemi et avoir de ses nouvelles.

« Le même jour, conformément aux ordres de S. M., le général de division Drouet, chef de l'état-major du corps d'armée, reconnut la place de Salzburg, et les ordres furent donnés pour mettre cette ville à l'abri d'un coup de main et pour qu'il fût pourvu à un approvisionnement pour 3,000 hommes pendant trois mois. » (*Rapport des mouvements journaliers du 7e corps bavarois, par le général Drouet, chef d'état-major du 7e corps.*)

LE MAJOR GÉNÉRAL AU GÉNÉRAL VANDAMME.

Burghausen, le 3o avril 18o9, à 5 heures du matin.

L'Empereur est fâché, Général, que vous vous soyez arrêté hier, et que vous n'ayez pas exécuté strictement son ordre qui était d'observer ce que l'ennemi peut faire et avoir à Braunau [1] ; et, à cet effet, il fallait vous rapprocher de cette place, afin de pouvoir nous donner des nouvelles. Arrangez-vous donc pour exécuter les ordres de l'Empereur et remplir ses intentions [2].

LE MAJOR GÉNÉRAL AU GÉNÉRAL VANDAMME.

Burghausen, le 3o avril 18o9, à 8 heures du soir.

Je reçois, Monsieur le Général, votre lettre du 3o à 5 heures de l'après-midi. L'intention de l'Empereur est que vous placiez votre division devant Braunau et que vous vous occupiez à faire réparer le pont.

Le quartier général sera demain à Braunau. Toute l'armée a passé la Salza, à Burghausen, ce soir.

Vous prendrez position en avant de Braunau.

LE PRINCE DE PONTE-CORVO AU MAJOR GÉNÉRAL.

Plauen, le 3o avril 18o9.

Prince, l'officier, que V. A. a chargé de me remettre sa dépêche du 26 avril [3], m'a trouvé à Plauen, sur le point d'entrer en Bohême par Egra. Mon avant-garde était déjà sur la frontière de ce royaume, en avant d'Adorf.

---

1. Voir la lettre du major général au général Vandamme, du 29 avril, à 6 heures du matin.

2. Par une lettre datée de Winhöring, le 3o avril dans la matinée, le général Vandamme informe le major général que seul de sa personne il s'est établi dans cette dernière localité, mais que les troupes wurtembergeoises ont été poussées sur Braunau. « J'ai, écrit le général Vandamme, envoyé en avant la cavalerie de Wurtemberg commandée par M. le général Völwarth, accompagnée de mon premier aide de camp et appuyée par toute l'infanterie légère. Toutes ces troupes sont maintenant devant Braunau. »

A 5 heures de l'après-midi, le général Vandamme écrivait de nouveau au major général : « J'ai ordonné que l'on établît tous les moyens de passage sur Braunau. M. Vincent, mon premier aide de camp, y est entré avec un parti. »

Les troupes du général Vandamme n'avaient rencontré que de faibles détachements devant Braunau.

3. Voir la lettre du major général au maréchal Davout, du 26 avril, à 7 heures du matin.

D'après les nouvelles instructions de V. A., je change ma direction et je vais marcher sur Ratisbonne[1], passant par Hof, Wunsiedel, Kemnath, Amberg et Burglengenfeld. Mes flanqueurs longeront la Nab par Neuhaus, Weiden, Nabburg et Schwandorf.

Les avis que j'ai font monter le corps de M. de Bellegarde de 30,000 à 40,000 hommes. Sa cavalerie était encore, le 26, dans les environs de Schwarzenfeld et son infanterie à Neuburg.

L'armée saxonne n'a point d'artillerie légère et l'artillerie à pied qu'elle a est extrêmement défectueuse. Je crois devoir observer à V. A. que la division hollandaise, restée à Hambourg, a deux compagnies d'artillerie légère parfaitement organisées ; l'une d'elle pourrait être disponible pour l'armée d'Allemagne.

BERNADOTTE.

LE MAJOR GÉNÉRAL AU PRINCE DE PONTE-CORVO.

Burghausen, le 30 avril 1809.

L'Empereur, Prince, reçoit par le chef d'escadron Lebrun votre lettre du 26. Je n'ai rien à ajouter aux instructions qui vous ont été données. S. M. vous laisse carte blanche pour agir suivant les circonstances et faire le plus de mal que vous pourrez à l'ennemi, ayant pour but, cependant, de vous rapprocher de notre gauche. Le duc d'Auerstaedt poursuit le prince Charles qui se retire décidément en Bohême. Le duc de Rivoli a passé l'Inn à Passau. L'Empereur passe aujourd'hui la Salza à Burghausen. Le duc de Danzig est à Salzburg. Nous marchons sur Vienne.

Dans ses instructions du 30 mars, au major général, l'Empereur écrivait : « Le quartier général de Donauwerth et la ligne du Lech est une position à occuper dans le cas où l'ennemi me préviendrait.....

« Il faut qu'Augsbourg soit à l'abri d'un coup de main...; que cette place renferme les 200,000 rations de biscuit demandées; qu'il y ait des fours pour cuire 60,000 rations et des magasins de toute espèce.

---

1. Le maréchal Bernadotte écrivait par le même courrier au maréchal Davout et le renseignait sur sa marche sur Ratisbonne.

« Enfin Donauwerth doit contenir beaucoup de magasins. »

L'Inn franchie, à cette base d'opérations du Lech l'Empereur allait substituer Passau[1] comme centre d'opérations, surtout en prévision d'un mouvement de retraite.

L'EMPEREUR AU MAJOR GÉNÉRAL.

Braunau, le 1er mai 1809.

Le point de dépôt principal de l'armée est Passau. C'est là où, en cas de retraite, mon intention est de passer l'Inn, et c'est autour de Passau que j'ai le projet de constamment manœuvrer en cas d'un mouvement rétrograde de l'armée. Braunau, Schärding, Burghausen sont pour moi des points indifférents. Mon intention est de laisser constamment à Passau au moins 10,000 hommes de garnison[2]; Passau doit donc être le centre de toutes mes munitions de guerre, magasins de réserve et de tous mes hôpitaux.

Communiquez la copie de cette dépêche au général d'artillerie, au général du génie et à l'intendant de l'armée, pour que chacun s'y conforme dans les détails de son service.

Génie.

Passau[3] a un fort sur la rive gauche du Danube, à l'abri d'un coup de main; il faut qu'il soit constamment approvisionné pour 1,000 hommes pendant quatre mois.

Passau est un isthme de 400 toises, ayant ancienne en-

---

1. Dans ses *Notes sur l'art de la guerre* (*Œuvres de Napoléon à Sainte-Hélène*), Napoléon, parlant de la constitution des places de dépôt et de l'organisation des bases d'opérations, écrit : « En 1809, les premiers coups de canon se tirèrent près de Ratisbonne; Augsbourg fut son centre d'opérations. Les Autrichiens ayant rasé Braunau, il choisit la place de Passau, située au confluent de l'Inn et du Danube, et beaucoup plus avantageuse parce qu'elle lui assurait à la fois un pont sur ces deux fleuves. »

2. L'Empereur devait constituer la garnison de Passau avec la division Dupas.

3. Voir la note de l'Empereur sur Passau, du 1er mars 1809 (tome I, page 78) et l'annexe n° 22 (tome I).

ceinte, fossé et contrescarpe. Il est nécessaire que cette enceinte soit armée, le fossé nettoyé, et une demi-lune établie devant la porte qui flanque toute l'enceinte. Par ce moyen cette place sera à l'abri d'un coup de main, même avec une petite garnison. Mais cette enceinte est dominée par une hauteur sur laquelle il sera établi un fort revêtu en bois, comme l'est celui de Praga; mais, en attendant, il aura toute la force d'un ouvrage de campagne. Enfin, lorsque ces premiers ouvrages seront avancés, on fera, sur la rive gauche du Danube, un ouvrage qui augmentera la solidité et la force de ce fort. On prendra tous les moyens pour remplir les trois buts suivants :

1° Se rendre maître absolu du cours de l'Inn et de celui du Danube, de manière que rien ne puisse passer sans être coulé bas ;

2° Être maître du pont du Danube et pouvoir manœuvrer sur les deux rives sans que l'ennemi puisse l'empêcher;

3° Être maître du pont de l'Inn de manière à pouvoir manœuvrer sur les deux rives sans que l'ennemi puisse l'empêcher.

Comme il n'y a point de temps à perdre en discussions, vous ferez connaître au général du génie que je lui donne plein pouvoir pour commencer les travaux en remplissant ces différents buts.

Comme je suis dans l'intention de laisser une garnison à Passau, il y aura suffisamment d'hommes pour sa défense. La place sera inattaquable, parce que l'ennemi devra ouvrir la tranchée contre l'ouvrage en terre, situé favorablement, avant d'approcher l'enceinte de la place. On déblayera le pourtour de la ville sur le côté qui fait face à l'Inn et sur celui qui fait face au Danube, et l'on cherchera à placer des pièces sur l'enceinte et là où cela pourra être favorable à la défense de la place.

On établira sur la rive droite de l'Inn un camp retranché et un réduit, de manière que le pont soit situé à l'abri de toute attaque et que 1,000 hommes puissent le défendre contre 10,000, et de manière aussi que 12,000 ou 15,000 hommes puissent y trouver refuge et s'y battre avec avantage.

Ordonnez au général du génie qu'il y ait deux compagnies de sapeurs. Le général Chambarlhiac sera chargé en chef de conduire ces travaux. Il faut qu'il ait suffisamment d'officiers du génie pour travailler à tous les ouvrages à la fois. Qu'il donne au général Chambarlhiac l'argent nécessaire pour les travaux. Comme je laisse là 10,000 hommes de garnison, ils pourront fournir 5,000 travailleurs par jour, indépendamment de 4,000 ou 5,000 paysans.

On reconnaîtra bien les routes qui arrivent à Passau et particulièrement celle de la rive droite du Danube, qui le descend sans passer à Schärding, et qui remonte du côté de Straubing, de manière que, si l'ennemi était maître de l'Inn, on pût se retirer sans lui prêter le flanc.

Artillerie.

Le travail de l'artillerie pour Passau doit être considéré sous deux points de vue, comme devant contribuer à la défense de la place et comme dépôt de l'armée.

Comme contribuant à la défense de la place : on fera venir toute l'artillerie prise à l'ennemi sur le champ de bataille de Ratisbonne, les douze pièces du pont de Rain, dont j'ai ordonné que six fussent à Schärding ; enfin, on fera venir des pièces de 24 et des obusiers soit d'Augsbourg, Würtzbourg et du Haut-Palatinat ; mais il faut que l'artillerie soit en grande quantité. L'isthme ayant 400 toises, le pourtour autour de la rivière et les ouvrages, tout cela doit demander l'emploi au moins de cent pièces de canon. On y placera un colonel d'artillerie, deux officiers en résidence, deux compagnies d'artillerie, une escouade d'ouvriers, un artificier et, en outre, trois compagnies d'artillerie bavaroise.

Comme dépôt de l'armée : c'est là où doivent être les armes de rechange, les ateliers d'armuriers, les cartouches de canon et d'infanterie qui doivent être en première-ligne.

On fera venir d'Ulm et d'Augsbourg les munitions qui s'y trouvent, sauf à remplacer à Augsbourg les munitions qui doivent être en deuxième ligne. On observera que tout le pays entre Vienne et Passau peut être franchi en peu de jours; que Passau n'est qu'à 80 lieues de Vienne, que l'on peut faire en dix jours. Il n'y aura plus aucun transport d'artillerie ni sur Burghausen, Braunau ou Schärding; tout doit être à Passau et à Augsbourg.

Intendant général.

Ce service se considère également sous deux points de vue.

Pour la défense de Passau, il faut des magasins, en biscuit, farine et eau-de-vie, pour 10,000 hommes pendant quarante jours, des hôpitaux pour 3,000 malades et enfin tous les dépôts de l'armée.

On maintiendra toujours, comme magasin de réserve, un million de rations de biscuit, deux millions de rations de farine, de l'eau-de-vie en proportion, 200,000 rations d'avoine, de manière à avoir pour toute l'armée pendant trente jours, et que 150,000 hommes puissent manœuvrer autour pendant quinze jours. Un événement peut me forcer à évacuer Vienne; mon intention est de manœuvrer autour de Passau.

Le dépôt général de la cavalerie sera établi le long de l'Inn et du Danube; Passau sera le quartier général [1]; c'est là où seront les selles, brides, pour remonter la cavalerie.

Vous ferez comprendre aux trois chefs d'administration combien le point que je leur donne est favorable pour le transport et les arrivages; au commandant du génie combien ce point lui est favorable, puisqu'il a à sa disposition les bois de l'Inn et du Danube.

Mon intention est que, sur les 840 marins du bataillon qui est en marche, 240 restent à Passau pour activer les travaux, et que l'on fasse dans le pays des réquisitions d'ouvriers, enfin qu'on n'épargne rien pour activer ces travaux.

---

1. Le général Beaupré recevait l'ordre de se rendre à Passau pour y établir le quartier général des dépôts de cavalerie, dont le commandement lui était confié, en attendant l'arrivée du général Bourcier.

Marine.

A la position de Passau est aussi attachée la navigation du Danube. Le bataillon de marins qui est à la hauteur d'Augsbourg se dirigera sur Passau ; vous ordonnerez au général du génie sous les ordres de qui il sera de faire faire, en s'entendant avec les ingénieurs de la marine et le capitaine Baste, six barques bastinguées et armées, pour être maître du Danube. On achètera pour mon compte des barques, pour le double objet de transporter des troupes, et de construire des ponts sur le Danube et sur l'Inn. On aura soin d'enrôler des pilotes, que l'on conservera en les payant bien.

NAPOLÉON.

ORDRE [1].

La brigade de tirailleurs partira demain, à 4 heures du matin.

La brigade de fusiliers partira, à 5 heures.

La brigade de la garde partira, à 6 heures.

La cavalerie de la garde partira, à 7 heures [2].

---

1. L'infanterie de la garde arrivée à l'armée était constituée par l'ordre qui suit :

ORDRE.

Les deux régiments de tirailleurs de notre garde formeront une brigade sous les ordres du général Roguet, colonel en second de la garde.

Les deux régiments de fusiliers formeront une brigade sous les ordres du général Gros.

Les deux brigades seront sous les ordres du colonel de la garde Curial et marcheront toujours la brigade de tirailleurs en tête.

Au moment d'une affaire, le général Mouton commandera cette division. Le général Curial commandera en second sous ses ordres. 24 pièces de canon seront attachées à cette division ; en attendant qu'elles soient arrivées, on y attachera les 8 pièces existantes.

Les régiments de chasseurs et de grenadiers formeront une brigade sous les ordres du général Dorsenne. Il y sera attaché 24 pièces et, en attendant, on y attachera les 8 pièces de la seconde division qui arrivent.

En notre camp impérial de Braunau, le 1ᵉʳ mai 1809.

NAPOLÉON.

2. Par un ordre daté de Burghausen, le 29 avril, l'Empereur avait prescrit au ministre de la guerre de diriger le 1ᵉʳ régiment de conscrits-chasseurs et le 1ᵉʳ régiment de conscrits-grenadiers sur Metz.

La formation des 2ᵉ et 3ᵉ régiments de conscrits de la garde n'était pas encore achevée.

La garde prendra à Braunau pour quatre jours de vivres. En notre camp impérial de Braunau, le 1ᵉʳ mai 1809.

NAPOLÉON.

L'EMPEREUR AU DUC D'AUERSTAEDT.

Burghausen, le 1ᵉʳ mai 1809.

Mon Cousin, je reçois votre lettre et celle que vous m'envoyez du prince Charles[1]. Je répondrai à cette dernière, quand j'aurai le temps. En attendant, gardez le parlementaire. D'ici à huit jours, on pourra faire la réponse. Ces gens-là sont aussi vils dans l'adversité, qu'arrogants et hauts à la moindre lueur de prospérité. Nous avons enfin réussi à faire des ponts sur la Salza. Nous marchons sur Lambach et sur Linz.

NAPOLÉON.

P.-S. — Quand vous jugerez à propos de vous porter sur nous, portez-vous sur Passau; et, s'il existe un corps à quelques journées de là, sur les confins de la Bohême, attaquez-le et battez-le[2]. La division Dupas est arrivée; quand elle ne sera plus nécessaire à Ratisbonne et à Straubing, faites-la filer sur Passau.

L'EMPEREUR AU DUC D'AUERSTAEDT.

Braunau, le 1ᵉʳ mai 1809.

Mon Cousin, l'Empereur était hier à Sternberg. Le prince Louis est derrière l'Enns avec les débris de son corps. Le général Hiller est près de Steyer. Demain, je serai à Linz et sur la Traun; arrivez le plus tôt possible à Passau. Il paraît qu'ils ont brûlé le pont de Linz. Ils comptent sur le pont de Mauthausen pour communiquer avec le prince

---

1. Voir la lettre du duc d'Auerstaedt à l'Empereur, du 30 avril, à 2 heures et demie du matin.

2. Voir la lettre du major général au duc de Rivoli, du 30 avril 1809.

Charles[1]. Il est probable que nous leur enlèverons ce pont avant qu'ils aient pu se joindre ; le prince Charles ne pourra se réunir alors qu'à Krems ou sous Vienne. La division Dupas se dirige, par Donauwœrth et Ingolstadt, sur Ratisbonne et sur Passau ; envoyez-lui l'ordre, ainsi qu'à la division Rouyer, de se porter sur Passau, vu que 8,000 ou 10,000 hommes me sont nécessaires à Passau pour garder mes derrières. Si le général Dupas n'était pas arrivé, je serais obligé d'y laisser une de vos divisions, ce qui serait fort malheureux. Activez votre marche le plus que vous pourrez pour vous porter d'abord à Passau et ensuite sur Linz, tandis que nous marcherons en avant. Le général Dupas avec un corps de 10,000 hommes sera suffisant pour garder Passau. Vous trouverez à Passau le général Bertrand. J'ai ordonné qu'on travaillât aux ouvrages de cette place avec la plus grande activité ; qu'on établît sur l'Inn des ouvrages tels que 40,000 hommes ne puissent pas forcer la division Dupas ; qu'on rétablît également l'enceinte qui forme la presqu'île ; qu'on fît une demi-lune flanquée et un ouvrage sur la hauteur ; qu'on réunît sur-le-champ, à Passau, des vivres pour 10,000 hommes pendant un mois. Quant à l'artillerie, le général Dupas a ses onze pièces attelées. J'ordonne que

---

1. Les renseignements de Napoléon sur la présence de l'empereur d'Autriche à Sternberg étaient exacts, mais ceux qui lui parvenaient sur la présence de l'archiduc Louis et du général Hiller, derrière l'Enns, ne l'étaient pas encore. Il est à présumer qu'après l'abandon de la défense de l'Inn, les troupes autrichiennes avaient été signalées comme battant en retraite avec précipitation sur la Traun et sur l'Enns (Voir la lettre du général de Wrède, datée de Strasswalchen, le 1ᵉʳ mai à 10 heures et quart. Ce sont les renseignements contenus dans cette lettre qui signalaient l'archiduc Louis et le général Hiller derrière l'Enns. Strasswalchen n'étant qu'à 36 kilomètres de Braunau, cette lettre a dû parvenir dans l'après-midi au quartier général de l'Empereur). Du reste, ce mouvement devait paraître une conséquence logique de l'intention, que leur prêtait alors l'Empereur, de tenter le passage du Danube à Mauthausen, après avoir renoncé à l'idée d'opérer leur jonction par Linz.

Au sujet des projets de l'état-major autrichien, dans son ouvrage sur l'archiduc Charles, le colonel von Angeli écrit ce qui suit : « De Horazdiovitz, l'archiduc Charles envoya l'ordre au feld-maréchal lieutenant Hiller de tenir aussi longtemps que possible à Linz, afin de pouvoir frapper un coup décisif, la jonction une fois faite le 9 mai... Si Hiller pouvait résister à Linz jusque-là, la réunion ne rencontrerait aucune difficulté, mais, s'il était obligé d'abandonner les environs de cette ville dès le 7 ou le 8, il pouvait se retirer sur la Traun et l'Enns, gagner le plus de temps possible derrière ces deux rivières et opérer sa fonction par Mauthausen. »

les six pièces, qui étaient à Straubing avec la compagnie bavaroise, se dirigent sur Passau ; faites-y passer les pièces
autrichiennes qui ont été prises à l'ennemi sur les différents
champs de bataille, pour servir à l'armement de cette place.
Il est convenable de ne rien laisser à Ratisbonne ; faites
venir la division wurtembergeoise et autres corps qui s'y
trouveraient, à Passau. Cependant, jusqu'à ce que le prince
de Ponte-Corvo soit arrivé, il est prudent de laisser sur le
Danube un ou deux régiments de cavalerie légère, pour
empêcher les incursions de l'ennemi du côté de la Bohême.

. . . .

Accélérez votre marche. J'ai intercepté beaucoup de
courriers ; l'alarme est à Vienne et on travaille à l'évacuer.

NAPOLÉON.

LE MAJOR GÉNÉRAL AU DUC D'AUERSTAEDT.

Braunau, le 1ᵉʳ mai 1809, à 2 heures après midi.

S. M., Monsieur le Duc, a reçu vos deux lettres d'hier, de
9 heures du matin et de 9 heures du soir. Elle voit que vous aurez
aujourd'hui une division à Plattling et une à Vilshofen. Son intention est que vous réunissiez le plus promptement que vous
pourrez votre corps d'armée à Passau, et que vous placiez les
divisions Dupas et Rouyer sur le Danube, pour maintenir la
communication avec le prince de Ponte-Corvo. Votre première
division peut être arrivée demain à Passau [1] ; si le petit corps de
6,000 à 7,000 hommes ennemis qui était près de cette place y
était encore, ordonnez à votre division qui arrive demain à
Passau de marcher dessus et de le culbuter.

La division Dupas et la division Rouyer, que vous placerez à
Straubing et le long du Danube, pourront recevoir l'ordre de se
réunir à Passau, quand tout votre corps en sera parti. Ordonnez
qu'on fasse beaucoup de pain dans les villages sur les bords du
Danube et qu'on le fasse descendre sur Passau et Linz.

Voici la position de l'armée :

Le duc de Danzig à Salzburg, le général de Wrède à Strasswalchen, le duc de Montebello et le quartier général seront, ce
soir, à Ried et vraisemblablement à Lambach.

----

1. La division Morand arrivait, le 2 mai de bonne heure, à Passau.

Le duc de Rivoli est sur Linz, où l'on présume qu'il arrivera demain.

La garde impériale, forte de 12,000 hommes présents sous les armes, est à Braunau depuis une heure.

L'Empereur compte donc, Monsieur le Duc, que vous réunirez votre corps d'armée le plus tôt possible à Passau, de manière à pouvoir être le 4 ou le 5 à Linz, si cela était nécessaire ; retenez le plus grand nombre de bateaux que vous pourrez à Passau, tant pour faire filer des subsistances, que pour faire jeter un pont et avoir, par là, la facilité de manœuvrer sur les deux rives.

L'intention de l'Empereur, Monsieur le Duc, est qu'on travaille avec activité à Passau ; visitez vous-même la place, et ordonnez qu'on la mette à l'abri d'un coup de main en faisant des ouvrages sur les hauteurs. Ordonnez qu'on confectionne à Passau beaucoup de biscuits, · de pain et qu'on y rassemble beaucoup de subsistances. Faites en sorte que l'officier parlementaire que vous avez ne voie rien, qu'on ne communique point et qu'il n'y ait aucun parlementage.

LE DUC D'AUERSTAEDT A L'EMPEREUR.

Straubing, le 1ᵉʳ mai 1809, à 8 heures du matin.

Sire,

J'ai l'honneur d'adresser à V. M. un rapport du général Montbrun [1], du 30 avril, à 8 heures du soir.

---

1. RAPPORT DU GÉNÉRAL DE DIVISION MONTBRUN AU DUC D'AUERSTAEDT.

Cham, le 30 avril 1809, à 8 heures du soir.

J'ai gardé ici votre aide de camp, Monseigneur, parce que je voulais lui remettre les rapports que j'attendais de Waldmünchen et de mes postes en avant de Furth, qui m'arrivent à l'instant, ce que je m'empresse de vous envoyer.

Le chef d'escadron Tavernier, qui commande celui de Waldmünchen, a chassé l'ennemi jusqu'à une lieue de Klencz, où il était en position avec de l'infanterie et de la cavalerie, ce qui l'a forcé à se retirer en arrière du pont d'Hasselbruck ; il a pris position à Waldmünchen où il est établi avec 100 chevaux, soutenu par le 11ᵉ de chasseurs qui est à Grafenkirchen.

Le chef d'escadron Tavernier me rend compte que 12,000 hommes du corps de Bellegarde ont passé par Waldmünchen, venant de Cham, et se sont retirés sur Klattau ; ces 12,000 hommes étaient des régiments de Vogelsang, prince Rainer, Mittrowsky, Kollowrat, archiduc Jean Népomucène, la légion de l'archiduc Charles et quatre bataillons de chasseurs tyroliens ; deux régiments de cavalerie, des uhlans de Schwartzenberg et 50 pièces d'artillerie. Ces troupes étaient commandées par les généraux Fresnel, Winzingerode, Wacquant, Ulm, et deux autres dont on ne connaît pas le nom. Toutes ces troupes ont pris la route de Klencz et se dirigeaient sur Klattau.

Mes avant-postes sur la route de Neumarkt ont trouvé l'ennemi en arrière du pont d'Eschelkam, où il est avec de l'infanterie et de la cavalerie ; comme vous

Des renseignements particuliers annoncent qu'il y a beaucoup de mécontentement dans la landwehr de Bohême.

Il paraît qu'une proclamation qui annoncerait l'abolition du servage de la glèbe, connue sous le nom de Robota, au moment où les armées françaises entreraient en Bohême, produirait le meilleur effet sur les habitants. J'ai chargé le général Montbrun de faire courir ce bruit, dont la circulation ne peut qu'être utile au service de V. M.

J'adresse à V. M. le duplicata de la lettre que je lui ai écrite hier, à 9 heures et demie du soir.

Duc d'Auerstaedt.

LE DUC D'AUERSTAEDT A L'EMPEREUR.

Straubing, le 1er mai 1809, à 10 heures du soir.

Sire,

J'ai l'honneur d'adresser à V. M. copie de la lettre que je reçois du général Dupas, copie de ma réponse, ainsi que de ma

---

m'avez dit de ne rien engager, j'ai pris poste devant lui, en attendant que je fasse rétablir le pont que l'ennemi a détruit, et pousser en avant.

Tous les renseignements reçus à Furth s'accordent à dire que les corps suivants étaient passés dans cette ville sur différentes colonnes.

Le 1er commandé par le prince de Rohan,

Le 2e par l'archiduc Charles en personne,

Le 3e par le prince Hohenzollern,

Et le 4e par le général Klenau.

Ces troupes se portent sur Klattau. C'est donc encore à Klattau que doit se réunir toute cette armée, et ensuite prendre une direction, soit sur le Danube, soit en Bohême ; ce qu'il y a de certain, c'est que c'est seulement de ce point où l'on peut connaître ce qu'elle deviendra. Nous ferons donc en sorte d'être instruit de sa marche.

L'armée ennemie a été totalement réorganisée à Cham, à la revue de l'archiduc ; plusieurs régiments sont passés d'un corps à l'autre et les corps d'armée ont changé de numéro et de chef, de sorte qu'il n'est guère possible d'en connaître aujourd'hui l'organisation.

Je vous envoie le nom de tous les régiments qui ont campé et pris poste ici ; ils sont au nombre de 30 régiments de ligne, 7 bataillons de grenadiers, 4 bataillons de chasseurs et 13 régiments de cavalerie, ce qui forme une armée de 150,000 hommes, si ces corps sont au complet. Mais tous les rapports des déserteurs et des prisonniers annoncent que ces corps sont réduits de plus de moitié, ce qui ne porte la force de cette armée qu'à environ 60,000 hommes qui ne sont pas difficiles à battre.

Je vous ai expédié aujourd'hui environ 200 prisonniers et déserteurs ; je vous envoie en outre, ci-joint, l'itinéraire de toutes les routes qui aboutissent au Danube.

Montbrun.

lettre au prince de Ponte-Corvo[1]. Il paraît que ce prince, le 28, n'avait pas encore reçu les différentes dépêches du major général,

---

1.   LE GÉNÉRAL DUPAS AU DUC D'AUERSTAEDT.

Ratisbonne, le 1ᵉʳ mai 1809.

Monsieur le Maréchal et Duc,

J'arrive à l'instant à Ratisbonne où je devais trouver de nouveaux ordres ; j'en ai reçu pendant la nuit, de S. A. le prince de Ponte-Corvo, qui me prescrivent de partir et de me diriger sur Bayreuth ; je prie V. E. de me faire connaître si elle n'a pas de nouvelles dispositions à me communiquer, et si je puis, non seulement donner des ordres au régiment que V. E. a fait partir pour Straubing, mais encore emmener ce qui reste de la division de M. le général Rouyer qui m'a communiqué les vôtres.

Signé : Dupas.

Le maréchal Davout répondait au général Dupas :

Straubing, le 1ᵉʳ mai 1809, à 9 heures et demie du soir.

Je reçois votre lettre, mon cher Général.

Les ordres que vous a donnés le prince de Ponte-Corvo sont révoqués par de nouvelles dispositions de l'Empereur, que j'ai été chargé de transmettre par triplicata à S. A., qui a ordre de manœuvrer de manière à être toujours entre Ratisbonne et la Bohème.

Quant à vous, Général, d'après les ordres de l'Empereur, votre division devrait être déjà à Straubing. Je vous adresse copie d'une lettre de S. M. à cet égard, ainsi qu'une lettre du duc de Rovigo qui vous est adressée à Straubing, où on supposait que vous deviez être dès le 29.

Les troupes du prince de Ponte-Corvo ne couvrant pas encore Ratisbonne, voici les dispositions que je vous prescris au nom de S. M.

Vous laisserez le général Rouyer à Ratisbonne avec les troupes alliées, moins le régiment des Maisons ducales de Saxe qui arrive demain à Straubing.

Vous vous rendrez avec l'infanterie et l'artillerie françaises à Straubing, de manière à y arriver le 3, à cinq heures du matin.

Vous aurez demain, 2, votre quartier général à Rain, afin que je sache où vous trouver, dans le cas où il y aurait à vous communiquer de nouveaux ordres de S. M.

Si le 3, après votre arrivée à Straubing, vous ne receviez pas d'ordres de continuer votre marche, vous établirez votre quartier général à Straubing avec un bataillon français.

Les autres seront établis à deux lieues en avant, sur la route de Straubing à Passau.

Vous ferez prendre, à Straubing, pour deux jours de subsistances à vos troupes.

Faites observer la meilleure discipline, mon cher Général.

Vous ferez continuer les travaux de la tête de pont de Straubing.

Le colonel Legrand vous remettra l'instruction que j'ai arrêtée pour la défense des ouvrages.

Vous pouvez dire au général Rouyer que j'ai été fort satisfait de la tenue des troupes qu'il m'a montrées, et que, quoique ce soient de jeunes soldats, étant commandés par des généraux français, ils doivent valoir mieux que des Autrichiens et surtout que ceux qui ont échappé aux dernières batailles ; qu'enfin, Ratisbonne n'est pas près d'être livrée à ses propres forces. Mon avant-garde

qui lui prescrivait de manœuvrer toujours entre l'ennemi et Ratisbonne.

En donnant au général Dupas, dont la division est mise sous mes ordres, celui de venir à Straubing, je crois agir conformément aux intentions de V. M. et aux mouvements de l'ennemi.

Duc d'Auerstaedt.

LE DUC D'AUERSTAEDT A L'EMPEREUR.

Straubing, le 1er mai 1809, 10 heures du soir.

Sire,

J'ai l'honneur d'adresser à V. M. le dernier rapport que je reçois du général Montbrun[1]. Ainsi, la marche de l'ennemi n'est

---

est à près de trente lieues de Ratisbonne, à Neumarkt en Bohême, talonnant l'ennemi dans sa retraite. Le prince de Ponte-Corvo aura tout le temps nécessaire pour venir couvrir Ratisbonne avec son armée.

Faites passer la lettre ci-jointe à S. A. le prince de Ponte-Corvo.

Signé : Duc d'Auerstaedt.

Dans la lettre qu'il chargeait le général Dupas de faire parvenir au maréchal Bernadotte, le maréchal Davout écrivait :

« La division Dupas a l'ordre de se rendre à Straubing.

« Je suis les mouvements de l'archiduc Charles qui, dès le 28, a quitté Cham pour se porter sur Budweis et Linz, où il faut que je le prévienne.

« Voici la situation actuelle des choses.

« Mon avant-garde était ce matin en Bohême, entre Neumarkt et Klattau ; tout le Haut-Palatinat est entièrement débarrassé d'ennemis.

« Le général Dupas laissera, à Ratisbonne, quelques bataillons de sa division sous les ordres de M. le général Rouyer, en attendant que V. A. soit à portée de couvrir cette place.

« L'Empereur, avec un corps de 80,000 hommes et 20,000 chevaux, a passé l'Inn et a fait bon nombre de prisonniers. L'armée d'Italie a remporté une victoire. »

1.　　LE GÉNÉRAL MONTBRUN AU DUC D'AUERSTAEDT.

Cham, le 1er mai 1809.

Monseigneur,

Je m'empresse d'annoncer à V. E. que, d'après les ordres précis que j'avais donnés cette nuit, les troupes que l'ennemi avait placées à Eschelkam pour garder le pont ont été forcées de se retirer, et nous les avons suivies jusqu'à Neumarkt, où nous sommes arrivés aujourd'hui à 6 heures du matin. L'officier qui m'écrit rapporte les détails suivants : Le général Sommariva a couché cette nuit à Neumarkt, avec une division d'infanterie, un fort détachement de Klénau chevau-légers et quelques uhlans. Ces troupes, de Neumarkt, se sont dirigées sur Klattau, où le prince Charles a couché la nuit dernière.

Le chef d'escadron Meuziau m'annonce qu'il avait déjà obtenu, la nuit dernière, les renseignements qui sont conformes à ceux de Neumarkt, que l'ennemi prenait de Klattau la direction de Pisek pour se porter sur le Danube.

J'attends des nouvelles et de plus grands détails du général Pajol ; j'aurai l'honneur de vous en faire part aussitôt qu'ils me seront parvenus.

Signé : Montbrun.

plus incertaine ; tout annonce qu'il cherche à gagner Linz. Le
rapport ci-joint du bailli de Cham [1], qui m'a été remis par le
commissaire général de Straubing, est très curieux ; il explique
les causes du mouvement de l'ennemi qui, jusqu'à cette époque,
paraissait vouloir tenir à Cham. Le courrier arrivé par Neumarkt est le Neumarkt de Bohême ; c'est ce courrier qui est
venu annoncer que V. M. marchait sur l'Inn.

Le général Morand sera demain, de bonne heure, à Passau ; le
général Friant sera très près [2] ; le général Gudin ne pourra être
à Passau qu'après-demain 3. J'y serai de ma personne, le 2
dans la nuit, ou le 3 de très grand matin. Je veux encore attendre
ici les rapports du général Montbrun.

———

1.   RAPPORT DU BAILLIAGE DE CHAM.

. . . .
Le 24, arriva ici un très grand nombre de soldats ennemis qui avaient été
coupés ; ils venaient par Falkenstein et déclarèrent que près de Rohr et de
Ratisbonne, il y avait eu des batailles qui avaient tourné à leur désavantage.
Pa· le même chemin arrivent, les uns après les autres et dans le plus grand
désordre, plusieurs corps autrichiens. Ces troupes se plaignirent de n'avoir eu
aucune nourriture depuis six jours.

Les commandants, princes de Rosenberg, Hohenzollern, Liechtenstein, Kolow-
rat, Hessen-Homburg, Rohan, Klenau,..... prirent leurs quartiers dans la ville.
Autour de la ville campèrent cinq corps d'armée.

Le 25, le prince Charles arriva avec un autre corps d'armée par Waldmünchen et établit son quartier général à Katzbach.

Le 26 fut employé à mettre les différents corps en ordre et à les disloquer.

Le 27, le prince Charles fit ranger l'armée en ordre de bataille et arrangea
tous les corps en particulier.

Le 28, arriva un courrier par Neumarkt ; mais, aussitôt qu'on connut ses dépêches, on quitta la position de Cham qu'on semblait résolu de défendre, et, à
6 heures du soir, toute l'armée était rentrée en Bohême. Un corps de cavalerie
et de chasseurs rompit le pont de la Regen, et on conclut de là que toute l'armée
s'était entièrement retirée.

Dans les hôpitaux, il resta 184 hommes malades ou blessés. On les abandonna à l'humanité du bailliage.

Le 29 nous vîmes arriver, à 8 heures du matin, la division Montbrun. Ainsi,
le bailliage de Cham a eu à fournir pendant cinq jours à l'armée autrichienne,
qu'on évalue à 150,000 hommes, et tous les moyens de subsistances sont
épuisés. Le paysan n'a plus de bêtes à cornes, et les chevaux de convois ne
sont pas encore revenus et l'on ne croit pas qu'ils reviennent.

Les champs sont ruinés par les différents camps, et il n'y a plus que quelques
villages à qui il reste un peu de vivres et de fourrages.

Le bailliage se trouve actuellement dans une terrible situation ; il lui est
impossible de satisfaire aux réquisitions faites par les troupes françaises qui
arrivent, et il est pourtant probable que celles-ci prendront la même route.
Celles qu'on a annoncées sont quelques régiments de cavalerie qui viennent
d'arriver.

Certifié par le Commissaire général :
Le Baron DE TRAUNBERG.

2. La division Friant, qui était à Plattling, recevait l'ordre de se porter, le 2,
à Fürstenzell.

Avec la majeure partie de son avant-garde ce général viendra me rejoindre à Passau, par la rive gauche, s'il n'y a pas d'obstacles en chemin; l'autre partie observera les débouchés de la Bohême et fournira, au prince de Ponte-Corvo, des renseignements sur les mouvements de l'ennemi.

Duc d'Auerstaedt.

LE DUC DE RIVOLI AU MAJOR GÉNÉRAL.

Saint-Florian, 1er mai 1809, à 6 heures du matin.

Monseigneur,

J'ai reçu la lettre que V. A. m'a fait l'honneur de m'écrire et, y incluse, celle du général Chambarlhiac à S. M. l'Empereur[1].

Le général bavarois de Montigny m'écrivit le 28, à 9 heures du soir, qu'il y avait à Wegscheid un corps autrichien commandé par le général Richter; il me répondit dans la matinée du lendemain, 29, que ce corps qu'il avait d'abord porté à 10,000 hommes n'était plus que de deux faibles bataillons et, enfin, à 7 heures du soir, il m'annonça que le bailli de Wegscheid était venu lui rendre compte que le général Richter et sa troupe étaient partis pour l'Autriche. J'avais donné ordre à la division Boudet de s'arrêter à Passau, où j'avais envoyé deux officiers, pour y rester et me tenir au courant de ce qu'il y aurait pu avoir de nouveau. J'étais persuadé d'avance que ce n'était pas grand'chose.

. . . .

Comme j'ai déjà eu l'honneur d'en rendre compte à V. A., je fais pousser des reconnaissances sur ma droite et en avant de moi, à 8 ou 9 lieues; on ne trouve jamais que quelques petits postes de cavalerie, quelquefois de l'infanterie que l'on culbute. Mais, d'après tous les rapports, l'ennemi se retire sur Linz, Wels et Lambach.

Nous ne pouvons plus vivre ici, malgré que j'occupe 5 ou 6 lieues de pays; le malheureux incendie de Schärding nous a privés de bien des moyens. Le pays est désert, et ce ne sera qu'à Efferding, à 4 lieues de Linz, que nous trouverons des ressources.

J'aurai l'honneur d'écrire deux fois par jour à V. A.; n'ayant rien eu d'intéressant, je n'avais pas cru devoir le faire jusqu'à présent[2].

Masséna.

_____

1. Voir la lettre du major général au duc de Rivoli, du 30 avril.
2. Voir la première lettre adressée par le major général au maréchal Masséna, 30 avril.

LE DUC DE RIVOLI AU MAJOR GÉNÉRAL.

Saint-Florian, 1er mai 1809, à une heure après midi.

Monseigneur,

J'ai reçu, à midi, les deux lettres que V. A. m'a fait l'honneur de m'écrire, dont l'une par duplicata, qui m'ordonnent de me porter sur Linz[1]. Les ordres viennent d'être donnés. J'espère établir demain soir mon quartier général à Efferding, pour être après-demain de bonne heure à Linz et m'emparer, s'il est possible, de suite du pont.

J'aurai l'honneur de donner souvent de mes mouvelles à V. A. et de lui faire part des obstacles, si j'en éprouve. Il faudra qu'ils soient bien grands si je ne les surmonte. Je crains seulement d'être arrêté à trois lieues de Linz, où la chaussée longeant le Danube se trouverait sous le feu de l'ennemi, si la rive gauche était garnie de troupes ; mais ce n'est là qu'une supposition.

MASSÉNA.

LE MAJOR GÉNÉRAL AU DUC DE RIVOLI.

Braunau, le 1er mai 1809, 2 heures après midi.

Je vous renvoie, Monsieur le Maréchal Masséna, le duplicata de la lettre que je vous ai écrite il y a deux heures[2]. Rappelez à vous la division Boudet afin de marcher sur Linz avec toutes vos forces. Une division du maréchal Davout doit être demain sur Passau.

ALEXANDRE.

LE MAJOR GÉNÉRAL AU DUC DE RIVOLI[3].

Braunau, le 1er mai 1809, 2 heures de l'après-midi.

Le quartier général, Monsieur le Duc, sera ce soir à Ried et vraisemblablement demain, à Lambach. L'intention de l'Empereur est que vous vous portiez en toute diligence sur Linz ; emparez-vous d'un pont sur la Traun et, s'il est possible, d'un pont sur le Danube, que vous feriez raccommoder en faisant travailler

---

1. Voir les deux lettres du major général au duc de Rivoli, datées du 30 avril.
2. Voir la lettre qui suit du major général au duc de Rivoli.
3. Duplicata de la lettre adressée le 1er mai, à midi, par le major général au maréchal Masséna.

de suite à une tête de pont. Une division du duc d'Auerstaedt sera demain à Passau ; le 3, tout son corps y sera réuni.

Le duc de Danzig occupe Salzburg.

Si l'ennemi veut défendre la Traun, il prendra sûrement la position d'Ebersberg qui est à son avantage ; mais il en sera chassé, parce que l'Empereur fera passer cette rivière à Lambach, où la position est à l'avantage de la rive gauche[1] ; ayez soin, Monsieur le Duc, d'envoyer des partis sur Wels afin d'opérer notre jonction.

Nous avons trouvé à Braunau des magasins assez considérables ; vous en trouverez de même à Linz et à Wels.

L'armée de l'archiduc Charles s'est toute jetée en Bohême et se dirige sur Budweis ; mais, elle ne peut pas arriver vis-à-vis Linz avant le 7 mai, ce qui porte à penser que le prince Charles cherchera à faire sa réunion sur Krems[2]. Vous n'aurez sûrement pas manqué de faire réunir et prendre à Passau le plus de bateaux que vous aurez pu, tant pour porter des subsistances que pour pouvoir jeter un pont.

LE DUC DE RIVOLI AU MAJOR GÉNÉRAL.

Saint-Florian, 1er mai 1809, à 5 heures et demie après midi.

Monseigneur,

J'avais été instruit, ce matin, que l'ennemi s'était porté sur les routes de communication de Schärding et Braunau. J'ai ordonné à l'adjudant commandant Trinqualye de prendre le commandement de l'avant-garde, et au général Carra-Saint-Cyr de l'appuyer pour fondre sur l'ennemi. V. A. verra par les rapports du général Carra-Saint-Cyr et de l'adjudant-commandant Trenqualye[3],

---

1. L'Empereur prévoyait donc la résistance de l'ennemi à Ebersberg, dès le 1er mai ; mais il indiquait déjà son intention de faire tomber cette position en la tournant par Lambach.

2. D'après les calculs de l'état-major français, la distance qui séparait Cham de Krems n'excédait que d'une ou deux journées de marche la distance de Cham à Linz ; de Linz à Saint-Pölten, jonction de la route de Krems, l'armée française avait encore à parcourir 35 lieues.

3. La colonne, que venait d'attaquer l'adjudant-commandant Trenqualye, était celle du feld-maréchal-lieutenant Schustek qui, après avoir passé par Ried et Aurolzmünster, était venue s'établir à l'ouest de Neumarkt sur le chemin de Riedau, pour couvrir la retraite du général Hiller sur Linz.

L'ADJUDANT-COMMANDANT TRENQUALYE AU DUC DE RIVOLI.

Riedau, le 1er mai 1809.

Monsieur le Maréchal,

Conformément aux ordres de V. E. et à ceux que m'a donnés M. le généra Saint-Cyr, je me suis porté le matin, à la pointe du jour, avec les troupes com-

que j'ai l'honneur de lui envoyer, que tout s'est exécuté d'après les instructions que j'avais données. Je monte à cheval pour me rendre à Siegharding.

. . . .

J'adresserai par la première occasion à V. A. les drapeaux pris, parce que les communications ne sont pas bien établies. Je prie V. A. de me dire sur quel point on doit diriger les prisonniers.

MASSÉNA.

---

posant l'avant-garde, sur Raab où je n'ai pas trouvé l'ennemi. La petite ville de Zell avait également été évacuée par une quinzaine de hussards, qui y étaient encore hier soir. Je me suis dirigé sur Riedau où je n'ai encore trouvé personne; mais, mes éclaireurs sont venus m'y prévenir qu'un corps d'infanterie et de cavalerie était en position à une petite demi-lieue, sur la route de Neumarkt. J'ai fait de suite mes dispositions pour l'attaquer avec les chevau-légers wurtembergeois, les dragons badois et les trois compagnies de voltigeurs du 4ᵉ régiment; il a été repoussé partout, et nous l'avons poursuivi de position en position jusque dans les faubourgs de Neumarkt. Me trouvant là beaucoup plus en avant que ne le portaient mes instructions et étant en vue du camp ennemi, j'ai ordonné la retraite, qui s'est faite dans le meilleur ordre, et suis venu, d'après l'ordre de M. le général Saint-Cyr, prendre position à Zell et Riedau.

D'après les renseignements que j'ai pris et ce que nous avons vu du camp ennemi en arrière de Neumarkt, je pense qu'il a à peu près neuf bataillons et un régiment de hussards dans cette position; je n'ai pu estimer le nombre de ses pièces d'artillerie, attendu qu'il ne les a pas montrées.

. . . .

TRENQUALYE.

Dans son rapport au maréchal Masséna, le général Carra-Saint-Cyr ajoutait : « La division a pris position : le 24ᵉ d'infanterie légère, 2 pièces de canon et 50 chevaux à Willibad et en avant; la brigade hessoise sur les hauteurs en arrière de Raab, l'artillerie de la division à sa droite; le 46ᵉ régiment, à un quart de lieue, placé sur la route de Wels en avant de Raab; le 4ᵉ régiment à Zell avec l'artillerie légère, et la cavalerie légère à Riedau pour couvrir et éclairer la route de Wels; ses postes communiquent avec l'infanterie. Le régiment de cuirassiers est établi à Monsdorf, en arrière de Raab. »

L'ADJUDANT-COMMANDANT TRENQUALYE AU DUC DE RIVOLI.

Au bivouac de Berghain, le 2 mai 1809.

Monsieur le Maréchal,

Pour terminer mon rapport de la reconnaissance que j'ai faite, hier, sur Neumarkt, j'ai l'honneur de vous informer que, lorsque j'ai été retiré à Riedau et Zell comme me l'avait prescrit le général Saint-Cyr, je fus attaqué vigoureusement à Riedau à 3 heures du soir, par 3 bataillons d'infanterie et 1 régiment de hussards. Un bataillon du 4ᵉ régiment, que j'avais placé en face de Riedau, reçut l'ennemi avec fermeté et le repoussa vivement dans le bois. Je ne le chassai pas très avant, parce que le général Saint-Cyr m'avait prévenu que je ne devais pas m'éloigner de lui; je me disposai à défendre ma position, ce que je fis toujours avec avantage jusqu'à 6 heures du soir, alors que je reçus l'ordre d'effectuer ma retraite, pour me porter à Waidenholz sur la route de Linz. Elle ut ordonnée de suite et faite en bon ordre; l'ennemi n'osa pas l'inquiéter.

Il ne s'est rien passé pendant la durée de ce petit combat.....

TRENQUALYE.

(Arch. du prince d'Essling.)

LE MAJOR GÉNÉRAL AU DUC D'ISTRIE.

A Braunau, le 1er mai 1809, à midi.

Je vous préviens, Monsieur le Maréchal, que l'Empereur est arrivé ici. S. M. ira coucher ce soir à Ried, où Elle sera vers huit heures. Nous supposons que vos coureurs sont déjà sur Haag. Faites prendre les devants à la brigade Colbert et à la brigade Piré, ou à celle de Jacquinot. Quant au général Marulaz, il peut rester aujourd'hui à Ried, pour joindre le duc de Rivoli sur la route de Linz, par Riedau, et, ce qui serait déjà trop avancé de cette brigade rejoindrait le duc de Rivoli par Lambach et Wels[1]. Vous avez sûrement, Monsieur le Maréchal, envoyé des partis sur Strasswalchen, pour être en communication avec le général de Wrède qui a eu ordre d'y marcher.

Je vous préviens, Monsieur le Maréchal, que l'Empereur a ordonné qu'il fût formé, à Braunau, un dépôt de cavalerie pour les hommes et les chevaux fatigués[2]. Envoyez-moi un officier de cavalerie pour commander ce dépôt. Il doit y avoir dans votre cavalerie quelque officier fatigué qui ne peut pas suivre.

LE MAJOR GÉNÉRAL AU GÉNÉRAL VANDAMME.

Braunau, le 1er mai 1809, à 10 heures et demie du matin.

L'Empereur, Monsieur le Général, ordonne que vous vous rendiez sur-le-champ à Altheim, route de Lambach; que vous y réunissiez votre infanterie et tout ce que vous pourrez de votre division wurtembergeoise, tant dans la journée que dans la nuit. Quant au 2e régiment de chevau-légers wurtembergeois, il reste au quartier impérial.

---

1. « A 9 heures du matin, la division Marulaz marcha sur Ried, où elle reçut l'ordre de rejoindre le 4e corps d'armée dont elle avait été momentanément détachée ; elle se dirigea en conséquence sur Riedau, pour gagner la route de Schärding à Linz... Elle arriva fort tard à Riedau. Les régiments s'y concentrèrent, et reçurent l'ordre de faire le feu de carabine et de combattre à pied si l'ennemi venait les y inquiéter. » (*Corr. Marulaz.*)

2. L'Empereur dictait le 1er mai, au major général, les prescriptions suivantes : « Donnez ordre qu'il soit formé, à Braunau, un dépôt de cavalerie et un d'infanterie, et que tous les hommes fatigués des deux armes y soient laissés. Les petits dépôts formés entre le Danube et l'Isar seront laissés à Landshut, et ceux formés entre l'Isar et l'Inn seront laissés à Braunau. »

LE MAJOR GÉNÉRAL AU GÉNÉRAL VANDAMME.

Braunau, le 1er mai 1809.

L'Empereur, Monsieur le général Vandamme, ordonne qu'un régiment d'infanterie wurtembergeois reste en garnison à Braunau, et que le régiment wurtembergeois qui était à Ratisbonne se rende à Passau. Envoyez-lui-en l'ordre. Faites-moi connaître à Ried, dans la nuit, le nombre de troupes wurtembergeoises que vous aurez avec vous demain matin à Altheim.

LE MAJOR GÉNÉRAL AU GÉNÉRAL VANDAMME.

Braunau, le 1er mai 1809, 2 heures après-midi.

L'intention de l'Empereur, Général, est que vous partiez demain au jour d'Altheim pour vous rendre à Riedau; de Riedau, vous vous mettrez en communication sur la route de Schärding à Linz avec le corps du duc de Rivoli et, de Riedau, vous pousserez des partis sur votre droite sur la route de Ried à Lambach, pour vous lier avec le duc de Montebello. Enfin, vous pousserez des partis sur la route de Wels, afin de savoir ce qui s'y passe. Votre colonne, Général, est destinée à servir de communication entre le corps des ducs de Rivoli et de Montebello, et de nous éclairer sur Wels. Pour ce mouvement sur Riedau, l'Empereur trouve que vos deux régiments de cavalerie, la brigade d'infanterie légère et vos 6 pièces d'artillerie sont suffisants. Le reste de votre infanterie et votre parc suivront en arrière.

Le général Vandamme répondait à ces lettres du major général :

LE GÉNÉRAL VANDAMME AU MAJOR GÉNÉRAL.

Au quartier général de Braunau, 1er mai 1809.

Monseigneur,

J'aurai demain au jour, à Altheim, les quatre bataillons d'infanterie légère, une brigade de ligne et huit pièces d'artillerie à pied.

Entre midi et deux heures, j'aurai rejoint les deux régiments de chasseurs à cheval et l'artillerie légère à Riedau. Je serai très exact à me mettre en relation avec le duc de Rivoli, sur la route de Schärding à Linz, par ma gauche, et j'aurai soin de porter des partis, par ma droite, de Ried sur Lambach, pour savoir ce qui se passe du côté de Wels. Par ce moyen je communiquerai avec le duc de Montebello, et serai à même de me porter partout où il plaira à S. M. de m'appeler. Je laisse les chevau-légers du Roi à la disposition du général Boudet; les chevau-légers du duc Henri continuent le service près de S. M. l'Empereur, d'après les ordres de V. A. Le régiment de Kammerer reste à Braunau. Le régiment de Phull est en route pour Passau et y sera rendu demain. Reste le régiment de Neubronn qui était à Landshut, qui n'a pas d'ordre. Le général Rouyer a deux pièces de six et douze chasseurs à cheval avec lui. Voilà, Monseigneur, la position des troupes de Wurtemberg, d'après les ordres de l'Empereur.

VANDAMME.

LE MAJOR GÉNÉRAL AU GÉNÉRAL DE WRÈDE.

Braunau, le 1er mai 1809, 10 heures du matin.

Je reçois, Monsieur le général de Wrède, votre lettre du 30 à 7 heures du soir; l'Empereur a vu avec plaisir que vous soyez arrivé à Strasswalchen; ralliez-vous et reposez-vous dans cette position. Poussez des partis sur la route de Lambach, afin de ramasser les traîneurs ennemis et d'avoir des nouvelles du côté de Gmunden, et enfin sur toute votre droite. L'Empereur vient d'arriver à Braunau, il porte son quartier général ce soir à Ried, où vous m'écrirez.

LE GÉNÉRAL DE WRÈDE AU MAJOR GÉNÉRAL.

Strasswalchen, le 1er mai 1809, à 10 heures un quart[1].

Monseigneur,

Je m'empresse d'envoyer à V. A. les dépêches ci-jointes que j'ai fait intercepter cette nuit; elles me paraissent de la plus grande importance, puisqu'elles prouvent que l'ennemi n'a nullement le projet d'accepter une bataille entre Wels et Linz, et que tout se retire derrière l'Enns. Ces dépêches contiennent que le gouvernement de Vienne a l'ordre de se retirer à Pesth, en Hongrie, à l'approche des armées françaises et alliées; l'instruction qu'ont reçue tous les présidents des districts; que les caisses

---

1. Cette lettre a été expédiée à 10 heures un quart du *matin*, comme le début l'indique.

militaires de guerre ont filé sur Vienne, où il paraît que tout est dans le plus grand désordre; que l'insurrection hongroise doit se porter en avant, ainsi que la nomination des généraux qui la commandent. V. A. y trouvera également les gazettes de Linz et de Presburg, lesquelles parlent des événements de l'Italie, ainsi que les 10ᵉ et 11ᵉ bulletins de l'armée autrichienne.

En ce moment, arrive l'officier que je vous avais expédié avant hier de Salzburg, Monseigneur, il m'a exactement remis vos dépêches datées d'hier et les mots d'ordre. Par mon rapport d'hier, V. A. aura vu comment je me suis établi ici: il me reste donc à lui rendre compte que mes avant-postes occupent Frankenmarkt, et que mes patrouilles ont déjà poussé ce matin jusqu'à Vockla-markt.

J'attends vos ordres, Monseigneur, pour mes mouvements ultérieurs.

WRÈDE.

LE DUC DE DANZIG A L'EMPEREUR.

Salzburg, le 1ᵉʳ mai 1809, 2 heures après-midi.

Sire,

Malgré toute la diligence possible, je n'ai pu arriver à Salzburg qu'hier, à 2 heures, attendu que le pont de la Saalach a été très difficile à rétablir. J'ai de suite dirigé deux escadrons de cavalerie et trois bataillons d'infanterie avec trois pièces d'artillerie, sur Hallein, où ils sont encore arrivés le soir. Le pont étant coupé, on s'est occupé dans la nuit de son rétablissement, et ce matin de très bonne heure on s'est mis en marche sur la route de Radstadt[1]. Tout le monde assure que l'ennemi a établi un fort en arrière de Golling, à l'embranchement des routes de Hallstadt et Radstadt, qui empêchera de pénétrer dans les deux vallées. On assure également qu'il s'est fortifié dans la vallée à Saint-Gilgen[2].

J'ai dirigé une brigade sur Reichenhall destinée à débloquer Kufstein et à observer les vallées de Saint-Johann et Innsbruck.

---

1. Voir la lettre du major général au duc de Danzig, du 30 avril, à midi.
2. « Le 1ᵉʳ mai, le F. M. L. Jellachich continue sa retraite dans la vallée de la Saalzach, par Werfen sur Rastadt, où il prend position. Le gros, 14 compagnies, 1 escadron, demeure à Rastadt ; le reste des troupes est réparti en différents postes, à savoir : 2 compagnies dans chacune des localités suivantes : Abtenau, Annaberg, Lend, Saint-Veit, Bischofshofen, Saint-Johann en Pongau ; 4 compagnies à Wagrein ; 3 compagnies à Saint-Gilgen, au Pass-Lueg, avec un soutien de même force doublé d'une réserve de 4 compagnies à Aschau. Werfen est occupé par 2 bataillons de landwehr. » (L'archiduc Charles comme général en chef et organisateur d'armée, par le colonel von Angeli.)

Les partis que j'y avais envoyés, par Rosenheim, m'ont rapporté qu'il ne se trouvait que quelques compagnies autrichiennes avec 5,000 ou 6,000 paysans pour bloquer cette place, et, n'étant pas assez fort pour faire lever le blocus, je donne ordre à cette brigade de marcher par Traunstein et Grassau, les défilés de Lofers et Saint-Johann étant trop difficiles.

Le général Drouet a fait, ce matin, la reconnaissance du château avec le colonel Le Jeune et le commandant de la place; il pense que cette superbe position peut très facilement nous rendre maîtres de la partie de la ville sur la rive gauche de la Salza, et que, si l'on voulait faire de Salzburg une des premières places de l'Europe, cela serait très facile à peu de frais, mais il faudrait une garnison de 9,000 à 10,000 hommes, tandis que 3,000 suffisent pour défendre la partie de la ville sur la rive gauche. Le colonel Le Jeune, qui retourne près de V. M., pourra lui donner tous les renseignements qu'elle désirera sur cette position. On commence à mettre le château en état.

J'ai reçu la dépêche du prince de Neuchâtel, du 30 avril midi, par laquelle il me dit d'envoyer 10,000 hommes à la poursuite de l'ennemi. J'ai l'honneur d'observer à V. M. qu'il s'en faut de beaucoup que j'aie ce nombre à ma disposition. D'abord, la 2ᵉ division ne prend plus mes ordres et ne me rend plus aucun compte depuis longtemps, malgré tous les ordres que je puis donner au général de Wrède. La 1ʳᵉ et la 3ᵉ divisions ont cinq bataillons de détachés, tant à la conduite des prisonniers que vers Kufstein; une brigade de la 3ᵉ division s'est portée sur Hallein et marche aujourd'hui vers Radstadt, de manière qu'il ne me reste à Salzburg, déduction faite d'environ 2,500 traînards, sur mes deux divisions, que 4,572 baïonnettes destinées à soutenir la division de Wrède et les troupes qui marchent vers la Carinthie.

Je charge M. Ordener de remettre à V. M. les gazettes allemandes qui peuvent l'intéresser.

Le maréchal duc DE DANZIG.

LE DUC DE DANZIG A L'EMPEREUR.

Salzburg, le 1ᵉʳ mai 1809, 11 heures et demie du soir.

Sire,

J'ai l'honneur d'envoyer à V. M. un exemplaire des proclamations que j'ai faites aux Tyroliens et aux habitants du pays de Salzburg, avec un arrêté que j'ai pris, pour créer une commission à l'effet d'administrer cette dernière province en son nom. Je joins l'original du serment que les membres de cette commission ont signé. Les armoiries de la maison d'Autriche ont été brisées partout.

J'ai eu l'honneur d'annoncer à V. M. que j'avais envoyé une brigade à la poursuite du général Jellachich, sur la route de Radstadt; elle a rencontré l'ennemi à Golling, fort de 700 hommes, qu'elle a chassé derrière la Lammer, dont le pont qui avait été coupé a été rétabli sous le feu de l'ennemi, qui a montré à peu près 2,000 hommes. L'affaire a été assez vive pour que nous y ayons un assez grand nombre de tués et blessés, et mon aide de camp Maingarnaud, que j'ai envoyé avec cette colonne, y a eu son cheval tué. Cet officier me mande que le fort de Lueg est en bon état, qu'il paraît que le corps de Jellachich en entier veut s'y défendre; ce qu'il peut faire d'autant plus avantageusement, que la gorge est tellement resserrée, qu'elle n'offre que deux fois la largeur de la route pour arriver à ce fort.

Je vais détacher encore un bataillon de Salzburg, pour renforcer cette brigade, et la mettre à même de tâcher de tourner l'ennemi par Abtenau. Il ne me restera à Salzburg, pour la garde de la ville et la réserve des deux avant-gardes, qu'environ 4,000 hommes.

LEFEBVRE.

LE DUC DE RIVOLI AU MAJOR GÉNÉRAL.

Siegharding, le 2 mai 1809, à 3 heures et demie du matin.

Monseigneur,

J'ai reçu les dépêches que V. A. m'a fait l'honneur de m'adresser[1]. Je serai ce soir à Efferding[2], comme j'ai déjà eu l'honneur

---

1. Voir les lettres du major général au duc de Rivoli, du 1er mai, à 2 heures de l'après-midi.

2. La division de cavalerie légère Marulaz, qui la veille avait bivouaqué à Riedau, continuait son mouvement le 2 mai, pour rejoindre le 4e corps : « Le 2 mai, le général Marulaz voulant utiliser son mouvement, marcha sur le flanc droit du 4e corps d'armée à l'effet de l'éclairer; prenant la direction de Wels, il se porta sur Kalham; il rencontra les avant-postes ennemis en sortant de Riedau. Quoique le terrain fût très montueux et très boisé, il n'en ordonna pas moins des charges par pelotons, qui furent exécutées avec beaucoup de succès par le 3e régiment de chasseurs; l'ennemi fut culbuté, chassé de toutes les positions où il voulut s'arrêter, et poursuivi jusqu'à Neumarkt, où il se retira derrière la petite rivière d'Ascha après en avoir brûlé le pont. Le général ne jugea pas à propos de le poursuivre plus loin; il fit, pendant cette journée, plus de 200 prisonniers. Changeant alors de direction, il marcha sur Bayerbach où il trouva la tête du 4e corps d'armée. La division arriva dans la nuit à Efferding, et bivouaqua en arrière de cette ville. »

de l'en prévenir, et je me conformerai en tout aux instructions que j'en reçois; mais, ne connaissant pas la direction que je devais prendre, je me suis borné à réunir des barques à Passau, où elles sont encore disponibles et d'où elles ne peuvent aller plus loin, pendant que la rive gauche du Danube, de Passau à Linz, ne sera pas libre.

MASSÉNA.

Le 4ᵉ corps se dirigea sur Efferding de grand matin.

La division Carra-Saint-Cyr marchait en tête, le 14ᵉ régiment de chasseurs et un bataillon du 24ᵉ régiment d'infanterie légère formant l'avant-garde.

Les divisions Legrand, Claparède et Boudet, échelonnées plus en arrière, devaient suivre à une distance de plusieurs kilomètres le mouvement de la 2ᵉ division.

A deux kilomètres de Weizenkirchen, l'avant-garde, sous les ordres de l'adjudant-commandant Trenqualye, s'engagea avec une arrière-garde autrichienne et la poursuivit jusqu'au delà d'Efferding [1].

---

1.   L'ADJUDANT-COMMANDANT TRENQUALYE AU DUC DE RIVOLI.
Berghain, 2 mai 1809.
Monsieur le Maréchal,

J'ai l'honneur de vous rendre compte que je suis parti le matin de ma position en avant de Weidenholz, à 8 heures du matin. Les éclaireurs du 14ᵉ de chasseurs ont rencontré l'ennemi à une petite demi-lieue en avant du point de départ, et l'ont repoussé à une portée de canon d'Efferding. L'ennemi a alors présenté de l'infanterie sur les deux côtés de la route, elle était couverte par des haies et clôtures en bois, ce qui rendait l'attaque de la cavalerie inutile. J'ai alors fait inviter M. le général Saint-Cyr à m'envoyer trois compagnies de voltigeurs qui ont débusqué les Autrichiens et les ont repoussés dans Efferding. Le 1ᵉʳ bataillon est arrivé dans la ville et a enfoncé l'ennemi avec impétuosité, lui a tué quelques hommes et fait des prisonniers, dont un lieutenant-colonel. Je voulais tourner l'ennemi, par sa droite, avec le 14ᵉ chasseurs et les dragons badois, pour lui couper la retraite, mais cela n'a pas été possible; j'ai été forcé de revenir traverser la ville avec cette cavalerie, et l'ai poussée en avant pour soutenir l'artillerie et l'infanterie jusqu'au pont de Raffelding, que l'ennemi n'avait pas eu le temps de détruire, mais où il avait de l'artillerie. Une charge a été ordonnée aux dragons badois et à un peloton du 14ᵉ chasseurs, ils l'ont soutenue avec courage. La supériorité de l'ennemi lui a fait reprendre une pièce de canon qui était déjà en notre pouvoir.

. . . .

Après avoir dépassé le pont de Raffelding, nous avons vu une colonne ennemie qui était en retard et voulait gagner la grand'route pour se retirer. J'ai

« Pendant que son avant-garde se battait à Efferding, Masséna, qui se trouvait à 8 kilomètres en arrière, pressait la marche de ses divisions. Il n'arriva dans cette ville qu'à 5 heures et demie du soir, et envoya aussitôt un aide de camp au major général, pour l'instruire des événements de la journée. Tous les prisonniers et déserteurs s'accordaient à annoncer qu'on trouverait de grandes forces à Linz, et que des préparatifs de défense avaient été faits sur la Traun [1]. »

LE DUC D'ISTRIE A L'EMPEREUR.

Wels, le 2 mai 1809.

Sire,

Nous sommes à Wels, le pont est coupé, mais facile à réparer [2].

---

fait demander de l'infanterie au général Saint-Cyr pour tâcher de la couper ; il est venu lui-même, et dès lors je me suis borné à protéger avec la cavalerie, l'artillerie et l'infanterie, en attendant d'autres ordres. Quand le feu a cessé, j'avais dépassé le village d'Alkofen, alors le général Saint-Cyr m'a prescrit de prendre position en avant de lui, j'ai en conséquence bivouaqué à cheval sur la route de Linz et me suis couvert par des postes et des vedettes.

Une reconnaissance que j'ai envoyée en avant et sur le Danube, m'a rapporté qu'elle avait trouvé l'ennemi par pelotons d'infanterie et de cavalerie, à une forte demi-lieue de ma position. J'exercerai la plus grande surveillance pendant la nuit.

. . . .

TRENQUALYE.

(*Arch. du prince d'Essling.*)

Le colonel von Angeli, d'après les documents autrichiens, fait un récit analogue de cet engagement : « A 8 heures du matin, la tête de la division Saint-Cyr chasse les avant-postes autrichiens de Waitzenkirchen ; vers midi, elle fait éprouver le même sort à la brigade des volontaires viennois, après un court mais sanglant combat.

« La brigade Bianchi, arrivant de Wallern, recueillit à Räffelding sur l'Inn-Bach les troupes poursuivies, et opéra même avec succès quelques retours offensifs. Le II⁰ corps de réserve, sur le secours duquel on avait compté, s'était retiré sur Linz pour occuper la ville. En conséquence, le général Bianchi prit dans la soirée une position avantageuse à Alkoven, entre le Danube et les hauteurs boisées qui le bordent. »

1. *Mémoires de Masséna*, par le général Koch.

2. Le général Radetzky, qui dans la soirée du 1ᵉʳ mai s'était porté sur Gaspoltshofen, avait envoyé, le 2, la brigade Reinwald sur les hauteurs de Lambach ; cette brigade apprenait au point du jour, par ses patrouilles, que le général Nordmann avait détruit le pont de Lambach ; aussi, peu après, elle se retirait sur Linz.

Pendant ce temps, le général Radetzky, attaqué à Gaspoltshofen par l'avant-garde du maréchal Bessières, était rejeté dans la direction de Wels. (La cavalerie française occupait Lambach peu après midi.) Ce général se retira sur Wels par la rive gauche de la Traun, en cherchant à ralentir la marche de l'avant-garde du maréchal Bessières, pour permettre au général Schustekh, qui était à Geisenham, de rejoindre par Wels la route de Linz. Le général Radetzky atteignit Klein-München dans la nuit.

Le maréchal Bessières entrait à Wels, dans la soirée du 2 mai.

L'ennemi, fort de 40,000 hommes à peu près, a commencé son mouvement rétrograde le 24. Les troupes de ligne, la cavalerie et l'artillerie se sont retirées sur Linz ; la milice, derrière la Traun, a passé le pont de Wels [1].

Hier et ce matin, un fort détachement d'infanterie de ligne s'est porté, partie sur Grieskirchen, partie sur Efferding.

Aujourd'hui, sur les deux heures après midi, un postillon chargé de conduire un voyageur à Efferding, n'a pu aller que jusqu'à une église dite auf den Scharten (où il y a un fort pèlerinage); il a été forcé de rétrograder, parce que sur la montagne on canonnait fortement.

La canonnade a eu lieu à trois lieues et demie de Linz, et à une lieue et demie d'ici [2].

J'avais envoyé un parti sur ce point, pour avoir des renseignements plus positifs.

BESSIÈRES.

LE DUC DE MONTEBELLO A L'EMPEREUR.

Wels, le 2 mai 1809.

Sire,

L'armée commandée par le maréchal Hiller et le prince Louis a commencé à défiler depuis cinq jours, se dirigeant sur Linz par la rive gauche. La dernière infanterie est partie, ce matin, se dirigeant sur le même point. Il n'y avait ce soir, ici, qu'un régiment de uhlans, qui s'est également retiré par la rive gauche sur Linz.

On pense ici que ce corps d'armée, fort d'une trentaine de mille hommes, passera le Danube à Linz, pour faire sa jonction avec le prince Charles par Krummau et Budweis. Ces renseignements m'ont paru assez raisonnables.

Le pont de Wels a été coupé ; mais si V. M. fait donner des ordres aux sapeurs de venir ici, il peut être réparé dans 4 ou 6 heures au plus tard.

Il paraît qu'il y aura ici quelques magasins. On assure que les habitants en ont pillé une partie.

Dans le cas où V. M. voudrait faire passer ici mon corps d'ar-

---

1. La brigade Nordmann s'était retirée sur la rive droite de la Traun.
2. L'engagement, signalé par le maréchal Bessières, était celui de l'avant-garde du maréchal Masséna avec la brigade du général Bianchi.

mée, je la prierais de faire donner des ordres aux divisions Saint-Hilaire, Molitor et Demont [1].

LANNES.

La division du général Oudinot est ici [2].

LE MAJOR GÉNÉRAL AU DUC DE MONTEBELLO.

Lambach, 2 mai 1809, 9 heures du soir.

L'Empereur, Monsieur le duc de Montebello, ordonne que vous chargiez votre chef d'état-major de prescrire, au commandant du génie de votre corps, de réunir à Wels le plus de cordages et d'ancres que vous pourrez trouver.

Le général Lauriston, qui rassemble ici une grande quantité de bateaux, les fera prendre en passant; cela est important, parce que nous aurons par là les moyens de pouvoir jeter un pont sur le Danube. Il doit y avoir beaucoup de magasins à Wels; vous y avez sûrement fait mettre des gardes.

LE GÉNÉRAL VANDAMME A L'EMPEREUR.

Au quartier général de Riedau, 2 mai 1809.

Sire,

J'ai l'honneur de rendre compte à V. M. que, conformément à ses ordres, je suis arrivé aujourd'hui à Riedau où sont réunies ma cavalerie, mon artillerie et mon infanterie légère. La brigade d'infanterie de ligne commandée par le général Franquemont et l'artillerie à pied sont à Aurolzmünster.

Le corps du maréchal Masséna est sur Linz, son parc d'artillerie doit être à Efferding, et sa cavalerie légère, commandée par le général Marulaz, est bien avant de moi sur la route de Wels.

Nous avons pris une trentaine d'Autrichiens restés en arrière ou déserteurs et je les ai fait diriger de suite sur Braunau.

J'attends à Riedau les ordres de V. M., et je la prie de vouloir bien être persuadée qu'ils seront exécutés à l'instant même qu'ils me seront parvenus.

VANDAMME.

---

1. La division Saint-Hilaire, qui était en arrière de Ried, reçut l'ordre de se porter à Bachmanning en arrière de Lambach, dans une position qui dominait une vallée conduisant à la route de Schärdin à Wels.

La division Molitor, qui était également en arrière de Ried, s'établit, le 2, en avant de Lambach.

2. La division Tharreau. La division Claparède était avec le 4e corps depuis le début des opérations.

LE MAJOR GÉNÉRAL AU GÉNÉRAL VANDAMME.

A une lieue de Lambach, ce 2 mai 1809, à 2 heures après-midi.

L'Empereur ordonne au général Vandamme de partir de Riedau pour se rendre à Wels, et cela sans perdre de temps.

ALEXANDRE.

LE GÉNÉRAL DE WRÈDE AU MAJOR GÉNÉRAL.

Strasswalchen, le 2 mai 1809, à 8 heures du matin.

Monseigneur,

J'ai l'honneur de rendre compte à V. A., que j'ai reçu cette nuit son ordre daté d'hier et, non seulement l'original, mais aussi le duplicata . . . .

Pour mieux remplir l'ordre de V. A. de pousser des partis vers Lambach et Gmunden, je ferai ce matin un petit changement à ma position, de manière que je porterai sur la route de Vöcklabruck le régiment de cavalerie que j'avais sur la route de Mattighofen, pour me lier avec Braunau. Toute ma cavalerie sera placée en échelons, de Frankenmarkt à Timelkam, et le dernier poste à Vöcklabruck, ayant la rivière Vöckla devant son front : toute cette cavalerie aura des piquets sur sa droite et enverra de forts partis par Schörfling vers Gmunden, également par Saint-Georgen le long du Attersee; elle en enverra aussi par sa gauche vers Frankenburg, pour former ma liaison avec le quartier général impérial à Ried.

La 1re brigade d'infanterie enverra un bataillon léger à Frankenmarkt, et deux de ses régiments bivouaqueront entre Ober- et Unter-Mühlam.

La 2e brigade d'infanterie restera ici. Je me porterai de ma personne à Frankenmarkt, pour être plus à portée d'avoir des nouvelles de Gmunden et me trouver à la hauteur de Ried[1].

---

1.   LE GÉNÉRAL DE WRÈDE AU MAJOR GÉNÉRAL.

Frankenmarkt, le 2 mai 1809, à 2 heures de relevée.

Monseigneur,

Je m'empresse de rendre compte à V. A. qu'à mon arrivée ici, j'ai reçu le rapport officiel que la queue de l'arrière-garde ennemie s'est retirée la nuit passée derrière Lambach, dont elle a brûlé le pont. Il est à croire que l'ennemi n'a plus de forces près de Gmunden, mes patrouilles y retourneront dans la nuit pour m'en rendre compte.

J'ai en outre envoyé 2 de mes espions qui suivent ma division, et il est de plus en plus probable, que ce ne sera que derrière l'Enns que l'ennemi s'arrê-

La journée d'hier a été employée à faire ferrer ma cavalerie qui en avait le plus grand besoin. L'infanterie s'est assez reposée, malgré que le temps ait rendu le bivouac affreux.

-Wrède.

LE MAJOR GÉNÉRAL AU GÉNÉRAL DE WRÈDE.

Lambach, le 2 mai 1809, 9 heures du soir.

Je vous ai expédié, aujourd'hui, un ordre général pour vous porter sur Lambach.

L'intention de S. M. est que vous ne dépassiez pas Vöcklabruck. Tenez-vous toujours en communication avec le duc de Danzig, à Salzburg, et avec nous à Lambach et Wels.

LE DUC DE DANZIG A L'EMPEREUR.

Salzburg, le 2 mai, à 3 heures après-midi.

Sire,

J'ai l'honneur de rendre compte à V. M. que mon aide de camp Maingarnaud, qui est avec la colonne que j'ai dirigée sur Radstadt, me donne quelques détails sur la situation du fort de Lueg, que j'ai l'honneur de lui transmettre.

Le pas de Lueg est inabordable de notre côté ; il a trois ponts-levis, et les troupes qui en défendent les approches sont si bien couvertes qu'on n'aperçoit personne. Depuis le pont du Lammer jusqu'au pas de Lueg le flanc de la montagne est garni de Tyroliens, qui font un feu continuel sur la route de laquelle ils ne sont séparés que par la Salza, qui est très resserrée dans cet endroit. Armés de crampons de fer ils gravissent les rochers les plus escarpés.

Voyant la difficulté de forcer ce poste, j'ai ordonné de le tourner, quoique le chemin soit impraticable pour la cavalerie, à cause de la neige, par Abtenau ; déjà un bataillon est en marche pour prendre poste à Hüttau. Je ferai soutenir la brigade chargée de cette opération, par la 2ᵉ brigade de la 1ʳᵉ division. J'espère que ces forces seront suffisantes pour nous

---

téra. Hier, il avait encore un gros corps à Wels, mais celui-là doit avoir fait aussi son mouvement rétrograde.

Wrède.

P.-S. — J'envoie en ce moment mes officiers du génie à Vöcklabruck, rétablir le pont et ils se rendront de là à Lambach, pour rétablir aussi celui-là s'ils le peuvent.

rendre maîtres, d'une manière quelconque, du pas de Lueg et ouvrir nos communications sur Radstadt. Il y a 9 heures de marche pour se rendre à Hüttau. On n'a encore pu se procurer des nouvelles du corps de Chasteler que par les paysans, qui assurent qu'il est du côté d'Innsbruck, et que les Tyroliens doivent l'avoir fait rester parmi eux pour les diriger.

J'ai fait partir aujourd'hui 1 bataillon, 1 escadron et 2 pièces d'artillerie de Reichenhall, pour se porter sur Lofers, afin de menacer les derrières de Kufstein.

Au moyen du départ de la 2ᵉ brigade de la 1ʳᵉ division, je reste ici avec environ 2,000 baïonnettes. Je n'entends plus parler des troupes que j'ai fournies pour escorter les prisonniers de guerre, quoique je leur aie donné l'ordre de revenir.

Le maréchal duc DE DANZIG.

LE MAJOR GÉNÉRAL AU DUC DE DANZIG.

Lambach, le 2 mai 1809, 9 heures du soir.

J'ai mis sous les yeux de l'Empereur, Monsieur le Duc, votre lettre du 1ᵉʳ mai, à 1 heure de l'après-midi[1]; S. M. ordonne que vous vous portiez sur Golling[2] et que vous culbutiez l'ennemi de cette position. L'intention de S. M. est de vous laisser quelque temps à Salzburg, tant pour y reposer vos troupes, que pour y réparer la chaussure et recevoir des recrues ; dans quelques jours, vous rallierez les 3,000 à 4,000 traîneurs que vous avez. Surveillez le corps de Chasteler qui a pénétré dans le Tyrol. L'Empereur, Monsieur le Duc, attache la plus grande importance à ce que vous éloigniez l'ennemi de plusieurs marches ; Kufstein, débloqué, augmentera vos troupes ; quant au général de Wrède, vous ne devez avoir aucune inquiétude sur lui ; vos sollicitudes et votre surveillance doivent se porter sur Radstadt. Je vous le répète, l'intention de S. M. est que vous chassiez l'ennemi de Golling. Le général de Wrède sera placé pour maintenir la communication entre Lambach et Salzburg ; nous sommes à Lambach, Wels et Linz. En cas d'événement, il serait toujours en position de vous soutenir. Faites-moi connaître si vous avez exécuté toutes les dispositions que l'Empereur vous a prescrites par sa dernière lettre. Ordonnez au commandant de

---

1. Voir la lettre du duc de Danzig à l'Empereur, du 1ᵉʳ mai, à 1 heure de l'après-midi. Le maréchal Lefebvre avait adressé une lettre semblable au major général.

2. Voir la lettre du duc de Danzig à l'Empereur, du 1ᵉʳ mai, à 11 heures et demie du soir.

la place de me rendre compte chaque jour de la situation des travaux de l'artillerie et du génie ainsi que des approvisionnements.

L'Empereur porte la plus grande importance à ce que le fort de Salzburg soit en bon état ; cette ville ne doit jamais être reprise par l'ennemi.

Envoyez des partis dans les endroits du Tyrol insurgés et faites des exemples sévères.

LE DUC D'AUERSTAEDT A L'EMPEREUR.

Straubing, 2 mai 1809, 2 heures du matin.

Sire,

Je reçois à l'instant, par un officier, le rapport ci-joint du général Montbrun[1] ; je m'empresse d'avoir l'honneur de le communiquer à V. M.

Ce général viendra me joindre à Passau avec les deux tiers de ses troupes ; l'autre tiers restera avec le général Pajol, pour observer le plus longtemps possible les débouchés de la Bohême et donner le temps au prince de Ponte-Corvo de se porter sur Ratisbonne.

Si des événements imprévus retardaient l'arrivée du général Montbrun, je me trouverais absolument sans cavalerie ; je désirerais bien être sûr d'avoir 700 à 800 chevaux.

---

[1]   COPIE DU RAPPORT DU GÉNÉRAL MONTBRUN.

Daté de Cham, le 1er mai 1809, à 6 heures du soir.

Je reçois à l'instant le rapport du chef d'escadron Tavernier, par lequel il m'annonce qu'il est arrivé à Klencz, où il a appris que le corps entier de Bellegarde avait abandonné ce pays et se trouvait réuni aujourd'hui avec tous les autres corps à Klattau ; il a laissé quelques troupes sur la route pour nous observer sur Klencz.

Le général Pajol m'écrit de Neumarkt que toutes les troupes qui étaient à Cham ont passé par cette route pour se rendre à Klattau.

L'arrière-garde, composée d'un régiment d'infanterie, d'un bataillon de chasseurs, de deux divisions de uhlans et de deux divisions de dragons de Klenau, commandée par les généraux Sommariva et Vécsey, est partie ce matin à 6 heures, et le général Pajol l'a poussée jusqu'à Mehlhut, où il a pris position.

Toute l'armée, d'après le rapport des principaux habitants, se dirige de Klattau sur Horazdiowitz, où la tête de leur colonne est déjà arrivée, d'après l'affirmation qu'en ont donnée des paysans qui ont conduit des denrées à l'armée autrichienne.

Deux régiments de hussards, en sortant de Neumarkt, ont pris la route de Janowitz pour se jeter sur le Danube ; une autre colonne de 3,000 hommes, blessés et malades, est partie d'Eschelkam pour se rendre à Taus, en passant par Neumarkt.

Les Autrichiens enlèvent tout ; on ne trouve après eux ni chevaux ni denrées.

Signé : MONTBRUN.

LE DUC D'AUERSTAEDT A L'EMPEREUR.

Straubing, 2 mai 1809, 5 heures du matin.

Sire, à peine mon aide de camp Christophe est-il parti, que je reçois l'ordre du major général de réunir, le plus promptement possible, tout mon corps d'armée à Passau[1].

La 1re division y sera aujourd'hui.

La 2e sera très près et tout le corps d'armée y sera demain, 3.

J'y serai aujourd'hui de ma personne.

Toutes les dispositions que me prescrit le Major général recevront leur exécution.

LE DUC D'AUERSTAEDT AU MAJOR GÉNÉRAL.

Straubing, le 2 mai 1809, à 5 heures du matin.

Monseigneur,

Mes aides de camp, Fayet et Hervo, arrivent à l'instant et m'apportent les dépêches de V. A., de Braunau et de Burghausen.

Toutes les dispositions que vous me prescrivez vont recevoir leur exécution.

La division Morand sera aujourd'hui de bonne heure à Passau, où je me rends de ma personne.

La division Friant en sera très près; toute l'armée y sera demain, 3.

Le général Dupas arrivera ce soir à Straubing, avec les deux régiments français et le régiment des maisons ducales de Saxe; le reste des troupes du général Rouyer garde Ratisbonne.

J'ai fait des commandes de pain pour être dirigées sur Passau.

Duc D'AUERSTAEDT.

LE DUC D'AUERSTAEDT A L'EMPEREUR.

Plattling, le 2 mai 1809, à 11 heures du matin.

Sire,

Je reçois à Plattling, étant en route pour Passau, la lettre de V. M., de Braunau le 1er mai; ainsi que j'ai eu l'honneur de

---

1. Lettre du major général au duc d'Auerstaedt, du 1er mai, à 2 heures après midi.

vous en rendre compte ce matin, le corps d'armée sera rendu à Passau demain, 3.

Le général Dupas qui arrive aujourd'hui à Straubing, son infanterie, son artillerie et le régiment formé du contingent des maisons ducales de Saxe, reçoit l'ordre de se rendre à Passau, où il arrivera, j'espère, le 4.

J'envoie un officier au général Rouyer à Ratisbonne, pour qu'il fasse partir tout ce qui se trouve dans cette ville, à l'exception d'un bataillon qui y restera jusqu'à l'arrivée du prince de Ponte-Corvo ; ces troupes pourront arriver, le 5 ou le 6, à Passau.

Je donne l'ordre qu'avec les chevaux du pays on fasse conduire, à Passau, les 10 pièces et leurs munitions que j'avais fait conduire à Straubing.

Le général Rouyer a l'ordre de faire embarquer toute l'artillerie, les munitions et armes autrichiennes qui restent à Ratisbonne, et de les faire diriger sur Passau.

J'ai laissé le général Pajol à Cham avec 800 chevaux et un bataillon, pour garder et observer les débouchés de la Bohême [1]. Il correspondra avec le prince de Ponte-Corvo.

Par les renseignements que j'ai envoyés ce matin à V. M., il y a tout lieu de présumer que vous avez beaucoup d'avance sur le prince Charles.

Duc d'Auerstaedt.

P.-S. — J'ai l'honneur de rendre compte à V. M. que le 65e régiment, qui se réorganise à Ratisbonne et qui y reste avec le bataillon des troupes alliées, a l'ordre de se porter sur Augsbourg dans le cas où l'ennemi se porterait sur Ratisbonne, les officiers étant prisonniers de guerre rendus sur parole et ne pouvant se battre ; je prie V. M. de me faire connaître si ce sont ses intentions.

LE PRINCE DE PONTE-CORVO A L'EMPEREUR.

A Wunsiedel, ce 2 mai 1809.

. . . .
Je suis arrivé aujourd'hui à Wunsiedel ; une partie de ma cavalerie est sous Egra, une autre partie à Falkenberg.

---

1. « Conformément aux ordres du maréchal Davout, le général Montbrun rassembla le 2 mai tous ses détachements, laissant à Cham trois cents hommes du 11e chasseurs et un bataillon du 13e léger, sous les ordres du général Pajol, qui surveilleraient les débouchés de la Bohême et se lieraient au corps de Bernadotte. Au dernier moment, le général Montbrun s'était décidé à emmener avec lui le général Pajol. Le commandement du poste de Cham fut confié au colonel Désirat, du 11e chasseurs. Dans l'après-midi, la colonne du général Montbrun arriva sans encombre à Regen. (*Pajol, général en chef*, par le général comte Pajol.)

Demain soir, mes détachements se porteront sur Weiden et Pfreimt. Je continue à me diriger sur Ratisbonne ainsi que j'en ai reçu l'ordre.

Tous les rapports qui me parviennent annoncent que la Prusse fait des armements; le major Schill est parti le 28 avril, de Berlin, pour la Westphalie, avec un parti de 500 chevaux.

BERNADOTTE.

LE MAJOR GÉNÉRAL A M. DARU.

Lambach, le 2 mai 1809.

L'intention de l'Empereur, Monsieur Daru, est que vous fassiez faire à Ried 100,000 rations de biscuit et 400,000 rations de pain biscuité [1].

---

1. Les Autrichiens avaient abandonné à Ried des magasins contenant, entre autres denrées, 11,000 quintaux de farine et une importante manutention. Le commissaire ordonnateur Joinville, dès son arrivée à Ried, le 2 mai, avait rendu compte au major général des ressources que contenait cette localité.

Le maréchal Masséna, à son passage à Passau, avait également prescrit de faire confectionner 100,000 rations de pain et 500,000 rations de biscuit. 12 fours militaires, qui allaient être achevés dans huit jours, devaient permettre de porter la fabrication du pain, dans cette place, à 50,000 rations par jour.

Le bailliage de Straubing avait été requis de fournir 100,000 rations de pain. Ce pain était destiné au ravitaillement du 3e corps, à son passage dans cette localité.

CHAPITRE IV

COMBAT D'EBERSBERG

3 mai.

——————

Par sa lettre du 2 mai, le maréchal Bessières avait fait connaître, à l'Empereur, le mouvement de retraite du général Hiller sur Linz. Le même jour, des renseignements identiques lui avaient été adressés par le maréchal Lannes qui ajoutait : « On pense que ce corps d'armée, fort d'une trentaine de mille hommes, passera le Danube à Linz, pour faire sa jonction avec le prince Charles par Krummau et Budweis. Ces renseignements m'ont paru assez raisonnables. » Dans la soirée du 2, ou dans la nuit du 2 au 3 mai, l'Empereur était donc renseigné sur la direction réelle suivie par le général Hiller, et l'opinion qu'il avait pu avoir, d'après les renseignements adressés par le général de Wrède, que le commandant de l'aile gauche autrichienne était déjà sur la rive droite de l'Enns [1], se trouvait ainsi modifiée.

————————

1. Voir la lettre de l'Empereur au maréchal Davout datée de Braunau, le 1er mai, la note (1) faisant suite à cette lettre, ainsi que la lettre du général de Wrède au major général datée de Strasswalchen le 1er mai à 10 heures un quart.

L'engagement signalé, dans la lettre du maréchal Bessières à l'Empereur, à 3 heures et demie à l'ouest de Linz, engagement qui ne pouvait avoir lieu qu'avec l'avant-garde du maréchal Masséna, devait confirmer dans son esprit l'intention, que pouvait avoir le général autrichien, de tenter le passage du Danube à Linz.

Le lendemain 3, dès les premières heures du jour, le duc de Montebello, dans une, lettre au major général, devait confirmer son opinion sur les mouvements des Autrichiens.

LE DUC DE MONTEBELLO AU MAJOR GÉNÉRAL.

Wels, le 3 mai 1809.

J'ai eu l'honneur d'écrire à S. M., hier soir, que l'ennemi avait fait passer quelques régiments sur le pont de Wels pour prendre la route d'Enns, et qu'il les avait fait repasser pour les diriger sur Linz, où se réunit tout le corps commandé par l'archiduc Louis [1]. Je crois que ce corps d'armée se dispose à livrer bataille sur Linz, pour garder la communication avec le prince Charles et pour se réunir à lui dans le cas où il serait battu ; mais je suis sûr qu'il espère que nous ne serons pas en mesure, avant que l'archiduc Charles ne soit réuni à l'archiduc Louis. Je pense que S. M. aura donné l'ordre au maréchal Bessières de se porter avec sa cavalerie sur Linz, pour soutenir M. le maréchal Masséna qui, vraisemblablement, s'y battra dans la journée.

Le pont de Wels sera rétabli à 7 ou 8 heures, ce matin ; je prie V. A. de me faire passer des ordres pour le mouvement que j'aurai à faire, et de les adresser directement aux divisions Molitor, Saint-Hilaire et Demont, auxquelles S. M. a donné des ordres pour avancer [2]. La division de M. le général Oudinot est ici.

Je crois que nous trouverons en ville quelques magasins, comme j'ai eu l'honneur de l'annoncer à S. M., ils ont été pillés en partie par les habitants.

J'ai fait donner ordre au capitaine du cercle de réunir des cordages et des ancres, etc., pour être mis à la disposition de M. le général Lauriston ; je doute qu'il soit possible de trouver des ancres.

LANNES.

Cette lettre du maréchal Lannes à l'Empereur, expédiée très probablement de très grand matin, devait parvenir à destination avant 5 heures (de Wels à Lam-

---

1. Voir la note (1) page 116.
La seconde lettre du maréchal Lannes adressée à l'Empereur, dans la soirée du 2, n'existe pas dans les archives consultées.

2. Voir la note (1) qui fait suite à la lettre du duc de Montebello à l'Empereur, datée de Wels le 2 mai, page 117.

bach, où était le quartier général de l'Empereur, la distance n'était que de 15 kilomètres). Les ordres qui suivent, adressés par le major général aux maréchaux Lannes et Bessières et au général de Nansouty, semblent bien avoir été donnés en réponse à cette lettre du duc de Montebello.

LE MAJOR GÉNÉRAL AU DUC DE MONTEBELLO.

Lambach, le 3 mai 1809, 5 heures du matin.

Je vous préviens, Monsieur le Duc, que je donne l'ordre au duc d'Istrie de poursuivre avec la cavalerie l'ennemi sur Linz. Si vous entendiez le canon, l'intention de l'Empereur est que vous marchiez, pour appuyer le duc d'Istrie avec votre infanterie.

LE MAJOR GÉNÉRAL AU DUC D'ISTRIE.

Lambach, le 3 mai 1809, 5 heures du matin.

L'intention de l'Empereur, Monsieur le Duc, est qu'avec votre cavalerie vous poursuiviez l'ennemi sur Linz [1].

J'ordonne au duc de Montebello, dans le cas où il entendrait votre canon, de marcher et de vous appuyer avec son infanterie [2].

---

1. Le maréchal Bessières, au reçu de cet ordre, se dirigea, à la tête de la brigade de Piré (8e hussards, 16e chasseurs), la seule cavalerie dont il disposait, par la rive gauche de la Traun, sur le maréchal Masséna.

2. L'action du maréchal Masséna contre Ebersberg commença vers les 10 heures du matin. Si la division Tharreau du corps Oudinot, la seule infanterie dont disposait dans la matinée du 3 le duc de Montebello, ne fut envoyée à l'appui du maréchal Masséna que lorsque son canon se fit entendre, elle ne dut arriver au pont d'Ebersberg qu'à 3 ou 4 heures du soir. (Ebersberg était, par la rive gauche de la Traun, à 30 kilomètres de Wels.)

Cette division, arrivée tardivement sans doute au pont d'Ebersberg, n'a pas pris part à l'action.

Le 5e bulletin de la Grande-Armée dit : « Le 3, le duc d'Istrie et le général Oudinot se dirigèrent sur Ebersberg, et firent leur jonction avec le duc de Rivoli. »

Le lieutenant-général Pelet qui, comme capitaine attaché à l'état-major du 4e corps, assistait au combat d'Ebersberg, écrit dans ses *Mémoires sur la guerre de 1809* : « Dans la matinée, on avait vu paraître sur la route de Wels, qui longe la rive gauche de la Traun, le maréchal Bessières avec la brigade légère du général Piré. Ce corps était peu utile dans ce moment; il fallait de l'infanterie pour forcer cette position. »

Le maréchal Bessières et la brigade Piré arrivèrent au moment de l'attaque

LE MAJOR GÉNÉRAL AU GÉNÉRAL DE NANSOUTY.

Lambach, le 3 mai 1809, 5 heures du matin.

Il est ordonné au général de Nansouty de se mettre en mouvement avec sa division, pour suivre la route de Wels. Il donnera l'ordre à la division Saint-Sulpice de le suivre.

LE DUC DE MONTEBELLO AU MAJOR GÉNÉRAL.

Wels, le 3 mai 1809.

J'ai l'honneur de prévenir V. A. que le pont de Wels a été parfaitement rétabli à 7 heures du matin, et qu'un régiment de cavalerie de la brigade Colbert est passé sur la rive droite, pour pousser des reconnaissances sur toutes les routes et notamment sur celles de Kremsmünster, de Steyer et d'Enns. Je prie V. A. de me faire savoir si elle a donné des ordres directement aux divisions Molitor, Saint-Hilaire[1] et Demont[2], et si elles doivent se réunir ici à celle d'Oudinot.

LANNES.

Ainsi, dans la matinée du 3, avant qu'aucun événement ne se fût produit sur la route de Linz, du côté du maréchal Masséna, des ordres étaient expédiés par le major général, pour faire porter sur le Danube la cavalerie dont disposait le duc d'Istrie, et pour réunir à

---

du pont d'Ebersberg, mais la division du corps Oudinot dut arriver à la fin de l'action.

Il y a lieu de remarquer, que ces troupes étaient envoyées au maréchal Masséna en vue d'une attaque sur Linz et non sur Ebersberg. (*Voir la lettre de l'Empereur au maréchal Davout, datée d'Enns, le 6 mai à 9 heures du matin.*)

1. Le major général avait expédié de Lambach, à 5 heures du matin, l'ordre aux divisions Molitor et Saint-Hilaire « de se mettre en marche pour suivre la route de Wels ». Ces deux divisions se dirigèrent sur Wels, dans la matinée, elles y traversèrent la Traun pour se porter sur Kremsmünster, où la division Saint-Hilaire s'établit dans la soirée. La division Molitor devait recevoir de nouveaux ordres.

2. Le major général avait adressé au général Demont l'ordre qui suit :

Lambach, le 3 mai 1809, 6 heures du matin.

L'intention de l'Empereur, Monsieur le général Demont, est que vous vous rendiez à Lambach pour garder la ville et le pont ; vous me ferez connaître, par l'officier que vous m'enverrez, l'heure à laquelle vous arriverez à Lambach.

Wels, sur la rive gauche de la Traun, trois divisions d'infanterie et deux divisions de cuirassiers. Ces ordres semblent être la conséquence des lettres des 2 et 3 mai, du maréchal Lannes à l'Empereur, lui faisant connaître la jonction possible d'un détachement de l'armée de l'archiduc Charles avec les forces du général Hiller à Linz.

A 7 heures du matin, l'Empereur quittait Lambach et se dirigeait sur Wels, où il arrivait à 9 heures.

L'EMPEREUR AU DUC D'ISTRIE.

Wels, le 3 mai 1809, à 1 heure et demie après-midi.

Mon Cousin, portez-vous aujourd'hui sur Enns. Le duc de Montebello se porte sur Steyer. Un régiment de cavalerie légère se porte sur Neuhofen et Kronsdorf, entre Enns et Steyer.

NAPOLÉON.

P.-S. — La division Oudinot suivra votre mouvement.

L'EMPEREUR NAPOLÉON AU DUC DE RIVOLI.

Wels, le 3 mai 1809, 2 heures après-midi.

Mon Cousin,

Je vous envoie un aide de camp pour savoir ce qui s'est passé et avoir des renseignements sur l'ennemi. Je désire qu'il soit de retour dans la nuit, afin que je puisse arrêter mon opération de demain. Donnez-lui tous les renseignements et avis que vous aurez, et les lettres saisies à la poste pour connaître les informations qu'elles donnent.

NAPOLÉON.

(*Arch. du prince d'Essling.*)

Wels, le 3 mai 1809, 3 heures après-midi.

S. M., Monsieur le Duc, attend à chaque instant des nouvelles détaillées sur l'affaire d'hier. Il est indispensable que vous poursuiviez vigoureusement l'ennemi sur Enns, où l'Empereur espère que votre avant-garde sera ce soir, pour y déposter l'ennemi et rétablir le pont.

Le duc de Montebello est en marche sur Steyer, où son avant-garde sera ce soir.

Le duc d'Auerstaedt doit être aujourd'hui 3, avec tout son corps, à Passau; demain, il se portera sur Linz.

Envoyez prendre les lettres à la poste, et prenez tous les moyens pour avoir des nouvelles certaines des mouvements de l'ennemi. Faites-nous connaître les moyens de réparer le pont de Linz et envoyez-nous les députés de la province [1].

ALEXANDRE.

L'Empereur, apprenant que le général Hiller renonçait à défendre le pont de Linz et à faire sa liaison sur ce point avec les troupes qui pouvaient se trouver sur la rive gauche du Danube, dut reporter toute son attention sur le pont de Mauthausen ou de Krems; c'est

---

1. Le maréchal Masséna, qui avait occupé Linz à 9 heures du matin, avait dû expédier aussitôt un courrier à l'Empereur, pour l'informer que l'ennemi avait abandonné cette ville, après en avoir détruit le pont, et qu'il se retirait sur Enns. C'est sans doute à cette lettre du maréchal Masséna que répond le major général.

Le duc de Rivoli, n'ayant pas trouvé de résistance à Linz, pensait que peut-être le général Hiller se retirerait sur Enns, dont il détruirait le pont, pour faire ensuite sa jonction avec les troupes de la rive gauche du Danube, au pont de Mauthausen, ne faisant à Ebersberg que la résistance nécessaire pour assurer sa retraite.

Le lieutenant-général Pellet écrit dans ses *Mémoires sur la guerre de 1809* : « Les rapports annonçaient qu'il y avait des troupes autrichiennes sur les deux rives du fleuve ; nous voyions une colonne nous côtoyer vers Ottensheim, sur le chemin qui borde la rive gauche. Autour du maréchal, nous nous demandions si c'était quelque avant-garde ou un fort détachement de l'infanterie de l'archiduc qui cherchait à gagner avant nous Linz où, peut-être, le pont plus important encore de Mauthausen. »

(Voir la lettre du major général au duc d'Auerstaedt, datée de Wels le 3 mai.)

alors (à 1 heure environ) qu'il donna des ordres pour diriger le maréchal Lannes sur Steyer, et pour prescrire au duc d'Istrie de continuer, en passant par Ebersberg, sa marche sur Enns. Le maréchal Lannes avait dû recevoir l'ordre de s'établir à Kremsmünster et d'y attendre de nouveaux ordres.

Un chemin, suivant la vallée de la Krems, permettait au maréchal Lannes de remonter par Neuhofen sur Ebersberg, si les circonstances l'exigeaient.

L'EMPEREUR AU DUC DE MONTEBELLO.

Wels, le 3 mai 1809[1].

Je voulais attendre des nouvelles pour vous expédier votre aide de camp; comme elles tardent, je vous le renvoie.

Portez-vous aujourd'hui sur Steyer; envoyez un régiment de cavalerie légère sur Kronsdorf par Neuhofen[2].

Le duc d'Istrie et le général Oudinot arrivent aujourd'hui à Enns, et probablement le duc de Rivoli.

Je resterai aujourd'hui à Wels. Donnez-moi des renseignements sur l'état du chemin, dans cette saison, de Steyer à Amstetten; on le dit bien mauvais.

Le duc d'Auerstaedt est aujourd'hui à Passau avec son corps; il sera après-demain à Linz.

P.-S. — Toute l'instruction générale, aujourd'hui, est de faire le plus de mal possible au corps qui se retire de Linz.

De son côté, le 3, de très bonne heure, le maréchal

---

1. Cette lettre de l'Empereur au maréchal Lannes, comme la précédente adressée au maréchal Masséna, a dû être expédiée à 3 heures du soir.

2. Le chemin de Kremsmünster à Ebersberg se reliait, à Neuhofen, à un chemin conduisant à Kronsdorf Kronsdorf est une petite localité située sur la route de Steyer à Enns, dans la vallée de l'Enns, à mi-chemin de ces deux points.

Masséna mit son corps d'armée en marche pour se porter sur Linz[1].

Le général Marulaz, qui avait bivouaqué en arrière d'Efferding, partit également à la pointe du jour et se dirigea aussi sur Linz.

« Arrivé à hauteur de Wilhering, le général Marulaz réunit à sa division le 14e régiment de chasseurs, qui en avait été détaché, ainsi que les chevau-légers de Wurtemberg et les dragons de Bade. La division, composée de sept régiments formant l'avant-garde du 4e corps, rencontra l'ennemi à deux lieues de Linz ; il barrait, avec son infanterie, la route qui offre un défilé très étroit, depuis Wilhering jusqu'à

_____

1. La veille, le 4e corps avait reçu l'ordre suivant pour la marche du lendemain :

ORDRE DE MARCHE POUR LE 3 MAI 1809.

Le corps d'armée se mettra en marche, demain, dans l'ordre suivant :

L'avant-garde composée du 14e de chasseurs, des chevau-légers wurtembergeois, des dragons badois, aux ordres de M. l'adjudant-commandant Trinqualye.

La division Claparède commencera son mouvement, à 5 heures précises, pour prendre la tête de l'infanterie, et marchera immédiatement après la cavalerie légère.

La 1re brigade de cette division formera l'avant-garde avec trois pièces d'artillerie.

La division Legrand suivra le mouvement de la division Claparède, et successivement les divisions Carra-Saint-Cyr et Boudet.

Une brigade de cuirassiers marchera après la division Claparède et la deuxième après celle du général Legrand.

Le parc de réserve suivra comme d'ordinaire la dernière division.

M. le maréchal ordonne à MM. les généraux de division de désigner un chef de bataillon avec un détachement de 50 hommes qui sera spécialement chargé, dans chaque division, de faire rejoindre les traînards et de faire parquer, sur un des côtés de la route, toutes les voitures, quelle que soit leur dénomination, à l'exception des ambulances et des voitures appartenant aux officiers généraux et commissaires ordonnateurs ; S. E. ne voulant voir dans les colonnes que les troupes et de l'artillerie. On profitera de toutes voitures prohibées pour transférer, à Braunau, tous les soldats fatigués qui ne peuvent suivre la marche des régiments. Bien entendu que cette mesure n'est applicable qu'aux hommes momentanément impropres au service. Les autres voitures appartenant aux officiers, etc., etc., marcheront à la queue du parc de réserve, dans l'ordre des numéros des divisions.

MM. les généraux préviendront de suite les chefs de corps de cette disposition, en leur enjoignant de faire décharger les effets des voitures qui seront renvoyées, attendu que S. E. M. le Maréchal sévira contre tout officier supérieur qui ne se conformerait pas aux volontés de S. M., parce que l'ordre dans la marche et la rapidité des mouvements dépendent de l'observation de cette consigne, qui restera en vigueur pendant la campagne.

Par ordre de M. le Maréchal, duc de Rivoli :

Le Chef d'état-major général,
BELKER.

Linz. Quelques pelotons du 14ᵉ régiment de chasseurs marchant par quatre le chargèrent; mais, le feu très nourri d'un bataillon d'infanterie arrêta le mouvement de la cavalerie, elle fut forcée d'attendre l'infanterie qui passa devant. Le 14ᵉ eut un capitaine tué, quelques chevaux tués et quelques chasseurs blessés. L'infanterie étant arrivée dans le faubourg de Linz et la cavalerie la suivant immédiatement, celle-ci déboucha de cette ville pour se porter sur la route d'Enns. Au point d'intersection des routes qui conduisent à Enns et à Wels, elle trouva l'ennemi embusqué dans les bois qui fit un feu roulant sur le peloton d'avant-garde. La colonne fut forcée de se déployer et de se former par échelons, à droite et à gauche de la route. Les Hessois, les Badois et les Wurtembergeois, formant la réserve, s'établirent sur une ligne, pour soutenir les trois régiments de chasseurs qui se trouvaient en avant.

« Au départ d'Efferding, le 3ᵉ régiment de chasseurs avait reçu l'ordre de se porter sur Wels, pour éclairer cette direction.

« L'ennemi, qui avait une position inexpugnable à Ebersberg, occupait tous les bois sur la rive gauche de la Traun, dans la direction de Linz. Le général Marulaz avec la cavalerie ne put l'en déloger. M. le Maréchal duc de Rivoli, commandant en chef, envoya la division Claparède pour attaquer le village de München. Le combat s'engagea avec beaucoup d'acharnement. Le 19ᵉ régiment de chasseurs, qui avait détaché un escadron pour l'avant-garde, eut un capitaine blessé; le 14ᵉ perdit aussi du monde. Il parut tout à coup sur la route de Wels, à notre flanc droit, une colonne d'infanterie et une de cavalerie qui prenaient la direction d'Ebersberg[1]. Le général Marulaz envoya l'adjudant-commandant Trenqualye pour les observer et leur faire face, tandis que, de son côté, il marchait avec le 19ᵉ régiment de chasseurs pour soutenir la brigade d'infanterie du général Coëhorn, qui attaquait le village de München défendu par les batteries d'Ebersberg et une armée considérable. Le général fit sonner la charge, et entra en colonne dans le village au milieu d'un feu très vif. L'infanterie ennemie répandue dans les jardins jeta ses armes et se dispersa par pelotons; mais les obstacles, qui se trouvaient à droite et à gauche de la route, consistant en un canal à droite et des haies impossibles à franchir à gauche, forcèrent le général à continuer son mouvement jusqu'à la tête du pont d'Ebersberg, où il arriva avant qu'une grande partie de cette infanterie eût opéré sa retraite.

« La position d'Ebersberg étant inexpugnable et le pont, par lequel on pouvait y arriver, offrant un défilé très long sur lequel jouaient les batteries ennemies, dont les feux croisés enlevaient des files entières, le général Marulaz laissa passer l'infanterie devant lui.

« Dans ce moment, le maréchal duc d'Istrie venant de Wels, pour faire sa jonction avec le 4ᵉ corps, arriva avec sa cavalerie et fut rendu au pont d'Ebersberg en même temps que la division Marulaz. Le général, profitant d'un moment où le feu de l'ennemi s'était ralenti, jeta sa com-

---

1. C'était sans doute le général Schustekh qui, débouchant de Pasching, cherchait à faire sa jonction, à Klein-München, avec le général Radetzky.

pagnie d'élite du 19ᵉ régiment de chasseurs dans la ville d'Ebersberg ; elle s'y maintint pendant tout le temps que dura l'action ·et rendit de grands services [1]. »

LE GÉNÉRAL CLAPARÈDE AU DUC DE RIVOLI.

3 mai 1809, au soir.

Monsieur le Maréchal,

J'ai l'honneur de vous rendre compte de la brillante affaire que ma division vient d'avoir. Après avoir chassé devant elle, dans la plaine, les troupes que l'ennemi y avait placées, elle a passé le pont sur la Traun de la manière la plus audacieuse, sous le canon et la mousqueterie de l'ennemi. Le village a été ensuite enlevé de vive force, et nous avons pris à l'ennemi deux pièces de canon, un drapeau et un très grand nombre de prisonniers ; le pont et tout le terrain que j'ai parcouru sont couverts de morts et de blessés. Lorsque j'ai voulu sortir du village, j'ai trouvé 30,000 hommes placés dans les positions les plus avantageuses, ayant derrière eux, suivant le rapport de tous les officiers prisonniers, une réserve de 20,000 hommes ; ce qui porte à 50,000 hommes, le corps d'armée qui occupait les superbes positions que V. E. a vues. Lorsque le plateau qui se trouve en arrière et à droite du village a été emporté, toujours de vive force, l'ennemi a été poursuivi jusque dans le bois, et j'ai fait encore là 140 prisonniers, que j'ai dirigés sur Linz. Si j'avais eu à ma disposition deux régiments de cavalerie, au moment où l'ennemi a été forcé, le nombre des prisonniers eût été énorme. Quoique poursuivi par de l'infanterie seulement, la route qu'il a tenue est tracée par les morts et les blessés.

La conduite de ma brave division mérite les plus grands éloges ; elle s'est couverte de gloire, et tout le monde a fait son devoir avec cet enthousiasme qu'on éprouve toujours quand on aborde les ennemis de notre souverain.

. . . .

Je vous écris à la hâte, Monsieur le Maréchal, c'est du bivouac.

CLAPARÈDE.

P.-S. — Je réunis ma division autant que je peux. J'ai fait de grandes pertes, et j'ai encore des hommes en avant en tirailleurs, et d'autres bien fatigués en arrière [2].

(*Arch. du prince d'Essling.*)

---

1. *Extrait du journal historique des opérations militaires de la division de cavalerie légère, du 4ᵉ corps de l'armée d'Allemagne, commandée par le général Marulaz.*

2. Le combat d'Ebersberg a donné lieu, vers 1840, à des polémiques très ardentes entre quelques-uns des survivants de cette action mémorable. Laissant de côté tout ce qui a un caractère personnel (on sait combien les acteurs de ces événements mémorables étaient jaloux de leur gloire), nous croyons utile, pour éclairer les faits, de donner quelques extraits des récits publiés, à cette époque, par ceux qui avaient pris une part si grande à la lutte. Dans une lettre datée du 11 juin 1842, adressée au général Claparède, et re-

LE GÉNÉRAL LEGRAND A M. LE DUC DE RIVOLI.

Le 3 mai 1809.

Monsieur le Maréchal,

Conformément à vos intentions, je me suis porté sur Ebersberg avec ma division, j'ai fait de suite attaquer le château par le 26e régiment

---

traçant les événements qui se sont passés à Ebersberg, le 3 mai 1809, le lieutenant-colonel d'artillerie de Moreton de Chabrillan, commandant la section d'artillerie qui accompagnait la division Claparède à l'attaque d'Ebersberg, écrit ce qui suit sur cette affaire :

« Pour rétablir les faits, tels qu'ils doivent être connus, je dirai que la brigade du général Coëhorn, suivie de deux pièces de canon et cinq caissons de munitions (sous les ordres du lieutenant de Moreton de Chabrillan), poursuivit au pas de course l'arrière-garde du général Hiller, depuis Linz jusqu'au delà d'Ebersberg ; que l'engagement avec l'ennemi commença à la baïonnette, sur la rive gauche de la Traun, à environ 200 pas du pont d'Ebersberg. Les dispositions qui avaient été faites par ces derniers, pour le brûler immédiatement après le passage de leur arrière-garde, ne purent pas avoir leur exécution.

« Toute la ville fut enlevée de vive force avec la promptitude d'un éclair ; mais on échoua dans l'attaque du château.

« Dans la rapidité de ce premier élan qui caractérise l'armée française, le général Coëhorn, suivi d'un premier peloton d'infanterie, avait pénétré jusque dans la cour du château, lorsqu'une décharge de mousqueterie, faite à bout portant, renversa tous les hommes du peloton et tua le cheval du général qui n'eut que le temps de se retirer.

« Les troupes de sa brigade, arrêtées au delà de la ville par des forces bien supérieures, furent refoulées dans la ville, dont plusieurs maisons étaient occupées par des soldats ennemis qui tiraient des coups de fusil par les croisées.

« Dans le même moment, les brigades des généraux Lesuire et Ficatier, qui avaient suivi immédiatement la section d'artillerie, entrèrent dans la ville. C'est alors que des feux de mousqueterie, tirés du château, plongeaient dans la première rue, celle où débouche le pont (ils plongeaient aussi sur le pont et sur une grande partie de la place), et qu'une batterie ennemie sur le plateau du château contrariait le passage du pont. Cet état de choses durait depuis plus de 2 heures et demie, et, qui plus est, toute la partie droite de la ville était dévorée par les flammes, lorsque la brigade Ledru des Essarts pénétra dans la ville.

. . . .

« J'affirmerai que les troupes de la division Claparède étaient réparties dans toute la ville, employées à repousser l'ennemi qui cherchait à la reprendre.

« Que le général commandant la division affectait de se tenir, pendant tout le temps du combat, à l'extrémité de la rue où débouche le pont. Dans cette position bien choisie, il se trouvait à peu près au centre de sa division et il ne pouvait échapper à la vue de tout ce qui arrivait par le pont. C'est là que l'officier, qui commandait la section d'artillerie à la suite de la brigade Coëhorn, reçut, en entrant dans la ville, les ordres relatifs au service qu'il avait à remplir. C'est aussi au même endroit qu'à la fin du combat le général Claparède lui donna ordre d'évacuer promptement tous ses caissons à munitions, dont la présence prolongée aurait pu, au milieu de l'incendie, causer des accidents graves.

. . . .

« *Le Lieutenant-colonel d'artillerie,*

« DE MORETON DE CHABRILLAN. »

d'infanterie légère; l'ennemi l'occupait avec des forces assez considérables. 400 hommes y furent faits prisonniers et beaucoup de blessés[f].

---

1. *Relation de l'attaque et de la prise du château d'Ebersberg, le 3 mai 1809, par l'officier qui commandait l'action.* (Cette relation a été adressée au lieutenant-général Pelet, en 1842.)

« Entre Linz et Enns est la petite ville d'Ebersberg que l'ennemi voulut défendre, mais il en fut débusqué de vive force, dit-on, par la division Claparède d'un autre corps d'armée; elle avait cependant laissé intact le château, dans lequel le général autrichien avait jeté 400 ou 500 hommes pour sa défense.

« Les choses étaient en cet état, lorsque le 26e léger arriva à un pont en bois posé sur la Traun, qui n'avait certainement pas moins de 200 toises de long; il aboutissait à Ebersberg. Il était protégé par une batterie autrichienne, en position sur une élévation en arrière et sur la gauche de la ville en venant de Linz, qui battait le pont en écharpe. Le colonel le fit passer par le flanc, au pas de course et à rangs ouverts, ce qui fit qu'il ne perdit que 5 à 6 hommes. Une fois couvert par la ville, le régiment se reforma en sections pour la traverser. En ce moment, le général de brigade se présenta, il l'avait précédé ainsi que le général de division; il dirigea la colonne près d'un petit chemin de voitures assez étroit qui se trouvait sur la gauche, et dit au colonel : « Ce chemin va vous conduire au château qui est occupé par l'ennemi, vous l'attaquerez. » La rue présentait des sinuosités, de manière à empêcher de voir à vingt pas devant soi. Personne du 26e ne savait où posait le château. Le colonel mit pied à terre, et, précédé des sapeurs, il pénétra dans cette ruelle. Les sections furent obligées de mettre des files en arrière pour réduire leur front à 5 ou 6 hommes.

« Lorsque la tête de la colonne arriva au débouché, elle vit l'objet de ses recherches à trente-cinq ou quarante pas sur sa droite; il régnait sur la petite place qui le précédait et autour du château un morne silence, on ne voyait aucun être vivant. La compagnie de carabiniers était à peine sortie du défilé, qu'elle fut accueillie par une décharge de mousqueterie partie de dessous la voûte, dont tous les coups portèrent. L'entrée de cette voûte était libre, une porte en bois fortement construite se trouvait dans son enfoncement. Au-dessus était une fenêtre garnie de barreaux en fer, qui se croisaient et formaient des carrés d'environ trois pouces; des deux côtés de cette fenêtre étaient des meurtrières : c'était là le seul point vulnérable. Le colonel Pouget, ayant échappé à cette première décharge, s'approcha de l'angle droit extérieur de la voûte, place qu'il garda pendant tout le combat, parce que de ce point il voyait la fenêtre et les hommes de son régiment pu trouver place sur le terrain, et pouvait donner les ordres qu'il croyait nécessaires. Les carabiniers répondirent promptement au feu du château. Un engagement des plus vifs eut lieu entre les assiégés et les assiégeants; pour ajuster, il fallait que ces derniers se tinssent en face du fond de la voûte; ils gagnaient du terrain pendant que la petite place se garnissait d'assaillants. La marche que le régiment avait été obligé de tenir, dans le passage étroit, fit qu'il n'y eut que les trois premières compagnies qui purent y pénétrer; aussi souffrirent-elles beaucoup. Quelques-uns des hommes restés dans le défilé, impatients de venir prendre part à l'action, arrivèrent isolément, même du second bataillon, qui, à l'exemple de leur chef le commandant Baudinot, se présentèrent en amateurs.

« Les morts s'accumulaient d'une manière effrayante. Le colonel, remarquant que, malgré l'activité avec laquelle ses carabiniers et chasseurs tiraient, le feu du château ralentissait peu, fit appeler le lieutenant Guyot des voltigeurs, qu'il savait être un chasseur fort adroit, le fit placer à quatre pas de la voûte, avec ordre de lui faire donner sans interruption des fusils chargés et armés qu'il vidait sur les ouvertures et qu'il échangeait aussitôt. Cet exemple fut promptement imité par les meilleurs tireurs, ce qui fit ralentir de beaucoup le feu des

Pendant cette attaque, le 18ᵉ de ligne a traversé la ville se portant sur la route d'Enns, pour débusquer l'ennemi des vergers, d'où il était sur le point de rentrer en ville[1]. Il en fut vigoureusement repoussé avec perte, et il eut environ 200 hommes faits prisonniers. Le bataillon des tirailleurs badois a longé la rive droite de la Traun, pendant qu'un bataillon du 18ᵉ remontait la rive droite, pour tourner la ville du côté de la route de Wels, où l'ennemi occupait déjà les premières maisons. Il fut repoussé sur tous les points jusqu'à la crête des montagnes, ce qui l'a décidé à effectuer sa retraite. Il a été suivi par deux bataillons et des voltigeurs de différents régiments, jusqu'au débouché du bois où on lui a fait 600 prisonniers qui, avec les 600 pris au château et en avant de la ville, forment 1,200 prisonniers et plus; à chaque instant il en arrive encore.

En vous rendant un compte exact de la conduite des troupes, je ne puis pas vous laisser ignorer la manière dont le général Ledru, secondé par le colonel Pouget et le chef de bataillon Baudinot, a fait l'attaque du château. Ce général a pénétré de vive force et par une attaque brusque dans le château, avec le 26ᵉ régiment, et y a fait les 600 prisonniers dont je vous ai parlé. Le colonel du 18ᵉ régiment, les officiers supérieurs et plusieurs autres, dont je vous ferai connaître les noms incessamment, se sont très bien conduits. Le 26ᵉ régiment a perdu, tant en tués qu'en blessés, environ 400 hommes. Le 18ᵉ régiment a perdu à peu près 200 hommes. Le bataillon de tirailleurs badois a eu

---

assiégés qui, jusque-là, avait été si actif que les morts s'amoncelaient sous les pieds des assiégeants qui, après s'être assurés de l'état des victimes, s'en servaient pour s'élever et se donner la facilité d'ajuster plus horizontalement. Le colonel avait déjà fait approcher les sapeurs, qui s'évertuaient à briser une porte de trois pouces d'épaisseur.

« Pendant que ces choses se passaient, le brave commandant Baudinot et le sous-lieutenant Gérard, suivis de quelques autres militaires, s'introduisaient dans le château par les soupiraux de cave et pénétraient dans l'intérieur par diverses portes. Tandis que Gérard, parvenu au premier étage, entrait dans une chambre par une porte, un grenadier de la garnison entrait par une autre. Chacun prétendait à la capture de l'autre, lorsqu'un boulet autrichien vint traverser la même chambre, ce qui ne déconcerta pas peu les deux champions. Et comme, pour éviter de plus longs débats, cette entrée du boulet se fit simultanément avec la fracture de la porte attaquée par les sapeurs, le combat se termina par la prise du château dont la garnison mit bas les armes et fut prisonnière de guerre

. . . .

« Vézelise, le 16 mai 1842.

« *Signé* : Le Baron Pouget. »

1. « La communication étant rétablie entre le pont et le bourg, le général Ledru, à la tête du 26ᵉ, se porta sur le château situé au-dessous de la position principale de l'ennemi ; le 18ᵉ, sous mes ordres, traversa Ebersberg, renversant tout ce qui s'opposait à son passage, et s'établit sur les hauteurs qui bordent la grande route. Chacun de ces régiments s'acquitta avec bonheur de sa mission ; mais l'ennemi déjà commençait à pourvoir à sa retraite, qui se fit avec un ensemble parfait. Le général Hiller avait été prévenu que le duc de Montebello avait fait son passage à Wels. » (*Souvenirs militaires et intimes du général vicomte de Pelleport.*)

plusieurs hommes blessés[1]. Je porte dans ce moment ma division dans la position en avant du bois, sur la route d'Enns, afin d'être plus à portée d'observer l'ennemi et de garder ce débouché, qui est très important.

LEGRAND.

P.-S. — J'ai appris avec peine que des personnes ont dit à V. E. que les régiments badois avaient fait un mouvement rétrograde. Cela fut fait par mon ordre, pour laisser sortir d'Ebersberg les caissons de munitions qui étaient sur le point de sauter.

(*Archives du prince d'Essling.*)

RAPPORT DE L'AFFAIRE D'EBERSBERG.

Le 5 mai 1809.

. . . .

Le 3, le corps d'armée se mit en marche pour Linz[2]. J'y suis

---

1. Le lendemain, 4 mai, le général Legrand écrivait au maréchal Masséna : « J'ai eu l'honneur de vous rendre compte, hier, de l'affaire d'Ebersberg et de la manière dont les troupes sous mes ordres se sont conduites. Il résulte que, d'après les rapports des colonels, le 26e régiment d'infanterie légère a eu 2 officiers tués, 8 blessés, 31 soldats tués et 357 soldats blessés ; le 18e, 3 officiers blessés, 21 soldats tués et 255 soldats blessés ; le bataillon de S. A. le grand-duc de Bade, 1 officier blessé, 18 soldats blessés et 1 de tué ; le 1er régiment d'infanterie de ligne, 3 soldats blessés sur le pont et 1 du 2e régiment ; ce qui forme un total de 2 officiers tués, 42 blessés, 53 soldats tués et 634 soldats blessés. » (*Arch. du prince d'Essling.*)

Ces chiffres des pertes devaient être rectifiés plus tard : le 26e d'infanterie légère eut 5 officiers tués et 10 officiers blessés ; le 18e de ligne, 4 officiers blessés.

2. Le feldmaréchal-lieutenant Hiller avait donné l'ordre d'abandonner Linz et de se retirer derrière la Traun.

« Le 3, au point du jour, les troupes autrichiennes commencèrent à se porter de Linz sur la position choisie par leur chef à Ebersberg..... Elles prirent l'ordre de marche suivant : IIe corps de réserve en tête ; le Ve corps, puis le VIe corps..... Avant le départ de la colonne, le feldmaréchal-lieutenant Vincent s'était porté d'avance sur Klein-München, avec la brigade Hofmeister et le régiment de chevau-légers Rosenberg..... Au sud de Klein-München, Radetsky couvrait, dans la direction de Wels, le flanc droit de la ligne de marche. »

Les corps autrichiens, ayant atteint la rive droite de la Traun, y prirent position.

« Le 2e corps de réserve poussa jusqu'à Asten..... Le Ve et le VIe corps occupèrent sur deux lignes les hauteurs en arrière d'Ebersberg. Le château fut garni de 3 compagnies d'infanterie..., le cimetière, de 3 bataillons de volontaires viennois. Une batterie de six se plaça au pied du Schlossberg pour enfiler le pont. Les maisons au bord de la rivière furent occupées par des tirailleurs. Un obusier défendait le passage de la tour. (On pénétrait dans le bourg d'Ebersberg par une porte étroite pratiquée dans une vieille tour, située à l'extrémité du pont.) Un régiment était placé en soutien sur la place du Bourg.

« 14 bataillons, 24 escadrons, 3 batteries se trouvaient encore sur la rive gauche. » (*L'Archiduc Charles comme général en chef et organisateur d'armée,* par le colonel von Angeli.)

arrivé vers les dix heures du matin, avec l'avant-garde. Les rapports reçus m'annonçaient que l'ennemi se retirait vers le pont d'Ebersberg. Je donnai ordre au général Marulaz, commandant la cavalerie légère, de se porter en avant, et à l'avant-garde du général Claparède, de la suivre. J'y arrivai en même temps. L'ennemi avait quelque cavalerie dans la plaine, et de l'infanterie dans les bois. La cavalerie fut chargée et poursuivie par le général Marulaz. Je fis attaquer le bois[1] par la brigade Coëhorn ; le tout s'exécuta avec beaucoup de vigueur, et l'ennemi fut chassé. Lorsque le général Marulaz continuait à charger l'ennemi, et au moment où il entrait dans le village[2], S. E. le maréchal Bessières y arriva avec le général Piré, par la route de Wels. Le général Coëhorn trouva une grande résistance sur le pont, l'ennemi y avait un obusier ; mais les braves de la brigade Coëhorn, sans calculer le nombre d'ennemis qui le défendait ni les dangers qu'un pont d'une si grande longueur présentait[3], s'y lancèrent au pas de charge. Le pont fut pris, l'ennemi poursuivi dans les rues.

Lorsque la brigade du général Coëhorn y arriva en entier, l'affaire devint générale. Les Autrichiens furent poursuivis ; ils se refugièrent dans le château, qui était préparé d'avance pour faire une vigoureuse défense. Ils gagnèrent les hauteurs qui commandaient le pont, et bordèrent toute la rive droite de la Traun d'infanterie et d'artillerie. Le général Coëhorn les poursuivait avec avantage ; mais il était trop inférieur en nombre, puisqu'on estimait que les forces de l'ennemi étaient de 40,000 à 50,000 hommes. La 2e brigade, commandée par le général Lesuire, eut donc ordre de passer le pont et de prendre part à l'action. La brigade Ficatier arriva ensuite ; je lui ordonnai de suivre la 2e, et de passer le pont. Par le moyen de ces renforts, que la 1re brigade avait reçus, l'ennemi fut chassé du château et des hauteurs[4].

---

1. Le bois situé à l'embranchement des routes de Wels et d'Ebersberg, au nord de Scharlnitz.

2. Le village de Klein-München.

3. Ce pont traversait des canaux de dérivation et trois bras de la Traun pour aboutir à la porte d'Ebersberg ; sa longueur était de 530 mètres environ et sa largeur de 4 à 5 mètres. Les eaux de la Traun, comme celle des autres affluents du Danube, étaient considérablement augmentées par la fonte des neiges et le courant en était très rapide.

4. La division Claparède ne s'est pas emparée, même momentanément, du château d'Ebersberg. Ce général ne fait du reste aucune mention de cette attaque, dans son rapport du 3 mai. Quant au 5e bulletin de l'armée, daté d'Enns le 4 mai, il s'exprime ainsi : « Le général de division Legrand, avec le 26e d'infanterie légère et le 18e de ligne, se porta sur le château que l'ennemi avait fait occuper par 800 hommes. Les sapeurs enfoncèrent les portes et, l'incendie ayant gagné le château, tout ce qu'il renfermait y périt. » C'est en partie parce

Le général Hiller, qui commandait l'armée ennemie, connaissant l'importance de la conservation du pont et des positions qu'il venait de perdre, fit arriver des renforts de troupes fraîches qu'il faisait relever successivement par d'autres, et obligea les nôtres à lui céder le château et les hauteurs. Quinze pièces de canon étaient en batterie pour battre le pont et la plaine. Je ne perdis pas un instant; j'en fis placer vingt sur les points les plus avantageux [1], et j'envoyai l'ordre à la division Legrand d'arriver en toute hâte [2], m'apercevant que la division Claparède avait déjà beaucoup perdu et n'était plus à même, sans renfort, de résister au secours que recevait successivement l'ennemi. La canonnade fut terrible de part et d'autre ; mais, enfin, il fallait de l'infanterie pour décider l'affaire. Le 26e d'infanterie légère et le 18e de ligne, à la tête desquels étaient le général de division Legrand et le

---

que les Autrichiens étaient restés maîtres du château, que la division Claparède fut rejetée jusqu'à l'entrée d'Ebersberg, et obligée de lutter sur place jusqu'à l'arrivée du général Legrand avec la brigade Ledru.

1. « Le 4e corps, s'étant remis en marche le 1er mai, arriva le 3 par Linz, sous Ebersberg ; l'arrière-garde autrichienne, qui se trouvait en avant de la Traun, fut si vivement poussée par notre division d'avant-garde, que celle-ci put traverser en même temps le pont d'Ebersberg et empêcher sa destruction. Mais la ville, le château et les hauteurs environnantes, qui présentent une position dés plus formidables, étaient occupés en forces et garnis d'une artillerie nombreuse couverte par des retranchements soit naturels, soit artificiels. Elle inquiéta beaucoup la division Claparède, obligée d'assiéger pour ainsi dire chaque maison, et qui fut surtout arrêtée devant le château où s'étaient renfermés 400 à 500 Autrichiens.

« L'artillerie de cette division, placée aux côtés du pont et le long de la Traun, protégeait l'attaque autant que possible et faisait pleuvoir des obus dans le château, mais elle souffrit beaucoup à cause de la position défavorable qu'elle était obligée de conserver sous le feu de la mitraille et de la mousqueterie. Le corps d'armée autrichien résistait depuis plus de trois heures et commençait à lasser le courage de la division Claparède, lorsqu'une brigade de la division Legrand arriva au pas de charge, força les rues, les maisons et mit le feu au château, pendant que huit bouches à feu commandées par le capitaine Delpire, placées très à gauche, d'après les ordres du général Pernety, par le lieutenant aide-de-camp Moret, d'écharpe celles de l'ennemi qui inquiétaient le plus les nôtres. Le corps autrichien se retira alors précipitamment sur les hauteurs en arrière, mais l'embrasement de la ville ne permit que le soir très tard, à la cavalerie, de la traverser pour se mettre à sa poursuite, et à l'autre brigade du général Legrand de le joindre. » (*Rapport historique sur les opérations de l'artillerie du 4e corps dans la campagne de 1809*, par le général Pernety.)

2. La division Legrand était à plusieurs kilomètres en arrière de la division Claparède. Le colonel Pouget, qui commandait le 26e d'infanterie légère et marchait en tête de la division, écrit ce qui suit dans ses *Souvenirs de guerre :* « Je m'acheminais sur Ebersberg, en bon ordre et d'un bon pas, quand je vis arriver un cavalier de toute la vitesse de son cheval. C'était un aide-de-camp du maréchal Masséna, qui venait m'apporter l'ordre d'accélérer la marche sur Ebersberg, où l'ennemi était en force et dont nous étions encore à une demi-lieue. »

général de brigade Ledru, arrivèrent; je leur donnai l'ordre de
passer le pont, en prescrivant au général Legrand de diriger un
régiment sur la droite, où l'ennemi réunissait beaucoup de forces. Le général Legrand exécuta mes ordres avec infiniment
de précision. Ces deux régiments changèrent en moins d'une
demi-heure l'affaire à notre avantage[1]. La victoire fut fidèle aux

---

1. Dans une lettre datée de Vienne, le 14 mai 1809, le général Ledru fait le
récit, qui suit, des opérations de sa brigade dans cette affaire :

« Le 3 mai, vers midi, les grenadiers de la division Claparède (corps d'Ou-
« dinot), faisant l'avant-garde, atteignirent l'arrière-garde ennemie au pont
« d'Ebersberg, la repoussèrent, l'empêchèrent de couper le pont et le passèrent
« avec la plus grande intrépidité, en tuant ou jetant dans l'eau tout ce qui fai-
« sait résistance ; mais, parvenus dans la ville, qui n'offre d'autre débouché
« qu'une rue étroite et longue et dont l'extrémité est défendue par un vieux
« château, bâti sur une hauteur à pic, fusillés, mitraillés à droite et à gauche
« des hauteurs qui dominent la rive droite et le pont, ils s'arrêtèrent ; l'ennemi
« reprit l'offensive et allait les culbuter dans la Traun et s'emparer du pont, qui
« est étroit et long de plus de deux cents toises, lorsque j'arrivai avec ma
« brigade. Le maréchal était venu lui-même à ma rencontre et m'avait expliqué
« en quelques mots ce que je devais faire. Je passe le pont sous une grêle de
« balles et de boulets qui me tuent une centaine d'hommes. Le 18e régiment
« de ligne a ordre de tourner la ville par un petit sentier à droite ; avec le
« 26e d'infanterie légère, je monte au château. Environ mille hommes du régi-
« ment de Jordis et des Croates remplissaient la cour, les galeries, les apparte-
« ments et faisaient un feu terrible, sans aucun danger de leur part, par les fe-
« nêtres et les murs qu'ils avaient crénelés. Il fallait déboucher sous une voûte
« longue et étroite, la plupart des premiers braves qui se présentèrent furent
« abattus, les trois officiers et cinquante-six carabiniers de la 1re compagnie
« furent tués ou gravement blessés ; le passage fut forcé, les portes des escaliers
« et des chambres enfoncées à coups de hache et de crosse, et tous les Autri-
« chiens passés au fil de la baïonnette ou faits prisonniers. Je passe alors sous
« la deuxième voûte et je me développe dans la plaine. Je n'avais encore que
« trois bataillons, et l'ennemi me présentait, sur cinq lignes, à peu près 15,000
« hommes et plusieurs batteries. Deux charges de cavalerie font effort pour me
« culbuter, je les repousse. Le général Legrand me joint alors, avec deux ba-
« taillons du 18e et les chasseurs badois. Cependant, les obus avaient incendié
« le château et la ville, au point qu'il était impossible de faire retraite et de
« recevoir du renfort ; l'artillerie et 1,800 cuirassiers qui nous suivent ne peu-
« vent passer ; les divisions Saint-Cyr, Tharreau et Boudet sont également ar-
« rêtées sur la rive gauche. Les Autrichiens, avec tant soit peu de résolution,
« devaient prendre toute ma brigade et ce qui restait des grenadiers Claparède ;
« mais notre audace les avait démoralisés au point que leurs officiers ne pou-
« vaient plus les décider à prendre l'offensive.
« Je n'étais qu'à 80 pas de leur première ligne, nos voltigeurs éparpillés
« tiraient à coups sûrs dans leurs masses et y tuaient beaucoup de monde. Le
« 18e marche en bataille et l'arme au bras pour soutenir ses tirailleurs, un ba-
« taillon du 26e et les chasseurs badois gagnent la lisière du bois pour tourner
« et déborder, et nous avons le plaisir de voir toute l'armée autrichienne mar-
« cher en grande hâte, par sa droite, pour gagner la route d'Enns que nous
« menacions de lui couper. Sa retraite n'est bientôt plus qu'une déroute ; avec
« une batterie d'artillerie légère et une brigade de cavalerie, on pouvait lui
« prendre la moitié de son armée. La nuit a mis fin à cette action. Le 9e de
« hussards est arrivé, mais il était trop tard. Cette journée coûte à l'ennemi

aigles de S. M., et l'ennemi fut chassé de toutes ses positions, et poursuivi à plus d'une lieue et demie sans pouvoir se rallier. Si un accident, qui n'arrive malheureusement que trop souvent, n'eut mis le feu dans le village, la cavalerie légère aurait passé le pont, et aurait achevé la perte de l'armée du général Hiller; mais il fallut penser à éteindre le feu des maisons qui avoisinaient le pont, pour le préserver d'un incendie. Le général Pernety commandant l'artillerie du corps d'armée, le colonel Aubry, son chef d'état-major et le colonel Flayelle du génie, accoururent vers les premières maisons incendiées, firent ôter les madriers du pont qui avoisinaient la porte, pour les garantir des flammes, et, afin que la brigade badoise pût continuer de passer la Traun, les généraux et officiers établirent un passage par le moyen de planches; alors l'infanterie continua de filer et de se porter sur le plateau que l'ennemi se disposait à reprendre. Les généraux Claparède et Legrand réunirent leurs divisions, afin d'en imposer à l'ennemi. Le général Legrand, au commencement de l'action, avait fait passer le pont au 19ᵉ de chasseurs; ce général en fait le plus grand éloge, mais, lorsque les flammes eurent embrasé la ville, ce régiment fut obligé de le repasser [1].

. . . .

MASSÉNA.

(*Arch. du prince d'Essling.*)

LE DUC DE RIVOLI A L'EMPEREUR.

Au pont d'Ebersberg, le 3 mai, à 5 heures et demie du soir.

Sire,

Ce matin, à 10 heures, mon avant-garde a rencontré l'ennemi

« plus de 4,000 prisonniers, sans compter ses tués et blessés. De mon côté, j'ai « perdu plus de 600 hommes hors de combat, parmi lesquels un chef de bataillon, « 4 capitaines et une dizaine de très bons officiers. J'ai été couvert du sang de « mes braves, qui tombaient près de moi et me roulaient autour des jambes au « passage de la première voûte du château, mais je n'ai point été touché. » (*Archives départementales de la Sarthe. Fonds Esnault.*)

1. « Le général Marulaz, profitant d'un moment où le feu de l'ennemi s'était ralenti, jeta la compagnie d'élite du 19ᵉ régiment de chasseurs dans Ebersberg; elle s'y maintint pendant tout le temps que dura l'action et y rendit de grands services. . . . . Lorsqu'il fut possible de passer, la division traversa la ville et se dirigea sur Enns; elle prit position à Asten, se gardant sur tous les points. » (*Journal historique des opérations militaires de la division de cavalerie légère, du 4ᵉ corps de l'armée d'Allemagne, commandée par le général Marulaz.*)

Après l'évacuation d'Ebersberg, les Autrichiens avaient occupé les pentes du Schilden-Berg pour protéger leur retraite; mais, en apprenant le mouvement des Français sur leur gauche, par la rive droite de la Traun, le général Hiller fit retirer son armée sur l'Enns, dans la soirée.

en avant du pont de la Traun, à Ebersberg. Quelques charges de cavalerie l'ont rejeté sur le pont. Je l'ai fait charger à la baïonnette et l'ai rejeté sur les hauteurs en arrière d'Ebersberg. L'ennemi s'y est réuni au nombre de plus de 3o,ooo hommes, et je n'avais que la division Claparède. Cette division a soutenu le feu pendant 4 heures; la division Legrand est arrivée, et le 26e d'infanterie légère et le 18e de ligne ont décidé la victoire pour les armes de V. M. impériale et royale.

L'ennemi avait 20 pièces en batterie; il s'est défendu comme un lion, mais il a fallu qu'il cède à la valeur française.

D'après ce que j'ai vu, j'estime les prisonniers de 7,ooo à 8,ooo hommes, deux drapeaux. Le corps qui a été battu est celui du général Hiller réuni à des débris d'autres corps.

Je garde toutes les hauteurs avec deux divisions; les deux autres sont à portée. L'ennemi s'est rejeté dans les bois, je n'ai pu le poursuivre avec la cavalerie. Toute la ville est en flammes, le pont seul est intact.

Les officiers du génie avec les sapeurs travaillent à arrêter l'incendie et à préserver le pont, et je puis assurer à V. M. qu'il n'y a rien à craindre.

Il y a beaucoup de magasins à Linz, je n'ai fait qu'y passer; j'y ai fait mettre des gardes.

Je ferai demain un rapport détaillé [1], et demanderai à V. M. des récompenses pour les braves, d'après les rapports des généraux de division.

MASSÉNA.

A 3 heures de l'après-midi, comme l'indique la lettre du major général au duc de Rivoli expédiée à cette même heure, l'Empereur ignorait encore que le combat fût engagé à Ebersberg. C'est très peu de temps après l'expédition de cette dépêche, qu'il fut informé de ce qui se passait au corps du maréchal Masséna [2]. Aussitôt, le général Durosnel reçut l'ordre de se porter rapidement avec le 9e hussards sur Ebersberg, par la rive droite de la Traun. Cette cavalerie précédait les divi-

---

1. Voir le rapport qui précède, sur l'affaire d'Ebersberg.
2. *Mémoires de Masséna,* tome VI, chapitre V, par le général Koch.

sions Molitor[1] et Nansouty, qui furent dirigées sur le même point.

Arrivé sur le théâtre de l'action, « le général Durosnel se réunit avec le général Legrand sur le flanc gauche des Autrichiens, et les poursuivit à la tête de quelques troupes légères jusque sur Asten....[2]. »

LE GÉNÉRAL CLAPARÈDE AU DUC DE RIVOLI.

3 mai, au soir.

Monsieur le Maréchal,

J'occupe le plateau avec une partie de mes troupes. L'ennemi est en retraite sur la route d'Enns; les tirailleurs seuls tirent quelques coups de fusil, et l'affaire est terminée. Nous avions devant nous 5o,ooo hommes sur plusieurs lignes. Pendant 4 heures, ma division s'est battue contre 20,000 hommes sans perdre un pouce de terrain, et, après avoir passé le pont avec la plus grande vigueur, a pris deux pièces de canon et un drapeau. Le champ de bataille est couvert de morts, le nombre des blessés est grand, et vous avez dû recevoir bon nombre de prisonniers.

Le général Coëhorn a eu son cheval tué sous lui: le général Lesuire a eu le sien blessé; celui de mon chef d'état-major, l'adjudant-commandant Normand, a été percé d'une balle; le général Ficatier a eu le chapeau traversé par une balle, et moi le bras effleuré par une autre. Le colonel Cardeneau a été tué. Trois autres colonels, MM. Robin, Lendy et Salmon, sont blessés; plusieurs chefs de bataillon tués ou blessés. J'ai éprouvé une grande perte dans les autres grades et parmi les sous-officiers et soldats. Ma division s'est comportée de la manière la plus brillante, pendant un combat de 5 heures, devant un ennemi si supérieur en nombre.

Lorsque j'aurai reçu tous les rapports, je signalerai à V. E. les braves dignes de récompense. Je me borne pour le moment à vous dire, Monsieur le Maréchal, que ma division s'est couverte de gloire. Je vais en réunir les débris; mais j'ai plusieurs régiments sans colonels, plusieurs bataillons sans commandants, plusieurs compagnies sans officiers, et mon total, après ma réunion, ne se portera pas à un grand nombre.

Le général CLAPARÈDE.

---

1. La division Molitor, après avoir passé la Traun à Wels, « se dirigea d'abord sur Steyer; arrivée à moitié chemin de Kremsmünster, elle reçut de l'Empereur l'ordre de revenir sur ses pas et de se diriger sur Ebersberg. S. M. marchait à la tête de la division qui arriva le soir près d'Ebersberg, où elle rentra dans le 4e corps commandé par le maréchal Masséna. » (*Extrait de la Correspondance du maréchal Molitor.*)

2. *Mémoires de Masséna*, tome VI, chapitre V, par le général Koch.

Vous excuserez ma lettre, Monsieur le Maréchal, je vous écris sur une caisse de tambour.

Je vous envoie de nouveaux prisonniers, je me concerterai avec M. le général Legrand et nous prendrons position ensemble.

(*Arch. du prince d'Essling.*)

LE MAJOR GÉNÉRAL AU DUC DE RIVOLI.

Au bivouac, sur les hauteurs d'Ebersberg, le 3 mai 1809, à 9 heures du soir.

L'Empereur, Monsieur le duc de Rivoli, me charge de vous prévenir qu'il est au camp du général Claparède [1]. S. M. ordonne que vous passiez le pont d'Ebersberg et que vous vous rendiez ici avec tout votre corps d'armée. Dites au général Savary de rejoindre tout de suite l'Empereur ici.

LE DUC DE MONTEBELLO AU MAJOR GÉNÉRAL.

Kremsmünster, le 3 mai 1809, à 5 heures et demie du soir.

Je reçois la lettre que V. A. m'a fait l'honneur de m'écrire, pour m'annoncer que nos troupes avaient passé le pont d'Ebersberg et qu'elles avaient fait 2,000 prisonniers. J'ai envoyé l'ordre au général Durosnel de se rendre, avec le 9ᵉ de hussards, à Neuhofen, et de communiquer avec V. A. à Ebersberg; les deux autres régiments commandés par le général Colbert, marchent sur Steyer. La division Saint-Hilaire aura de la peine à arriver à Kremsmünster aujourd'hui [2]; elle ne pourra donc être à Steyer demain avant midi. Je coucherai ici de ma personne, pour attendre la division Saint-Hilaire; si S. M. a des ordres à me donner dans la nuit, je prie V. A. de me les faire adresser à Kremsmünster. J'envoie l'ordre à la division Demont de partir demain avant le jour de Lambach, pour se rendre à Steyer.

LANNES.

Le lendemain, 4 mai, l'Empereur écrivait au maréchal Lannes, à Steyer, la lettre qui suit :

Mon Cousin, le général Claparède avec sa division a passé, hier à midi, le pont d'Ebersberg, a pris de vive force

---

1. L'Empereur arrivait à Ebersberg après la fin du combat, alors que le maréchal Masséna se dirigeait sur Linz où il pensait le rencontrer.
2. La division Saint-Hilaire arriva dans la soirée du 3 mai à Kremsmünster.

la ville. Toute l armée autrichienne, forte de 30 ou 40,000 hommes, était rangée en bataille dans la plus belle position.

L'ennemi ayant tiré des obus sur la ville y a mis le feu, qui a pris avec une telle rapidité qu'on n'a pu, pendant trois heures, communiquer avec le général Claparède, qui a tenu contre cette multitude. Le général Legrand est arrivé, qui a décidé la retraite de l'ennemi. On a fait 4,000 prisonniers et pris quatre pièces de canon et un drapeau. Mais notre perte est forte ; on ne peut l'évaluer à moins de 400 tués et 8 à 900 blessés [1]. Je suis arrivé avec les divisions Nansouty et Molitor, et l'affaire était déjà finie. Aussitôt que j'ai su qu'ils avaient la sottise d'attaquer de vive force cette position renommée, et la seule redoutable sur la Traun, qu'il a fallu enlever, je me suis douté de quelque échauffourée [2].

---

1. Dans son rapport du 4 mai, le général Legrand signalait, pour sa seule division, les pertes suivantes : 5 officiers tués, 14 blessés, 53 soldats tués, 634 blessés. Les pertes de la division Claparède, séparée pendant trois heures de tout renfort, par suite de l'incendie des maisons d'Ebersberg qui avoisinaient le pont, furent beaucoup plus considérables.

Dans ses « Tableaux des officiers tués et blessés pendant les guerres de l'Empire », M. Martinien a relevé, pour la seule division Claparède, au combat d'Ebersberg : 27 officiers tués et 50 blessés. Les chiffres des pertes indiquées dans la lettre de l'Empereur sont donc très en dessous de la réalité.

2. Cette lettre d'un caractère personnel, adressée au maréchal Lannes, fait connaître le sentiment de l'Empereur sur l'opportunité de l'attaque de vive force de la position d'Ebersberg, et cela, au lendemain de l'action.

La lettre du major général au duc de Rivoli, datée de Braunau le 1er mai, à 2 heures de l'après-midi, lui prescrivait de « s'emparer d'un pont sur la Traun » ; mais il paraît bien sous-entendu que cette opération devait s'exécuter dans le cas où l'ennemi ne défendrait pas sérieusement le passage de cette rivière ; car, ajoutait le major général, « si l'ennemi veut défendre la Traun, il prendra sûrement la position d'Ebersberg qui est à son avantage, mais il en sera chassé, parce que l'Empereur fera passer cette rivière à Lambach où la position est à l'avantage de la rive gauche ».

Non seulement l'Empereur devait passer la Traun à Lambach, mais il devait encore, dans la journée, réunir des forces importantes à Wels, d'où il pouvait remonter, par la rive droite de la Traun, sur Ebersberg.

Il est certain que la brigade Coëhorn, qui marchait en tête de la division Claparède, se porta avec une impétuosité telle à l'attaque d'Ebersberg, que le maréchal Masséna, la voyant engagée dans ce bourg contre un ennemi bien supérieur par le nombre et par la position qu'il occupait, ne fut plus maître de diriger l'action de façon à assurer la conservation du pont, et d'attendre l'intervention des troupes qui traversaient la Traun à Wels. Il dut alors engager les

LE MAJOR GÉNÉRAL AU GÉNÉRAL LAURISTON.

Lambach, le 3 mai 1809 [1].

L'intention de l'Empereur, Monsieur le Général, est que vous fassiez filer tous les bateaux et emmeniez tout ce qui est nécessaire pour faire un pont. Emmenez une compagnie de sapeurs et que tout cela descende sur le Danube.

LE GÉNÉRAL VANDAMME A L'EMPEREUR.

Au quartier général Pötzelberg, 3 mai 1809, 6 heures et demie du soir.

Sire,

J'ai l'honneur de rendre compte à V. M. que, conformément à ses ordres, je me suis mis en marche, avec tout le corps de Wurtemberg, sur la ville de Wels. Pensant qu'il y aurait beaucoup de monde, je me suis établi ici, ma droite vers Wels, ma gauche vers Pötzelberg où je suis avec le général Saint-Sulpice.

Ayant appris qu'il y avait en avant de nous des hussards de Kienmayer et de l'infanterie de Jordis, je viens d'y envoyer, sous la direction de mon premier aide-de-camp, trois pièces de canon, deux régiments de cavalerie commandés par M. le général Wlöwarth, et quatre bataillons d'infanterie légère. Je reste à Pötzelberg avec l'artillerie à pied et l'infanterie de ligne qui était à Aurolzmünster. J'ai prescrit qu'on sommât l'ennemi de se rendre à discrétion ou qu'on le passât par les armes.

J'attends les ordres de V. M., et, quoique je souffre extrêmement de ma blessure, je ne mettrai pas moins d'activité à les exécuter.

2ᵉ et 3ᵉ brigades de cette division, pour soutenir le général Coëhorn et plus tard la division Legrand.

Le lieutenant-général Pelet écrit, dans ses *Mémoires sur la guerre de 1809* : « On nous a assuré qu'un officier de l'état-major général fut envoyé de Wels au maréchal Masséna, pour lui annoncer que le pont sur la Traun serait racommodé dans la matinée du 3, et que le maréchal Lannes déboucherait aussitôt, pour se porter sur Steyer et sur les derrières du corps d'Hiller. On pense que cet officier devait prévenir Masséna de ne pas presser vivement le passage à Ebersberg, s'il y éprouvait une trop grande résistance. » Cette indication du lieutenant-général Pelet paraît assez plausible, étant donné que le maréchal Lannes avait informé l'Empereur, aux premières heures de la journée, que le pont de Wels serait rétabli de 7 à 8 heures du matin.

1. Le major général ayant quitté Lambach, le 3 mai, à 7 heures du matin, pour se porter sur Wels, cette lettre au général Lauriston a donc été adressée dans la matinée.

D'après le rapport que je reçois à l'instant, j'apprends que les troupes ennemies, dont je viens de parler à V. M., se divisent en pelotons sur Linz et Efferding et se répandent dans le pays.

VANDAMME.

LE MAJOR GÉNÉRAL AU DUC D'AUERSTAEDT.

Wels, le 3 mai 1809.

Aujourd'hui 3, Monsieur le Duc, vous vous trouvez à Passau avec votre corps d'armée.

Le duc de Rivoli est à Linz.

Il a eu, hier, une affaire avec l'ennemi qu'il a complètemen battu; son avant-garde sera ce soir à Enns.

Le duc de Montebello marche sur Steyer où son avant-garde sera ce soir; il est donc convenable, Monsieur le Duc, que vous poussiez sans délai une de vos divisions à Linz, et que vous y réunissiez successivement tout votre corps d'armée. Vous placerez, à Passau, les divisions Dupas et Rouyer, ce qui fera près de dix mille hommes. L'Empereur pense que le 5 vous pourrez être à Linz, ayant vos derrières bien assurés par la division Dupas qui sera à Passau. Faites filer le plus de bateaux que vous pourrez, afin d'être à même de jeter un pont sur le Danube et de manœuvrer sur les deux rives, si cela est nécessaire.

Le corps de l'archiduc Louis et celui du général Hiller, après des marches et contre-marches, avaient le projet de se réunir à Linz et d'y attendre le prince Charles; cette réunion n'ayant pu se faire à Linz, il est possible que l'ennemi ait l'idée de la faire à Krems, ce qu'il nous sera encore facile d'empêcher.

Le quartier général est aujourd'hui à Wels et sera vraisemblablement demain à Enns.

LE DUC D'AUERSTAEDT A L'EMPEREUR.

Passau, le 3 mai, à 10 heures du soir.

Sire,

J'ai l'honneur d'adresser à V. M. le dernier rapport que j'ai reçu du général Montbrun [1]; j'y joins un rapport du bailli de

---

1. Au quartier général à Cham, ce 2 mai, à 6 heures du soir.
Monseigneur,
J'ai l'honneur de vous rendre compte que mes reconnaissances, qui ont marché sur les routes de Neumarkt et de Klentsch, ont continué à apprendre que l'ennemi a continué sa marche de Klattau sur Budweis et Krems.
Le bailli de Kötzding m'écrit qu'un paysan bavarois de relais, qui s'est échappé

Regen [1]. La couleur de l'uniforme désigné dans ce rapport indiquerait que ces troupes sont du régiment de Fröhlich ou de celui de Vogelsang. Le général Klenau était du corps de Kollowrat, ainsi que le régiment de Fröhlich ; mais il y a eu à Cham une autre organisation ; ainsi il se pourrait que ces troupes appartiennent au corps de Bellegarde. Dans tous les cas, ces troupes couvrent le corps de l'archiduc Charles ; il en résulte qu'il doit être très éloigné ; cela n'est pas étonnant, les chemins étant extrêmement mauvais en Bohême.

Aujourd'hui, la division du général Morand est à Saint-Willibald. La division Friant est à Eisenbruck. La division Gudin en partie près de Passau sur la route de Regen, et en partie sur la route d'Efferding [2].

----

avant-hier des mains de l'ennemi à Schüttenhofen, lui a assuré que les Autrichiens continuaient à marcher sur Budweis, qu'ils avaient déjà passé Klattau, et qu'on dit à l'armée qu'on a le dessein de rentrer en Bavière par Passau.

Mes troupes étaient tellement disséminées que je n'ai pu les réunir que cette nuit. Demain, je me mettrai en marche de bonne heure, et je ferai autant de chemin que je pourrai pour arriver le plus tôt près de vous.

MONTBRUN.

1.   RAPPORT.

Regen, le 2 mai 1809, à 3 heures après midi.

Hier au soir, la nouvelle s'était répandue que les troupes autrichiennes cantonnées à Eisenstein s'en étaient retirées pour se porter en Bohême. Mais, des avis récents et certains assurent que ces troupes non seulement sont dans la même position, mais même qu'elles ont été renforcées de troupes venues de Bohême. 200 hommes environ occupent Eisenstein bavarois ; un capitaine et un lieutenant sont logés au château, la troupe bivouaque en avant, leur uniforme est blanc, parement vert tendre. Il y a de l'artillerie à Eisenstein de Bohême, mais on ne sait ni combien, ni de quel calibre.

Les Autrichiens font un abatis qui doit s'étendre depuis Stubenbach jusqu'à Eisenstein de Bohême (environ quatre lieues de distance).

Les troupes autrichiennes sont sous les ordres du comte de Klenau qui se tient tantôt à Eisenstein même, tantôt dans les environs. Leur destination est, dit-on, de couvrir l'armée de l'archiduc, qui se trouve dans ce moment à Neuern, contre les attaques des Français ; une de leur patrouille s'est avancée jusqu'à la maison du forestier.

2. Le chef d'état-major général du 3e corps adressait au général Gudin les instructions qui suivent :

Passau, le 3 mai 1809.

L'intention de M. le maréchal duc d'Auerstaedt est, mon cher Général, qu'aussitôt l'arrivée de votre division à Passau, vous la disposiez ainsi qu'il suit : deux régiments sur la route d'Efferding ; ils pourront occuper les villages de Freinberg, Leha, Hamer, Wöhr, Anzing, Krizing, Gschwend, Neudorf, Bach, Steinbrun ;

Un régiment à Passau, deux régiments sur la route de Budweis, sur la rive gauche du Danube. Ces deux régiments pourront occuper les villages situés à une lieue et demie de Passau, entre L'Ilz et La Fertzenbach ; ces deux régiments devront avoir avec eux l'artillerie attachée à la brigade.

M. le Maréchal désire qu'on reconnaisse bien les positions où elle pourrait

Le général Dupas sera demain à Passau avec la majeure partie de sa division. Aussitôt qu'il sera arrêté, j'établirai la majeure partie de ses troupes sur la route de Regen, et, à moins de circonstances extraordinaires, je continuerai la marche sur Linz, mais je porterai la division Morand seulement à quelques lieues en avant de Saint-Villibald, et les deux autres divisions se serreront sur lui.

Les derniers ordres de V. M. sont datés de Braunau du 1er mai, je n'ai rien reçu du major général depuis la même date.

Voulant bien montrer au général Dupas les points qu'il doit occuper sur la route de la Regen, je ne partirai que demain soir de Passau, à moins que je n'apprenne quelque chose d'extraordinaire, j'aurai donc le temps d'y recevoir les ordres de V. M.

Indépendamment des douze pièces d'artillerie qu'a le général Dupas, les 10 que j'avais fait venir à Straubing seront demain ici ; ainsi il aura 22 pièces, dont la majeure partie sera placée sur la route de la Regen.

Duc d'Auerstaedt.

être établie. Ces deux régiments relèveront celui que le général Morand a déjà sur la route de Budweis.

Vous aurez votre quartier général à Passau. Prenez vos mesures pour que, dans le cas où l'ennemi se présenterait devant les deux régiments que vous aurez sur la rive gauche du Danube, vous en soyez de suite informé.

D. Compans.

(*Arch. du comte Gudin.*)

CHAPITRE V

4-9 mai.

Après le combat d'Ebersberg et la retraite du général Hiller derrière l'Enns, l'Empereur prend toutes les dispositions nécessaires pour poursuivre le commandant de l'aile gauche autrichienne et diriger en même temps sa marche sur Vienne.

Jusqu'à ce jour, l'Empereur avait eu la conviction que l'archiduc Charles voulait faire sa jonction avec le général Hiller sur Linz. Cette opinion du commandant en chef de l'armée française est nettement indiquée dans la lettre du major général au maréchal Bernadotte, datée d'Enns, le 5 mai : « Le prince Charles a espéré être à temps pour arriver à Linz, mais, les restes du corps du prince Louis et du général Hiller réunis ayant été attaqués et culbutés de sa position d'Ebersberg, et Mauthausen ayant été enlevé, il ne peut plus conserver d'autre idée que de passer le Danube à Mölk ou à Krems, et il est probable que nous arriverons avant lui dans ces deux endroits, ce qui ne lui laissera plus d'autre ressource que Vienne. ».

Mais si l'Empereur est décidé, avant tout, à marcher

sur Vienne, son attention n'en est pas moins vivement attirée sur les mouvements de l'archiduc Charles. Les ordres qu'il donne, après la journée du 3 mai, semblent inspirés par une double préoccupation : poursuivre d'abord le général Hiller avec une activité suffisante pour rendre impossible ou tout au moins retarder sa jonction avec le généralissime autrichien, puis être prêt à faire face à une tentative de l'archiduc Charles sur la ligne d'opération de l'armée. Cette dernière préoccupation n'abandonne pas l'esprit de l'Empereur; ses instructions du 4 mai, au major général, concernant le général Vandamme, ainsi que ses lettres au maréchal Davout, du 5 mai à 8 heures et du 6 mai à 9 heures du soir, ne laissent aucun doute à cet égard.

La division de cavalerie légère Marulaz avait passé la nuit du 3 au 4 mai à Asten, gardant les rives de la Somerreiner, et s'éclairant dans toutes les directions. « Après le rapport de ses reconnaissances annonçant la retraite de l'ennemi, cette division marcha sur Enns et y arriva de très grand matin, ayant le général à la tête des éclaireurs; il trouva le pont brûlé, ce qui le força à faire bivouaquer sa division en arrière de la ville [1]. »

L'Empereur arrivait dans la matinée à Enns, où des ordres étaient donnés pour le rétablissement du pont et pour la réunion de l'armée entre la Traun et l'Enns.

LE MAJOR GÉNÉRAL AU COLONEL BLEIN [2].

Enns, le 4 mai 1809.

L'intention de l'Empereur est, qu'indépendamment du pont de

---

1. *Journal historique des opérations militaires de la division de cavalerie légère du 4e corps de l'armée d'Allemagne, commandée par le général Marulaz.*
2. Le colonel Blein était chef d'état-major du général Bertrand, commandant en chef le génie.

bateaux qu'on jette à Enns, vous donniez des ordres pour réparer le pont, de manière qu'il soit en état dans trois ou quatre jours ; il faut requérir des ouvriers du pays.

S. M. veut qu'on trace une tête de pont à Enns, qu'il en soit également tracée une à Ebersberg, qui enveloppe la ville brûlée, de manière que le passage de ces deux rivières et de ces deux défilés puisse se faire facilement en cas de retraite.

L'Empereur écrivait dans la journée au maréchal Lannes :

« L'ennemi a passé en désordre toute la nuit. Nous sommes entrés à la pointe du jour à Enns ; il y a laissé tous ses magasins et brûlé le pont, qu'on va remplacer par un pont de radeaux qu'on espère finir dans la journée.

· « Les divisions Oudinot et Molitor sont ici avec le corps du duc de Rivoli. Aussitôt que j'aurai reçu vos lettres de Steyer, et que je saurai si vous avez pu rétablir le pont, je vous ferai connaître les mouvements de demain. »

Le maréchal Lannes répondait dans la soirée à l'Empereur :

Steyer, le 4 mai 1809.

Sire,

J'ai reçu la lettre que V. M. m'a fait l'honneur de m'écrire. Il est malheureux que l'incendie d'Ebersberg ait empêché V. M. d'envoyer des secours au général Claparède. Sans cet accident, l'ennemi eût sans doute beaucoup plus perdu et cette division moins souffert.

J'ai trouvé le pont de Steyer brûlé de manière à ne pouvoir être réparé avant deux jours.

Nous avons suffisamment trouvé de bateaux pour faire un pont, et demain, au point du jour, les troupes ainsi que l'artillerie pourront passer.

J'ai pris des renseignements sur la route d'ici à Amstetten, elle est mauvaise, mais cependant on peut y passer avec de l'artillerie.

La division Saint-Hilaire est ici[1] ; celle du général Demont arrivera demain, dans la matinée[2].

Je prie V. M. de me faire connaître ses intentions pour les mouvements que j'ai à faire, par le retour de mon aide-de-camp.

Les deux régiments de cavalerie sont cantonnés aux environs de la ville. Je n'ai pas de nouvelle du troisième, que le général Durosnel a emmené avec lui.

Tout ce qui a passé ici de l'ennemi consiste en deux bataillons de nouvelle levée et deux escadrons de cavalerie.

LE MAJOR GÉNÉRAL AU DUC D'ISTRIE.

Enns, le 4 mai 1809, à 9 heures du soir.

L'Empereur, Monsieur le duc d'Istrie, ordonne qu'aussitôt que le pont aura été jeté demain sur l'Enns, vous fassiez passer sur la rive droite les brigades Jacquinot et Bruyère ; vous donnerez également l'ordre, à la division de cuirassiers Espagne, de passer. Je donne l'ordre également au général Oudinot de passer aussi le pont et de s'entendre avec vous. L'infanterie ne dépassera pas Strengberg, dans le cas où l'on ne trouverait pas l'ennemi. Mais, si l'on s'aperçoit que l'armée ennemie soit en position, on se bornera à la reconnaître et à en rendre compte, sans aller plus loin[3]. L'intention de S. M. est qu'une compagnie de sapeurs et une compagnie de pontonniers marche avec le général Oudinot, afin d'être à même de réparer les ponts[4].

---

1. La division Saint-Hilaire, qui, la nuit précédente, avait bivouaqué à Krems-münster, arriva le 4 au soir à Steyer. (*Opérations militaires de la division Saint-Hilaire dans la campagne de 1809 en Autriche,* par Boudin de Roville.)

2. Le 3, la division Demont avait reçu l'ordre de se porter à Lambach pour y garder le pont.

3. Cette prescription visait sans doute les événements de la veille.

4. Le major général écrivait en même temps au maréchal Masséna :

« Aussitôt que le pont de bateaux sera jeté sur l'Enns, Monsieur le Duc, le maréchal Bessières a l'ordre de faire passer la rivière à la cavalerie légère et à la division Espagne. Vous donnerez l'ordre à la division Oudinot de suivre le mouvement de la cavalerie et de passer le pont, et vous prescrirez au général Oudinot de prendre les ordres du duc d'Istrie pour le soutenir dans sa marche et de prendre position où il l'ordonnera.

« L'Empereur, Monsieur le Duc, passera dans la matinée la revue de la division Saint-Cyr et de la division Molitor. Ordonnez que chacun de ces régiments prépare le travail de nomination à tous les emplois vacants. »

ALEXANDRE.

(*Arch. du prince d'Essling.*)

LE MAJOR GÉNÉRAL AU DUC DE MONTEBELLO.

Enns, le 4 mai 1809, à 9 heures du soir.

Le pont d'Enns, Monsieur le Duc, n'est pas encore rétabli; il ne le sera que dans la matinée. Par la lettre que vous avez écrite à l'Empereur, il paraît que la division Demont n'arrivera que demain matin. S. M. ordonne que le 9ᵉ régiment de hussards parte d'ici demain, à la pointe du jour, pour aller vous rejoindre. Aussitôt que votre pont à Steyer sera fait, ordonnez à la division Demont et à la division Saint-Hilaire de le passer, et ordonnez une forte reconnaissance jusqu'à Saint-Peter, point où aboutissent les deux routes qui conduisent à Amstetten. L'Empereur fera faire également demain une reconnaissance sur Strengberg. Suivant les nouvelles que S. M. recevra demain, elle se décidera à marcher des deux côtés sur Amstetten, où votre corps se rejoindra à nous. Votre parc d'artillerie ne pouvant pas passer par Steyer, vous le dirigerez sur Enns où le chemin est meilleur. Nous présumons que vous avez vos sapeurs et vos pontonniers, car il y a un pont à faire à Amstetten. L'Empereur, Monsieur le Duc, ne veut arriver à Amstetten que le 6.

LE MAJOR GÉNÉRAL AU GÉNÉRAL LAURISTON.

Enns, le 4 mai 1809, à 9 heures du soir.

L'Empereur ordonne, Monsieur le général Lauriston, que vous vous entendiez avec le colonel Blein, chef d'état-major du génie, pour aviser ensemble aux moyens de jeter un pont sur le Danube, et, si la position de Mauthausen est convenable, d'y faire une tête de pont[1].

S. M. ordonne que, demain à midi, vous et le colonel Blein lui rendiez compte de cet objet.

Le général Oudinot a l'ordre de passer demain le pont, quand il sera fait[2]. L'intention de S. M. est qu'il ait avec lui une compagnie de sapeurs et une de pontonniers. Donnez vos ordres pour la compagnie de pontonniers.

---

1. Le pont de bateaux établi à Mauthausen avait été replié et les bateaux emmenés par les Autrichiens.
2. Le pont sur l'Enns ne devait être terminé que dans la nuit du 5 au 6.

LE MAJOR GÉNÉRAL A M. DARU.

Enns, le 4 mai 1809, à 9 heures du soir.

L'Empereur, Monsieur l'Intendant général, ordonne que vous fassiez venir au quartier général tous les boulangers que vous pouvez avoir sur les derrières[1]. Faites transporter ici une partie des approvisionnements de Wels; faites également avancer ici les caissons chargés de biscuit; quant aux caissons vides, faites-les charger de biscuit, soit à Wels, soit à Linz et faites-les suivre. L'armée, n'ayant qu'une seule route pour se rendre à Vienne, aura grand besoin de subsistances, parce qu'elle éprouvera beaucoup de difficultés pour vivre.

L'EMPEREUR AU MAJOR GÉNÉRAL.

Enns, le 4 mai 1809[2],

Donnez ordre au général Vandamme de partir sur-le-champ, pour prendre position à Linz avec sa division[3]. Il

---

1.   L'INTENDANT GÉNÉRAL DARU A L'EMPEREUR.

Enns, le 6 mai 1809.

Sire,

V. M. m'a ordonné de lui présenter l'état des boulangers de l'armée et des constructeurs de fours. Il existe :

Boulangers.

Au quartier général mobile (présents)	18
Au grand quartier général (dont 96 présents et 26 escortant un convoi de pain de Burghausen; 10 malades ou traînards)	132
En route d'Augsbourg	50
En route de Stralsund	12
Qui vont recevoir l'ordre de venir de Passau	52
Qui vont recevoir l'ordre de venir de Ried	52
Au 2e corps (l'ordonnateur en a laissé quelques-uns à Augsbourg, il reçoit l'ordre de les rappeler)	75
Au 3e corps	100
Au 4e corps	56
Au 9e corps	50
	597

Constructeurs.

Au quartier général mobile	14
Au grand quartier général (les derniers sont arrivés ce soir, à l'exception de 3 ou 4 traînards)	41
A Donauwerth	1
9e corps	5
	61

(*Arch. nat.*)   DARU.

2. Cette lettre était adressée au major général, dans la matinée.

3. Le général Vandamme était établi entre Pötzelberg et Wels. (Voir la lettre du général Vandamme à l'Empereur, du 3 mai, à 6 heures et demie du soir.)

fera rétablir le pont et former une tête de pont. Il organisera les magasins, et prendra le commandement de toute la province. Si son infanterie ne pouvait pas y être aujourd'hui, qu'au moins il y soit avec sa cavalerie, et qu'il prenne des mesures pour qu'aucun prisonnier ne se sauve [1].

· NAPOLÉON.

LE DUC D'AUERSTAEDT A L'EMPEREUR.

Passau, le 4 mai 1809, 10 heures du matin.

Sire,

J'ai l'honneur de faire connaître à V. M. que, conformément à ce que je lui ai écrit hier, je porte la division Morand à Waitzenkirchen ; la division Friant, à Saint-Willibald et Bayerbach ; la division Gudin, immédiatement en arrière de la division Friant.

Par ce mouvement, tout le corps d'armée se trouve réuni et à portée d'agir, suivant les ordres que V. M. me transmettra.

Le général Montbrun m'annonce qu'il arrivera ici ce soir, par la rive gauche. Il ne me transmet aucun nouveau renseignement.

Une partie de la division Dupas arrive ici aujourd'hui ; le reste arrivera demain.

Duc D'AUERSTAEDT.

P.-S. — Je n'ai point de nouvelles de l'Archiduc Charles ; quoique quelques baillis assurent que le gros de ses troupes est à Neuern, je ne puis le croire. Il est plus vraisemblable qu'il continue à marcher, pour faire sa jonction sur le Danube.

On assure que des pontons sont partis de Tabor pour Mölk.

A l'instant, je reçois les ordres du major général, du 3 mai à deux heures après midi ; en conséquence, la division Morand se porte sur Efferding. Elle sera demain à Linz.

La division Friant se porte le plus près possible d'Efferding ; demain elle continuera sa marche sur Linz.

La division Gudin se porte aujourd'hui sur Saint-Willibald [2].

Moi-même, je serai à Linz demain, à moins que le général

---

1. Le même jour, l'Empereur écrivait au major général : « Le général Vandamme placera des troupes de cavalerie, infanterie et artillerie sur la rive gauche, aussitôt que le pont sera avancé. Il organisera la province. Vous lui ferez connaître que pendant tout le temps que le duc d'Auerstaedt sera à Linz, il aura le commandement supérieur de la province, et que lui-même sera sous les ordres du duc d'Auerstaedt. »

2. Dans la soirée du 4, la division Morand était à Efferding, la division Friant à Bayerbach, et la division de cavalerie légère à Schönberg.

Montbrun ne m'apporte des nouvelles de l'Archiduc Charles qui me forcent à ralentir ma marche personnelle.

LE DUC D'AUERSTAEDT A L'EMPEREUR.

Passau, le 4 mai 1809, à midi et demi.

Sire,

J'ai l'honneur d'adresser à V. M. une lettre [1] que m'a adressée le prince de Ponte-Corvo, par un des officiers que je lui ai envoyés pour lui porter les ordres du major général. Le prince a dit à cet officier qu'il comptait avoir ses premières troupes, le 5, à Ratisbonne.

J'envoie à V. M. les déclarations de deux déserteurs, Il semblerait que l'Archiduc Charles serait encore dans le voisinage.

J'attends des nouvelles positives du général Montbrun, qui arrive ce soir par Regen.

Le général Dupas n'a ici qu'un régiment des Maisons Ducales de Saxe ; le reste de sa division arrive demain.

J'attends que sa division soit arrivée ici, pour mettre en marche toute celle du général Gudin sur Linz [2].

Duc D'AUERSTAEDT.

LE DUC DE DANZIG A L'EMPEREUR.

Salzburg, le 4 mai 1809, 2 heures après midi.

Sire,

J'ai reçu hier la dépêche de S. A. le prince vice-connétable, en date de Lambach, du 2, 9 heures du soir. V. M. aura vu, par mon rapport du même jour, que j'avais prévu ses intentions en envoyant des troupes en suffisante quantité pour chasser l'ennemi de Lueg-Pass et ouvrir la route de Radstadt. Du côté de Kufstein un bataillon occupe Lofers, tandis que trois autres se sont dirigés de Traunstein. J'espère avoir, d'un instant à l'autre, des nouvelles décisives de ces deux points à faire connaître à V. M.

La partie de la ville de Salzburg, sur la rive gauche de la Salza, est maintenant à l'abri d'un coup de main. En attendant

---

1. Cette lettre contenait des renseignements identiques à ceux adressés de Plauen, le 30 avril, par le maréchal Bernadotte au major général.

2. La division Gudin avait reçu l'ordre de se porter sur Efferding, à l'exception d'une brigade établie sur la rive gauche du Danube et qui devait être relevée, le 5 dans la matinée, par les troupes de la division Dupas.

l'artillerie qui doit venir de Landshut, j'en ai pris dans mon corps d'armée. On s'occupe dans le moment de l'approvisionnement, qui n'est pas facile à cause du terrain que nous occupons.

J'adresse, à S. A. le prince vice-connétable, la situation des caisses du pays au moment où on y a apposé les scellés. La commission de gouvernement demande que la caisse des états soit mise à sa disposition, pour pourvoir aux dépenses du pays. Je prie V. M. de vouloir bien me faire connaître ses intentions à cet égard[1].

Le maréchal duc DE DANZIG.

L'Empereur, en avançant sur la route de Vienne et en s'éloignant de sa base d'opérations, se préoccupait d'assurer la sécurité sur les derrières de l'armée.

Il écrivait, le 4 mai, au ministre de la guerre :

« J'ai passé la Traun, comme vous le verrez dans le bulletin; je jette un pont sur l'Enns que je passerai demain. M'éloignant ainsi, j'ai ordonné que, indépendamment du corps d'observation du Weser[2] qui se réunit à Hanau, il se forme à Augsbourg une division de réserve composée de cinq régiments provisoires de dragons, du régiment de Berg, d'un régiment de Wurtemberg et de plusieurs corps tirés de la Bavière.

« Correspondez avec le général Beaumont, afin que s'il y avait quelques mouvements du côté du Tyrol, mes frontières en soient instruites de bonne heure. »

Le major général adressait, de son côté, les instructions qui suivent au général Beaumont :

LE MAJOR GÉNÉRAL AU GÉNÉRAL BEAUMONT.

Enns, le 4 mai 1809.

L'Empereur, Monsieur le général Beaumont, ordonne que

---

1. Le général de Wrède, dont la division était à Vöcklabruck, recevait l'ordre de faire occuper Lambach par un régiment d'infanterie légère, deux pièces d'artillerie et un escadron, pour garder le pont.

2. Voir la lettre de l'Empereur au major général, datée de Burghausen, le 29 avril ; dans cette lettre, l'Empereur qualifie ce corps placé sous les ordres du duc de Valmy de « Corps d'observation de l'Elbe ».

vous continuiez à diriger sur Hanau le 6ᵉ régiment provisoire de dragons qui est le plus fort, et, qu'avec les deux autres, vous retourniez sur Augsbourg. Vous vous y rendrez de votre personne en poste, pour prendre le commandement des trois régiments de dragons que vous y avez dirigés de Strasbourg et qui doivent arriver vers le 8, ce qui vous fera cinq régiments, avec votre artillerie. Vons réunirez un régiment d'infanterie du Roi de Wurtemberg, un bataillon bavarois formé des hommes des dépôts qui sont à Ulm, un régiment de hussards de Bade, un régiment du Grand-Duc de Berg venant de Cassel (vous écrirez au ministre de ces différents souverains, pour avoir ces régiments). Avec cette colonne, que vous partagerez en trois corps, vous manœuvrerez : 1° pour empêcher les Tyroliens de déboucher pour faire des incursions; 2° pour arrêter les insurrections partielles qui pourraient se manifester dans le pays; enfin, pour s'opposer aux petits partis qui sortiraient de la Bohême pour faire des incursions. Vous devez vous tenir au centre de vos colonnes, afin de pouvoir les réunir si cela était nécessaire. L'intention de S. M. est que vous préveniez les ministres près la cour de Bavière, de Stuttgart et Bade, les généraux commandant à Augsbourg et à Munich de tout ce que vous apprendrez qui pourrait inquiéter les derrières de l'armée. J'écris également aux ministres de l'Empereur près ces souverains, de vous informer de tout ce qu'ils apprendraient et de toutes les inquiétudes qu'ils pourraient avoir, ils doivent s'adresser à vous pour vous demander protection. Le commandement que vous donne l'Empereur, en cette circonstance, est d'une haute confiance. Vous êtes chargé d'assurer les derrières de l'armée, de veiller à la sûreté des princes de la Confédération de Bavière, de Wurtemberg et de Bade, et, par-dessus tout, à la sûreté de l'importante place d'Augsbourg. Je vous le répète, les derrières de l'armée peuvent être inquiétés : 1° par des incursions faites par les Tyroliens; 2° par des partisans sortis de la Bohême; 3° par des soulèvements dans les pays de la Confédération. S. M. pense donc que naturellement votre quartier général doit être à Augsbourg, pour de là vous porter partout où votre présence serait nécessaire. Vous devez avoir une colonne au débouché d'Innsbruck sur Munich, une au débouché du Tyrol sur la Souabe. A chacune de ces colonnes, il doit y avoir de l'artillerie et de l'infanterie alliée. Vous emploierez des généraux de brigade si vous en avez. D'ailleurs, les colonels en second que l'on a nommés seront très propres à cela. Vous pouvez composer chacune des trois colonnes de 2 pièces de canon, de 500 dragons et de 500 hommes d'infanterie, ce qui fera trois colonnes de 1,000 hommes, force suffisante pour arrêter les incursions des Tyroliens. Vous auriez donc en réserve autant de forces qu'en présenteraient vos trois colonnes, pour réprimer les partis qui viendraient de la Bohême et les insurrections du pays. Si ce qu'on ne peut prévoir arrivait, et qu'il débouchât des forces supérieures aux vôtres, il faudrait rallier vos troupes et, après avoir pensé à la sûreté des trois cours, à celle des dépôts de cavalerie et des différents postes qui peuvent se trouver sur la route de l'armée, vous porteriez par-dessus tout votre attention à faire bien garder la place d'Augsbourg, où doivent être renfermés les dépôts bavarois et tous ceux de l'armée.

. . . .

Il est nécessaire que l'aspect de vos forces dans le Vorarlberg maintienne la tranquillité du pays. Il faut de suite mettre un commandant d'armes à Lindau et quelques centaines d'hommes de garnison dans ce point important. Enfin, Général, dans tout événement imprévu qui arriverait sur les derrières de l'armée, vous êtes autorisé à garder à Augsbourg, provisoirement et jusqu'à nouvel ordre, les troupes venant de France [1]. C'est à vous de juger les événements assez sérieux pour vous décider à prendre cette mesure, et vous m'en préviendrez par courrier. Ne perdez pas de vue que, dans le cas où des forces supérieures pénétreraient sur vos derrières, ce qu'on ne peut penser, vous devez veiller avant tout à la conservation d'Augsbourg, en vous pelotonnant autour de cette place pour en défendre les approches, et, si vous étiez forcé de l'abandonner, d'y mettre une forte garnison. L'Empereur compte sur vous pour la mission importante qu'il vous confie.

. . . .

Le pont sur l'Enns n'ayant pu être jeté aussi rapidement que l'Empereur l'avait espéré, dans la matinée du 5 mai il écrivait au maréchal Lannes :

Il est sept heures ; les bateaux sont encore à une lieue du pont ; on me rend compte qu'ils seront placés avant midi ; ainsi, probablement, le pont sera terminé ce soir [2]. Calcu-

---

1. Dans sa lettre du 4 mai, au ministre de la guerre, l'Empereur écrivait : « Ayez soin que tous les hommes qui partent de Strasbourg soient formés en bataillons de marche de 600 hommes, avec numéro. Dirigez-les d'abord sur Augsbourg et ensuite sur Passau, qui devient le centre des mouvements, administrations et magasins de l'armée.

2. Pendant que le génie s'occupait de receper les piles, pour rétablir le pont de pilotis, l'artillerie recherchait des moyens de passage plus expéditifs. On

lez là-dessus et ne vous avancez pas. De ce côté-ci nous ne voyons pas d'ennemis, ni sur la rive gauche du Danube, ni sur la rive droite de l'Enns. Je suppose que c'est votre mouvement qui les a fait disparaître sur la rive droite de l'Enns. Si le pont est fini à quatre heures, la cavalerie ira près de Strengberg.

LE DUC DE MONTEBELLO A L'EMPEREUR.

Steyer, le 5 mai 1809.

Sire,

J'ai reçu la lettre que V. M. m'a fait l'honneur de m'écrire.

Le pont a été fini à onze heures ; la cavalerie est déjà de l'autre côté, elle marche sur Saint-Peter ; elle a ordre de pousser des reconnaissances sur Amstetten et sur Strengberg.

Les divisions Saint-Hilaire et Demont iront coucher ce soir à Saint-Peter[1]. J'y serai moi-même aujourd'hui avec elles.

---

découvrit derrière les îles du Danube, à une lieue du confluent de l'Enns, des bateaux et agrès. Mais il fallait, sous le feu de l'ennemi, doubler un cap assez avancé, vis-à-vis lequel un courant rapide poussait les bateaux à la rive du Danube, et remonter ensuite pendant près de 2 lieues le bord de la rive droite de l'Enns ; celle de gauche, dont nous étions maîtres, n'étant pas praticable pour le halage. S. M. ayant chargé le général Pernety de faire établir le pont de bateaux par tous les moyens, les troupes nécessaires furent mises à sa disposition. Le colonel Aubry et le capitaine aide de camp Bérauville purent, avec la compagnie de pontonniers du capitaine Baillot, s'emparer des bateaux et agrès. Les compagnies du centre du 1er bataillon du 24e d'infanterie légère furent distribuées sur les lignes de halage, pendant que les carabiniers et voltigeurs marchaient en arme pour les soutenir. Le convoi arriva ainsi vis-à-vis Mauthausen, d'où une vive fusillade dirigée sur les bateaux tua ou blessa une vingtaine d'hommes dont cinq pontonniers. Cependant, la compagnie d'escorte ayant riposté, le feu de l'ennemi cessa, et, après des travaux et des peines considérables, on parvint à doubler le cap et à réunir le convoi de quatorze bateaux et trois nacelles, à 300 toises environ au-dessous du confluent ; il était 11 heures du soir. Le reste de la nuit fut employé à disposer les matériaux et à faire arriver les troupes, qui devaient partir sur la rive droite dans les bateaux.

« Le 5, à la pointe du jour, la compagnie de grenadiers du 1er bataillon du 24e, et successivement presque tout le régiment fut transporté sur la rive opposée ; une partie étant destinée à haler les bateaux jusqu'à l'emplacement du pont, opération pénible à cause des mauvais chemins et du très-fort courant. Enfin, à 3 heures, le premier bateau fut placé et le pont fut achevé dans la nuit, sous la direction du colonel Aubry. » (Rapport historique sur les opérations de l'artillerie du 4e corps, dans la campagne de 1809, par le général Pernety.)

1. L'Empereur, ayant espéré que le pont sur l'Enns serait établi plus rapidement, avait, dès le 4, ordonné au maréchal Lannes de faire passer cette rivière aux divisions Saint-Hilaire et Demont. (Voir la lettre du major général au maréchal Lannes, du 4 mai, à 9 heures du soir.)

V. M. peut être tranquille, je n'engagerai rien sans être sûr que ses troupes aient passé la rivière à Enns.

Demain matin, suivant les nouvelles que j'aurai de l'ennemi, je continuerai ma marche de manière à me rapprocher beaucoup d'Amstetten.

Cinq compagnies de voltigeurs avaient passé la rivière hier au soir, et avaient poussé une reconnaissance à deux lieues sur la route de Saint-Peter. Elles n'ont rien vu.

LANNES.

L'EMPEREUR AU DUC D'AUERSTAEDT, A BAYERBACH.

Enns, 5 mai 1809, 8 heures du matin.

Mon Cousin, je reçois votre lettre du 3 mai. Je suppose que vous arrivez aujourd'hui à Linz. Vous y trouverez les instructions du major général pour l'organisation de la province. Faites abattre partout les armes de la Maison d'Autriche. Laissez la garde bourgeoise, si elle est peu nombreuse. Ordonnez un désarmement général. Faites mettre le séquestre sur les caisses et magasins. Nommez une commission pour administrer la province. Faites réparer le pont de Linz. Le général Vandamme avec les Wurtembergeois doit se trouver à Linz; le pont une fois réparé, il faut travailler à une tête de pont où les Wurtembergeois puissent tenir contre une force égale ou double. Le pont fini, faites une incursion pour avoir des nouvelles de ce qui se fait en Bohême. Ralliez votre corps à Linz, où je suppose qu'il sera rallié demain; approvisionnez-vous de vivres et donnez-lui un peu de repos. Prenez des mesures pour vous réparer de toutes les consommations faites; écrivez-moi un mot là-dessus.

Correspondez tous les jours avec le général Dupas. Laissez-lui le 12ᵉ régiment de chasseurs[1]. Faites rentrer tous les escadrons de marche, afin de les incorporer dans les corps respectifs. Ordonnez aux généraux Dupas et Rouyer

---

1. Le 12ᵉ régiment de chasseurs, sous les ordres du colonel Guyon, avait été laissé sur la Nab, avec mission de surveiller les mouvements des colonnes autrichiennes qui se retiraient en Bohême. (Voir la note (1) faisant suite à la lettre du maréchal Davout à l'Empereur, du 27 avril à 8 heures et demie du matin.)

de ne pas garder une seule ordonnance des escadrons de
marche; rien n'est plus nuisible au service. Envoyez-moi
l'état de situation de la division Dupas. Recommandez-lui
d'activer les mesures pour faire arriver des cartouches d'infanterie et à canon, et de faire travailler jour et nuit aux
fortifications qu'a tracées le général Bertrand, afin que
dans huit ou dix jours sa division puisse se défendre contre
des forces quadruples. Prescrivez-lui d'avoir des détachements d'infanterie et des piquets de cavalerie sur Deggendorf, et de veiller sur ce que fait l'ennemi de ce côté. Tant
qu'il n'est pas menacé d'être attaqué, il peut avoir trois
colonnes de 4 ou 500 hommes avec des pelotons de cavalerie
et deux ou trois pièces d'artillerie légère, longeant le Danube et protégeant cette partie contre les partisans ennemis; bien entendu que la division française restera toujours
réunie. Il doit se mettre en correspondance avec les baillis
bavarois pour avoir des nouvelles de ce qui se passe.

On entend ce matin du canon; je suppose que c'est vous
qui passez le long du Danube. Recommandez qu'on ne
prenne pas cette route et qu'on passe par Efferding, en
faisant un détour par Strasham, Dirnau, etc. Le duc de
Montebello passe à Steyer. Ici, à Enns, le pont est entièrement brûlé. Je fais jeter un pont de bateaux qui sera fini à
midi. L'ennemi a disparu de ce côté; même à Mauthausen
et sur la rive gauche du Danube on ne voit plus rien. J'attends avec impatience mes 2,000 marins qui sont partis le
28 de Strasbourg, pour avoir quelques bateaux armés sur
le Danube[1].

Il résulte des correspondances interceptées, que l'on a
intérêt de cacher beaucoup de choses à Linz[2].

NAPOLÉON.

---

1. Dans une lettre datée d'Ulm, le 5 mai, le capitaine de vaisseau Baste, commandant le 44ᵉ bataillon de la flottille, informait le major général qu'il sera sans
doute à Augsbourg le 7.

2. Le même jour, à 7 heures du soir, le major général écrivait au maréchal
Davout : « L'Empereur me charge, Monsieur le Maréchal, de vous expédier un
officier pour vous dire que la division Morand ne doit pas passer l'Enns. Vous
devez réunir votre corps d'armée sans aller au delà de cette ville, à moins que
vous ne receviez des ordres. »

LE DUC D'AUERSTAEDT A L'EMPEREUR.

Passau, le 5 mai 1809, à 2 heures après midi.

Sire,

J'ai l'honneur de rendre compte à V. M. que l'escadron du 11e de chasseurs à cheval, qui était à Neumark, a dû se retirer sur Furth, ayant été attaqué par un fort bataillon d'infanterie et quelque cavalerie.

J'ai ordonné au colonel de ce régiment de faire partir le bataillon du 19e d'infanterie légère qui était à Cham, et de le diriger par Straubing sur Passau, d'où il rejoindra le corps d'armée. Lui-même se mettra en route, le 10, avec son régiment, sur Passau. Il préviendra le prince de Ponte-Corvo de son départ, afin que S. A. puisse le faire relever dans cette position, si elle le juge convenable.

Le général Montbrun, ayant été retardé dans sa marche par le mauvais état des chemins, n'a pu arriver à Passau qu'aujourd'hui.

Un rapport du major Ameil, qui s'est porté sur la frontière de Bohême, du côté de Zwiesel[1], annonce qu'il a rencontré, le 3, à Böhmisch-Eisenstein, un camp d'environ 700 hommes d'infanterie avec 2 pièces de canon ; 1,600 hommes d'infanterie et 30 hussards sont en réserve en arrière ; le tout est couvert par des abatis, des coupures et des retranchements. Une vedette ennemie a été enlevée.

Un rapport du bailli de Wolfstein, du 4 mai, annonce que les Autrichiens ont fait des retranchements à Kuschwarda. Il annonce aussi que le bruit court que les troupes autrichiennes postées à Winterberg se sont portées principalement sur Linz, et que l'Archiduc Charles a aussi pris la même route.

La division Dupas étant arrivée, et ayant remis à ce général une instruction pour le placement de ses troupes, tout annonçant d'ailleurs que l'Archiduc Charles se porte sur le bas du Danube avec ses troupes, je me rends à Linz, où je serai ce soir.

Les divisions Morand et Friant y arrivent aujourd'hui ; celle du général Gudin y sera demain. J'ai fait rassembler les bateaux depuis Ratisbonne ; il y en a environ 100 : on les fera filer sur Linz. J'espère en avoir demain de quoi jeter un pont.

Duc d'Auerstaedt.

---

1. Le major Ameil commandait un parti de 150 chevaux du 12e régiment de chasseurs, sur les frontières de la Bohême.

LE DUC D'AUERSTAEDT A L'EMPEREUR.

Bayerbach, le 5 mai 1809, à 5 heures du soir.

Sire,

Je reçois à l'instant la lettre que V. M. m'a fait l'honneur de m'écrire ce matin à huit heures.

Toutes les dispositions que V. M. me prescrit seront exécutées. J'écris d'ici au général Dupas, et je lui adresserai de Linz une instruction plus détaillée, d'après les ordres de V. M.

Les divisions Morand et Friant sont aujourd'hui à Linz. La division Gudin y sera demain; le général Montbrun y sera aussi après-demain.

Ce n'est pas moi qui ai tiré le canon aujourd'hui, on m'assure que c'est le général Vandamme qui a fait tirer quelques coups contre le faubourg de Linz, qui refusait d'envoyer des bateaux qui se trouvaient sur la rive gauche.

Les troupes n'ont pas passé le long du Danube; il n'y a entre Passau et Efferding, le long de ce fleuve, qu'un sentier qui n'est pas praticable pour des voitures.

Le général Montbrun est venu à Passau par Cham et Regen, sur la rive gauche, sans avoir connaissance de l'ennemi. D'un autre côté, le major Ameil, qui s'est porté sur les frontières de Bohême, du côté de Zwiesel, n'a rencontré de troupes autrichiennes qu'à Böhmisch-Eisenstein où elles sont couvertes par des abatis et des retranchements. Les mêmes précautions ont lieu sur divers points de cette frontière. J'ai cherché à leur donner des inquiétudes, en envoyant des partis dans différentes directions, et en faisant courir le bruit que ces partis étaient suivis par de fortes colonnes d'infanterie.

J'adresse à V. M. deux rapports du bailli de Wolfstein [1].

On assure que le prince Charles n'a fait qu'un fort détachement sur le bas du Danube, et qu'il est resté en Bohême avec une grande partie de son armée.

On a trouvé ici 5,000 quintaux de farine. A mon arrivée à Linz, j'expédierai à V. M. son officier d'ordonnance avec une lettre plus détaillée.

DUC D'AUERSTAEDT.

---

1. Par ces rapports, le bailli de Wolfstein faisait connaître au maréchal Davout que les débouchés en Bohême étaient gardés par des milices, et que des réserves étaient établies à Winterberg, qu'en outre un corps de réserve s'était rassemblé à Prachatitz, pour se porter sur Linz.

LE GÉNÉRAL VANDAMME A L'EMPEREUR.

Au quartier général à Linz, 5 mai 1809, 10 heures et demie du matin.

Sire,

J'ai l'honneur de rendre compte à V. M. que, conformément à ses ordres, je me suis rendu ici cette nuit, avec huit bataillons d'infanterie, deux régiments de chasseurs à cheval et l'artillerie wurtembergeoise. J'arrivais de Wels à Ebersberg à trois heures après-midi, lorsque je reçus les ordres de V. M.[1]

Avant la nuit, je fis sommer le commandant des postes autrichiens de me remettre tous les bateaux qui étaient sur la rive gauche, menaçant, en cas de refus, de brûler le faubourg. L'on me répondit que l'on ne pouvait accéder à ma sommation et que l'on opposerait la force à la force. Ce matin, à la pointe du jour, je fis voir mes troupes, et je sommai le commandant et les magistrats de me céder les bateaux. Nouveaux refus accompagnés d'impertinences. Un général major Richter venait d'y arriver avec 12 à 1,500 hommes, que je crois des Landwehr, et un peloton de cavalerie. Ces troupes voulurent détruire les barques ; je fis tirer des obus sur le faubourg qui fut en peu d'instants en feu. Je fis fusiller et mitrailler la troupe en même temps que je fis passer quelques centaines de chasseurs sur deux bateaux que j'avais ici. En une bonne heure, nous fûmes maîtres de la rive gauche et une grande partie des ennemis furent pris. Je me fais informer de leur nombre, et j'aurai l'honneur d'en rendre compte à V. M. Dans une heure, les quatre bataillons d'infanterie légère et un régiment de chasseurs à cheval seront sur l'autre rive, courront le pays et couvriront la tête du pont. L'on travaille à force pour faire réparer ce qui en est brûlé, et dans le jour je ferai commencer la tête du pont[2].

. . . .

VANDAMME.

---

1. Voir la lettre de l'Empereur au major général, datée d'Enns, le 4 mai.

2. A 4 heures et demie du soir, le général Vandamme écrivait de nouveau à l'Empereur, pour confirmer la nouvelle de l'occupation de la rive gauche du Danube, à Linz :

Sire,

« La brigade d'infanterie légère wurtembergeoise a entièrement passé le Danube et les bataillons sont placés de manière à couvrir les routes sur Gallneukirchen, Steyeregg, Wildberg et Ottensheim. Des patrouilles ainsi qu'un détachement de cavalerie sont à une lieue en avant et se sont portés sur Gallneukirchen, où un faible détachement de cavalerie s'est retiré. L'infanterie est entièrement dispersée et le reste des 1,200 hommes s'est sauvé épars dans les bois.

« J'avais ordonné que 100 chasseurs à pied et 50 à cheval fussent envoyés

LE DUC DE DANZIG A L'EMPEREUR.

Salzburg, le 5 mai 1809, à 11 heures et demie du soir.

Sire,

J'ai l'honneur de rendre compte à V. M. que le mauvais temps, des ponts à refaire et des précipices à combler ont retardé la marche des troupes du général Stengel qui se portaient sur Abtenau, où elles n'ont pu arriver qu'hier, à sept heures du matin. L'ennemi, fort de 1,000 hommes, a été chassé de cet endroit; on lui a tué et blessé beaucoup de monde et fait trente prisonniers. En même temps, le général Raglowich a été chargé de chasser les postes ennemis qui l'incommodaient beaucoup, étant placés sur la rive gauche de la Salza et débordant la droite de sa position devant Lueg. Tous ces postes ont été enlevés, on a pris 106 hommes et un officier, en outre d'un bon nombre de tués et de blessés. Pendant ce temps, on cherchait à s'emparer du blockhaus, mais il a résisté malgré le feu de l'artillerie. D'après tous les rapports, il paraît que l'ennemi est très fort à Radstadt et Werfen. J'ai chargé mon aide-de-camp Maingarnaud, qui suit l'opération, de s'assurer de la vérité des rapports qui m'ont été faits et de continuer à marcher sur Radstadt, si l'on croyait pouvoir le faire sans compromettre les troupes.

Le parti que j'ai envoyé sur la route de Saint-Gilgen m'a rendu compte que l'ennemi s'était retiré de cette vallée. J'ai or-

---

sur Ottensheim, pour faire passer des barques placées à la rive gauche, à celle de droite. Nous sommes maintenant maîtres de ces barques.

« Demain, deux mille paysans seront réunis à la pointe du jour et travailleront à la tête du pont; j'activerai ces travaux avec le plus grand zèle.

« J'ai ordonné que tous les blessés valides placés ici en fussent évacués, afin que nous eussions les moyens d'en recevoir d'autres au besoin.

« Un convoi de pain, destiné au corps de M. le maréchal Davout, vient de passer à Linz.

« Le général Morand était lui-même aujourd'hui dans cette place, et se porte sur Enns avec sa division.

« VANDAMME. »

Le capitaine de Montesquiou, officier d'ordonnance de l'Empereur, envoyé en mission à Linz, lui écrivait dans la soirée : « Le général Richter qui, commandait le petit corps de troupes autrichiennes, a été fait prisonnier; on doit l'amener à V. M.

« On n'a aucune nouvelle de l'Archiduc, on le croit à Budweis. Les prisonniers sont dans une ignorance complète de ce qui s'est passé à Landshut, Eckmühl et Ratisbonne.

« J'ai vu le général Morand, qui n'a pas de nouvelles plus positives de la Bohème. »

L'Archiduc Charles, avec l'armée de Bohème, venait d'arriver à Budweis.

donné que l'on détruisit le petit fort qu'il avait construit entre cet endroit et Ischl. On dit que M. de Chasteler a quitté le Tyrol, pour se porter sur la Carinthie, mais je ne puis donner cette nouvelle comme très certaine.

La brigade du général Vincenti, forte de 4 bataillons, 3 escadrons et 3 canons, que j'avais envoyée sur Kufstein, a été repoussée par les insurgés, que l'on dit forts de 7 à 8,000 hommes avec quelques compagnies de troupes autrichiennes. J'ai augmenté ce corps de 2 bataillons et 2 pièces, et donné l'ordre à M. le général de division Deroy de prendre le commandement, afin de renouveler l'attaque. J'espère qu'elle réussira cette fois, ce général connaissant les localités

Nous travaillons maintenant ici à mettre la place à l'abri d'un coup de main, sur la rive droite de la Salza ; j'espère que cela sera fait sous peu de jours[1].

LEFEBVRE.

LE MAJOR GÉNÉRAL AU PRINCE DE PONTE-CORVO.

Enns, le 5 mai 1809, à midi.

S. M., Prince, apprend que vous devez arriver aujourd'hui à Ratisbonne. Voici la situation de l'armée : nous passons ce soir l'Enns ; le duc de Rivoli à Enns, le duc de Montebello à Steyer. Le duc d'Auerstaedt se réunit à Linz. Le général Dupas se rassemble à Passau. Le duc de Danzig avec les Bavarois occupe Lambach et Salzburg.

J'ai cru, Prince, devoir vous faire connaître la situation de l'armée[2], vu qu'étant fort éloigné vous devez vous conduire suivant les circonstances. Le prince Charles est entré en Bohême ; il a espéré être à temps pour arriver à Linz, mais les restes du corps du prince Louis et du général Hiller réunis ayant été attaqués et culbutés de sa position d'Ebersberg, et Mauthausen ayant été enlevé, il ne peut plus conserver d'autre idée que de passer le

---

1. La division de Wrède occupait toujours Wöcklabruck, avec des détachements à Gmunden et à Schörfling. Le pont de Lambach, conformément aux ordres donnés la veille, était gardé par un régiment d'infanterie, un escadron de cavalerie et 2 pièces de canon.

2. ORDRE DU JOUR DU MAJOR GÉNÉRAL.

Au quartier général, à Enns, le 5 mai 1809.

Le général de division Vignolle est arrivé au quartier général, pour y remplir les fonctions de chef d'état-major. Il a sous ses ordres le général de brigade Le Camus, qui remplit les mêmes fonctions, quand le quartier général est séparé.

Le général de brigade Bailly de Monthion et le général de brigade Guilleminot sont employés près du major général.

ALEXANDRE.

Danube à Mölk ou à Krems, et il est probable que nous arriverons avant lui dans ces deux endroits, ce qui ne lui laissera pas d'autre ressource que Vienne.

L'intention de l'Empereur, Prince, est que vous vous portiez le plus vite possible sur Passau, où vous pouvez être arrivé le 9, et où vous trouverez la division Dupas ; alors, vous serez tout à fait en ligne et formerez la gauche de l'armée. Si un parti d'ennemis inférieur à vous se présentait, ce qui n'est pas probable, vous pourriez l'attaquer et le battre, avant de vous porter sur Passau.

Si, arrivé à Passau, vous trouviez un corps ennemi qui se dirigeât sur cette place, et qui soit inférieur à vous et au général Dupas réunis, vous marcheriez à ce corps ennemi, pour l'obliger à passer en Bohême ; il est probable qu'aucun de ces cas n'aura lieu, et que l'ennemi cherche à se retirer sur Vienne.

Alors, Prince, jusqu'à ce que vous arriviez à Passau on aura des nouvelles, et l'Empereur vous fera connaître ses intentions. Vraisemblablement, le but de S. M., si l'ennemi ne fait aucun mouvement sur sa gauche, sera que vous vous portiez à Linz où vous serez renforcé de nouvelles troupes. Envoyez-moi un état de votre effectif et de vos présents sous les armes.

Le pont de bateaux sur l'Enns ayant été terminé dans la nuit du 5 au 6 mai, la cavalerie légère du duc d'Istrie passa sur la rive droite et se dirigea sur Amstetten[1]. La division Oudinot suivit le mouvement de la cavalerie légère. Les divisions du 4e corps devaient effectuer leur passage dans la journée.

L'EMPEREUR AU DUC D'ISTRIE.

Enns, le 6 mai, à 10 heures du matin.

Mon Cousin, la division Boudet a passé après la division Oudinot et je vais faire passer la division Claparède. Si vous aviez connaissance de l'ennemi, prévenez-en les géné-

---

1. La brigade Colbert formait l'avant-garde de cette colonne. « A 10 heures du matin, le régiment (le 20e chasseurs) qui marchait en tête de la brigade Colbert atteignit l'arrière-garde au village d'Amstetten ; l'ennemi se retirait sur Saint-Pölten dans la direction de Vienne. Il en résulta un engagement assez vif... » (Commandant Parquin, *Souvenirs et campagnes*.)

raux Boudet et Claparède pour qu'ils activent leurs mouvements.
NAPOLÉON.

A la même heure, l'Empereur écrivait au maréchal
Lannes :

« Le duc d'Istrie a passé à quatre heures du matin le
pont d'Enns, se dirigeant sur Amstetten. Le général Oudinot, les divisions Molitor et Boudet l'ont passé, la division
Claparède va suivre.

« Le duc d'Auerstaedt est à Linz avec tout son corps
d'armée ; le général Vandamme a passé le Danube à Linz, et
envoie des partis sur Budweis pour avoir des nouvelles de
l'ennemi. »

LE MAJOR GÉNÉRAL AU DUC DE RIVOLI.

Enns, le 6 mai 1809, 8 heures et demie du soir.

L'intention de l'Empereur, Monsieur le Duc, est que vous mettiez demain matin tout votre corps en mouvement, assez à bonne
heure, pour qu'à 8 heures du matin tout ce qui le compose, in-
infanterie, cavalerie, artillerie et bagages aient passé le pont.
Vous continuerez votre marche sur Amstetten [1].
ALEXANDRE.

(*Arch. du prince d'Essling.*)

LE MAJOR GÉNÉRAL AU DUC DE MONTEBELLO.

Enns, le 6 mai 1809, 8 heures et demie du soir.

L'Empereur, Monsieur le duc de Montebello, trouve convena-

---

1. Le général de Nansouty recevait également l'ordre de passer le pont
d'Enns à la suite du 4e corps, et de se porter sur Amstetten. La division Saint-
Sulpice devait suivre le mouvement de la 1re division de cavalerie de réserve.
  Quant aux troupes de la garde, elles étaient réparties de la manière suivante :
  Brigade de tirailleurs, brigade de fusiliers et artillerie, au bivouac, sur une
hauteur à droite d'Enns.
  Chasseurs à pied et grenadiers à pied, à Enns.
  100 chevau-légers polonais et 125 chasseurs à cheval, au quartier général du
maréchal Bessières.
  Chevau-légers polonais, à Windpassing, sur la rive droite de l'Enns.
  Chasseurs à cheval, à Enns.
  Dragons et grenadiers, au couvent de Saint-Florian et environs.

ble que vous vous rendiez demain à Mölk, à moins que des circonstances que l'on ne prévoit pas vous fassent juger devoir
prendre position. Je donne le même ordre au duc d'Istrie qui a
l'ordre de faire préparer le quartier général de l'Empereur [1].

L'EMPEREUR AU DUC D'AUERSTAEDT.

Enns, 6 mai 1809, 9 heures du matin.

Mon Cousin, je suppose que vous êtes arrivé à Linz. Le
général Vandamme a 3 ou 4,000 hommes sur la rive gauche.
Il me semble que ces hommes sont bien exposés si le pont
n'est pas promptement rétabli; n'omettez donc rien pour
qu'il le soit le plus promptement possible [2].

J'ai ordonné qu'on travaillât à une tête de pont; mettez-y
la plus grande activité.

La journée d'aujourd'hui reposera un peu vos corps, mais
j'ai bien besoin d'avoir des renseignements sur ce que fait
le prince Charles. Le duc de Montebello a passé hier Steyer;
ce matin, le corps d'Oudinot et une division du duc de Rivoli ont passé l'Enns ici; tout cela va se réunir à Amstetten.
Le mouvement qu'ont fait l'archiduc Louis et le général

---

1. La division Saint-Hilaire avait bivouaqué à Saint-Peter, dans la nuit du 5
au 6. « Le 6, elle se dirigea sur Amstetten, et se trouva former l'avant-garde
avec la cavalerie légère du général Colbert.

« Le général Saint-Hilaire réunit tous les voltigeurs des bataillons sous la
conduite d'un chef, et ils furent chargés d'éclairer la marche et de seconder la
cavalerie légère, dans l'attaque du pont de Neumarkt sur l'Ips, qu'il s'agissait
d'emporter de vive force avant que l'ennemi pût y mettre le feu. En effet, le
20ᵉ chasseurs atteignit un régiment de uhlans (à Blidenmarkt), et, le chargeant
pendant une heure et demie sur la grande route, traversa le pont en même temps
que lui et s'en rendit maître. Il y eut beaucoup de uhlans tués ou pris, le chemin était jonché de leurs lances (c'était le régiment de uhlans Archiduc-Charles
faisant partie de l'arrière-garde autrichienne, sous les ordres du général Radetzky). Le bataillon de voltigeurs s'établit aussitôt de l'autre côté du pont, afin
de s'opposer aux tentatives de l'ennemi qui aurait pu revenir en force pour s'en
emparer. Le 10ᵉ d'infanterie légère s'établit à Neumarkt, soutenant les voltigeurs,
et le reste de la division à cheval sur la grande route, à la hauteur de Leitz-
mansdorf. Le même jour, la division du général Oudinot s'établit à une lieue en
arrière de celle de Saint-Hilaire. » (*Opérations militaires de la division Saint-
Hilaire*, par L. Boudin de Roville, alors premier aide de camp du général
Saint-Hilaire.)

Le quartier général du maréchal Lannes était établi, dans la soirée du 6, à
Saint-Peter; celui du maréchal Bessières était à Amstetten.

2. Voir la lettre du général Vandamme à l'Empereur, du 5 mai, à 10 heures
et demie du matin.

Hiller sur Linz, dans la journée du 3, fait penser qu'ils espéraient se joindre là avec l'archiduc Charles. Un général-major, qui a été fait prisonnier par le général Vandamme et qui commandait la landwehr de Bohême, m'a dit ce matin qu'il était sous les ordres du général Klenau, mais qu'il avait reçu l'ordre de l'état-major de passer sous ceux du général Hiller. Tout cela fait supposer que le prince Charles espérait d'abord se réunir à Linz. Selon les renseignements que vous m'avez envoyés, il m'a paru que le prince Charles ne pouvait pas être sur Linz avant le 6 ou le 7 [1]. Je suppose qu'il aura pris aujourd'hui la direction de Krems ou de Vienne [2].

NAPOLÉON.

LE DUC D'AUERSTAEDT A L'EMPEREUR.

Linz, le 6 mai 1809, à 1 heure et demie après-midi.

Sire,

Conformément aux intentions de V. M., les ordres sont donnés pour détruire, dans toute la province, les armoiries de la maison d'Autriche. Je suis parfaitement en mesure relativement aux munitions. Mon parc est près de moi et je suis approvisionné comme à l'ouverture de la campagne.

Vous me parlez, Sire, d'écrire au général Dupas pour faire activer l'arrivée des munitions, mais ni lui ni moi n'avons aucune donnée sur le point d'où elles viennent.

Les bateaux nous arrivent sans difficulté sur Passau; il y est arrivé 300,000 rations de pain, mais, avant de faire descendre le tout, il est important de savoir si la navigation est libre.

J'adresse à V. M. les renseignements que m'a donnés le géné-

---

1. Dans sa lettre du 2 mai, à 11 heures du matin, à l'Empereur, le maréchal Davout écrivait : « Par les renseignements que j'ai envoyés ce matin à V. M., il y a tout lieu de présumer que vous avez beaucoup d'avance sur le prince Charles. »

2. « Pendant la marche de Napoléon sur l'Erlaf (le 5 mai), le gros de l'armée autrichienne, fort de 118 bataillons, 112 escadrons, c'est-à-dire 92,976 hommes et 11,832 chevaux, était arrivé auprès de Budweis. » (L'Archiduc Charles comme général en chef et organisateur d'armée, par le colonel von Angeli.)- L'archiduc Charles avait quitté Cham avec son armée, le 28 avril. Le Ier corps autrichien qui, passant par Bischofteinitz et Pisek, avait eu la plus longue marche à faire pour gagner Budweis, avait parcouru une moyenne de 22 à 25 kilomètres par jour. L'Empereur basait sans doute ses calculs sur une bien plus grande rapidité de marche.

ral Vandamme. Quant au pont, les généraux Tousard et Hahicque sont après, mais ils· me parlent de beaucoup de temps ; il y a plusieurs arches dont les piles sont brûlées jusqu'à fleur d'eau.

. . . .

J'adresse aussi à V. M. l'extrait des rapports des avant-postes du général Vandamme [1], et deux pièces qui ont été saisies sur un bailli.

Le maréchal duc d'AUERSTAEDT.

L'EMPEREUR AU DUC D'AUERSTAEDT, A LINZ.

Enns, 6 mai 1809, 10 heures du soir.

Mon Cousin, je reçois votre lettre du 6 mai, à une heure après midi. Les ducs de Montebello et d'Istrie ont passé l'Ips et l'Erlaf. On a fait 5oo prisonniers ; l'armée ennemie se sauve dans le plus grand désordre. Nous serons demain à Mölk. Faites filer vos 3oo,ooo rations de pain en trois convois de 1oo,ooo rations chacun. Mettez des hommes intelligents à la tête de chaque convoi. Ordonnez-leur de ne jamais aborder sur la rive gauche, mais toujours sur la rive droite. Que le premier convoi vienne aborder au village d'Ips, près·l'embouchure de la rivière de ce nom, d'où on lui donnera l'ordre de continuer sur Mölk, selon les circonstances. Le deuxième convoi peut aborder plus loin et se faire avertir par le premier s'il peut avancer. Indépendamment de l'avantage d'avoir du pain, nous aurons celui de pouvoir faire un pont à Krems avec ces bateaux, ce qui est d'une grande importance.

J'avais fait préparer, dans la campagne dernière, une tête de pont à Linz. Cette tête de pont doit être une espèce de camp retranché, où 1o,ooo hommes puissent se défendre contre une force triple ou quadruple, avec un réduit.

---

1. EXTRAIT D'UN RAPPORT DU GÉNÉRAL DE HÜGEL.

6 mai 1809, à 4 heures du matin.

Le détachement envoyé sur Ottensheim n'a pas rencontré d'ennemis. Tous les bateaux ont été transportés précédemment sur Linz.

La patrouille sur Waldberg a rencontré, au delà de ce village, un parti d'infanterie qui n'a pas tenu.

Les avant-postes de l'ennemi, sur la route de Gallneukirchen, s'étaient retirés la nuit sur cet endroit. Je viens d'envoyer un détachement de cavalerie et d'infanterie sur cette route.

Faites-y travailler avec la plus grande activité; c'est extrêmement important. Être dominé n'est rien ; le principal est
de donner le temps à des troupes d'arriver et de déboucher
par là, ou à ceux qui défendent le pont de se retirer et de
le brûler.

NAPOLÉON.

LE DUC D'AUERSTAEDT A L'EMPEREUR.

Linz, le 6 mai 1809, à 3 heures et demie après midi.

Sire,

J'espère que le pont de Linz pourra être rétabli après-demain. J'ai beaucoup de bateaux qui suffiraient, en cas de besoin, pour passer et repasser beaucoup de monde; d'ailleurs, les
troupes qui sont sur la rive gauche pourraient, si elles étaient
forcées, en se retirant dans les maisons s'y maintenir le temps
nécessaire pour effectuer leur embarquement.

La tête de pont à laquelle on travaille sera bien insigni-
fiante, étant dominée à portée de fusil par des hauteurs qu'on
ne peut occuper, à cause du grand développement qu'elles exi-
geraient.

Je n'ai rien de positif sur la marche du prince Charles. Il semblerait, par deux pièces trouvées chez un bailli et que j'ai
adressées ce matin à V. M., qu'il n'était pas encore à Budweis
le 2.

J'attends des renseignements plus positifs du major Ameil.

Lorsque le général Montbrun sera arrivé, je ferai passer quelque cavalerie et infanterie française sur la rive gauche, c'est le
seul moyen d'apprendre quelque chose de certain.

J'adresse à V. M. une lettre que je reçois de M. de Tournon,
intendant à Bayreuth [1].

DUC D'AUERSTAEDT.

LE MAJOR GÉNÉRAL AU DUC DE DANZIG.

Enns, le 6 mai 1809, à 8 heures et demie du soir.

L'Empereur, Monsieur le Duc, a vu avec peine que le fort de
Kufstein n'était pas encore débloqué; S. M. regarde cette opération comme la chose la plus importante. Puisque quatre batail-

---

1. Par cette lettre datée du 3 mai, M. de Tournon fait savoir au maréchal
Davout qu'il n'existe aucune troupe régulière sur la route de Schlan, Buchau,
Carlsbad, Egra, et qu'il n'y a que des milices à Prague.

lons ont été repoussés, c'est s'exposer encore à un non-succès que d'envoyer seulement un renfort de deux bataillons. L'intention de l'Empereur est donc que, le 8, vous marchiez vous-même avec toutes vos forces pour écraser les rebelles, brûler les villages révoltés, et faire passer par les armes les rebelles que vous prendrez. Menacez Innsbruck, laissez une garnison dans la citadelle de Salzburg, et donnez des instructions au commandant pour bien garder la place.

Si vous craignez quelque chose des rassemblements de Radstadt et que vous jugiez la conséquence telle, l'Empereur vous autorise à rappeler le général de Wrède à Salzburg. Le général a l'ordre de porter son quartier général à Strasswalchen[1]. Puisque les rebelles veulent se défendre devant Kufstein, chargez-vous de leur donner une bonne leçon; quand Kufstein sera débloqué et que cette partie du Tyrol sera châtiée, vous pourrez, s'il le faut, vous porter sur le rassemblement de Radstadt. S. M. aurait désiré que dans la lettre que vous m'écrivez, vous ayez fait connaître quelles sont vos pertes réelles. L'Empereur s'en rapporte à vous, pour mettre dans tout cela votre zèle et votre activité ordinaires.

Le duc d'Istrie et le duc de Montebello sont rentrés à Amstetten et seront demain à Mölk.

Nous avons culbuté le corps du prince Louis et du général Hiller de la position d'Ebersberg qu'il voulait défendre.

LE DUC DE DANZIG A L'EMPEREUR.

Salzburg, le 6 mai 1809, 9 heures du soir.

Sire,

J'ai eu l'honneur de rendre compte à V. M. de l'engagement que nous avons eu, avant-hier, à Abtenau. L'ennemi avait été poursuivi jusqu'à Annaberg, et il l'eût été jusqu'à Radstadt. Il sentit de quelle importance ce point était pour lui; aussi, a-t-il réuni, hier, des forces si considérables pour nous attaquer, que

---

1. Le major général écrivait, à la même heure, au général de Wrède :

« L'Empereur, Général, ordonne que vous laissiez un régiment de cavalerie à Lambach d'où il poussera des reconnaissances sur les directions qui conduisent en Italie. S. M. ordonne également que vous reportiez demain votre quartier général à Strasswalchen, d'où vous rejoindrez le maréchal duc de Danzig s'il vous en envoie l'ordre. Jusque-là, vous continuerez à correspondre avec moi, à éclairer le pays depuis Lambach jusqu'à Strasswalchen et à le désarmer. Il paraît qu'il y a des rassemblements assez considérables du côté de Radstadt; ce qui pourra nécessiter votre réunion au duc de Danzig, si vous recevez des ordres de lui, auxquels vous déférerez. »

malgré notre belle défense il fallut céder au nombre; d'ailleurs notre position n'était point belle. Nos troupes se sont repliées derrière la Lammer, où une partie a pris position. L'ennemi a occupé la rive gauche de cette rivière après avoir brûlé le pont, ce qui prouve qu'il n'a pas envie de pousser plus loin; au surplus, nous sommes en mesure de le recevoir s'il en voulait à Golling, ce que je ne présume pas. Nous resterons dans cette position pour observer la Lammer et Lueg. L'ennemi avait environ 4,000 hommes à Radstadt et 2,000 à Werfen, tous hongrois et Croates, dont le régiment d'Esterhazy du corps de Jellachich.

Nous continuons ici nos travaux sur la rive droite de la Salza[1].

. . . .

Le maréchal duc DE DANZIG.

LE PRINCE DE PONTE-CORVO A L'EMPEREUR.

A Rötz, ce 6 mai 1809.

Sire,

Depuis le dernier rapport que j'ai eu l'honneur d'adresser à V. M., j'ai continué, ainsi que j'en avais reçu l'ordre, ma marche sur Ratisbonne par Kemnath, Weiden et Nabburg. Mais la dernière dépêche du major général, en date du 30 avril, ne me prescrivant plus d'aller jusqu'à Ratisbonne, mais seulement d'agir suivant les circonstances pour faire le plus de mal possible à l'ennemi, en ayant soin de me rapprocher de la gauche de la grande armée, j'ai marché de Nabburg sur Rötz, où je suis arrivé aujourd'hui de ma personne avec la cavalerie. Mon projet est d'entrer par Waldmünchen en Bohême, où je me dirigerai d'après les avis que j'aurai des mouvements de l'ennemi.

Pendant ma marche le long de la Bohême, j'ai toujours eu des partis sur le pays ennemi, à Egra, à Plan, à Hayd. Hier, j'ai encore envoyé à Teinitz 150 chevau-légers qui doivent se rabattre sur Waldmünchen pour me donner des nouvelles. Le général Gutzschmitz qui est entré à Egra a trouvé les magistrats très bien disposés. Il leur a ordonné de faire désarmer les milices.

_____

1. « Deux compagnies d'infanterie légère et un piquet de cavalerie furent envoyés, sous les ordres du major Theobald, à Berchtesgoden, à l'effet d'observer cette vallée ; il poussait des reconnaissances jusqu'à Weissbach et avait ses avant-postes à Ramsau. » (_Rapport des mouvements journaliers du 7e corps de l'armée d'Allemagne, par le général Drouet, chef d'état-major du corps d'armée._)

Je viens de recevoir du commandant d'un petit corps d'observation, laissé à Cham par le général Montbrun, le rapport qu'avant-hier ses postes de Neumarkt et Waldmünchen ont été attaqués et forcés de se replier sur Furth et Schönthal. Il me marque aussi que les avant-postes autrichiens, sur ces points, sont composés de deux bataillons d'infanterie légère et six escadrons de cavalerie, et qu'ils ont, en outre, 4,000 hommes campés à Klattau.

Les rapports sur les mouvements du corps de Bellegarde varient à l'infini. Les uns disent qu'il a continué sa retraite sur Prague, d'autres disent qu'il est revenu sur ses pas; il serait possible, en effet, que le mouvement que j'ai fait ces jours derniers sur Egra l'eût fait changer de résolution. J'espère, en entrant en Bohême, en avoir des nouvelles plus positives.

Tous les avis portent que l'Archiduc Charles se retire sur Krems. On assure aussi que l'Archiduc Ferdinand a reçu l'ordre de revenir sur Olmutz. Au reste, les Polonais ont repris l'offensive. V. M. trouvera ci-joint le rapport du colonel Pazsckowski, que j'avais envoyé de Dresde à Varsovie; elle sera satisfaite du bon esprit qui anime l'armée polonaise. Je joins également la copie d'une lettre du palatin Wibicki.

Le chef de brigands Schill a eu l'insolence de se présenter avec sa bande devant Wittemberg. Il a cerné cette ville et a coupé les communications avec Leipzig, ce qui a répandu l'alarme dans cette dernière ville. J'ai de suite écrit au ministre de la guerre de Saxe, qu'il devait prendre des mesures promptes et vigoureuses pour détruire cette bande; qu'il fallait faire marcher tous les dépôts et le régiment de cuirassiers qui vient de Danzig, mettre sur pied les gardes nationales, et ordonner à tous les paysans de faire main basse sur les brigands prussiens. Il paraît que des insurrections semblables avaient été organisées sur divers points par le gouvernement prussien. V. M. en jugera par la lettre du palatin Wibicki. Le colonel saxon Thielmann, aide de camp du roi, que S. M. avait envoyé en Pologne, m'a également écrit que la Prusse fait des armements.

J'ai l'honneur de renouveler à V. M. la prière de vouloir bien adjoindre quelques troupes françaises à l'armée saxonne qui, étant composée en grande partie de recrues, s'affaiblit chaque jour par la fatigue des marches.

Ce corps, placé sur le flanc de l'armée de V. M., a absolument besoin d'être stimulé par l'exemple de troupes plus habituées à la guerre. Sans cela, V. M. ne peut en attendre que de très faibles résultats. Je suis obligé chaque jour de placer moi-même les postes.

BERNADOTTE.

L'EMPEREUR AU MAJOR GÉNÉRAL.

Enns, le 6 mai 1809.

La colonne que commande le général Marion devant arriver aujourd'hui à Ebersberg, donnez ordre que tout ce qui fait partie de la division Claparède le rejoigne. Envoyez-lui la note des hommes qui lui appartiennent, dans le premier bataillon des conscrits de la garde, afin qu'il les fasse incorporer.

Faites-moi connaître combien de ces 5,000 hommes il y en a pour la division Claparède, et combien pour l'autre division du général Oudinot [1].

NAPOLÉON.

LE DUC D'ISTRIE A L'EMPEREUR [2].

Mölk, le 7 mai 1809, à midi.

Sire,

Je suis arrivé à Mölk avec la cavalerie légère du général Colbert. L'ennemi a commencé son mouvement rétrograde hier au soir et l'a fini ce matin; il s'est retiré sur Saint-Pölten où le quartier général doit être aujourd'hui.

Le prince Louis est parti ce matin à quatre heures.

Tous les rapports annoncent que l'ennemi se prépare à recevoir la bataille à Saint-Pölten.

L'Empereur a passé ici il y a huit jours, et a pris la route de Krems; une partie de la milice et les bagages ont tenu la même route.

J'ai traversé le camp ennemi, il m'a paru très considérable; il n'a été formé que par des troupes qui ont passé hier; celles qui ont passé les deux jours précédents ne se sont points arrêtées.

---

1. Les hommes composant ce détachement, sauf 560 destinés au 4e corps d'armée, devaient être incorporés dans les divisions du général Oudinot; ils provenaient presque tous des dernières levées.

En dehors de ces renforts, de nombreux détachements, en partie constitués avec des recrues de la conscription de 1810, étaient dirigés sur l'armée; 8,000 hommes devaient ainsi arriver, du 5 au 13 mai, à Augsbourg.

2. Voir la lettre de l'Empereur au duc d'Istrie, du 6 mai à 10 heures du matin.

J'ai jugé le camp que j'ai traversé de 40 à 50,000 hommes d'infanterie.

Quelques rapports d'habitants annonçaient que l'ennemi a le projet de se jeter de l'autre côté du Danube, pour faire sa jonction avec le prince Charles, jonction que l'on présume devoir se faire en Moravie.

Le maréchal Bessières.

L'ennemi a brûlé le pont d'Erlaf et celui de Mölk, cela retardera le passage de l'infanterie; la cavalerie passe le gué,

Le général Colbert, qui, dans l'après-midi du 7, avait continué avec sa cavalerie son mouvement sur Saint-Pölten, écrivait au duc d'Istrie :

Loosdorf, ce 7 mai 1809.

Monseigneur,
Le 7ᵉ régiment de chasseurs, établi-comme vous l'avez ordonné, a poussé une reconnaissance en avant sur la route de Saint-Pölten. On a trouvé l'ennemi à trois quarts de lieue, me mande-t-on. Je présume qu'il attend la nuit pour se retirer. On le surveille et on suivra ses mouvements. J'aurai l'honneur de vous instruire de tout.

A droite et à gauche mes patrouilles n'ont rien vu.

Colbert.

LE GÉNÉRAL COLBERT AU DUC D'ISTRIE, A SAINT-PÖLTEN.

Salladorf, le 7 mai 1809.

Monseigneur,
Conformément aux ordres de S. M., je me suis porté à huit lieues sur la route de Vienne. Le 9ᵉ de hussards, en tête, est établi à une demi lieue de Sieghardskirchen.

A la nuit tombante, nous avons aperçu une queue de cavalerie; quand je m'en suis approché, elle a passé un petit pont, et mes tirailleurs ont été reçus par une mousqueterie assez forte. Il faisait nuit, j'avais fait huit fortes lieues depuis Saint-Pölten, j'ai fait bivouaquer. Il y avait un grand bivouac d'infanterie sur les hauteurs derrière Sieghardskirchen; comme depuis Sieghardskirchen jusqu'à Purchersdorf c'est un défilé de bois continuel, et que j'ai devant moi 8,000 ou 10,000 fantassins, j'attendrai vos ordres pour agir; cependant je ferai suivre l'ennemi, s'il est possible [1].

---

1. Le 7, dans la soirée, la division Saint-Hilaire était en position à une lieue en avant de Mölk. La division Espagne occupait, au sud de Mölk, Schalaburg, Rosenfeld, Matzleinsdorf et Gr.-Priel. La brigade de Piré longeait le Danube

Presque toute la cavalerie s'est portée sur Krems ; on dit que l'empereur d'Autriche y est.

COLBERT.

Le maréchal Masséna, qui s'était porté sur Amstetten avec son corps d'armée, recevait de l'Empereur la lettre qui suit :

Enns, 7 mai 1809, 10 heures du matin.

Envoyez un officier intelligent pour commander la place de Wallsee, avec un piquet de 60 chevaux, une compagnie de 80 à 100 hommes et une pièce de canon des troupes alliées. Vous lui recommanderez de surveiller la rive gauche du Danube, surtout d'être aux aguets sur la rive droite, pour que pas un seul bâtiment ne puisse passer, s'il n'est pour l'armée. 30,000 à 40,000 rations de pain et de biscuit partent de Linz et de Passau ; je leur donne l'ordre de mouiller à Wallsee et d'y prendre langue pour continuer leur route.

Vous ferez le même détachement pour Ips[1], où les bateaux prendront également langue. Les deux commandants correspondront entre eux et avec celui qui sera placé à

---

et rassemblait des bateaux ; elle devait communiquer avec la brigade Colbert. La brigade Jacquinot était en avant des cuirassiers, près du village de Mitterau. La division aux ordres du général Oudinot occupait Amstetten.

[1]. 4e CORPS D'ARMÉE, ORDRE.

A Amstetten, le 7 mai 1809.

Il est ordonné à Monsieur Labarthe, capitaine adjoint à l'état-major général du 4e corps d'armée, de se rendre à Ips avec un détachement de chevau-légers wurtembergeois, une compagnie d'infanterie hessoise et une pièce de canon de la brigade de la même nation, pour y commander la place.

Ce commandant a pour objet de surveiller les deux rives du Danube et particulièrement la rive droite, et d'être aux aguets pour empêcher tout bâtiment de passer, s'il n'est destiné pour l'armée.

M. le capitaine Labarthe étendra sa surveillance par sa droite jusqu'à Mölk, et par sa gauche jusqu'à Wallsee, et enverra journellement son rapport, à Monsieur le Maréchal, de tout ce qu'il apprendra de nouveau sur la rive opposée.

Les patrouilles des postes, par la droite et par la gauche, se croiseront pour se prêter un mutuel secours ; elles réuniront tous les bateaux qu'elles pourront

Mölk. Les patrouilles, sur la rive droite du Danube, se croiseront avec les différents postes et vous instruiront de tout ce qu'elles apprendraient de nouveau sur la rive opposée. Elles ne laisseront passer aucun bateau de commerce, s'il n'est destiné pour l'armée. Elles réuniront tous les bateaux qu'elles pourront rassembler, pour pouvoir jeter un pont sous Vienne au moment où on le demanderait.

Envoyez un rapport, tous les jours, sur ce qui se passera de Linz à Mölk et sur les mouvements du Danube. Ordonnez aux commandants de faire faire du pain et de vous l'envoyer.

NAPOLÉON.

(Arch. du prince d'Essling.)

Dans la soirée, le major général adressait au maréchal Masséna l'ordre de mettre son corps d'armée en mouvement, le lendemain 8, à la pointe du jour, « pour se rendre à Mölk, de faire rester en arrière de son corps les bagages, de manière qu'il n'y ait en avant que les troupes et leur artillerie ».

Les divisions Nansouty et Saint-Sulpice, qui s'étaient portées dans la journée sur Amstetten, recevaient l'ordre de continuer leur route le lendemain sur Mölk.

L'EMPEREUR AU DUC D'AUERSTAEDT, A LINZ.

Enns, 7 mai 1809, 10 heures du matin.

Mon Cousin, je pars à l'instant pour porter mon quartier général à Mölk, où je suppose qu'est arrivé le duc de Montebello. Le duc de Rivoli est à Amstetten, où sera aujour-

---

rassembler sur la rive droite et sous la protection du détachement, afin de pouvoir les utiliser au besoin.

Monsieur le commandant s'occupera de suite de l'organisation du service, et de faire fabriquer une grande quantité de pain qu'il fera parvenir au 4e corps.

Il est prévenu qu'un détachement d'égale force s'établit à Vallsee ; il entrera en relation avec le commandant, pour exercer une surveillance continuelle sur toute la ligne.

Le Chef d'état-major du 4e corps d'armée,
BEKER.

d'hui ma garde [1]. Le grand quartier général est à Strengberg. Envoyez aujourd'hui une division occuper Enns. Je
vous ai mandé de faire filer vos convois sur Ips, Wallsee et
Mölk. Dans chacun de ces endroits, il y aura un commandant français, de l'infanterie, de la cavalerie et de l'artillerie. J'ai nommé le général Puthod pour commander la
province de Linz. Traitez bien le général Vandamme et ne
vous disputez pas. L'empereur d'Autriche doit avoir dit il
y a peu de jours, à Amstetten, à la députation de Linz,
qu'il était certain que le général Hiller tiendrait trois jours;
ce qui me fait supposer qu'aujourd'hui 7, ou demain 8, le
prince Charles doit arriver sur Linz. S'il se présente en
force, je n'ai pas besoin de vous dire que vous devez brûler
le pont, et vous m'en rendrez compte; mais je suppose qu'il
se dirige sur Krems, où j'espère que vous arriverez avant
lui. J'espère avoir assez de bateaux pour jeter là un pont;
et peut-être me déciderai-je alors à manœuvrer sur les
deux rives. J'attends de vos nouvelles avec impatience. Tenez-vous prêt à partir à tout moment pour venir en deux
jours à Mölk [2]. Peut-être serait-ce une bonne précaution de
placer votre seconde division entre Ebersberg et Linz, de
manière que, recevant l'ordre de partir dans la nuit, vos
trois divisions puissent se mettre en marche à la fois. J'espère recevoir avant minuit de vos nouvelles [3].

NAPOLÉON.

---

1. LE MAJOR GÉNÉRAL AU GÉNÉRAL WALTHER.

Enns, le 7 mai, à 9 heures du matin.

L'Empereur, Monsieur le général Walther, ordonne que la division de tirailleurs et de fusiliers ainsi que les chevau-légers polonais partent sur le champ,
et avant la division Nansouty, pour se diriger sur Amstetten où ils prendront
leurs cantonnements sur la rivière. Quant à la vieille garde et à la cavalerie de
la garde, ce corps ne partira qu'après le départ de l'Empereur et se rendra ce
soir à Strengberg.

2. De Linz à Mölk, la distance était de 103 kilomètres.

3. Le major général écrivait également au maréchal Davout :

Enns, le 7 mai 1809, à 10 heures du matin.

L'Empereur, Monsieur le Duc, ordonne que vous fassiez filer aujourd'hui une
seule de vos divisions sur Enns, où elle couchera, et que le reste de votre corps
d'armée se tienne prêt à partir demain, pour se porter sur Krems. Il faut vous
préparer à faire filer avec vous beaucoup de bateaux, afin de pouvoir établir un
pont à Krems.

LE DUC D'AUERSTAEDT A L'EMPEREUR.

Linz, le 7 mai, à 1 heure de l'après-midi.

Sire,

J'ai reçu la lettre de V. M. du 6. Je vais faire partir, conformément à vos ordres, les 300,000 rations en trois convois ; ils seront dirigés sur Ips.

J'adresse à V. M. un rapport de Cham, du 4 mai[1], et un du général wurtembergeois qui est ici sur la rive gauche[2]. Il annonce que l'ennemi a été reconnu en avant de Gallneukirchen. Ces troupes sont sous les ordres du général Stutterheim, qui fait partie du corps de Klenau[3].

Il paraît que le prince Charles avait l'espérance de faire sa jonction à Linz ; il doit être encore bien en arrière.

J'espère que le pont sera praticable demain, je porterai de suite une forte avant-garde sur la route de Budweis, pour avoir des nouvelles positives.

J'en attends aussi d'un parti de 150 chevaux, commandé par

---

[1].   LE COLONEL DU 11ᵉ RÉGIMENT DE CHASSEURS AU MARÉCHAL DAVOUT.

Cham, le 4 mai 1809.

Monseigneur,

J'ai l'honneur de vous rendre compte que l'ennemi occupe Eschelkam avec 200 chasseurs du Loup et 100 chevau-légers de Klenau ; il occupe aussi les deux villages de Gross et Klein-Aigen. Il a un poste de 25 hommes d'infanterie et 15 hommes de cavalerie de Klenau sur la Chamb. Un paysan, qui arrive de Gross-Aigen, me rapporte que Neumarkt est également occupé par de l'infanterie et de la cavalerie, mais en petit nombre. Le même me rapporte aussi que l'ennemi s'est porté de Neumarkt sur Klencz, par Neugedein . . . . (Voir la note (1) faisant suite à la lettre du maréchal Davout à l'Empereur, du 2 mai, à 11 heures du matin.)

2.   RAPPORT AU GÉNÉRAL VANDAMME.

Mon Général,

D'après les rapports arrivés par mes patrouilles, il y a, entre Gallneukirchen et ici, un escadron de Vincent-Dragons, ci-devant Latour, et quelque infanterie du régiment de Lindenau.

Les prisonniers, que j'ai l'honneur d'envoyer à V. E., disent que le régiment de Vincent se trouve à Freystadt, à 6 lieues d'ici. Le général Stutterheim les commande, et il était proprement destiné à aller en partisan.

Cette infanterie de Lindenau n'est qu'en petit nombre et réunit des hommes épars.

HÜGEL.

3. « Le F. M. L. Klenau se trouvait entre Krumau et Unter-Hayd, avec 9 bataillons, 1 escadron et une batterie de 3 ; le général major Stutterheim à Freystadt, avec 2 régiments de cavalerie et une batterie à cheval ; ce dernier formait avant-garde jusqu'à Gallneukirchen. » (*L'Archiduc Charles comme général en chef et organisateur d'armée*, par le colonel von Angeli.)

le major Ameil qui, de Passau, s'est porté sur Wegscheid et Haslach.

Le général Richter, qui a été pris avant-hier à Linz, venait d'évacuer les baillages de Hoffkirchen et Neufelden.

J'envoie, à S. A. le major général, l'organisation que j'ai faite pour mettre l'ordre dans le pays, conformément aux instructions de V. M. Je mets dans chaque cercle une centaine d'hommes, pris parmi ceux qui sont trop fatigués pour faire un service actif. On en formera des colonnes mobiles qui serviront à rétablir l'ordre[1].

J'ai envoyé quelques centaines de paysans et des officiers, pour nettoyer Ebersberg et enterrer les cadavres qui s'y trouvent.

Je joins ici un rapport du commandant de Ratisbonne. Il pa-

---

1. LE DUC D'AUERSTAEDT AU MAJOR GÉNÉRAL.

Au quartier général de Linz, le 7 mai 1809.

Monseigneur,

J'ai l'honneur d'adresser à V. A. copie de la lettre, que j'ai fait écrire par mon chef d'état-major à la régence de la Haute Autriche, pour l'exécution des ordres de l'Empereur concernant l'organisation de cette province, et la mise sous le séquestre des caisses publiques et des magasins et effets appartenant au gouvernement autrichien ou à son armée.

J'aurais dû, pour remplir les intentions de S. M., nommer une commission administrative, mais, manquant absolument de renseignements sur les personnes dont j'aurais pu la composer, j'ai cru qu'il était plus simple de confirmer provisoirement la régence dans ses fonctions.

Je pense que, pour assurer une bonne police et une bonne administration, il serait convenable de nommer un gouverneur et un intendant de province, comme cela a été pratiqué dans les pays conquis pendant les dernières campagnes.

Je soumets cette idée à V. A., afin de la mettre à même de prendre les ordres de S. M. à cet égard, si elle le juge à propos.

Informé qu'il existe dans le pays beaucoup de traîneurs qui se livrent à toute espèce de désordre, je viens d'ordonner la formation de colonnes mobiles, composées des hommes fatigués du corps d'armée, pour rechercher et arrêter ces traîneurs, et livrer à des commissions militaires ceux qui seraient arrêtés en flagrant délit, comme pillards et assassins.

Ces colonnes mobiles concourront, avec les gardes bourgeoises des chefs-lieux de cercles, au maintien du bon ordre, et seront aidées par celles-ci pour l'arrestation des traîneurs.

Je prends des précautions pour que ces gardes bourgeoises ne mettent dans aucun cas l'esprit de passion à la place de celui de tranquillité et de bon ordre dont elles doivent être animées ; elles ne pourront jamais exercer leur action sur nos soldats, que sur la réquisition expresse du commandant du détachement français qui agira avec elles.

J'espère, d'après les précautions que j'ai prises, qu'elles ne pourront rendre que de bons services.

Les commandants des colonnes mobiles sont chargés de requérir les autorités locales, de faire abattre les armes autrichiennes partout où elles se trouveront, et de veiller à l'exécution de cette mesure dont je recommanderai aussi la surveillance au commandant de gendarmerie.

Le maréchal duc D'AUERSTAEDT.

raît que l'on n'avait pas encore, le 5, des nouvelles de l'armée du prince de Ponte-Corvo.

Duc d'Auerstaedt.

P.-S. — A l'instant le général Vandamme me communique le rapport ci-joint[1].

LE DUC D'AUERSTAEDT A L'EMPEREUR.

Linz, le 7 mai 1809, à 9 heures et demie du soir.

Sire,

J'ai l'honneur d'adresser à V. M. des rapports du major Ameil, qui me paraissent bien extraordinaires[2].

---

1. Ce rapport du général Hügel au général Vandamme faisait connaître que l'ennemi occupait, sur les routes conduisant en Bohême, Benfeld, Gallneukirchen et Freystadt.

2. RAPPORT DU MAJOR AMEIL.

Wegscheil, 6 mai 1809, à 4 heures du soir.

J'ai eu l'honneur d'écrire, ce matin, à V. E. pour lui faire connaître qu'un corps de landwehr qui occupait Wegscheid et Gottsdorf avait pris sa route vers Krumau. Cette milice, armée d'anciens fusils, avait avec elle deux compagnies de chasseurs forestiers non enrégimentés, mais armés de carabines et servant de bonne volonté. Le général major Richter commande ce rassemblement. Il semble que le mouvement a eu lieu sur la nouvelle des progrès de l'armée française sur la Traun, et sur le mécontentement qui existait parmi ces volontaires ; on avait déjà eu beaucoup de peine à les faire sortir de la Bohême.

Il n'y a plus de doute que l'archiduc ne soit encore en Bohême. Il semble vouloir s'y tenir comme dans une forteresse. Tous les débouchés sont défendus par des abatis, des coupures. Le peuple est en armes, et l'armée de ligne très nombreuse.

Vinterberg est désigné comme un des principaux points de rassemblement et celui auquel l'ennemi tient le plus.

Des voituriers venus de Steyeregg déclarent qu'il n'y a pas un Autrichien dans l'Ober-Muhl Viertel et l'Unter-Muhl Viertel, que l'ennemi s'en tient absolument à défendre la frontière de Bohême. Je ne peux garantir ce rapport, mais il est certain que, loin de le contredire, tout semble le confirmer, et rien du tout n'annonce qu'il ait été fait un mouvement sur Linz. Cependant, il y en a eu un sur Budweis.

Je suis à Wegscheid et je me porte sur Aigen et Haslach.

J'ai des émissaires en route ; je les attends, et sûrement j'aurai des nouvelles exactes. Cette nuit, je prendrai trois ou quatre messieurs qui sûrement arriveront à V. E., le 7 au soir.

Quoique je sois certain qu'il n'y ait rien à la tête du pont de Linz, je ne peux pas prendre sur moi de m'y rendre pour établir une nouvelle communication. Je crois que cela serait jouer trop gros jeu. Il ne peut en résulter aucun avantage marquant, et je m'exposerais à être acculé au Danube sans aucune retraite n espoir de secours. (Le major Ameil ignorait que le pont sur le Danube était rétabli, et que le général Vandamme occupait la rive gauche.)

Voici les nouvelles qu'on répand dans l'armée autrichienne :

L'archiduc a battu complètement les Français ; il se tient en Bohême et

La conduite de l'archiduc Charles ne peut s'expliquer, il a l'air de se barricader en Bohême. Suivant les rapports du colonel du 11e de chasseurs qui est à Cham, il y a un corps à Klattau. Il y en a, ce qui au reste est dans l'ordre, vis-à-vis Linz.

Les reconnaissances du général Vandamme ont ont reconnu, ce matin, entre Ottensheim et Helmonsöd et près de Gallneukirchen.

Le général Vandamme y a envoyé, ce soir, un régiment de cavalerie de 5oo à 6oo chevaux, et 1,ooo à 1,2oo hommes d'infanterie sur Freystadt, pour avoir des nouvelles et pour reconnaître les forces de l'ennemi.

Tantôt, l'avant-garde de cette colonne avait rencontré l'ennemi à une lieue et demie en avant de Gallneukirchen; l'ennemi ne paraissait pas tenir.

J'ai reçu la lettre de V. M. qui m'ordonne d'envoyer ma division à Enns; elle doit y être arrivée maintenant.

Le général Montbrun s'est porté avec sa cavalerie entre Enns et Linz.

Je n'ai fait faire aucun mouvement aux divisions Morand et Friant, en raison des rapports qui peuvent faire supposer l'archiduc Charles aux environs de Linz, et d'ailleurs la division Friant aurait bientôt rejoint la division Gudin, puisqu'on marche sur une seule route.

En cas d'événement, vos ordres seront exécutés et le pont serait brûlé après avoir retiré les troupes qui sont sur la rive gauche, mais il n'y a pas d'apparence qu'on soit obligé d'en venir à cette extrémité.

. . . .

Duc d'Auerstaedt.

LE MAJOR GÉNÉRAL A M. DARU.

Enns, le 7 mai 18o9, 1o heures du matin.

L'Empereur, Monsieur l'Intendant général, ordonne que vous fassiez marcher avec M. Joinville 8o boulangers, et que vous envoyiez les 8o autres à l'avant-garde du duc d'Istrie.

---

laisse les Français entre lui et les Russes qui se sont déclarés contre la France. 3oo,ooo insurgés hongrois viennent au secours de la monarchie autrichienne.

Signé : Ameil.

Dans un second rapport transmis à l'Empereur par le même courrier, le major Ameil adresse au maréchal Davout les renseignements suivants :

« Deux mille hommes de troupes réglées et un général occupent, dans une forêt, un camp sur la rive gauche de la Moldau, à Oberplan.

« Il y a trois routes qui conduisent de Wegscheid en Bohême : une grande route qui mène à Krumau, elle est défendue par des abatis et on y fait des retranchements, elle passe par Aigen ; une traverse qui passe par Glashütten ; une seconde traverse par Ubrichsberg à Glöckelberg. »

Faites partir également les 60 constructeurs de fours pour l'avant-garde. Donnez vos ordres pour faire fabriquer du pain, du biscuit, et réunir beaucoup de blé et de farine à Enns, qui est le point principal de dépôt des subsistances, d'où on les fera facilement filer sur Mölk et Krems où vraisemblablement nous prendrons position. Vous pouvez tirer des magasins de Wels, de Biberach et Linz [1].

La lettre du maréchal Bessières datée de Mölk, le 7 à midi, ainsi que les renseignements qui lui étaient adressés par le général Colbert, devaient créer quelque incertitude dans l'esprit de l'Empereur quant à la direction suivie par le général Hiller [2].

Arrivé à Saint-Pölten, le 8 avant midi, et désireux d'être promptement renseigné, l'Empereur envoyait

---

1. De son côté, le maréchal Davout faisait rechercher toutes les denrées nécessaires à l'armée, sur les territoires traversés par la ligne d'opérations. Le 7 mai, il écrivait de Linz à l'Empereur :

Sire,

J'ai l'honneur d'adresser à V. M. un rapport sur des magasins de grains que les Autrichiens paraissent avoir fait établir, pour leur compte, dans différentes villes de Bavière situées sur le Danube, depuis Ulm jusqu'à Passau.

Je donne provisoirement l'ordre au général Dupas de faire faire à Passau la recherche de ces dépôts de grains, et de faire verser ce qui s'y trouvera dans les magasins de l'armée, sauf à décider s'ils sont propriétés de l'ennemi ou des particuliers.

Duc d'AUERSTAEDT.

2. D'après les Mémoires du général baron de Marbot (tome II, page 149), cet officier, alors capitaine aide de camp du maréchal Lannes, fut envoyé en reconnaissance sur la rive gauche du Danube, afin de faire quelques prisonniers. Le but de cette expédition était de faire connaître à l'Empereur si le corps du général Hiller avait effectué son passage sur la rive gauche. Cette reconnaissance du capitaine Marbot, exécutée dans la nuit du 7 au 8, aurait fait considérer comme une certitude la présence d'Hiller de l'autre côté du fleuve.

D'après l'ouvrage du colonel von Angeli sur l'archiduc Charles, auquel nous aurons fréquemment à en référer, le passage du corps du général Hiller sur la rive gauche du Danube eut lieu le 8 mai, de 4 heures du matin à midi.

Le lieutenant-général Pellet, dans ses Mémoires sur la campagne de 1809, publiés en 1824, citant la pointe hardie du capitaine Marbot, écrit : « L'Empereur, en examinant avec le maréchal Lannes un camp assez considérable de troupes autrichiennes sur la rive gauche du Danube, témoignait un vif désir de savoir à quel corps appartenaient ces troupes et si elles venaient de Bohème avec l'archiduc. » C'est ce que paraît confirmer le général de Ségur dans *Histoire et Mémoires,* lorsque, parlant des prisonniers enlevés par le capitaine Marbot, il écrit : « ... il apprit d'eux le mouvement sur Vienne de l'archiduc Charles, alors il s'était encore plus hâté de le devancer. »

aussitôt un de ses aides de camp, le général Savary, avec 150 chevaux du régiment de Wurtemberg, en reconnaissance sur Mautern.

Le général Bruyère recevait l'ordre de garder le flanc droit de l'armée sur la route de Bruck.

LE DUC DE ROVIGO A L'EMPEREUR.

Zäcking, à une grosse lieue de Saint-Pölten, à 2 heures (de l'après-midi sans doute), le 8 mai 1809.

Sire,

Je viens d'arriver ici avec la brigade Piré. Des déserteurs m'apprennent que la dernière cavalerie ennemie a passé cette nuit, et ils croient qu'on a brûlé le pont de Krems, ce matin à 9 heures, mais ils le croient seulement et n'en savent pas davantage.

Je trouve ici le régisseur d'un château, qui est parti de Vienne hier à 3 heures après midi, et qui est arrivé chez lui à 7 heures du matin. Il a rencontré en chemin la colonne qui s'est retirée de Saint-Pölten sur Vienne ; il a trouvé la tête à Purkersdorf, hier à 5 heures du soir, il l'estime de 15,000 hommes de troupes régulières ; il y avait un régiment de hussards.

Il dit que l'empereur est du côté de Budweis, l'impératrice à Offen, en Hongrie.

Il dit qu'il y a 10 à 12 bataillons de landwehr dans Vienne, que l'on place les canons de l'arsenal sur les remparts, et que l'on construit des redoutes en avant du faubourg. Il ajoute que l'on veut se défendre dans la ville.

Il dit que les Russes et les Polonais sont partis de Vienne, et que l'on disait que les Russes avaient commencé à attaquer.

Cependant, on attendait l'armée de V. M. avant jeudi.

M. de Montesquiou arrive et annonce la division Espagne.

Je vais aller moi-même jusqu'à Krems, afin de pouvoir venir rendre compte à V. M. de ce que j'aurai vu et appris.

La division Espagne sera bien ménagée, s'il ne se trouve rien en avant de Krems, parce que je lui ferai dire ou de s'arrêter ou de suivre.

Le porteur de ma lettre est M. de Montesquiou, que je renvoie conduire un parlementaire qui arrive à l'instant, et qui m'apprend que l'avant-garde ennemie est à Stein de l'autre côté, et que nos avant-postes sont en présence.

SAVARY.

LE GÉNÉRAL COLBERT AU MAJOR GÉNÉRAL.

A une demi-lieue en avant de Siegardskirchen, ce 8 mai 1809.

Monseigneur,

J'attends à l'entrée du bois, une demi-lieue en avant de Siegards-kirchen, les ordres de M. le général Oudinot. J'ai envoyé à Traismauer pour reconnaître le général Jacquinot, et à Tulln pour tâcher de ramasser des barques..

Il n'y avait ni hommes, ni chevaux, ni lettres à la poste. Tout a fui à Vienne ou dans les bois. Le curé seul est resté. Il a entendu lire la proclamation ; elle est signée du prince Maximilien. Il engage les Viennois à défendre leurs foyers et à être fidèles à leur prince et à leur patrie.

L'empereur d'Autriche est, dit-on, à Krems. Il paraît que personne ne croit à l'arrivée de la masse de Hongrie.

Malgré les proclamations, plusieurs personnes assurent que la bourgeoisie est mécontente.

On ne parle pas d'autre ouvrage, que d'une ligne formée en avant de Vienne par un fossé appelé Linie, et qu'ils veulent, dit-on, défendre.

J'ai commandé du pain, mais dans tous les villages il n'y a guère que le curé et un ou deux paysans, et je crois qu'on n'en aura rien.

COLBERT.

P.-S. — Il y a une montagne fortifiée appelée *Spinnerin am Kreutz* près de Schönbrunn.

LE DUC DE ROVIGO A L'EMPEREUR.

A l'abbaye de Göttweig, le 8 mai 1809, à 7 heures et demie du soir.

Sire,

Le maréchal Bessières vient de mettre son quartier général ici, après avoir passé l'après-midi devant Mautern. J'ai vu des postes de cavalerie en avant de la ville, on les a poussés jusqu'à la porte, mais on n'a pas pu aller plus loin, parce que les ennemis ont fait sortir de l'infanterie au nombre de 400 ou 500 hommes qu'ils ont jetés dans les jardins et qu'ils protégeaient de l'autre rive. La porte s'est fermée aussitôt.

Des fenêtres de ce couvent on voit le Danube et le pont, comme on verrait du couvent de Mölk celui qui serait construit sur le Danube à ce point. Il n'est pas encore brûlé, mais tout est préparé pour l'incendier.

L'infanterie, que le maréchal Bessières attend, est encore à 2 lieues d'ici et ne pourra être à la porte de Mautern qu'à 9 heures et demie, même 10 heures du soir, encore ne sera-ce que le bataillon de voltigeurs d'avant-garde [1].

---

1. Le bataillon de voltigeurs de la division Saint-Hilaire avait été établi à Loosdorf, pendant la nuit du 7 au 8 ; cette localité était à 46 kilomètres de Mautern.

Les paysans du voisinage, qui ont quitté Mautern à midi, disent qu'ils y ont laissé 2,000 hommes pour défendre le pont, et que néanmoins ils ont fait des dispositions pour le brûler.

Les moines d'ici, parmi lesquels un parle français, m'assurent que, toute la matinée, l'armée n'a fait que passer de l'autre côté du Danube, et qu'ils l'ont vue prendre la route de Budweis, et beaucoup de troupes aussi celle de Vienne. On voit maintenant très peu de feux de bivouac sur la rive gauche, que je découvre et domine dans une longueur de plus de deux lieues. Je regarderai encore dans la nuit si le nombre en augmente et si le pont brûle, et en rendrai compte sur-le-champ.

Je crois que si l'on attaque Mautern, ils se retireront de suite, et qu'ils ne veulent que nous y attirer pour gagner une marche sur Vienne. Et voici sur quoi se fonde cette opinion.

Toute la rive gauche, depuis au-dessus de Mautern Stein et jusqu'au-dessous de Krems, est une croupe de montagne élevée, taillée presque à pic, en terrasses de vignobles jusqu'au bord de la route, qui seule sépare cette montagne du Danube. A la vérité, de toutes les terrasses ils peuvent défendre le pont encore mieux qu'à Ebersberg, et ils ont Mautern sur cette rive, qui leur servirait de tête de pont s'ils voulaient déboucher. Mais, de notre côté, la position est si belle et la pente jusqu'au Danube si douce et si propre à tout ce que l'on veut, que de tous les points on peut foudroyer Mautern avant que l'ennemi ait eu le temps de déployer une seule division. De plus, la vallée de notre côté est tellement disposée, que nous pourrions avec beaucoup moins de monde leur faire un grand mal, et maltraiter avec le canon tout ce qu'ils auraient sur la route de la rive gauche, qui est la seule place où ils pourraient placer les troupes qui devraient déboucher, si tels étaient leurs projets. Mais je crois pouvoir assurer, qu'il serait insensé de prétendre sortir d'un poste comme Mautern pour venir livrer bataille à une armée si près du point de débouché. Il aurait au moins fallu, avant, occuper fortement les gorges qui mènent à Mautern, par lesquelles nous avons passé, et qui présentent nombre de ressources pour leur défense, en ce qu'elles sont étranglées parfois et offrent de petites positions de temps à autre.

Je crois donc qu'il faudrait n'attaquer Mautern que pour faire prendre aux ennemis leur parti, mais je ne crois pas raisonnable de supposer qu'ils ont le projet de déboucher par là. Je croirais plutôt qu'ils vont à Vienne, parce que s'ils ont l'intention de livrer bataille, il n'y a pas de comparaison entre les avantages qu'ils ont sur ce point-là et ceux qu'ils pourraient rencontrer ici. D'ailleurs, on ne voit pas dix feux de l'autre côté.

Tout s'accorde à dire que l'archiduc Charles doit être le 10 à Vienne; il était à Budweis il y a quatre jours. L'empereur a passé à Krems samedi dernier, allant rejoindre l'armée.

Je resterai ici jusqu'à demain au jour, pour voir ce que deviendra le pont ou ce que produira la journée, si on l'attaque à la petite pointe du jour comme je suppose qu'on le fera, s'ils ne le brûlent pas.

Le duc DE ROVIGO.

Il est 9 heures, il paraît beaucoup de feux à la rive gauche et particulièrement sur la route de Vienne.

Krems, Stein et Mautern sont fortement occupés et ils viennent de faire sortir un peu d'infanterie.

Il y a aussi un gros bivouac sur la route de Budweis.

Si les ennemis ne brûlent pas le pont cette nuit, le bataillon de voltigeurs qui est ici n'est point suffisant pour les y forcer.

ORDRE AU GÉNÉRAL BRUYÈRE [1].

Saint-Pölten, le 8 mai 1809, 5 heures du soir.

De Saint-Pölten à Traisen il y a six lieues, et à Traisen il y a une route qui conduit à Vienne par Altenmarkt; cette route a douze lieues jusqu'à Günselsdorf, point d'intersection du grand chemin de Leoben à Vienne; Günselsdorf est à huit lieues de Vienne. Il serait donc convenable, Monsieur le général Bruyère, d'envoyer des partis sur cette route, et de prendre les lettres de la poste à Traisen, Altenmarkt et Günselsdorf, et d'avoir sur cette direction des nouvelles, indépendamment de celles qu'on pourra avoir sur la route de Traisen à Türnitz. De Traisen à moitié chemin de Türnitz, c'est encore plaine. Enfin, faites-nous passer les nouvelles que vous pourrez recueillir sur les deux routes.

LE GÉNÉRAL BRUYÈRE AU MAJOR GÉNÉRAL.

Lilienfeld, le 8 mai 1809.

Monseigneur,

Ainsi que me l'a ordonné S. M., je me suis rendu ici avec ma brigade, et, d'après tous les renseignements que j'ai pu me procurer, 1,000 hommes d'infanterie et 200 hussards ont passé ici ce matin, venant du côté de Salzburg et se dirigeant sur Vienne par Neustadt. J'ai placé à Traisen, où aboutit cette route, 100 hommes qui sont chargés de pousser des reconnaissances sur Neustadt.

Mon avant-garde a trouvé, à son arrivée ici, 100 hommes de landwehr, mais à son approche ils ont tous jeté leurs fusils et se sont sauvés dans les montagnes. On n'a pu en prendre que dix.

J'ai commandé 3,000 rations de pain à Wilhelmsburg. Je vais en faire autant ici, et tout sera porté à Saint-Pölten.

M. le chef d'escadron Flahaut continue sa reconnaissance sur Mariazell [2]; aussitôt qu'il m'aura fait passer des renseignements, j'aurai l'honneur de vous les transmettre.

BRUYÈRE.

---

1. Cette reconnaissance était ordonnée au général Bruyère par l'Empereur.

2. Le chef d'escadron de Flahaut, aide de camp du major général, avec 100 chevaux de la brigade Bruyère, avait été envoyé par l'Empereur en reconnaissance sur Mariazell.

Le 8, le 4ᵉ corps quittait Amstetten, à 5 heures du matin, et se portait sur Mölk précédé de la division Marulaz[1]. Les divisions de cuirassiers Nansouty et Saint-Sulpice se dirigeaient également sur Mölk.

LE MAJOR GÉNÉRAL AU GÉNÉRAL WALTHER.

Mölk, le 8 mai 1809.

L'intention de l'Empereur, Monsieur le général Walther, est que tout ce qui compose sa garde à pied et à cheval qui se trouve à Amstetten et à Strengberg, en parte de suite, pour se rendre à Neumarkt sur l'Ips où elle recevra de nouveaux ordres[2].

LE DUC D'AUERSTAEDT A L'EMPEREUR.

Linz, le 8 mai 1809, à 4 heures du soir.

Sire,

Je n'ai pas reçu de rapport du major Ameil, ni du côté de Passau, depuis la lettre que j'ai écrite à V. M. hier au soir.

Les fortes reconnaissances, que le général Vandamme a fait pousser sur Neumarkt, ayant donné des inquiétudes à l'ennemi, celui-ci s'est retiré à Freystadt. Ce matin, on n'a aperçu que quelques escadrons ennemis, mais point d'infanterie ; cependant il y en a.

Les déserteurs et prisonniers que j'ai fait interroger sont des régiments de Lindenau, Klebeck et Jordis ; ils ne paraissent pas faire partie des bataillons de guerre, mais des compagnies de réserve.

Je suis très tranquille sur Linz. Il faudrait beaucoup de temps à l'ennemi, pour faire les dispositions nécessaires pour rejeter nos troupes sur la rive droite ; d'ailleurs, toutes les dispositions

---

1. Le 4ᵉ corps s'établit autour de Mölk. « La division Marulaz se dirigea sur Mölk qu'elle traversa sans s'arrêter. Elle reçut ordre de l'Empereur de presser sa marche et d'arriver à Saint-Pölten, où elle bivouaqua à une lieue en arrière de cette ville. » (*Journal historique de la division Marulaz.*)

2. Le 8, dans la soirée, la garde impériale était ainsi disposée : A Neumarkt, la brigade de tirailleurs, la brigade de fusiliers, 8 bouches à feu et 300 chevau-légers polonais ;

A Ips, les chasseurs à pied, grenadiers à pied, dragons, grenadiers à cheval ;

A Saint-Pölten, 350 chasseurs à cheval, 90 chevau-légers polonais.

sont prises pour, si cet événement arrivait, incendier le pont qui
sera fini ce soir[1].

Duc d'Auerstaedt.

LE DUC D'AUERSTAEDT A L'EMPEREUR.

Linz, le 8 mai 1809, à 10 heures du soir.

Sire,

J'ai l'honneur d'adresser à V. M. un rapport du major Ameil,
du 7 mai à 10 heures du matin, et les déclarations que lui ont
faites quelques baillis qu'il a enlevés[2].

---

1. A la même heure, le maréchal Davout écrivait au major général :
Monseigneur,

Je reçois à l'instant la lettre de V. A. du 7 mai, et je donne de suite les
ordres pour le mouvement des deux divisions qui doivent se porter sur Mölk.
Il eût été à désirer, que V. A. eût adressé directement des ordres à la division
qui est à Enns ; cela eût fait gagner beaucoup de temps.

Le général Gudin sera, ce soir, à Amstetten avec sa division ; demain, il sera
de sa personne à Mölk, et sa division s'en approchera le plus possible.

Le général Friant sera, ce soir, de sa personne, à Strengberg, et sa division en
approchera le plus possible. Demain, il continuera sa route sur Mölk.

La division Montbrun sera, ce soir, en arrière de la division Gudin, et demain,
elle suivra son mouvement sur Mölk.

Duc d'Auerstaedt.

P.-S. — Je reste à Linz, en attendant des nouvelles, et pour savoir au juste
ce que fait l'archiduc Charles. Je serai promptement rendu à Mölk, dans le cas
où les ordres de S. M. m'y appelleraient.

2.   LE MAJOR AMEIL AU DUC D'AUERSTAEDT.
Wegscheid, 7 mai 1809, à 10 heures du matin.
Monseigneur,

Je suis parti de Wegscheid, hier soir, me dirigeant par divers détachements
sur Aigen, Peilstein, Rohrbach et Haslach. Trois bourgmestres ou baillis ont
été enlevés ; je les adresse à M. le général Dupas en le priant de vous les faire
expédier. Je joins ici un rapport contenant ce que j'en ai pu tirer. Je conjecture, d'après tout ce que j'ai appris depuis quelques jours, que l'archiduc a
confié aux landwehr la défense de la frontière pour couvrir la réorganisation
de l'armée de ligne. Une armée nombreuse occupe la Bohème, et un corps d'environ 40,000 ou 50,000 hommes est réuni sur la Moldau, entre Budweis et Krumau,
pour couvrir la Bohème d'une invasion qui serait tentée par Znaim et Zlabings,
et pour agir offensivement si l'occasion s'en présentait.

L'armée ennemie éprouve de grandes difficultés pour subsister. Les landwehr
souffrent, se plaignent et se désorganisent.

Mon apparition successive vers Zwiesel, Grafenau, Aigen, Haslach a mis
toute la frontière en alerte, et je ne doute pas qu'il va sortir quelque parti.

Je pars d'ici à 4 heures du soir, une partie de mon monde ira par Grainet
donner une alerte au débouché de Prachatitz, et reviendra par Freyung ; une

Ce rapport et ces déclarations confirment que l'archiduc Charles n'a pas quitté la Bohême et que ses troupes sont restées[1].

Conformément aux ordres que m'a transmis le major général, la division Gudin qui était à Enns s'est portée aujourd'hui sur Amstetten, demain elle sera à Mölk.

La division Montbrun suit le mouvement de celle du général Gudin

La division Friant s'est portée aujourd'hui sur Strengberg et, demain, elle s'approchera autant que possible de Mölk.

Je reste ici avec la division Morand, mais j'ai pris la précaution d'envoyer en avant mes chevaux, de manière qu'en cas d'événement je pourrais être rendu à Mölk en peu d'heures.

Le pont est terminé. On travaille avec activité à la tête de pont, qui consistera en une première ligne d'abatis et de maisons crénelées.

Une seconde ligne de retranchements, et une troisième ligne de murs et de maisons crénelés.

Pour peu qu'il y ait d'intelligence dans la défense, l'ennemi ne parviendrait à forcer cette tête de pont qu'avec une perte énorme et sans aucun résultat ; le pont serait brûlé, et nous aurions sur cette rive une grande quantité de bateaux qui nous mettraient à même de repasser à volonté.

Il manque de l'artillerie pour armer cette tête de pont.

Il existe aussi, à Straubing, une tête de pont commencée par le général de Wrède et à laquelle j'ai fait beaucoup travailler ; elle est dans un bon état de défense, mais il n'y a personne pour la garder.

Le prince de Ponte-Corvo ayant ordre de se rendre à Passau, il est vraisemblable que, s'il n'a pas des ordres particuliers à cet égard, il ne laissera personne à Straubing.

Je joins ici un rapport du bailli de Wegscheid.

Je rappelle aussi à V. M. que j'ai donné ordre aux postes que j'avais à Cham de rejoindre le corps d'armée. J'en ai prévenu le

---

autre se portera par Gottsdorf sur Hofkirchen, et tâchera de se lier à Urfahr devant Linz.

Ce qui sera fatigué ira à Strasskirchen, entre Passau et Freyung. Je prie V. E. de m'adresser de nouvelles instructions à Strasskirchen.

Major AMEIL.

Dans des renseignements complémentaires qu'il adressait au maréchal Davout, le major Ameil faisait connaître que la présence récente de l'archiduc Charles avait été signalée à Budweis, puis à Kaplitz. « Tout annonce, concluait le major Ameil, que l'armée de Bohême fera un grand mouvement vers la Moravie. »

1. L'archiduc Charles, dont l'armée avait séjourné deux jours autour de Budweis, avait quitté cette ville, le 7, se dirigeant sur Zwettel.

prince de Ponte-Corvo, mais il est à craindre que S. A. ne les fasse pas remplacer, et alors les Autrichiens pourront facilement jeter des partis dans tout le Haut-Palatinat.

                                        Duc d'Auerstaedt.

Je joins ici le résumé des interrogatoires, que j'ai fait subir aux trois baillis que m'a envoyés le major Ameil.

LE DUC DE DANZIG A L'EMPEREUR.

Salzburg, ce 8 mai 1809, à 11 heures du soir.

Sire,

J'ai l'honneur de rendre compte à V. M. que l'ennemi, qui n'avait laissé aucune troupe sur la route de Saint-Gilgen à Ischl, a envoyé hier quelques centaines d'hommes sur cette route; il occupe Saint-Gilgen. J'ai envoyé un peu d'infanterie avec le piquet qui observait cette route.

D'après les ordres de V. M., je vais me rendre moi-même à Kufstein. J'ai donné ordre au général de Wrède, dès hier, de venir ici avec sa division [1]; elle y arrivera demain, je la dirigerai sur Kufstein par la route de Lofers, tandis que la division du général Deroy marchera sur ce point par la route de Rosenheim; elles opéreront leur jonction à Wörgl. J'ai écrit, hier, au général Deroy, de suspendre son attaque jusqu'au 12. J'espère que, pour cette fois, Kufstein sera débloqué.

Je me suis déterminé à faire marcher la division de Wrède

---

1.   LE GÉNÉRAL DROUET AU GÉNÉRAL DE WRÈDE.
                                Salzburg, le 7 mai 1809, au soir.

Monsieur le Général,

L'intention de M. le Maréchal est que vous vous rendiez avec votre division à Strasswalchen, et après-demain à Salzburg, d'aussi bonne heure que possible. Vous disposerez d'un régiment de cavalerie, ainsi que le prince major général vous l'a ordonné.

                                Le chef d'état-major général,
                                        Drouet.

        LE GÉNÉRAL DE WRÈDE AU MAJOR GÉNÉRAL.
                                Strasswalchen, le 8 mai 1809.

Monseigneur,

J'ai l'honneur de rendre compte à V. A. que, d'après ses ordres expédiés d'Enns, le 5, et que j'ai reçus hier à midi, je me suis rendu ici avec ma division, à l'exception du 2e de chevau-légers dont j'ai laissé, sous les ordres du général de brigade comte de Preysing, 2 escadrons à Lambach, un à Schwannstadt et un à Gmunden, pour pousser le plus loin possible des partis sur les derrières du Tyrol et dans la Styrie, et que j'ai envoyé par un courrier copie de l'ordre de V. A. à M. le maréchal duc de Danzig, pour le prévenir que ma division a été mise à sa disposition.

. . . .

                                                WRÈDE.

sur Kufstein, parce que, d'abord, ce mouvement se fera deux
jours plus tôt, attendu qu'il m'aurait fallu au moins ce temps
pour faire relever les troupes de la 1ʳᵉ division qui sont sur la
Lammer; ensuite, parce que l'ennemi ne s'apercevra d'aucun mouvement de troupes. C'est donc la première division qui restera
à Salzburg; elle portera sa cavalerie sur Strasswalchen, pour
communiquer avec celle que le général de Wrède aura laissée à
Lambach.

V. M. peut être tranquille sur Salzburg; la partie de la ville
qui se trouve sur la rive gauche de la Salza est à l'abri d'un coup
de main; bientôt il en sera de même de l'autre partie, et le château est suffisamment approvisionné. D'ailleurs, selon toutes les
apparences, je dois croire l'ennemi sur la défensive.

Le général Chasteler est définitivement à Innsbruck. V. M.
trouvera, ci-jointe, une proclamation qu'il a faite aux habitants de
Salzburg, datée du 4 mai. J'y ai joint la traduction.

Mes troupes occupent toujours la même position sur la Lammer
et devant le Lueg-pass. J'ai la certitude que le général Jellachich avait, hier, son quartier général à Radstadt.

Duc de Danzig.

La lettre du général Savary, expédiée de Gottweig,
le 8, à 7 heures et demie du soir (cette lettre devait
parvenir à destination avant minuit), renseignait définitivement l'Empereur sur le passage du général Hiller
sur la rive gauche du Danube. L'Empereur apprenait
également, par le général Colbert, qu'une division de
l'armée autrichienne se retirait directement sur Vienne.
Aussi, le 9 mai, à 6 heures du matin, le major général
écrivait-il au roi de Bavière :

« Nous avons poursuivi, hier, le général Hiller et l'archiduc Louis qui, avec les débris de son armée, a repassé le Danube à Krems, dans l'intention de se réunir
au reste du corps que commande l'archiduc Charles.
Environ 10,000 hommes se sont retirés sur Vienne; le
général Colbert et le général Oudinot, qui les poursui-
vent, ne sont plus en ce moment qu'à quatre lieues de
Vienne.

« Le général Bruyère, avec un corps de cavalerie, se porte sur la route de Bruck pour menacer les derrières de l'armée qui est en Italie [1]. »

L'EMPEREUR AU DUC D'ISTRIE.

Saint-Pölten, 9 mai 1809, 2 heures du matin.

Mon Cousin, quelques coups de canon de la batterie des cuirassiers [2] auraient pu décider, hier, l'ennemi à évacuer Mautern. Le général Saint-Hilaire part pour s'y rendre, à 3 heures du matin. Il faut obliger l'ennemi à brûler son pont et s'emparer de Mautern. Si l'ennemi avait brûlé le pont et évacué, il sera bien d'arrêter la marche de la division Saint-Hilaire, afin de ne pas fatiguer la troupe. Un bataillon ou deux suffiront pour occuper Mautern. Envoyez la brigade Jacquinot à Traismauer ; elle veillera sur la rive du Danube jusqu'à Tulln, elle fera faire du pain dans tous ces endroits et le dirigera aussitôt sur Saint-Pölten. Elle ramassera les bateaux qu'elle pourra trouver, et se mettra en communication avec le général Colbert qui est ce soir à Sieghardskirchen [3].

---

1. Le 1er mai, l'Empereur écrivait au prince Eugène : « Je ne doute pas que l'ennemi ne se soit retiré devant vous ; il faut le poursuivre vivement en venant me joindre le plus tôt possible par la Carinthie. La jonction avec mon armée pourra se faire au delà de Bruck. Il est probable que je serai à Vienne du 10 au 15 mai. »

2. La batterie de la division Espagne avait été mise, la veille, à la disposition du maréchal Bessières.

3. Un peu plus tard, de nouveaux ordres étaient transmis au maréchal Bessières par le major général :

Saint-Pölten, le 9 mai 1809.

L'Empereur ordonne, Monsieur le Duc, que vous vous rendiez avec les cuirassiers Espagne et la brigade Jacquinot sur Diendorf; de là, selon les nouvelles que vous recevrez du général Colbert, vous vous dirigerez sur Sieghardskirchen. S. M. me charge de vous recommander de laisser à Mautern la valeur d'un escadron de cavalerie, indépendamment du bataillon de voltigeurs et de deux pièces d'artillerie de la division Espagne, et de reconnaître si l'ennemi a beaucoup de bâtiments et s'il a laissé des forces ; dans ce cas, il faut brûler le pont. Si, au contraire, l'ennemi avait abandonné l'autre rive, il faudrait se contenter

LE MAJOR GÉNÉRAL AU DUC DE MONTEBELLO.

Saint-Pölten, le 9 mai 1809, à 2 heures trois quarts du matin.

L'intention de l'Empereur, Monsieur le Duc, est que vous donniez l'ordre au général Saint-Hilaire de partir à 4 heures du matin, avec sa 1re brigade, pour se rendre en toute diligence sur Mautern, afin de forcer l'ennemi à évacuer totalement la rive droite du Danube et à brûler son pont. La 2e brigade du général Saint-Hilaire partira à 5 heures du matin, avec le parc de la division, pour suivre la route de Mautern, et elle restera entre le village de Wolbling et Absdorf. Si le général Saint-Hilaire, qui marche avec sa 1re brigade, croit avec elle pouvoir chasser l'ennemi de Mautern, il le fera; sans quoi il se fera appuyer par sa 2e brigade. Il emmènera avec sa 1re brigade son artillerie et surtout ses pièces de 12, et il trouvera près de Mautern, 6 pièces de canon de la division de cavalerie du général Espagne, dont il se servira[1].

D'après toutes les nouvelles, il paraît que les bataillons de voltigeurs qui sont avec le duc d'Istrie sont insuffisants pour forcer Mautern; il serait important, Monsieur le Duc, que cette opération puisse être faite avant midi. L'Empereur désire que vous fassiez placer un poste de cavalerie légère à mi-chemin d'ici à Mautern, afin d'avoir promptement des nouvelles.

L'intention de l'Empereur, Monsieur le Duc, est encore que vous donniez l'ordre au général Oudinot de partir aujourd'hui, avant 4 heures du matin[2], avec six pièces de canon et la 1re brigade des trois du général Tharreau, pour tâcher avec les volti-geurs de forcer l'infanterie ennemie, qui paraît tenir dans le dé-

---

d'enlever deux travées de notre côté, de manière que l'ennemi, en le raccommodant de son côté, ne pût passer le pont.

En exécution de ces ordres, la brigade Jacquinot était dirigée sur Diendorf, et la division Espagne entre Herzogenburg et Perschling.

La brigade de Piré recevait l'ordre de laisser un escadron à Mautern, de s'établir à Traismauer, de pousser des partis sur Tulln, et de communiquer avec la brigade Colbert à Sieghardskirchen.

1. « Déjà, la division Saint-Hilaire avait pris sa direction sur la route de Mautern, lorsqu'on annonça que l'ennemi s'était retiré sur la rive gauche du Danube, avait brûlé le pont et que la ville était en notre pouvoir. Alors la division fit halte, attendit de nouveaux ordres qui lui arrivèrent bientôt après, et elle suivit sa marche sur Vienne avec le reste du corps d'armée. » (*Opérations militaires de la division Saint-Hilaire, dans la campagne de 1809 en Autriche*, par L. Boudin de Roville, premier aide de camp du général Saint-Hilaire.)

2. Le général Oudinot prit la tête de la colonne avec la division Tharreau et se dirigea sur Sieghardskirchen.

filé à Sieghardskirchen, route de Vienne, où est arrivée hier au soir la brigade du général Colbert. Vous donnerez l'ordre qu'à la pointe du jour les deux autres brigades du général Tharreau partent pour suivre le mouvement du général Oudinot et de la 1re brigade. Recommandez au général Oudinot, de donner l'ordre au général Colbert d'envoyer des partis sur Tulln et le long du Danube, pour s'emparer des bateaux qu'il pourrait y trouver, et de faire faire partout du pain qu'il fera transporter sur Saint-Pölten.

Vous recommanderez au général Oudinot, Monsieur le Duc, de ne pas trop fatiguer la 2e et la 3e brigade du général Tharreau, et de les laisser, s'il n'en a pas besoin, à Diendorf. Quant au général Oudinot, de sa personne il portera son quartier général à Sieghardskirchen, où il aura sa 1re brigade [1].

L'EMPEREUR AU MAJOR GÉNÉRAL.

Saint-Pölten, 9 mai 1809.

Le général Savary prendra 150 hommes du régiment de Wurtemberg qui est ici et une compagnie de sapeurs, et se rendra sans délai à Mautern, pour surveiller les mouvements de l'ennemi et de toute la rive. Il me fera connaître plusieurs fois dans la journée ce qu'il y a de nouveau. Puisqu'il nous est impossible de profiter de ce pont dont la défense est si favorable à l'ennemi, il le fera brûler [2].

LE DUC DE ROVIGO A L'EMPEREUR.

Mautern, le 9 mai 1809, à 6 heures du matin.

Sire,

A minuit, les feux des ennemis ont commencé à s'éteindre. A 9 heures du soir, ils ont évacué Mautern et ont seulement coupé deux arches du pont, à la partie qui est de notre côté, et encore ce sont les

---

1. Le major général adressait presque aussitôt un nouvel ordre au maréchal Lannes

Saint-Pölten, le 9 mai 1809, 3 heures du matin.

L'Empereur, Monsieur le duc de Montebello, ordonne que vous placiez les divisions Claparède et Demont en colonnes sur la route de Vienne, entre Saint-Pölten et Diendorf, afin de faire placer entre Saint-Pölten et Mölk le corps du duc de Rivoli, qui a l'ordre d'occuper ces points.

2. Cette lettre, écrite en réponse à celle du général Savary datée de la veille, à 7 heures et demie du soir, a été expédiée dans la nuit du 8 au 9.

deux premières, de sorte que l'on peut raccommoder la première en travaillant à terre, parce qu'il y a 12 pieds de terrain à partir de la dernière ferme de notre bord jusqu'au bord de l'eau ; il n'y a donc réellement qu'une arche et demie de coupée, et la ferme n'est point brûlée ni endommagée, il n'y a absolument que des poutres à replacer et des planches aux madriers.

Les ennemis ont, à portée de fusil à l'autre bord, un assez fort bataillon de Hongrois, mais pas un canon. Si l'on veut raccommoder le pont, cela peut être fait en quatre heures aisément, surtout par les ennemis, parce que j'aperçois une quantité de bois de longueur à leur bord. Il n'y en a point du tout du nôtre, il faudrait en façonner, et pas un bateau.

Si nous voulons détruire le pont davantage, c'est encore plus difficile, c'est-à-dire sans sapeurs ni ingénieurs, parce qu'il faut passer les deux arches détruites pour aller à la portière du pont la plus essentielle à détruire.

En partant d'ici, les ennemis avaient pris le chemin de Budweis, mais, à peu de distance, ils ont reçu ordre de retourner sur Vienne.

Du reste, le bailli d'ici confirme ce que j'ai annoncé hier, dans mes rapports à V. M. ; il dit qu'ils vont à Vienne.

Je ne vois rien, à l'autre bord, qui annonce autre chose de leur part qu'une retraite tranquille. Mais je ne crois pas que, si V. M. n'a pas de projet sur ce pont-ci, on doive le regarder comme suffisamment détruit.

SAVARY.

L'EMPEREUR AU GÉNÉRAL COLBERT.

Saint-Pölten, 9 mai 1809 [1].

Le général Oudinot part à la pointe du jour avec l'infanterie, pour se porter au débouché du bois. Envoyez des partis sur Tulln ; tâchez de saisir des barques. Le général Jacquinot se portera aujourd'hui à Traismauer ; communiquez avec lui. Commandez du pain partout et dirigez-le sur Saint-Pölten, où l'armée se réunit.

Donnez-moi des nouvelles de Vienne ; à Sieghardskirchen, on doit en avoir d'hier. Quels travaux, quelles batteries a-t-on faits ? Quelles portes de la ville veut-on défendre ? Quelles proclamations a-t-on faites ? Vous ne m'avez rien dit de tout cela. Envoyez-moi aussi ce que vous trouverez aux postes aux lettres.

---

1. Cette lettre a dû être expédiée entre 2 et 3 heures du matin.

L'EMPEREUR AU MAJOR GÉNÉRAL.

Saint-Pölten, le 9 mai 1809.

Mon Cousin, envoyez trente Wurtembergeois sur la route de Vienne qui passe par Böheimkirchen et Neu-Lengbach, pour observer si quelque chose a passé par cette route, et en même temps y commander du pain qu'ils feront conduire à Saint-Pölten.

NAPOLÉON.

L'EMPEREUR AU MAJOR GÉNÉRAL.

Saint-Pölten, 9 mai 1809.

Mon Cousin, il est nécessaire que vous fassiez placer au village de Mayerhofen, en avant de Mölk, un parti de cavalerie avec un officier intelligent, pour faire débarquer les convois de pain et les faire venir par terre à Saint-Pölten ; il serait même convenable d'y mettre un commissaire des guerres. Il faut choisir un officier d'état-major actif et intelligent, qui rendrait compte de tout ce qu'il apprendrait du Danube, des barques qui arriveraient, etc. Il aurait soin de faire filer le pain, et de cacher les barques dans les îles du Danube, afin que, lorsqu'on en aurait une quantité suffisante, on puisse, le plus à l'improviste possible, faire un pont du côté de Mölk si on le jugeait nécessaire.

L'EMPEREUR AU MAJOR GÉNÉRAL.

Saint-Pölten, le 9 mai 1809, 3 heures du matin.

Mon Cousin,

Vous accuserez au général Bruyère la réception de sa lettre[1], et lui ferez comprendre l'importance que j'attache à intercepter une malle d'Italie pour Vienne, ou de Vienne pour l'Italie. Faites-lui connaître que la quantité de pain

---

1. Voir la lettre du général Bruyère au major général, datée de Lilienfeld, le 8 mai.

qu'il a commandée n'est pas suffisante. Il fallait en commander aux villages de Saint-Veit, Traisen, etc., enfin dans tous les villages de la route [1].

NAPOLÉON.

La position naturelle de son quartier général devait être à Traisen. Recommandez-lui de commander tous les jours une grande quantité de vivres.

LE GÉNÉRAL BRUYÈRE AU MAJOR GÉNÉRAL [2].

Lilienfeld, le 9 mai 1809.

Monseigneur,

J'ai fait partir ce matin une reconnaissance pour Altenmarkt et Günzelsdorf, et M. d'Estourmel, qui est à la tête de cette reconnaissance, est chargé de faire exécuter les ordres que vous me donnez à cet égard.

---

1. Les grandes difficultés que l'on éprouvait à faire suivre les convois, par suite de la marche rapide des troupes et en raison de l'unique route dont disposait l'armée, expliquent les vives préoccupations de l'Empereur au sujet des ravitaillements.

L'intendant général Daru, de son côté, s'efforçait de faire affluer sur Saint-Pölten le pain et le biscuit fabriqués à l'arrière. (Voir la lettre du major général à l'intendant général Daru, du 4 mai, à 9 heures du soir.)

M. DARU AU MAJOR GÉNÉRAL.

Mölk, le 9 mai 1809.

Monseigneur,

J'ai passé quelques heures à Mölk, pour y rallier les convois de subsistances que nous attendions.

Le 5e bataillon des équipages va arriver avec le chargement de biscuit qu'il a pris à Linz. Il a 69 voitures chargées; mais comme les caisses de biscuit sont très grosses, on n'a pas pu en mettre dans chaque caisson autant qu'on l'aurait désiré. Ce convoi arrivera demain, de bonne heure, à Saint-Pölten. Je ne peux pas l'y envoyer ce soir, parce que la journée a été très forte à cause du passage de la rivière.

Quatre bateaux, chargés de 95,000 rations de biscuit et d'environ 40,000 rations de pain, ont été amenés ici de Linz, par M. Ricci; ils sont au port, mais je n'ai d'autres moyens de transport que le bataillon des équipages. Si on peut se procurer dans la nuit quelques charrettes, on les chargera.

Il doit arriver ici demain, par le Danube, un autre convoi de 80,000 rations de biscuit et 20,000 rations de pain.

Je crois qu'il faut envoyer ici toutes les voitures des équipages, et faire demain revenir le 5e bataillon sur ses pas, pour prendre à Mölk un nouveau chargement.

M. Ricci m'a dit que M. le maréchal d'Auerstaedt avait fait distribuer, à Linz, 100,000 rations au 3e corps. Sur la rive gauche du Danube, principalement entre Ips et Mölk, il y a des postes autrichiens qui ont vu passer ces quatre bateaux très près du rivage sans tirer un coup de fusil.

DARU.

2. Voir l'ordre donné au général Bruyère, le 8 mai.

Ci-joint, Monseigneur, une lettre de M. de Flahault [1].

Je n'ai pas commandé davantage de pain, Monseigneur, parce que les autorités m'ont assuré n'en pouvoir fournir une plus grande quantité. Déjà, depuis notre approche, une grande partie des habitants s'en va dans les montagnes, et celle qui reste est très malheureuse en ce que, malgré tout l'ordre qu'on cherche à y mettre, on a bien de la peine à empêcher nos soldats de piller, ce qui nous enlève une grande partie de nos ressources.

Le pays que j'occupe, Monseigneur, est une vallée extrêmement étroite et ne parait pas très bon. Il sera très difficile d'exécuter vos ordres, quant à la grande quantité de vivres que vous me demandez, cependant j'en donne l'ordre à tous les bourgmestres.

J'ai l'honneur de vous faire passer, Monseigneur, toutes les lettres qui ont été trouvées ici et à Traisen. J'ai mis une garde à la poste, et j'ai ordonné qu'on m'envoyât tout ce qui pourrait y arriver.

Je ne me suis établi ici, Monseigneur, que parce que M. de Flahault me l'avait dit de votre part, et c'est aussi le point que S. M. m'avait indiqué sur sa carte. J'avais bien senti qu'il était essentiel d'occuper Traisen, puisque j'ai eu l'honneur de vous rendre compte, hier au soir, que j'y avais laissé du monde.

BRUYÈRE.

LE GÉNÉRAL BRUYÈRE AU MAJOR GÉNÉRAL.

Traisen, le 9 mai 1809.

Monseigneur,

M. le chef d'escadron Flahault a dû vous rendre compte de la mission dont S. M. l'avait chargé, et je n'ai pas cru devoir y ajouter de rapport particulier [2] ; mais, ce dont je dois avoir l'honneur de vous

---

1. LE CHEF D'ESCADRON FLAHAULT AU MAJOR GÉNÉRAL.
Türnitz, ce 9 mai 1809, à 5 heures du matin.
Monseigneur,
Il a couché, ici, 400 landwehr avec deux pièces de canon. Le maître de poste m'assure qu'il y en a environ 1,200 à Annaberg et 5,000 à Mariazell. Je vais toujours pousser ma reconnaissance le plus loin possible. Il n'y a aucune lettre à la poste.
Ch. DE FLAHAULT.

2. RAPPORT FAIT PAR LE CHEF D'ESCADRON FLAHAULT.
Saint-Pölten, le 9 mai 1809.
Chargé de pousser une reconnaissance sur Mariazell, je me suis porté avec 100 hommes de la brigade Bruyère sur ce point. J'ai trouvé sur ma route beaucoup de traînards hongrois et des landwehr, qui se sauvaient dans les montagnes aussitôt qu'ils nous apercevaient. Arrivé au pied de la montagne d'Annaberg, j'ai rencontré 350 hommes, qui formaient l'arrière-garde de 1,200 hommes qui avaient passé une heure avant. Je les chargeai ; ils se sauvèrent aussitôt à droite et à gauche sur les montagnes, en faisant un feu assez vif. Je fis mettre quelques chasseurs pied à terre pour les suivre, et m'emparai de 2 canons et 7 caissons, que je les avais obligés d'abandonner. Je fis prisonniers un officier, 40 hommes, et les canonniers qui servaient les deux pièces. Ils m'ont tué

informer, Monseigneur, c'est que, peu de temps après le départ de M. Flahault, les troupes qu'il avait devant lui sont revenues pour reprendre les pièces qu'il avait prises. J'ai fait partir sur-le-champ 100 hommes à pied qui ont dispersé cette canaille, et on en a pris un officier et quelques hommes, qui sont partis pour le quartier général avec les prisonniers faits, parmi lesquels se trouve aussi un officier. Quelques chevaux ont été blessés, un seul chasseur l'a été légèrement au bras.

M. d'Estourmel, qui aura l'honneur de vous remettre la présente, vous rendra compte, Monseigneur, qu'il n'a pas cru aller plus loin, par les renseignements qu'il a obtenus sur la route [1].

Je fais renforcer le point de Traisen. Je crois devoir avoir l'honneur de vous faire observer, Monseigneur, que si S. M. est dans l'intention de faire occuper ce point ci, un peu d'infanterie n'y serait pas inutile, parce que ce sont des gorges très étroites où la cavalerie ne peut occuper que la grande route et où quelques hommes à pied pourraient lui faire beaucoup de mal.

On m'a rendu compte aussi, Monseigneur, qu'il y avait près de Traisen, à Hainfeld, une manufacture d'armes, je vous prie de vouloir bien me donner vos ordres à cet égard.

J'ai l'honneur de vous faire passer, Monseigneur, plusieurs gazettes allemandes, contenant les différents bulletins de l'armée autrichienne. Dans l'une d'elles se trouve la proclamation du prince Maximilien [2], aux habitants de Vienne. Je joins une proclamation trouvée sur les prisonniers qu'on a faits aujourd'hui.

Il n'y a point de bureau de poste à Traisen, il est à Lilienfeld.

BRUYÈRE.

---

2 chevaux. Tous les rapports s'accordent à dire qu'il y a à Mariazell 4 à 5,000 hommes, la plupart landwehr, et quelques compagnies de chasseurs armés de carabines rayées et extrèmement adroits. J'ai trouvé dans les charrettes, sur la route, des pièces du calibre de 18 qui n'étaient pas encore forées et qui avaient été destinées à être emportées à Vienne. J'en ai eu sept.

Ch. DE FLAHAULT.

1.
Saint-Pölt n, le 10 mai 1809.

Parti de Traisen hier matin, avec un détachement de la brigade Bruyère, pour faire une reconnaissance sur la route de Traisen à Vienne, je me suis rendu à Saint-Veit, point au delà duquel il n'avait point encore été poussé de partis ; de Saint-Veit à Rainfeld, Hainfeld et Kaunberg. Les renseignements que j'ai pu acquérir se réunissent tous, pour donner la certitude qu'une colonne de 500 hussards de Liechtenstein et d'environ 900 hommes des chasseurs hongrois de la frontière de la Turquie, sous le commandement d'un général, avait passé la nuit à Altenmarkt et y était encore ce matin, devant de là se diriger sur Vienne. Cette colonne, qui venait, dit-on, de Salzburg, a passé par Kirchberg et Traisen quelques heures avant la brigade Bruyère. On croit qu'elle faisait partie du corps de Jellachich et que, séparée de son corps, elle cherchait à se réunir à un corps d'armée quelconque.

. . . .

D'ESTOURMEL,
Officier d'état-major.

2. « Immédiatement après les journées de Ratisbonne, l'empereur François avait confié à l'archiduc Maximilien la défense de la Basse-Autriche et plus spécialement celle de Vienne. »

L'EMPEREUR AU MAJOR GÉNÉRAL.

Saint-Pölten, 9 mai 1809, 2 heures du matin.

Mon Cousin, donnez ordre au duc de Rivoli de porter son quartier général à Saint-Pölten et de placer ses divisions en échelons, celle qui est en tête aux portes de Saint-Pölten, et celle qui est en queue à Mölk. Recommandez qu'on continue de surveiller les points d'Ips et de Mölk, où aboutissent les routes de Bohême, et chargez le général de division qui commandera ces postes d'avertir de ce qui se passerait de l'autre côté du Danube. Chargez-le de recevoir les rapports du poste de Wallsee et de le renforcer, si cela était nécessaire, et mettez à cet effet sous ses ordres un régiment de cavalerie wurtembergeois.

. . . .

Donnez ordre au général Nansouty de faire monter sa division à cheval à huit heures du matin, aujourd'hui, d'arriver jusqu'aux portes de la ville et de venir prendre des ordres [1].

NAPOLÉON.

---

1. L'ordre qui suit était également adressé au major général :
Mon cousin, donnez l'ordre au général Saint-Sulpice de monter à cheval vers 8 ou 9 heures du matin et de cheminer sur Saint-Pölten, si cependant il n'en est pas trop éloigné, parce qu'il ne faut pas trop fatiguer ses chevaux.

NAPOLÉON.

Tous ces ordres étaient expédiés par le major général, à 3 heures du matin.
Le général Lecamus recevait également l'ordre de faire partir de Mölk tout ce qui appartenait au grand quartier général, pour se rendre à Saint-Pölten.
A 8 heures du soir, le major général adressait au général de Nansouty le nouvel ordre qui suit :
« L'Empereur ordonne, Monsieur le général de Nansouty, que vous fassiez monter à cheval votre division, demain à 4 heures du matin, et que vous marchiez sur la route de Vienne, pour soutenir l'avant-garde commandée par M. le maréchal duc de Montebello, qui se porte sur cette ville. »
Le général Saint-Sulpice recevait l'ordre de suivre le mouvement de la division Nansouty.

LE GÉNÉRAL BEKER, CHEF D'ÉTAT-MAJOR DU 4ᵉ CORPS D'ARMÉE, AU GÉNÉRAL MOLITOR.

Au quartier général à Mölk, le 9 mai 1809.

Ordre du jour :
D'après l'ordre de S. M., le 4ᵉ corps se place aujourd'hui en échelons, entre Saint-Pölten et Mölk, dans l'ordre suivant :
La division Legrand à Saint-Pölten ;

L'EMPEREUR AU MAJOR GÉNÉRAL.

Saint-Pölten, 9 mai 1809.

Mon Cousin, écrivez au duc de Rivoli que je lui ai donné ordre de mettre un commandant à Ips et un à Wallsee, avec une compagnie d'infanterie, un piquet de 60 chevaux et une pièce de canon ; qu'il n'a pas fait connaître si cette disposition était exécutée ; qu'il charge un officier de son état-major, avec une centaine de chevaux, de se placer entre ces deux postes et d'avoir l'œil sur la rive du Danube, afin de reconnaître l'ennemi et l'empêcher de jeter des partis sur la rive droite de ce fleuve ; qu'il est nécessaire que ces commandants fassent des rapports journaliers ; qu'il faut mettre, à cet effet, des Français pour commander ces postes ; que j'ai mis un commandant à Mölk ; qu'il y laisse un dépôt d'une centaine d'hommes, les plus fatigués, qui en même temps se reposeront ; que des bateaux chargés de pain doivent arriver ; comme ils ne pourront point passer à Krems, ils débarqueront au village de Mayerhofen, en avant de Mölk.

Celle de Saint-Cyr à Gerersdorf ;
Celle de Boudet à Markersdorf et celle de Molitor à Mölk.
Le quartier général à Saint-Pölten.
Choisissez, en conséquence, une position en avant de la ville pour bivouaquer votre division, attendu que le parc doit rester en arrière.
La position de votre division a pour objet de surveiller les points d'Ips et de Mölk, où aboutissent les routes de la Bohême.
Vous préviendrez M. le maréchal de tout ce qui se passera de l'autre côté du Danube, et vous ordonnerez aux officiers de l'état-major Labarthe et Mainville, dont le premier est à Ips et l'autre à Wallsee, de correspondre journellement avec vous, et vous renforcerez ces deux postes occupés chacun par 100 hommes d'infanterie, 50 chevaux et une pièce de canon, si cela était nécessaire.
Le général Vandamme reçoit l'ordre de mettre un régiment de cavalerie à votre disposition, je le joins ici, veuillez le lui faire parvenir.
Tâchez de tirer de Mölk les ressources nécessaires, pour alimenter votre division.

BERER.

Faites remplacer de suite par une compagnie de grenadiers celle du général Demont à l'abbaye.

Saint-Pölten, le 9 mai 1809, 8 heures du soir.

L'Empereur, Monsieur le duc de Rivoli, ordonne que vous mettiez tout votre corps d'armée en mouvement, demain à trois heures du matin, pour vous porter sur Vienne, à l'exception du régiment wurtembergeois qui est actuellement attaché à votre corps d'armée et auquel vous donnerez l'ordre de partir demain, à 3 heures du matin, pour se rendre à Mautern.

L'EMPEREUR AU MAJOR GÉNÉRAL.

Saint-Pölten, 9 mai 1809, 4 heures du matin.

Mon Cousin, faites connaître au duc d'Auerstaedt que, conformément à mes derniers ordres, deux de ses divisions doivent être en ce moment en marche de Linz sur Mölk[1] ; qu'il est trop éloigné pour que je puisse lui donner des ordres jour par jour ; qu'il serait convenable qu'une de ses divisions arrivât à Mölk aussitôt que possible et que l'autre également en approchât ; qu'il est maître, avec sa 3e division, de se porter sur Enns ou de rester encore à Linz, selon les nouvelles qu'il aura ; que l'important est de nous faire filer beaucoup de pain ; que j'ai placé à Wallsee et à Ips des commandants ; qu'il est nécessaire que le général Vandamme corresponde avec ces commandants pour être instruit de ce qui se passerait de nouveau ; qu'il sera convenable qu'il fasse filer sa cavalerie légère dans cette direction, pour surveiller la rive droite du Danube ; qu'il envoie un parti de cavalerie et d'infanterie wurtembergeoises avec un officier français sur Steyer, pour savoir s'il n'y a rien de nouveau de ce côté ; qu'il place un bataillon wurtembergeois avec un officier intelligent

---

1. Voir la lettre de l'Empereur au duc d'Auerstaedt, du 7 mai, à 10 heures du matin.

Le 9, dans la soirée, le 3e corps était ainsi disposé :

La division Montbrun, à Schalaburg en avant de Mölk ;

La 1re division, à Linz ;

La 2e division, à Pöchlarn et en arrière de l'Erlaf ;

La 3e division, à Mölk ;

Le parc du corps d'armée, à Enns.

à Enns et ait toujours des postes au confluent de l'Enns et
du Danube, afin de surveiller Mauthausen et la route de
Bohême qui aboutit à ce point; qu'il instruise, en cas de
mouvements sur la rive gauche, les commandants de Linz,
de Wallsee, d'Ips, de Mölk, le quartier général et toute la
ligne. Vous ferez connaître au duc d'Auerstaedt la situation
de tous les corps de l'armée [1].

NAPOLÉON.

L'EMPEREUR AU DUC D'AUERSTAEDT.

Saint-Pölten, 9 mai 1809, 4 heures du matin.

Mon Cousin, le major général vous a envoyé l'ordre de
mouvement de l'armée [2]. Celle du prince Louis et du général Hiller a évacué Saint-Pölten. Les trois quarts de cette
armée ont passé le pont de Krems, l'autre quart s'est dirigé
sur Vienne. La proclamation, insérée dans les journaux de
Vienne du 6, porte à penser qu'ils veulent défendre la ville
avec la landwehr et les habitants. L'empereur a passé à
Krems. Tout porte à penser que le prince Charles a
pensé pouvoir se réunir à Linz aux autres corps et que,
ayant perdu cet espoir, il a cru se réunir à Krems ou à
Vienne. Tout cela est probable, mais n'est pas certain. Le
général Oudinot est ce matin à Sieghardskirchen; le général
Saint-Hilaire avec le maréchal Bessières, à l'abbaye de
Göttweig, vis-à-vis Mautern, pour chercher à s'en emparer
et à brûler le pont qui va à Krems. Le duc de Rivoli, qui a
couché à Mölk, y laisse une division et les autres se rendent
ici. Je suppose que vos deux divisions sont en marche et
que le prince de Ponte-Corvo se trouve entre Passau et Ratisbonne. Vous ne m'avez point donné de nouvelles du gé-

---

1. En transmettant, à la même heure, cet ordre au maréchal Davout, le major
général ajoutait : « Voici la situation de tous les corps de l'armée :
Le duc de Danzig se porte sur Innsbruck ;
Le duc de Rivoli est à Saint-Pölten avec le duc de Montebello ;
Le général Oudinot est à 4 lieues de Vienne. »
2. Cette lettre, au maréchal Davout, a donc été expédiée après celle qui
précède.

néral Dupas ; envoyez quelqu'un pour savoir comment vont ses travaux. Il est convenable qu'il donne signe de vie.

Si de Budweis, où il paraît que le prince Charles était il y a quelques jours, il voulait manœuvrer sur nos derrières, il pourrait déboucher par les points de Mauthausen ou de Linz [1]. Le général Vandamme, qui sera chargé de surveiller ce point, devra avoir le commandement d'Enns, et surveiller la route de Mauthausen et celle qui arrive à Linz. Il faut aussi qu'il y ait un parti à Steyer, pour surveiller les routes qui y aboutissent.

Je pense que votre présence est encore nécessaire à Linz. Profitez-en pour bien placer vos postes vis-à-vis Mauthausen et Linz, et à Steyer, et le bien faire entendre au général Vandamme. Il doit avoir une communication avec le prince de Ponte-Corvo. Vos deux divisions qui sont en marche ne doivent pas trop se presser, mais mettre tout le temps nécessaire. Le second débouché, par où l'ennemi peut marcher sur nous, est Krems et Mölk qui peuvent être considérés comme un seul. Mais l'un et l'autre sont si près de Vienne, que c'est presque dans le centre des opérations. Une des choses qui peuvent nous embarrasser, c'est le pain. Envoyez-nous par eau, et faites débarquer sur Ips et Mölk tout le pain que vous pourrez. De Mölk, on l'enverra chercher par terre, car il ne faut pas songer à le faire passer devant Krems. Envoyez-nous par terre des convois de pain, farine et biscuit. Procurez-vous des voitures dans les environs de Linz et, au pis aller, envoyez-nous votre bataillon d'équipages chargé de biscuit ou de pain. Tâchez de savoir positivement où se trouve le prince de Ponte-Corvo ; il me tarde qu'il se rapproche de nous. Envoyez-nous la plus grande partie de votre cavalerie légère. Recommandez bien à vos convois de débarquer à Mayerhofen, premier village avant Mölk, et d'en prévenir sur-le-champ le commandant de Mölk, pour qu'il me le fasse savoir.

NAPOLÉON.

---

1. L'Empereur apprenait, dans la journée du 9, que l'archiduc Charles était en marche sur Zwettel.

L'EMPEREUR AU DUC D'AUERSTAEDT.

Saint-Pölten, 9 mai 1809, 6 heures après midi.

Mon Cousin, l'ennemi a coupé le pont de Krems. Demain, à midi, je serai devant Vienne. Les habitants sont armés et paraissent vouloir se défendre. Nous verrons si ce sera une seconde scène de Madrid. Je réunis, sous Vienne, les corps des ducs de Montebello et de Rivoli. Je désire que vous réunissiez le vôtre à Saint-Pölten, ayant de la cavalerie légère et un régiment d'infanterie à Mautern. Laissez aussi un régiment d'infanterie, un détachement de cavalerie et du canon, à Mölk, pour protéger notre communication. S'il n'y a rien de nouveau à Linz, je désire que vous soyez demain de votre personne à Saint-Pölten, où les divisions Friant et Gudin seront réunies. Quant à la division Morand, vous avez carte blanche. Si rien n'exige sa présence à Linz, mettez-la en marche pour arriver en trois jours sur Saint-Pölten. Ayez soin de disposer des Wurtembergeois, comme je vous l'ai fait connaître. J'ai mandé au prince de Ponte-Corvo, qui était le 15 à Rötz, de se rapprocher de Linz.

NAPOLÉON.

LE MAJOR GÉNÉRAL AU DUC D'AUERSTAEDT.

Saint-Pölten, le 9 mai 1809, 8 heures du soir.

Je vous préviens, Monsieur le Duc, que je donne l'ordre au général Montbrun de partir demain, à 4 heures du matin, avec sa cavalerie, pour se rendre par la route directe à Mautern. Je donne l'ordre au général Gudin de mettre à sa disposition un régiment d'infanterie légère qui le suivra, et de lui donner deux pièces d'artillerie légère, qui le rejoindront à Mautern, par Saint-Pölten. Il est chargé d'observer l'ennemi qui a passé le Danube à Krems. J'ai ordonné au général Gudin de partir à 4 heures du matin avec sa division, pour se concentrer à Saint-Pölten, d'où il soutiendrait le général Montbrun si l'ennemi tentait de repasser le Danube.

S'il n'y a rien de nouveau à Linz, M. le duc, S. M. désire que vous vous rendiez de votre personne à Saint-Pölten, pour diriger les mouvements. L'Empereur vous laisse le maître de mettre en marche votre troisième division. Vous laisseriez des instructions au général Vandamme et au gouverneur de la province.

L'Empereur part à 4 heures du matin, pour marcher sur Vienne avec le corps des ducs de Montebello et de Rivoli.

Le corps du duc de Montebello est ce soir à six lieues de Vienne, où l'on dit que l'ennemi veut se défendre.

LE MAJOR GÉNÉRAL AU GÉNÉRAL GUDIN.

Saint-Pölten, le 9 mai 1809, 8 heures du soir.

Il est ordonné au général Gudin, qui est à Mölk, d'en partir demain à 4 heures du matin, avec sa division, pour prendre position à Saint-Pölten; le général Gudin enverra ensuite un officier de son état-major par la petite route, à Mautern, afin de s'assurer de ce qui se passe, et, si l'ennemi tentait d'y passer, le général Gudin arrivé à Saint-Pölten manœuvrerait pour s'y opposer.

Le général Savary, aide-de-camp de l'Empereur, se trouve à Mautern.

Le général Gudin donnera deux pièces d'artillerie au général Montbrun, qui reçoit l'ordre de se rendre de Mölk à Mautern par la petite route; mais ces deux pièces d'artillerie le rejoindront, en suivant la grande route, par Saint-Pölten.

Le général Gudin donnera également, au général Montbrun, un régiment d'infanterie légère qui marchera avec lui, par la petite route directe de Mölk à Mautern.

LE MAJOR GÉNÉRAL AU GÉNÉRAL MONTBRUN.

Saint-Pölten, le 9 mai 1809, 8 heures du soir.

Il est ordonné au général Montbrun de partir avec sa cavalerie, de Mölk, à 3 heures du matin, pour se rendre à Mautern en suivant la petite route, c'est-à-dire la route directe de Mölk à Mautern; il mènera avec lui un régiment d'infanterie légère que le général Gudin a l'ordre de mettre à sa disposition.

Le général Gudin lui donnera également deux pièces d'artillerie légère; mais ces deux pièces, ne pouvant pas passer par la petite route, passeront par la grande route de Saint-Pölten et le rejoindront le plus tôt possible à Mautern. Il trouvera dans cet endroit le général Savary qui, aussitôt son arrivée, en partira pour rejoindre l'Empereur. Le général Montbrun observera tous les mouvements de l'ennemi sur la rive gauche du Danube, surtout ce qu'il pourrait tenter sur la rive droite. Il en préviendrait le général Gudin à Saint-Pölten, et l'Empereur qui sera sur la route de Vienne.

Si l'ennemi tentait de passer le Danube, le général Gudin, qui est à Saint-Pölten, manœuvrerait pour soutenir le général Montbrun.

LE MAJOR GÉNÉRAL AU GÉNÉRAL SAVARY.

Saint-Pölten, le 9 mai 1809, 8 heures du soir.

Je vous préviens, M. le général Savary, que je donne l'ordre au général Montbrun de partir de Mölk, avec sa division de cavalerie et un régiment d'infanterie légère, pour se rendre par la petite route à Mautern.

Il aura également deux pièces d'artillerie légère, qui le rejoindront à Mautern par Saint-Pölten.

La division Gudin a l'ordre de partir de Mölk, à 4 heures du matin, pour se concentrer à Saint-Pölten ; et, si l'ennemi tentait de passer le Danube, ce général a l'ordre de vous soutenir, sur l'avis que vous lui en donneriez.

Le duc de Rivoli fait partir, à 3 heures du matin, un régiment wurtembergeois pour vous rejoindre à Mautern.

L'Empereur marche demain sur Vienne. Du moment où le général Montbrun sera arrivé à Mautern, vous lui remettrez vos instructions; vous le chargerez d'observer l'ennemi, et de donner des nouvelles au général Gudin qui sera à Saint-Pölten et à l'Empereur qui sera sur la route de Vienne, et vous reviendrez de votre personne rejoindre S. M. sur Sieghardskirchen. Vous ordonnerez au régiment wurtembergeois, au bataillon d'infanterie légère, à l'artillerie que le maréchal duc d'Istrie vous a envoyée et, à l'escadron de la brigade du général Piré, de partir de Mautern quand toutes les troupes du général Montbrun y seront arrivées, infanterie, cavalerie et artillerie, et vous donnerez l'ordre à ce petit corps de marcher sur Vienne, en longeant le Danube; de sorte que le général Montbrun restera pour observer Mautern avec sa division de cavalerie, un régiment d'infanterie légère et deux pièces de canon, ayant la division du général Gudin concentrée à Saint-Pölten, pour le soutenir si l'ennemi tentait quelque chose.

ALEXANDRE.

(*Arch. de M. de l'Héraule.*)

LE DUC D'AUERSTAEDT A L'EMPEREUR.

Linz, le 9 mai 1809, à 11 heures du matin.

Sire,

J'ai l'honneur d'adresser à V. M. un rapport du major Ameil [1], qui vient d'arriver ici.

Je compte l'y laisser pour battre la campagne du côté de Freystadt et avoir des nouvelles de l'ennemi.

Il y a une telle unanimité de rapports et de déclarations, qu'on ne peut guère douter que l'Archiduc Charles ne soit encore en Bohême, ou du moins qu'il n'y fut il y a deux jours.

S'il n'y a rien de nouveau, je me propose de partir cette nuit pour arriver demain de très bonne heure, à Mölk, où je serai avec les divisions Friant et Gudin et la cavalerie du général Montbrun.

Le parc couchera aujourd'hui à Enns, demain à Amstetten, et après-demain près de Mölk.

Le système de défense qui a été adopté à Linz, et qui consiste en maisons crénelées, en abatis et en retranchements, offre déjà de l'ensemble. Non seulement la tête de pont est à l'abri d'un coup de main, mais il faudrait une attaque en règle pour l'enlever, et on aurait tout le temps de retirer les troupes et de brûler le pont [2].

---

1. Dans ce rapport adressé d'Ottensheim, le 8 mai, le major Ameil écrit : « L'Archiduc semble s'en tenir scrupuleusement à la défense de la Bohême... les débouchés sont défendus par des abatis et des coupures... Weissenbach est le seul débouché qui soit gardé hors de la Bohême. La ligne n'est généralement gardée que par des landwehr. Il y a quelques corps de troupes réglées en seconde ligne, à Neuern, Schüttenhofen, Winterberg, Wallern, Oberplan et Freyberg. Un corps de 45 à 50,000 hommes est réuni vers Budweis, sur la Moldau... »

2. Le maréchal Davout, après avoir étudié avec le général du génie Tousard « le système de défense de la rive gauche du Danube à Linz », avait fait adresser au général Vandamme, par son chef d'état-major, des instructions détaillées sur la défense de cette position. Ces instructions étaient complétées par la lettre qui suit :

Au quartier général à Linz, le 8 mai 1809.

Mon Général,

S. E. M. le maréchal duc d'Auerstaedt, commandant en chef, me charge de vous prévenir qu'il résulte de tous les rapports et des reconnaissances qu'il a fait faire hier, que les Autrichiens ont des forces sur toutes les routes qui viennent de la Bohême, et que par des renseignements généraux, on peut présumer que l'archiduc Charles était en marche ces jours-ci avec son armée, pour opérer sa jonction à Linz avec l'archiduc Louis. Il est probable que l'affaire d'Ebersberg et la marche rapide de l'Empereur sur Vienne auront fait changer ces dispositions. Cependant, il convient de se mettre en mesure contre tout ce qui est

Le général Vandamme m'assure qu'avec un régiment français,
et les Wurtembergeois il répond de la position.

Il est arrivé un officier polonais, qui est parti de Varsovie le
23 ; je lui ai demandé un rapport, que j'adresserai ce soir à V. M.
Comme il est venu avec un courrier qui se rend au quartier général, V. M. aura sans doute reçu des rapports plus détaillés.

Duc d'Auerstaedt.

L'EMPEREUR AU MAJOR GÉNÉRAL.

Saint-Pölten, 9 mai 1809.

Mon Cousin, écrivez au duc de Danzig, que j'espère que
dans la journée d'hier il aura marché sur Kufstein et culbuté tous ces Tyroliens ; que cela est de la plus grande

---

vraisemblable et possible, c'est-à-dire contre une attaque de vive force sur les
troupes qui sont sur la rive gauche du Danube, à la hauteur de Linz.

Les ouvrages de la tête de pont, dans l'état où ils sont, seraient d'une faible
défense, et la prudence voudrait qu'en cas d'attaque par des forces majeures,
on fît replier les troupes, pour se borner à défendre les principales maisons qui
sont sur la rive gauche et couvrent les routes de Bohême.

Je vous informe que S. E. a donné ordre, à M. le général d'artillerie Hanicque,
de faire le plus secrètement possible les préparatifs nécessaires pour brûler le
pont de Linz, de manière à n'en pas laisser vestige, dans le cas où nos
troupes seraient forcées de passer de la rive gauche du Danube sur la rive
droite.

Le général Morand a reçu ordre de disposer le 17e régiment de ligne, sous
les ordres du général Lacour, sur la rive droite du Danube, de manière à ce
que les Wurtembergeois, qui sont sur la rive gauche, puissent être protégés dans
le cas où ils seraient obligés de se replier.

Il doit également faire occuper une ligne de maisons sur la route d'Efferding,
jusqu'au delà de la manufacture de draps, que S. E. a jugé bon de reconnaître
et de garder en cas d'attaque de la part de l'ennemi. Des ordres sont donnés
pour que ces maisons soient respectées par nos troupes.

S. E. pense qu'il est très essentiel d'être prévenu à l'avance des mouvements
de l'ennemi, et, qu'à cet effet, il faudrait avoir des partis le plus près possible de
ses postes.

Elle désire, mon général, que vous fassiez établir à poste fixe, à Steyeregg et
Ottensheim, des piquets de 30 à 40 chevaux qui pousseront des reconnaissances,
le premier sur Marbach et l'autre sur les différentes routes qui aboutissent à
Ottensheim.

Elle désire aussi qu'indépendamment de ces reconnaissances, vous en fassiez
faire, aujourd'hui, une assez forte en infanterie et cavalerie sur les différentes
routes qui aboutissent à Ottensheim.

S. E. vous engage à envoyer un officier avec une vingtaine de chevaux, à
Aschau, sur la rive droite du Danube, et un sous-officier avec quinze chevaux,
à la hauteur d'Obermühl. Ce sont les seuls points abordables, ainsi que le point
d'Ottensheim.

Dans les guerres précédentes, les Autrichiens ont fait des passages du Danube sur ces points, et particulièrement sur ceux d'Aschau et d'Ottensheim.

D. Compans.

nécessité; que, jusqu'à cette heure, il n'a fait que de petits paquets qui n'ont point réussi et qui n'ont fait que compromettre les choses; qu'il doit se mettre en correspondance avec Munich et Augsbourg, et que, s'il apprenait qu'il se fait des incursions en Bavière, il marche sur Innsbruck, en laissant non seulement une forte garnison à Salzburg, mais même un corps d'observation pour tenir en respect ce qui serait à Rastadt; que son opération est de bloquer Kufstein, et d'en imposer aux Tyroliens; que voilà quatre ou cinq jours qu'il est là et que ce but n'est pas encore rempli [1].

NAPOLÉON.

LE MAJOR GÉNÉRAL AU PRINCE DE PONTE–CORVO.

Saint-Pölten, le 9 mai 1809, à 10 heures du matin.

Quelques rapports, Prince, annoncent que les Tyroliens font des incursions en Bavière. On dit même que le général Chasteler, qui commande un corps dans le Tyrol, a dessein de se porter sur nos derrières et de cerner Augsbourg [2]. Le général Beau-

---

1. Au reçu de cette lettre, le major général écrivait au maréchal Lefebvre :

Saint-Pölten, le 9 mai 1809, 3 heures et demie du matin.

L'Empereur, Monsieur le Duc, espère que dans la journée d'hier vous avez marché sur Kufstein et culbuté les Tyroliens, ce qui est de la plus grande nécessité. S. M. trouve que, jusqu'à ce moment, vous n'avez disposé vos troupes qu'en petits corps dont les expéditions n'ont pas réussi. Il faut agir plus en force. L'intention de S. M. est que vous vous mettiez en correspondance avec Munich et Augsbourg, et que, si vous appreniez qu'il se fait des incursions en Bavière, vous marchiez sur Innsbruck, en laissant non seulement une forte garnison à Salzburg, mais même un corps d'observation pour tenir en respect ce qui serait à Radstadt. Votre opération et celle de votre corps d'armée, Monsieur le Duc, est de débloquer Kufstein et d'en imposer aux Tyroliens. Voilà le but que S. M. aurait désiré que vous eussiez rempli, depuis que vous êtes du côté de Salzburg.

2. Le major général recevait du commissaire des guerres, installé à Ulm, la lettre suivante :

Ulm, le 5 mai 1809.

Monseigneur,

M. de Gravenreuth me prévient, à l'instant, qu'il vient de recevoir des courriers qui lui apprennent qu'un corps, de 2,000 insurgés tyroliens, est arrivé hier à Kempten, avec quelques cavaliers autrichiens; que les chefs ont dit qu'ils formaient l'avant-garde d'un corps de 22,000 hommes, commandé par un général autrichien (M. de Chasteler), et qu'il marchait sur Augsbourg. S. M. le roi de Bavière a dû recevoir le même avis.

M. de Gravenreuth pense que le nombre des hommes est exagéré, il prend toutes les dispositions nécessaires pour être prévenu de leurs mouvements ultérieurs.

FRAY.

mont, avec 3,000 dragons, quelques mille hommes d'infanterie et de l'artillerie, a ordre de se porter sur cette place et de repousser les partis ennemis. La position des armées et nos succès ne rendent pas vraisemblable que le général Chasteler entreprenne de sérieuses opérations. D'ailleurs, on ne le croit plus en Tyrol: mais, cependant, comme il faut tout prévoir, le général Moulin a ordre de correspondre avec vous et de vous informer de tout ce qui se passe. Le général Beaumont a le même ordre. L'Empereur s'en rapporte à vous, prince, dans le cas où les circonstances seraient assez urgentes et où vous jugeriez qu'Augsbourg, malgré les forces qui y sont, fût en danger d'être cerné, pour manœuvrer avec votre corps et dégager cette ville.

Le duc de Danzig est à Salzburg et a ordre de se porter sur Innsbruck pour dissiper les Tyroliens.

Le corps du duc d'Auerstaedt est en échelons de Linz à Amstetten, le duc de Rivoli à Mölk, le duc de Montebello à Saint-Pölten. Donnez-nous souvent de vos nouvelles.

LE MAJOR GÉNÉRAL AU PRINCE DE PONTE-CORVO.

Saint-Pölten, le 9 mai 1809, 8 heures du soir.

Le corps de l'Archiduc Louis et celui du général Hiller, c'est-à-dire les débris de ce corps, ont repassé hier le Danube à Krems; l'Empereur marche sur Vienne qui, dit-on, veut se défendre. S. M. a vu avec plaisir que le 6 mai vous étiez à Rötz.

L'Empereur vous laisse le maître de vos mouvements, mais il pense que vous devrez vous approcher le plus tôt possible sur Linz, où vous trouverez le général Vandamme avec le corps wurtembergeois. Vous pouvez venir sur Linz par Budweis, si l'ennemi a quitté la Bohême pour se porter sur Vienne, ou bien en venant le long du Danube. Si vous venez par la Bohême, à votre arrivée vous attirerez à vous le général Vandamme.

LE PRINCE DE PONTE-CORVO A L'EMPEREUR.

Straubing, ce 9 mai 1809.

Sire,

La lettre du major général écrite d'Enns, le 5 mai, et par laquelle il m'est ordonné de me rendre à Passau, m'a trouvé le 7 en avant de Waldmünchen, prêt à entrer en Bohême où j'avais déjà des partis depuis plusieurs jours. J'ai de suite rappelé tous mes détachements et j'ai pris la route de Passau. J'espère que mon avant-garde atteindra cette ville après-demain.

J'adresse au major général l'état de situation des troupes saxonnes. Pour en connaître plus exactement le nombre, j'ai ordonné une revue de rigueur. Les compagnies étant au compte des capitaines, j'avais toujours bien pensé que les situations fournies par l'état-major saxon étaient exagérées. Il né se trouve effectivement aujourd'hui que 14,553 combattants, au lieu de 16,000 qu'on m'annonçait en partant de Dresde. Cependant, les malades óu éclopés qu'il a fallu laisser en route n'excèdent pas 700, et nous n'avons pas encore eu un seul déserteur. Au premier séjour, je ferai faire sous mes yeux un appel de rigueur, et je suis certain qu'il se trouvera encore un nouveau déficit; ainsi je crois pouvoir assurer V. M. qu'elle ne peut réellement compter que sur douze à treize mille Saxons présents sous les armes.

J'adresse aussi au major général l'état de situation de l'armée polonaise; cette armée a repris l'offensive avec avantage, et déjà une partie de ses forces est entrée en Galicie.

. . . .

BERNADOTTE.

L'EMPEREUR AU MAJOR GÉNÉRAL.

Saint-Pölten, 9 mai 1809.

Mon Cousin, écrivez au général Moulin, que j'approuve le parti qu'il a pris de retenir à Augsbourg tout ce qui arriverait pour l'armée, jusqu'à ce que les incursions des Tyroliens aient été arrêtées[1]. Il doit y avoir déjà aujourd'hui

---

1. LE GÉNÉRAL MOULIN, COMMANDANT LA PLACE D'AUGSBOURG, AU MAJOR GÉNÉRAL.

Augsbourg, le 5 mai 1809.

D'après des avis certains parvenus à S. M. le roi de Bavière, et que je me suis également procurés, des partis autrichiens à la tête de bandes de Tyroliens s'approchent d'Augsbourg; depuis hier au soir, ils occupent Landsberg et Buchloë, entre le Lech et la Wertach, dont les deux routes parallèles sur la rive gauche du Lech arrivent directement à Augsbourg.

Un corps de cavalerie, qu'on porte à 800 hommes, a été vu aujourd'hui aux environs de Memmingen et Mindelheim.

Des avis parvenus ce soir, à S. M. le roi, d'sent que le général Chasteler réunit un corps de 22,000 hommes, dans cette partie du Tyrol, pour se porter sur Augsbourg.

D'après tous ces rapports, je fais toutes les dispositions nécessaires pour n'être point surpris, et, dans cette circonstance, Monseigneur, j'ai cru devoir retenir ici tous les détachements de conscrits arrivés aujourd'hui et qui pour-

près de 6,000 hommes. Le général de division Beaumont,
avec ses dragons, ne doit pas tarder à y arriver. Je ne doute
pas non plus que la cavalerie de la garde, si elle est arrivée,
n'ait mis en déroute ces Tyroliens; si elle ne l'avait point
fait, le général Beaumont le fera. Aussitôt que les troupes
désignées pour l'armée pourront rejoindre, c'est-à-dire
qu'on sera sans alarmes sur les incursions des Tyroliens, il
les dirigera par masses de 4 à 5,000 hommes. Les accidents
sont à craindre; il est donc bon de présenter toujours une
masse imposante. Il est convenable qu'il fasse connaître au
prince de Ponte-Corvo, qui se trouve soit à Ratisbonne, soit
entre cette ville et Passau, la situation de ses environs; car,
s'il était sur le point ou même en danger d'être cerné, le
prince de Ponte-Corvo pourrait le dégager. Dites-lui que
j'ai ordonné au duc de Danzig de se porter sur Innsbruck,
pour dissiper les rassemblements des Tyroliens. Écrivez
également au roi de Bavière que j'ai donné, au duc de Danzig, l'ordre de se porter sur Innsbruck; qu'à tout événement,
on aurait bientôt à Augsbourg 10 à 12,000 hommes de

,raient arriver demain, ainsi que le bataillon de V. A. S., fort de 632 hommes,
qui doit arriver demain.

. . . .
Monseigneur, si l'ennemi continue de s'avancer ainsi sur Augsbourg par la
rive gauche du Lech, la tête de pont aussi éloignée de la place me paraît absolument inutile à garder et emploierait des hommes plus nécessaires dans la
place; ainsi, lorsque les intentions de l'ennemi seraient reconnues, je ferais
retirer et rentrer dans la place les pièces de la tête de pont, dont aucun ouvrage
ne bat vers la ville.

. . . .
Il n'y a pas dans la place un seul détachement qui ait vu le feu, et la plus
grande partie de ces conscrits même ne savent point charger leurs armes. S'il
était possible, Monseigneur, d'avoir un régiment fait, ce serait une grande ressource. Mais, dans tous les cas, Monseigneur, je ferai tout pour opposer et présenter partout une vigoureuse défense, et profiter aussi du secours des inon-
dations et mériter la confiance de l'Empereur.
                                                                MOULIN.
Le major général ayant reçu du général Moulin une nouvelle lettre, datée
du 6 mai, qui l'informait que des renforts étaient dirigés d'Augsbourg sur l'armée, lui écrivait :
                    Saint-Pölten, le 9 mai 1809, 8 heures du soir.
L'Empereur, Monsieur le général Moulin, approuve en tous points la conduite
que vous avez tenue; vous faites bien de faire filer les troupes si vous n'avez
plus d'inquiétudes; mais dans le cas où vous en auriez de fondées, vous êtes
autorisé à garder toutes les troupes, même celles de la garde si cela était
nécessaire.

troupes ; que même dans ce moment on peut y rassembler
7 à 8,000 hommes ; que le général Beaumont doit y arriver
avec 3,000 hommes de cavalerie ; qu'enfin, en cas de nécessité, le prince de Ponte-Corvo se porterait sur Augsbourg.
Faites-lui connaître la situation des choses ici.

L'EMPEREUR AU MAJOR GÉNÉRAL.

Saint-Pölten, 9 mai 1809.

Mon Cousin, écrivez au général Beaumont, commandant
le corps de réserve d'Augsbourg, que je suppose qu'il est
arrivé à Augsbourg, où il a sous ses ordres 3,000 chevaux et
6 à 7,000 hommes d'infanterie, que le général Moulin y a
retenus ; que j'ai ordonné au duc de Danzig d'entrer à Innsbruck ; que je suppose que cela en imposera aux Tyroliens ;
mais qu'enfin, si l'on continuait à avoir des inquiétudes
dans la plaine, il va bientôt avoir moyen d'y mettre ordre ;
que le prince de Ponte-Corvo doit être arrivé à Passau avec
son corps ; qu'aussitôt que les inquiétudes seront dissipées
et tous les détachements réunis, il les fasse filer sur l'armée
par colonne de 4 à 5,000 hommes, mêlée d'infanterie et de
cavalerie, qui porterait le titre de *colonne de* . . . . . avec le
nom de l'officier qui la commanderait. Par ce moyen, les
événements inattendus qui pourraient survenir sur la route
seraient au-dessous de la force de cette colonne. Mandez-lui
que vous espérez qu'il correspondra fréquemment avec
vous.

CHAPITRE VI

ARRIVÉE DE L'ARMÉE DEVANT VIENNE ET ATTAQUE DE LA
PLACE. — ARRIVÉE DU MARÉCHAL DAVOUT A SAINT-
PÖLTEN ET DU MARÉCHAL BERNADOTTE A PASSAU. —
MARCHE DU 7ᵉ CORPS SUR KUFSTEIN.

10-12 mai.

Le 10, à 2 heures du matin, le corps du maréchal Lannes se mit en marche pour se diriger sur Vienne. La division Tharreau, formant la tête de la colonne, était suivie des divisions Saint-Hilaire et Claparède.

La brigade de cavalerie légère du général Colbert éclairait la marche du 2ᵉ corps, qui arriva devant les faubourgs de Vienne à 9 heures du matin.

« Les divisions Saint-Hilaire et Claparède prirent position en arrière du faubourg de Mariahilf, dans lequel la division Oudinot pénétra[1].

« Lorsqu'en débouchant par les rues du faubourg de Mariahilf, sur l'esplanade (la ville intérieure était défendue par un rempart bastionné, et entourée d'un glacis ou esplanade de 300 mètres de largeur qui la

---

[1]. *Opérations militaires de la division Saint-Hilaire, dans la campagne de 1809 en Autriche,* par Boudin de Roville, alors premier aide de camp du général Saint-Hilaire.

Le général Oudinot était commandant supérieur des divisions Tharreau et Claparède, dans le corps du duc de Montebello.

séparait des faubourgs[1]), la division Tharreau marcha sur la ville, la garnison l'accueillit à coups de canon.

« Le maréchal Lannes fit alors revenir les troupes dans les faubourgs et les mit à couvert du feu de la place[2]. »

Une ligne de postes, qui s'appuyait par ses deux extrémités au Danube, fut disposée autour de la ville.

Les Autrichiens ayant ouvert le feu sur les faubourgs occupés par les troupes françaises, « la journée du 10 se passa ainsi en canonnades, d'une part pour empêcher les préparatifs d'attaque, d'autre part pour les protéger[3] ».

Le général Colbert, envoyé avec sa brigade pour surveiller les routes venant de la Hongrie, écrivait dans la journée au maréchal Lannes :

                                        Simmering, le 10 mai 1809.

       Monseigneur,
  Je suis avec la moitié du 20ᵉ régiment de chasseurs à Simmering, j'éclaire Schwechat et la route de Bruck[4]. Des gens assez instruits

----

1. « La résistance de Vienne devait se renfermer dans la ville intérieure, dont les bastions étaient couronnés en tout de 48 pièces de différents calibres... La garnison se composait de 35,000 hommes environ....
  « Le F. M. L. O'Reilly chargé de la défense de la ville, particulièrement de la rive droite, avait sous ses ordres : 10 bataillons de landwehr autrichienne et 4 de landwehr morave, 6,000 hommes de milice bourgeoise. Le F. M. Dedovich, chargé de la défense de la rive gauche, avait avec lui 8 bataillons 1/3 de ligne, 6 bataillons de landwehr autrichienne et 6 bataillons de volontaires viennois ; de plus, Kienmayer formait réserve avec les grenadiers du IIᵉ corps de réserve.
  « Les brigades Mesko et Nordmann, en tout 4 bataillons et 5 escadrons et demi, n'appartenaient pas à la garnison de Vienne, mais elles lui apportèrent leur concours. » (L'Archiduc Charles, comme général et organisateur d'armée, par le colonel von Angeli.)
  2. « Le maréchal Lannes, ne pouvant plus douter de la résistance qu'on allait lui opposer, envoya deux officiers en parlementaires, pour inviter la ville à ouvrir ses portes, afin de s'épargner les malheurs d'une attaque de vive force et ceux d'un siège. » (Extraits des Mémoires des généraux Lejeune et de Marbot.)
  La division Saint-Hilaire eut ordre de se mettre en seconde ligne, et d'aller occuper les hauteurs du Galizinberg et de Dornbach.
  3. Mémoires du général Lejeune.
  4. Bruck sur la Leytha et la route de Raab.

a-surent que les Hongrois resteront chez eux. Une quantité immense d'artillerie et toute la cavalerie est à gauche du Danube. Deux hussards sont passés ce matin portant une dépêche à Presburg. On a brûlé les barques et les petits ponts; ils font une tête de pont sur la rive gauche. Les remparts qui cernent le faubourg sont garnis d'hommes armés, ils tirent sur les passants. Il y a une heure qu'ils se gardaient seulement. J'ai fait commander du pain partout. Je fais chercher des barques, mais il y en a peu ou point.

Je suis ici bien en l'air, je fais front de quatre côtés et je n'ai personne à ma gauche à plus d'une demi-lieue.

J'attends les ordres de Votre Excellence.

Le général Ed. COLBERT.

P.-S. — Je fais ôter toutes les pioches des ouvriers qui retournent à leurs villages. Je ne laisse sortir à pied et entrer personne. Mes reconnaissances rentrées, j'aurai l'honneur de vous en rendre compte.

L'ordre, expédié la veille à 8 heures du soir, par le major général, de se porter sur Vienne, parvenait le 10, à 3 heures du matin, au maréchal Masséna.

La tête du 4⁰ corps (division Legrand) atteignit Purkersdorf, où s'établit le quartier général. Le reste du corps d'armée s'échelonna entre Purkersdorf et Abstetten.

La division Marulaz arrivait devant Vienne, à 3 heures de l'après-midi[1].

L'Empereur établit dans la soirée son quartier général à Schönbrunn, d'où il fit adresser à l'archiduc Maximilien, par l'intermédiaire du major général, une lettre pour le sommer de rendre la place[2].

---

1. La division Marulaz, qui était bivouaquée à une lieue en arrière de Saint-Pölten, parcourait en une seule marche les 70 kilomètres qui la séparait de Vienne.

2. LE MAJOR GÉNÉRAL A L'ARCHIDUC MAXIMILIEN, COMMANDANT A VIENNE.

Au quartier général à Schönbrun, le 10 mai 1809.

Monseigneur, le maréchal de Montebello a envoyé ce matin, à V. A., un officier parlementaire accompagné d'un trompette. Cet officier n'est pas revenu. Je la prie de me faire connaître quand elle est dans l'intention de le renvoyer. Le procédé peu usité qu'on a eu dans cette circonstance, m'oblige à me servir des habitants de la ville pour communiquer avec V. A.

S. M. l'Empereur et roi mon souverain, ayant été conduit à Vienne par les événements de la guerre, désire épargner à sa grande et intéressante population les calamités dont elle est menacée, et me charge de représenter à V. A. que

LE DUC DE ROVIGO AU MAJOR GÉNÉRAL.

Mautern, le 10 mai 1809, à midi.

Monseigneur,

J'ai reçu, dans la nuit, la dépêche que V. A. m'a adressée hier, à 8 heures du soir; si l'officier qui en était porteur m'avait obéi et était resté jusqu'au jour, il aurait pu vous rendre compte de ce qu'il aurait vu, mais il est parti sans ordre la nuit même.

Les Wurtembergeois sont arrivés; l'artillerie de la division Espagne de même, ainsi que la compagnie de sapeurs du duc de Rivoli, mais si avant dans la nuit et après avoir fait douze lieues, qu'elle n'a presque point travaillé. Ce matin jusqu'à 11 heures, la rive ennemie était tout à fait tranquille. A midi, je vis sortir de Krems pour venir à Stein, une colonne d'infanterie de deux forts bataillons bien entassés; je les ai laissés venir jusqu'à la porte de Stein, et, lorsqu'ils ont été en belle vue sur le bord de l'eau, je leur ai fait tirer vingt coups de canon qui les ont mis comme un troupeau de moutons.

---

si elle continue à vouloir défendre la place, elle causera la destruction d'une des plus belles villes de l'Europe; elle fera supporter les malheurs de la guerre à une immense population, composée en partie de vieillards, de femmes et d'enfants qui ne devraient jamais y être exposés; tant de braves soldats de S. M. l'Empereur d'Autriche, qui sacrifient leur vie à son service, ne seront-ils pas frappés dans ce qu'ils ont de plus cher, quand, abandonnant leurs personnes à leur souverain, ils verront leurs femmes et leurs domiciles livrés aux calamités de la guerre?

L'Empereur mon souverain a fait connaître, dans tous les pays où la guerre l'a porté, sa sollicitude pour écarter ces désastres des populations non armees V. A. doit être persuadée que S. M. est sensiblement affectée de voir, au moment de sa ruine, cette grande ville qu'il tient à gloire d'avoir déjà sauvée.

Cependant, contre l'usage établi dans les forteresses, V. A. a fait tirer du canon du côté de la ville, et ce canon pouvait tuer, non un ennemi de votre souverain mais la femme ou l'enfant de ses plus zélés serviteurs. J'ai l'honneur de faire observer à V. A. que, pendant cette journée, l'Empereur s'est refusé à laisser entrer aucune troupe dans la ville, se contentant seulement d'occuper les portes et de faire circuler des patrouilles pour maintenir l'ordre; mais si V. A. continue à vouloir défendre la place, S. M. sera forcée à faire commencer les travaux d'attaque, et la ruine de cette immense capitale sera consommée en 36 heures par le feu des obus et des bombes de nos batteries, comme la ville extérieure sera détruite par l'effet des vôtres. S. M. ne doute pas que ces considérations n'influent sur V. A., et ne l'engagent à renoncer à une détermination qui ne retarderait que de quelques momeι ts la prise de la place. Enfin, si V. A. ne se décide pas à prendre un parti qui sauve une ville aussi intéressante, sa population, qui serait par la faute de V. A. plongée dans de si affreux malheurs, deviendrait, de sujets fidèles, des ennemis de sa maison.

Je prie V. A. de me faire connaître sa résolution, et de croire à la sincérité des sentiments que je lui ai exprimés comme à ceux de ma plus haute considération.

Cette lettre ne devait parvenir à destination que le lendemain 11 mai, à 10 heures du matin, et resta sans reponse.

Ils en ont eu une telle peur qu'ils ont mis sur-le-champ le feu au pont ; apparemment qu'ils avaient pris des mesures pour cela, car en moins de dix minutes il y a eu six fermes en flammes et, pendant que j'ai l'honneur de vous écrire, il y en a huit.

Néanmoins, je continue mon opération ; si la partie que les ennemis brûlent me parait suffisamment brûlée et devoir remplir l'objet, je ne brûlerai pas de mon côté, sinon j'incendierai aussi du mien. Aussitôt que le feu sera éteint, je disposerai la colonne d'artillerie du bataillon de voltigeurs et de l'escadron de la brigade Piré, avec le régiment wur-tembergeois ; elle se mettra en marche, aussitôt l'arrivée du général Montbrun et de ses troupes [1].

Je préviens le général Gudin de la canonnade de ce matin, afin qu'il soit sans inquiétude.

Le Duc DE ROVIGO.

J'avais bien envie de faire partir l'artillerie et le bataillon de volti-geurs dès demain matin, mais votre ordre est positif et je m'y confor-merai.

LE DUC D'AUERSTAEDT AU MAJOR GÉNÉRAL.

Linz, le 10 mai 1809, à 7 heures du matin.

Monseigneur,

J'ai l'honneur d'informer V. A. qu'ayant retiré de Straubing les dix pièces autrichiennes que j'avais fait venir de Ratisbonne à Straubing, les habitants en ont déterré huit ou dix apparte-nant aux Bavarois, qu'ils avaient cachées, et les ont placées dans la tête de pont qui est susceptible d'une très bonne défense.

J'adresse à V. A. l'état des munitions qu'on a données pour les pièces.

Je vous prie de me faire connaître si l'intention de S. M. est de conserver le pont de Straubing et l'armement de la tête de pont.

Il s'est formé dans cette ville, avec assez de bonne volonté, deux bataillons de volontaires qu'on a armés avec les fusils ve-nus de Ratisbonne.

Il est à craindre qu'un parti ennemi n'épouvante cette milice et ne surprenne Straubing.

Les dix pièces de Rain et les dix pièces que j'avais fait venir de Ratisbonne à Straubing sont maintenant à Passau.

Le général Rouyer me mande qu'il a fait évacuer, de Ratis-bonne sur Passau, l'artillerie et les munitions qui avaient été

---

1. Le général Montbrun arrivait à Mautern dans l'après-midi et s'y établissait.

rassemblées dans la première ville. Le tout ne tardera pas à être rendu à Passau.

Duc d'Auerstaedt.

Écrire au commandant bavarois, à Straubing, de me donner tous les deux jours des nouvelles de ce qui se passe.

Alexandre.

LE DUC D'AUERSTAEDT A L'EMPEREUR.

Linz, le 10 mai 1809, à 11 heures du matin.

Sire,

J'ai reçu la lettre de V. M., du 9, de Saint-Pölten.

Les divisions Friant et Gudin sont aujourd'hui à Mölk.

Le général Morand est à Enns, ayant des postes pour observer Mauthausen. Le 19e régiment reste à Linz à la disposition du général Vandamme, qui observera aussi Mauthausen et qui, en cas d'événements, se servirait de la division Morand.

Voilà déjà plus de 300,000 rations que nous faisons filer sur Mölk et le général Vandamme en enverra le plus qu'il pourra; il y a encore ici plus de 200,000 rations de bon biscuit autrichien.

Le chef de bataillon Hennequin, de la garde de V. M., arrive avec 1,300 grenadiers et chasseurs; le général Hanicque les fait transporter sur des bateaux avec une compagnie de pontonniers, à Mölk, où ils pourront arriver demain[1]; s'ils éprouvaient trop d'obstacles en route, ils débarqueraient sur la rive droite et continueraient leur route par terre.

J'adresse à V. M. un rapport de Straubing, qui donne des nouvelles du prince de Ponte-Corvo; il a dû être du 9 au 10 à Straubing, il sera vers le 13 à Passau probablement.

On ne peut toujours rien savoir des mouvements de l'Archiduc Charles; les on-dit sont qu'il porte sur Vienne une partie de son armée, et qu'il couvre ce mouvement par des troupes légères et des landwehr[2].

---

1. La distance qui séparait Linz de Mölk était, par la route, de 103 kilomètres.

2. Le 10 mai, le général Puthod, commandant la place de Linz et la province de la Haute Autriche, écrivait au major général :

Monseigneur,

J'ai l'honneur d'annoncer à V. A. que, d'après les renseignements que j'avais reçus hier soir, tout annonçait que l'armée autrichienne, en Bohême, était venue depuis plusieurs jours à Budweis. D'après ceux que je me suis procurés aujourd'hui, par le rapport de quelques déserteurs et de quelques habitants revenant de la Bohême, il paraît certain que l'armée est partie de Budweis depuis trois jours, se dirigeant sur Brunn en Moravie, sous les ordres du prince Charles

La reconnaissance, que le général Vandamme a fait faire sur Freystadt, y a trouvé des dragons de Vincent et des hussards de Ferdinand avec de l'infanterie; tout cela a opposé peu de résistance.

Un déserteur de Vincent dit que c'était M. de Stutterheim qui était à Freystadt, et qu'il envoyait ses rapports au prince de Rosenberg.

Hier soir, à Mauthausen, une patrouille de trois Wurtembergeois a été prise; on a envoyé une reconnaissance sur ce point.

Je suis en relations avec le général Dupas qui me donne des nouvelles tous les jours; il m'annonce qu'on pousse les travaux des retranchements avec le plus d'activité possible[1].

Il paraît beaucoup redouter la grande faiblesse du général bavarois Montigny; la petite garnison de l'Oberhaus est très mal composée, à l'exception des canonniers; ce ne sont que de nouvelles levées ou des invalides. Il serait très utile que cette garnison fût mieux composée. J'ai recommandé au général Dupas, au premier coup de fusil, d'y jeter quelques troupes françaises.

Ci-joint les rapports des baillis de Zwiesel et Bernstein près de Gravenau, et de celui de Wegscheid.

Il n'y a point de doute, par tous ces rapports, que les ennemis font des mouvements.

. . . .

Le général Vandamme a envoyé une centaine de chevaux, avec quelque infanterie wurtembergeoise et française, à Steyer, pour observer les routes qui débouchent sur ce point[2].

---

qui n'a laissé, dit-on, que quelques partis en Bohême, et qui en pousse d'autres jusque dans le cercle de Mühl de cette province : ce cercle se trouve en entier sur la rive gauche du Danube et fait frontière de la Bohême.

Les ouvrages que l'on fait en avant du village d'Urfahr, faisant tête de pont à celui établi ici sur le Danube, se font avec beaucoup de rapidité, ils sont déjà en état de défense et pourront être terminés dans trois ou quatre jours; ils offrent un grand développement et exigeront une assez grande force pour les défendre.

. . . .

PUTHOD.

1. Le général Dupas commandait à Passau.
2. LE GÉNÉRAL COMPANS AU GÉNÉRAL VANDAMME.

Strengberg, le 10 mai 1809.

Mon cher Général,

M. le maréchal duc d'Auerstaedt me charge de vous annoncer que, dans la disposition des instructions qu'il vous a laissées, relatives au détachement d'infanterie et de cavalerie que vous devez envoyer à Steyer, il a fait une omission importante, celle de vous engager à recommander au commandant de ce détachement, de faire ses préparatifs pour brûler le pont de Steyer et se retirer sur la rive gauche de l'Enns, dans le cas où l'ennemi marcherait sur Steyer en venant par la route de Weyer.

Ce commandant, pour être prévenu à temps des mouvements de l'ennemi,

Je pars pour Mölk, où je serai rendu cette nuit, à moins que je ne reçoive des nouvelles qui me déterminent à rester à Enns.

Duc d'Auerstaedt.

P.-S. — J'adresse à V. M. le rapport de la personne qui est à la tête de ma partie secrète.

C'est un homme zélé qui m'a bien servi, mais qui fait quelquefois des rapports exagérés, quoiqu'ils contiennent toujours un fonds de vérité [1].

LE DUC D'AUERSTAEDT AU GÉNÉRAL VANDAMME.

Linz, le 10 mai 1809.

L'Empereur désire, mon cher Général, que vous vous mettiez en communication avec le prince de Ponte-Corvo. Par des nouvelles indirectes mais certaines, ce prince doit être à Straubing, et probablement en marche de cet endroit sur Passau.

Je vous prie de charger les officiers que vous avez à Steyer et vis-à-vis de Mauthausen, de me faire parvenir à Mölk les nouvelles qui peuvent intéresser le service. De mon côté, je vous instruirai de ce qui pourra vous intéresser.

L'officier qui sera à Mauthausen pourrait recevoir les rapports des détachements de Wallsee, d'Ips, etc., et, s'ils contenaient quelque chose d'intéressant, il me les communiquerait. Chargez-le de faire reconnaître les endroits où il existe des embarcations. Il devra les faire diriger sur Mölk, et surtout les faire mettre de suite sur la rive droite.

L'Empereur, mon cher Général, qui a son quartier général à Saint-Pölten, me mande, en date du 9, que vous devez surveiller les points de Linz et de Mauthausen, et envoyer des partis à Steyer pour observer les routes qui y aboutissent, celles entre autres venant de Weyer, de Waidhofen, de Maimbach et de Lambach.

Toutes les nouvelles annoncent le départ de l'Archiduc Charles pour se rapprocher du Danube. Je compte partir aujourd'hui pour Mölk, où j'ai deux divisions.

---

devra avoir constamment sur cette route de petites reconnaissances, qui pousseront le plus avant possible, en évitant de se compromettre. Il devra aussi s'éclairer sur tous les débouchés venant du même côté.

Si ce cas arrivait, le détachement en se retirant sur la rive gauche de l'Enns, couvrirait en même temps Enns et Linz.

Signé : D. Compans.

1. Dans ce rapport, il était dit que le plan de résistance de l'ennemi était calculé, « en tenant compte de l'insurrection du pays où l'armée française avait passé ; que l'insurrection devait apporter son appui à un corps d'armée qui devait déboucher par Furth et Waldmünchen, pour se porter par la Bavière vers les bords de l'Inn, aussitôt que le gros de l'armée française se serait rapproché de Vienne ».

J'envoie le général Morand avec deux de ses régiments à Enns, avec ordre d'établir des postes vis-à-vis de Mauthausen, de culbuter ce qui se présenterait pour passer le Danube sur ce point, et de vous faire part, ainsi qu'à moi, de ce qu'il apprendrait de nouveau. Son autre régiment restera à Linz à votre disposition, et dans le cas d'événements impérieux, le général Morand devra obéir aux ordres que vous lui donnerez.

Le major général, par sa lettre du 9, me fait connaître, mon cher Général, qu'on a placé des commandants de place à Wallsee et à Ips, et que vous devez correspondre avec eux, pour être instruit de ce qui se passerait de nouveau.

Il recommande d'envoyer un parti de cavalerie et d'infanterie wurtembergeoises, avec des Français, sur Steyer, pour savoir s'il n'y a rien de nouveau de ce côté. Aussi, le parti de 60 chevaux que vous devez y envoyer, ne serait que l'avant-garde de celui qu'il faut y envoyer.

Prenez un demi-bataillon du 17e avec un demi-bataillon wurtembergeois, qui seront commandés par un chef de bataillon du 17e ou, ce qui vaudrait mieux, par un de vos officiers d'état-major du même grade.

Cette troupe aurait, dans tous les cas, sa retraite sur les deux rives de l'Enns; par la rive droite, le pays est plus coupé.

L'Empereur demande aussi qu'on fasse filer d'ici sur Mölk le plus de pain et de biscuit possible. Il y a ici plus de 300,000 rations de biscuit autrichien; il faut les envoyer en deux convois, en les faisant escorter par le 17e.

Il faut donner des exécutions militaires aux autorités pour se procurer des bateliers. Ces convois auront l'ordre d'aller débarquer à Mayerhofen, premier village avant Mölk.

Le chef des convois préviendra de son arrivée le commandant de place de Mölk, qui en informera de suite S. M.

Duc D'AUERSTAEDT.

P.-S. — Il reste avec le 17e sept ou huit bouches à feu. Faites demander au général Morand où il les laisse, afin que vous puissiez en disposer et leur donner un emplacement.

Je joins, ici, la note des postes de correspondance établis entre Linz et Passau. Vous pourrez vous en servir pour correspondre avec le général Dupas et, dans les cas pressants, pour expédier des officiers qui prendront des chevaux de correspondance[1].

---

1. Le maréchal Davout quittait Linz peu avant midi, se dirigeant sur Mölk. Arrivé à Amstetten, le chef d'état-major du 3e corps d'armée écrivait au général Vandamme :

Amstetten, le 10 mai 1809.

Mon cher Général,

M. le maréchal a reçu, en route, une lettre du général Dupas renfermant divers

LE DUC D'AUERSTAEDT AU GÉNÉRAL VANDAMME.

Enns, le 10 mai 1809.

Je reçois à l'instant, mon cher Général, une lettre de l'Empereur, du 9 à 6 heures de l'après-midi, qui me mande qu'il sera aujourd'hui à midi devant Vienne, où les habitants paraissent vouloir se défendre. Il me dit de réunir mon corps d'armée à Saint-Pölten, observant Mautern et Mölk. Il me laisse carte blanche pour la division Morand, et me laisse maître de la mettre en marche, si rien n'exige sa présence à Enns. Je n'y vois pas encore assez clair, pour faire le moindre changement aux dispositions que j'ai arrêtées en partant. Ainsi, je la laisse à Enns à votre disposition, jusqu'à ce que vous ayez acquis la certitude qu'aucune force ennemie n'est en marche, ni sur Linz, ni sur Passau. Lorsque vous aurez cette certitude-là, vous pourrez donner au général Morand l'ordre de se diriger sur Saint-Pölten, en le faisant remplacer par un bataillon wurtembergeois qui s'établirait avec un peu de cavalerie à l'embouchure de l'Enns, pour observer Mauthausen.

Le général Morand établit des postes sur la rive droite du Danube, jusqu'à l'embouchure de la Traun. Établissez-en, ainsi que je vous ai engagé à le faire, depuis cette embouchure jusqu'à Obermuhl.

rapports sur l'ennemi, entre autres un du bailli de Zwiesel, qui annonce que les Autrichiens y sont attendus. S. E. vous prie d'accuser réception de sa part au général Dupas de ces rapports.

Il désire, mon cher Général, que vous écriviez à ce général pour lui recommander, dans le cas où l'ennemi ferait des mouvements sur la rive gauche du Danube, entre Passau et Straubing, d'ordonner d'avance au général Beaupré de retirer, sur la rive droite de l'Inn, tous les dépôts de cavalerie qu'il a dû établir sur la rive gauche.

Rappelez-lui aussi qu'il ne doit point laisser de bateaux entre Straubing et Passau, et que si l'ennemi menaçait ce dernier endroit, il devrait s'empresser d'envoyer deux compagnies françaises dans la citadelle, et de prendre vigoureusement la haute main sur tout ce qui peut avoir rapport au commandement et à la défense de ce point important.

D'après des rapports qui ont été faits à M. le maréchal, il est certain que l'ennemi a des partis à Mauthausen et qu'il y a commandé la nuit dernière une grande quantité de pain. Cette circonstance confirme S. E. dans l'opinion où elle est, que les Autrichiens tenteront une diversion sur quelque point de votre front; elle vous engage, mon cher Général, à redoubler de surveillance et à bien prendre toutes vos précautions.

D. COMPANS.

P.-S. — Des renseignements que M. le maréchal a sur les mouvements de l'ennemi, du côté de Mauthausen, le déterminent, mon cher Général, à vous engager de suspendre jusqu'à nouvel ordre tout départ de bateaux chargés ou non chargés, à Linz pour Mölk.

Le général Morand va établir des postes de correspondance entre Enns et Mölk. Faites-en placer de votre côté, entre Linz et Enns, pour assurer vos relations avec moi. Vous pourrez adresser vos dépêches au général Morand, qui est logé ici au château et qui me les fera passer.

Duc d'Auerstaedt.

LE PRINCE DE PONTE-CORVO A L'EMPEREUR.

Osterhofen, le 10 mai 1809.

Sire,

. . . .

Tous les renseignements que j'ai recueillis, sur les frontières de la Bohême, s'accordent à dire que le prince Charles, étant à Cham, assembla les généraux et mit en délibération de repasser le Danube à Ratisbonne et Straubing, avec tout ce qu'il aurait pu réunir de troupes en Bohême ; le prince proposa cette opération comme le parti extrême, déclarant que jamais l'armée autrichienne ne pourrait battre en face l'armée française et qu'il fallait quelque manœuvre désespérée pour sauver la monarchie. Il persista fortement dans son plan d'agir sur les derrières de l'armée de V. M., mais l'insuffisance des forces, et notamment la défection du corps de Bellegarde en empêcha l'exécution.

Je suis arrivé aujourd'hui à Osterhofen ; je serai demain à Passau avec une partie de mes troupes ; mais elles ne pourront y être toutes rendues qu'après-demain 12. Peu habituées à des marches continuelles sans séjour, les troupes sont extrêmement fatiguées, et je suis obligé de demander à V. M. la permission de séjourner le 13 à Passau, si cela est possible ; ce repos sera très utile pour réunir tous les corps, et pour renouveler la chaussure, au moyen d'un convoi de souliers que j'ai fait diriger sur Passau. V. M. permettra que je lui répète encore que, pour agir avec succès, l'armée saxonne a absolument besoin d'être appuyée par un corps de troupes françaises.

Bernadotte.

LE MAJOR GÉNÉRAL AU DUC DE RIVOLI.

Schönbrunn, 11 mai 1809, 6 heures du matin [1].

L'intention de l'Empereur, Monsieur le maréchal Masséna, est

---

1. Lorsque le major général adressait cette lettre au maréchal Masséna, le 4e corps était déjà en marche ; un premier ordre lui ayant été adressé dans la nuit, pour se porter sur Vienne.

que votre dernière division s'arrête à Sieghardskirchen, que l'avant-dernière s'arrête à Purkersdorf, à quatre lieues d'ici, et que vos deux premières arrivent sur Schönbrunn [1]. Vous voudrez bien envoyer un officier de votre état-major en avant, pour connaître la position qu'elles doivent occuper. J'ai donné l'ordre au général Marulaz de se rendre au village de Simmering.

ALEXANDRE.

(*Arch. du prince d'Essling.*)

LE MAJOR GÉNÉRAL AU GÉNÉRAL MARULAZ.

Schönbrunn, le 11 mai 1809, à 6 heures du matin.

L'intention de l'Empereur, Général, est que vous vous portiez avec votre brigade au village de Simmering, route de Vienne à Presburg, pour y relever le général Colbert, auquel vous remettrez l'ordre ci-joint[2], de se concentrer sur la route de Neustadt pour y soutenir, en cas de besoin, le régiment qui s'y est rendu hier[3].

---

1. La division Legrand s'arrêtait à Purkersdorf ; la division Molitor restait à Sieghardskirchen avec le parc de réserve : quant aux divisions Carra-Saint-Cyr et Boudet, elles se portaient sur Schönbrunn.

2.   LE MAJOR GÉNÉRAL AU GÉNÉRAL COLBERT.

Schönbrunn, le 11 mai 1809, à 6 heures du matin.

L'Empereur ordonne, Général, que le général Marulaz se rende à Simmering pour vous y relever. Quant à vous, vous vous concentrerez sur la route de Neustadt pour y soutenir, en cas de besoin, le régiment qui s'y est rendu hier.

3. « A 6 heures du matin, le prince major général donna l'ordre au général Marulaz de se rendre à Simmering, village situé à peu de distance de Vienne, sur la route de Presburg, à l'effet d'y relever la brigade de M. le général Colbert, qui eut ordre de se porter sur la route de Neustadt pour éclairer cette direction.

« La division détacha un escadron à Schwechat, point d'intersection des routes de Presburg et Bruck, pour appuyer les reconnaissances dirigées sur ces deux points. Elle plaça en outre des postes sur le Danube, pour observer les mouvements de l'ennemi qui occupait la rive gauche. Le général Marulaz fit garder également tous les ponts d'un canal situé en arrière de Simmering qui, venant de la direction de Neustadt, coule parallèlement au Danube depuis Schwechat jusqu'à Vienne (canal de navigation allant de Vienne à Neustadt). Des postes furent placés sur tous les chemins situés dans cette partie, pour éclairer cette direction. La brigade de gauche fut chargée d'observer les portes de Vienne, dites de Neustadt et de Presburg, pour être informée des mouvements qui pourraient se faire dans cette capitale.

« Les reconnaissances trouvèrent dans les tours, en arrière d'Ebersdorf, 45 caissons dont 6 chargés de gargousses à mitraille, 4 pièces de canon, 2 obusiers avec leurs affûts, 3 caissons d'obus, environ 100 quintaux de poudre dans un magasin, dont la plus grande partie confectionnée en cartouches. Le même jour, la division reçut l'ordre de s'avancer sur la route de Presburg, à hauteur de Schwechat. En chemin, elle reçut celui de faire halte. S. M. envoya demander

LE MAJOR GÉNÉRAL AU DUC D'ISTRIE [1].

Schönbrunn, le 11 mai 1809.

L'intention de l'Empereur est que la brigade Jacquinot éclaire sur le chemin de Nussdorf et Schönbrunn, et se lie avec le général Piré, qui doit être le long du Danube jusqu'à Mautern [2].

Le 11, dans la matinée, l'Empereur parcourut les environs de Vienne. « Il ordonna au général d'artillerie Andréossy, qui était avec lui, de faire réunir le soir de ce même jour tous les obusiers de l'armée, et de les placer comme il le jugerait convenable, pour qu'à commencer de 10 heures du soir il ouvrît un feu de bom-

---

M. le général Marulaz avec deux escadrons, pour s'emparer des bateaux stationnés sur la rive près de Simmering. L'ennemi, embusqué dans les bois sur l'autre rive, fit un feu très vif pour arrêter ce mouvement. Le général Marulaz fit mettre pied à terre à la compagnie d'élite du 19e régiment de chasseurs, qui parvint par son feu de carabine à s'emparer de quelques bateaux qui existaient sur le fleuve, la plupart endommagés. Cette compagnie eut dix hommes blessés dont un mort. La division bivouaqua, la nuit du 11 au 12, sur les bords du Danube, et détacha le 23e régiment de chasseurs à Fischament, pour faire remonter les bateaux qu'il trouverait sur le traînage. » (*Journal historique des opérations militaires de la division de cavalerie légère, commandée par le général Marulaz, pendant la campagne de 1809.*)

1. Le major informait en même temps le maréchal Bessières des ordres donnés directement au général Marulaz.

2.   LE GÉNÉRAL BARON DE PIRÉ AU MAJOR GÉNÉRAL.

Traismauer, le 11 mai 1809, à 4 heures du matin.
Monseigneur,

Le chef d'escadron établi à Furth m'instruit que 450 chevaux wurtembergeois viennent de s'y cantonner, et que les généraux Montbrun et Pajol sont également arrivés à Mautern. J'ai l'honneur de demander à V. E. l'autorisation de faire rentrer mon escadron établi à Furth, il ne peut plus se procurer de fourrages.

Le feu a été mis au pont par les Autrichiens.

Le 8e de hussards est établi entre Traismauer et Tulln.

Le colonel Laborde me rend compte qu'un bataillon de landwehr a pris poste dans les grands bois, de l'autre côté de Königstädten ; en conséquence, une compagnie de hussards est établie dans ce dernier village, pour surveiller l'ennemi.

Les Autrichiens ont un fort parti de cavalerie et d'infanterie sur la rive gauche du Danube, en face de Zwentendorf. J'ai ordonné d'établir une chaîne de petits postes de surveillance entre Traismauer et Tulln, et de porter des reconnaissances en avant de ce dernier endroit.

Baron DE PIRÉ.

L'officier, que j'avais envoyé sur Vienne, ayant trouvé des troupes ennemies, n'a pas été plus loin suivant mes instructions et est de retour à Tulln.

bardement, qu'il ne cesserait que lorsque la ville aurait demandé à parlementer.

« Indépendamment de cette disposition, l'Empereur alla lui-même, avec une des divisions du corps de Masséna (la division Boudet), faire exécuter à l'extrémité de la promenade du Prater, le passage du bras du Danube qui sépare cette île de la terre ferme [1]. »

« L'Empereur, ayant vu qu'en se rendant maître du Prater il couperait toute communication de la capitale avec l'armée autrichienne, prescrivit au général Pernety de reconnaître l'emplacement d'un pont, de disposer des batteries pour en protéger l'établissement, et de le faire exécuter le plus tôt possible. L'artillerie de la dision Boudet fut placée et soutenue par deux compagnies d'infanterie. Pendant un feu très vif d'une rive à l'autre, un aide de camp de S. A. le prince major général, quelques voltigeurs et pontonniers se jetèrent à la nage [2], pour aller prendre des nacelles à l'autre bord. On s'empara des bateaux et radeaux, et une compagnie de voltigeurs du 3ᵉ d'infanterie légère fut passée dans le Prater, avec ordre de s'établir dans le pavillon [3] qui était sur le bord. On commença alors le pont; les culées étaient à peine établies et un bateau placé, que les patrouilles de voltigeurs furent attaquées par deux bataillons avançant en colonnes sur les avenues. La dite compagnie se réunit dans le pavillon et commença la fusillade. Aussitôt les canons furent dirigés sur les ave-

---

1. *Mémoires du duc de Rovigo.*
2. Le capitaine Pourtalès, aide de camp du major général, et le lieutenant Sighaldy, aide de camp du général Boudet, traversèrent à la nage ce bras du Danube dont se servait le commerce pour la navigation et qui contenait toujours de nombreux bateaux.
3. Le Lusthaus.

nues et firent plusieurs décharges à mitraille qui tuèrent beaucoup de monde aux bataillons et les forcèrent à rétrograder promptement dans le plus grand désordre[1]. »

LE MAJOR GÉNÉRAL AU DUC DE RIVOLI.

Schönbrunn, le 11 mai 1809, à midi.

L'Empereur ordonne, Monsieur le Duc, que vous mettiez votre 1re et votre 2e division[2] en position à Simmering, l'une à droite, l'autre à gauche de la route ; vous ferez occuper les deux faubourgs en arrière de vous pour y maintenir l'ordre et la police. Envoyez à l'avance votre chef d'état-major auprès du général Andréossy, pour se concerter avec lui sur la manière d'occuper ces deux faubourgs. Ce sont les deux faubourgs qui sont le plus près de la rive droite du Danube, route de Vienne à Presburg[3].

ALEXANDRE.

(*Arch. du prince d'Essling.*)

Tandis que le maréchal Masséna activait la construction du pont sur le bras du Danube, afin d'occuper le Prater et de menacer la retraite de la garnison de Vienne, l'Empereur ordonnait de faire tous les préparatifs nécessaires, pour qu'à la nuit on pût commencer à jeter des obus sur la ville.

« A 9 heures du soir, une batterie de 20 obusiers, construite par les généraux Bertrand et Navelet, à cent toises de la place, commença le bombardement : 1,800 obus furent lancés en moins de 4 heures.....[4] »

---

1. *Rapport historique sur les opérations de l'artillerie du 4e corps, dans la campagne de 1809,* par le général Pernety.
2. Le maréchal Masséna ne disposait à ce moment que des 2e et 4e divisions.
3. Les faubourgs de Landstrasse et d'Erdberg.
4. *Septième bulletin de l'armée d'Allemagne.*
Cette batterie fut établie sur le terrain occupé par les écuries impériales.
Outre cette batterie, la plus importante, d'autres obusiers furent répartis à la lisière des faubourgs, au sud de Vienne. (Voir la lettre du major général au maréchal Davout, du 12 mai, à midi.)

LE MAJOR GÉNÉRAL AU GÉNÉRAL SONGIS.

Schönbrunn, 11 mai 1809, 11 heures et demie du soir.

L'intention de l'Empereur, Monsieur le Général, est de jeter un pont sur le Danube demain ou après-demain ; il faut donc prévenir les pontonniers et prendre toutes les mesures possibles pour avoir des bateaux, des cordages et des ancres. L'Empereur voudrait jeter ce pont entre Presburg et Vienne. On pense qu'à Fischament, à huit lieues au-dessous de Vienne, le Danube se trouve réuni dans un seul lit, et que dans cet endroit il n'y a point d'île. Il faudrait donc envoyer un officier reconnaître cette position ou toute autre qui pourrait être propice. L'officier que vous désignerez se rendra auprès du duc de Rivoli, qui a son quartier général à Simmering, sur la route de Presburg. Il lui demandera un fort parti en cavalerie pour l'escorter dans sa reconnaissance, dont l'objet est de choisir l'endroit le plus propice pour jeter un pont au-dessous de Vienne[1].

P.-S. — Je donne le même ordre au général Bertrand, tâchez que votre officier se réunisse à celui qu'il enverra.

---

1. Des reconnaissances furent également envoyées à Nussdorf, pour reconnaître les possibilités de passage du fleuve à cet endroit, et pour observer, des hauteurs de la rive droite du Danube, les mouvements de l'ennemi sur la rive gauche.

« Je fus envoyé à Nussdorf, une lieue plus haut que Vienne sur le Danube, avec deux compagnies de voltigeurs. J'étais chargé de reconnaître la possibilité de faire un pont à cet endroit, la quantité de troupes ennemies qui occupaient les îles qui communiquent au faubourg de Léopoldstadt. (*Opérations militaires de la division Saint-Hilaire*, par Boudin de Roville.)

RAPPORT DU CHEF DE BATAILLON BOUDIN, AIDE DE CAMP DU GÉNÉRAL SAINT-HILAIRE.

Dornbach, le 11 mai 1809.

Les ennemis occupent en force les îles du Danube depuis Nussdorf jusqu'à Vienne.

La grande île est fortifiée par sa pointe et garnie de troupes. La partie la plus rapprochée du village d'Heiligenstadt est la mieux gardée. Les postes y sont forts et multipliés ; le bras du Danube dans cet endroit est étroit ; il y a une batterie entre Heiligenstadt et Unterdöbling ; le 5e régiment de cuirassiers fournit vis-à-vis des vedettes.

A la tête du grand pont, au village de Spitz, il y avait un régiment de hussards assis sur le bord du fleuve tenant les chevaux par la bride et quelques bataillons d'infanterie dont une partie était en ligne et sous les armes.

Plusieurs convois de caissons, formant à peu près le nombre de cent, sont sortis de la ville et se sont dirigés sur la route de Nikolsburg.

Quatre caissons sont sortis de la ville, à 11 heures du matin, et ont été conduits avec une extrême rapidité se dirigeant sur Nikolsburg.

Il n'est rien arrivé de la Bohème pendant le jour, soit par la route de Stokerau, soit par celle de Nikolsburg.

L'ennemi fusille tout ce qui paraît sur cette rive du Danube, vis-à-vis ses

LE DUC D'AUERSTAEDT AU MAJOR GÉNÉRAL.

Mölk, le 11 mai 1809.

Monseigneur,

J'ai trouvé, à mon arrivée ici, un régiment badois et un régiment hessois qui y attendaient de nouveaux ordres. J'ai cru devoir utiliser cette troupe en la mettant provisoirement sous les ordres du général Friant, qui doit laisser avec elle un bataillon français[1]. Toutes ces troupes seront sous les ordres du général Gilly, qui reconnaîtra et prendra une bonne position aux environs de Mölk, pour couvrir toutes les routes qui viennent du Danube, depuis Mautern jusqu'à Ips.

Ce général établira des postes d'observation sur la rive droite du Danube, afin de pouvoir être informé des mouvements de l'ennemi sur la rive gauche, et me fera des rapports fréquents de tout ce qu'il pourrait apprendre d'intéressant.

Le général Friant a l'ordre de se rendre ce soir, avec sa division, à Markersdorf, et dans le cas où il entendrait tirer le canon, il pousserait jusqu'à Saint-Pölten.

Ce général détache quatre compagnies d'infanterie, qui partent à l'instant pour aller éclairer la rive droite du Danube, depuis Mölk jusqu'à Mautern; elles le rejoindront à Saint-Pölten, après avoir rempli leur objet.

J'espère, d'après toutes ces précautions, que l'ennemi ne fera point de mouvements sans que j'en sois promptement informé.

Duc d'Auerstaedt.

---

postes; mais la distance est trop grande pour que les coups puissent porter juste; si l'on excepte cependant la rive vis-à-vis Heiligenstadt, où un soldat du train a été tué.

Boudin.

LE GÉNÉRAL JACQUINOT AU MAJOR GÉNÉRAL.

Speising, le 11 mai 1809, à 9 heures du soir.

Monseigneur,

L'officier commandant une des reconnaissances que j'ai dirigées sur Nussdorf me rend compte qu'une division ennemie, d'environ 10,000 hommes d'infanterie, est entrée à Vienne aujourd'hui vers une heure et demie; il en a vu une autre à peu près aussi forte, qui descendait le Danube vis-à-vis Klosterneuburg. (C'était sans doute une des divisions du corps du général Hiller.)

D'après son rapport, il y a en arrière du dernier pont de Vienne un parc assez considérable et un régiment de cavalerie; il a vu deux cents voitures qui sortaient de la ville et qui prenaient la route de Brunn.

Cet officier a trouvé, à Klosterneuburg, le général Demont avec sa division. Il n'a pu se procurer aucun renseignement sur la brigade du général Piré.

Ch. Jacquinot.

1. Ces deux régiments recevaient l'ordre, le 13, de rejoindre le corps du maréchal Masséna.

LE DUC D'AUERSTAEDT A L'EMPEREUR.

Saint-Pölten, le 11 mai 1809, à 6 heures du soir.

Sire,

J'ai l'honneur de rendre compte à V. M. que les divisions Gudin et Friant se trouvent réunies près de Saint-Pölten.

Le 13e d'infanterie légère est avec le général Montbrun à Mautern.

Le 17e est à Linz, avec le général Vandamme; les deux autres régiments de la division Morand sont vis-à-vis Mauthausen.

Lorsque le général Vandamme aura la certitude que toutes les troupes autrichiennes se portent sur le bas du Danube, il en préviendra le général Morand, qui devra se rendre en trois jours à Saint-Pölten. Je présume, d'après les renseignements que le général Vandamme a reçus, que le général Morand se mettra en marche demain[1]. Un homme que j'avais envoyé à Freystadt vient

---

1. LE GÉNÉRAL VANDAMME AU DUC D'AUERSTAEDT.

Linz, le 10 mai 1809.

Monsieur le Maréchal,

Depuis le départ de V. E., l'on continue avec la même activité tous les travaux de la tête de pont; dans 48 heures elle sera totalement terminée et même palissadée.

Tous les bons bateaux sont réunis sous une bonne garde au port de Linz, tous les mauvais coulés ou détruits, afin que l'ennemi ne puisse en tirer aucun parti. Il n'en existe plus un sur la rive gauche; je puis en répondre à V. E.

Le pont a été visité, renforcé et bien achevé aujourd'hui, au besoin il sera en cendres en peu d'heures.

Les rapports du curé de Neumarkt, les déclarations des déserteurs et prisonniers, des marchands forains venant de Vienne, les récits des espions, les observations des commandants des reconnaissances, tout enfin me prouve jusqu'à l'évidence que la retraite des Autrichiens est plus que certaine, de la haute Autriche et de la Bohême sur la Moravie, sur Znaïm ou Brünn.

La consternation règne dans Vienne et dans tout le pays, depuis les nouvelles répandues sur les glorieux événements de Ratisbonne, Landshut, Eckmühl, etc. Tout ce qui était sur Freystadt, Mauthausen, etc., est en retraite, et, demain, j'envoie éclairer tout le pays par les deux tiers de ma cavalerie, pour suivre ce mouvement afin de bien m'en assurer.

Je donne l'ordre, au général Lacour, d'aller à l'instant remplacer le général Morand à Enns, car je suppose, Monsieur le Maréchal, que vous l'aurez emmené avec ses deux régiments.

Le général Lacour aura avec lui deux bataillons du 17e; je ne garde ici et à Steyer qu'un bataillon.

Signé : le général VANDAMME.

P.-S. — M. le major Ameil se rend à Mölk en longeant le Danube; j'ai donné des ordres pour qu'il soit appuyé par mes troupes, et j'ai mis à sa dispo-

de rentrer à Linz, et assure que les troupes de l'archiduc Charles se portent sur Baden en Moravie ou sur Vienne.

Les Autrichiens ayant tenu, le 9 et le 10, sur la route de Freystadt à Mauthausen, ayant paru dans ce dernier endroit et y ayant fait de grandes commandes de pain, j'y ai envoyé par la rive droite quelques compagnies d'infanterie du général Morand. Il paraît que cette commande n'était qu'une ruse. Le bailli a confirmé le mouvement des troupes autrichiennes sur la Moravie.

Le 9 au soir, les rapports de Freyung n'annonçaient aucun

_____ __

sition deux ou trois bateaux qui seront montés par un sergent et 15 ou 16 hommes du 17e.

(*Copie envoyée à l'Empereur, par le maréchal Davout, le 11 mai 1809.*)

Le maréchal Davout répondait à cette lettre :

Mölk, le 11 mai 1809.

J'ai reçu, mon cher Général, l'aide de camp du général Morand, qui m'a transmis vos renseignements verbaux, qui confirment l'opinion ou vous êtes que l'ennemi a fait un mouvement sur Znaïm ou Vienne.

Il n'est pas possible que, d'ici à 48 heures, vous ne sachiez à quoi vous en tenir par les rapports que vous recevrez de Passau et de Mauthausen. Lorsque vous aurez acquis cette certitude, vous pourrez donner l'ordre au général Morand de se porter en trois marches à Saint-Pölten.

Vous garderez seulement le 17e, mais il ne faudrait pas oublier d'envoyer des troupes wurtembergeoises occuper l'embouchure de l'Enns. Je crois qu'il serait imprudent de faire aller à Mölk par la rive gauche, elle est encore occupée de ces côtés-ci avec assez de forces ; il y a même quelques compagnies de Croates, qui, dans ce moment, descendent le Danube. Je n'ai point d'autres nouvelles de l'Empereur que celles que je vous ai transmises hier ; lorsque j'en aurai, même indirectes, je vous en ferai part.

Je n'ose révoquer l'ordre que j'ai donné de suspendre les convois, car, quoique jusqu'à présent ils n'aient point été inquiétés, il est possible que cela arrive, et il me semble même que l'ennemi s'organise pour cela.

Duc d'Auerstaedt.

LE GÉNÉRAL MORAND AU GÉNÉRAL VANDAMME.

Enns, le 11 mai 1809, à 9 heures et demie du soir.

Je vous ai écrit ce matin, mon cher Général, pour vous prévenir que quoique je n'aie pas reçu l'ordre que vous deviez me donner de partir d'Enns, pour suivre le mouvement de l'armée sur la route de Vienne, j'avais regardé l'ordre que vous avez donné au général Lacour de venir me relever, comme un ordre de partir, et que je partais (pour Ips) avec la brigade du général L'huillier et mon artillerie.

J'attendrai à Strengberg les ordres de M. le maréchal, à qui j'envoie un officier en toute hâte pour lui rendre compte de mon mouvement. Dans cette position, je suis en mesure de revenir à Enns, d'après ce que vous m'écrirez et s'il en était besoin, dans la journée, ou d'arriver à Mölk demain, si j'en recevais l'ordre.

Je vous prie de vouloir bien me mander si ce mouvement est d'après vos intentions.

Comte Morand.

mouvement. Les Autrichiens continuaient à faire des abatis sur les frontières.

Les 7 et 8, les Autrichiens avaient envoyé, à Zwiesel, annoncer l'arrivée de beaucoup de troupes. Le rapport du bailli du 9 présente ces annonces comme des ruses.

Le deuxième convoi de pain, parti de Linz pour Mölk, est arrivé ce matin à Mölk sans avoir été inquiété par les Autrichiens.

Ce matin, je leur ai vu établir quelques compagnies de Croates vis-à-vis Mölk; il leur sera facile de gêner la navigation, parce qu'il y a des endroits où on est obligé de passer très près de la rive gauche.

Les 1,300 hommes de la garde de V. M., commandés par le chef de bataillon Hennequin, qui devaient se rendre à Mölk sur des bateaux, ont été dirigés par terre, du moment où on a pu craindre qu'ils n'eussent quelqu'engagement dans le trajet.

On m'informe que le 11ᵉ régiment de chasseurs, qui était à Cham et qui observait les débouchés de la Bohême, est en marche, conformément à l'ordre que j'avais donné, pour rejoindre le général Montbrun et qu'il n'a pas été relevé[1].

Je fais connaître cette circonstance à V. M., parce qu'il est à craindre que les moindres partis autrichiens ne jettent l'alarme dans le haut Palatinat.

Ignorant si on a jeté des partis sur Lilienfeld et Annaberg, je demande au général Montbrun d'envoyer un officier intelligent et 30 chevaux que je dirigerai sur ce point[2].

Les 300,000 rations de pain et de biscuit, qui sont arrivées à Mölk, ne pourront pas être d'une grande utilité puisqu'on ne peut s'y procurer de voitures dans le pays, les villages à trois ou quatre lieues étant totalement abandonnés.

Duc D'AUERSTAEDT.

Le 12 mai, « l'archiduc Maximilien avait fait marcher, à une heure du matin, deux bataillons en colonne serrée pour reprendre le pavillon (le Lusthaus) qui protégeait la construction du pont[3]. Les deux compa-

---

1. Voir la lettre du duc d'Auerstaedt à l'Empereur, datée de Passau, le 5 ma à 2 heures après midi.

2. Voir l'ordre donné au général Bruyère, daté de Saint-Pölten, le 8 mai à 5 heures, et la lettre qui suit.

3. Cette attaque aurait été exécutée par une colonne de 5 bataillons, commandée par le F. M. L. d'Aspre (colonel von Angeli).

gnies de voltigeurs qui occupaient ce pavillon, qu'elles avaient crénelé, reçurent l'ennemi à bout portant; leur feu et celui des quinze pièces d'artillerie, qui étaient sur la rive droite, couchèrent par terre une partie de la colonne; le reste se sauva dans le plus grand désordre[1]. »

« A 11 heures, la division Boudet, suivie peu après par les divisions Legrand et Saint-Cyr, passa le pont et vint occuper le faubourg de Léopoldstadt[2], pendant que la division Molitor[3], restée provisoirement à Simmering, couvrait la route de Presburg[4]. »

Après l'échec de cette attaque, « l'archiduc Maximilien, perdant l'espoir de défendre la ville qu'il voyait en feu, craignant d'y être fait prisonnier, employa toute la matinée à faire partir ses troupes et tout ce qui pouvait s'enfuir, avant que le passage ne lui fût totalement fermé. Il laissa tous ses pouvoirs au comte d'Urbna, grand chambellan de l'empereur d'Autriche, et, sitôt que la retraite fut devenue absolument impossible, sans courir les plus grands dangers à passer sous le canon de Masséna, le peu de troupes qui restaient en ville

---

1. Septième bulletin de l'armée d'Allemagne.

2. « Le pont étant établi à hauteur de Simmering, le général Marulaz se porta avec le 14e régiment de chasseurs dans le faubourg de Leopoldstadt, en traversant le Prater; la division Boudet suivit immédiatement ce mouvement. Les éclaireurs arrivèrent vers le milieu du faubourg et aperçurent la porte de la place barricadée; ils reçurent deux coups de canon à mitraille, ce qui détermina la halte pour faire la reconnaissance nécessaire; on riposta par quatre coups de canon et l'ennemi arbora le drapeau blanc. On entra en pourparlers et l'on bivouaqua dans le faubourg. Le 14e régiment de chasseurs fut chargé de reconnaître les bords de l'île que forment, au Prater, les deux bras du Danube; il fit quelques prisonniers qui n'avaient pas eu le temps de rentrer dans la place. » (*Journal historique des opérations militaires de la division de cavalerie légère du 4e corps de l'armée d'Allemagne*, commandée par le général Marulaz.)

3. Les divisions Molitor et Legrand avaient quitté leurs positions de la veille, à 2 heures du matin, pour rallier le 4e corps en avant de Simmering.

4. *Rapport historique sur les opérations de l'artillerie du 4e corps, dans la campagne de 1809*, par le général Pernety.

arborèrent le drapeau blanc. Il était midi, lorsque ce signal parut, le 12 mai, et lorsque l'on vint aux avant-postes pour demander à capituler[1]. »

---

1. *Mémoires du général Lejeune, alors aide de camp du major général.*
Bien avant midi, l'Empereur devait être renseigné sur les intentions de l'archiduc Maximilien.
Le capitaine d'Estourmel, de l'état-major général, envoyé sur la hauteur de Léopoldsberg pour observer la rive gauche du Danube, adressait les rapports qui suivent au major général :

Léopoldsberg, le 12 mai 1809, à 9 heures du matin.

La campagne en face de Kaltenberg et entre les villages de Langenzersdorf, Stamersdorf et Iedlersee, est couverte de troupes, infanterie et cavalerie. On ne peut rien comprendre à leurs mouvements ; les uns vont et viennent, les autres semblent en position. Les deux ponts près de la ville brûlent en ce moment, et la communication paraît tout à fait coupée entre la ville et l'autre côté du Danube. A chaque instant l'on aperçoit de nouvelles troupes derrière le village de Iedlersee. C'est en ce moment seulement que l'on peut être assuré que les deux ponts sont incendiés.

Alex. D'ESTOURMEL.

(*Arch. nat.*)

Léopoldsberg, le 12 mai 1809, 10 heures trois quarts du matin.

A l'instant même, le feu vient d'être mis au troisième pont sur le bras du Danube, vers le village de Spitz. La première arche du côté de la ville est presque brûlée. Les deux autres ponts continuent à être couverts de fumée. Beaucoup de voitures et fourgons filent sur la route de Prague. Voici la position actuelle de l'ennemi qui paraît très en force : L'avant-garde au village de Spitz où aboutit le troisième pont, et l'armée sur deux lignes, entre les deux grandes routes de Prague et de Brünn, qui aboutissent toutes deux au village de Spitz. L'armée autrichienne est donc concentrée entre les villages de Iedlersdorf, Strebersdorf et Stamersdorf, sur la route de Brünn, et ceux de Iedlersee et Langenzersdorf, sur la route de Prague. Les tambours qui se font entendre en ce moment et la disposition des troupes me font croire à un mouvement prochain.
Le deuxième pont est entièrement rompu en ce moment.

Alex. D'ESTOURMEL.

(*Arch. nat.*)

De son côté, le général Savary, qui suivait les opérations du 4e corps, écrivait à l'Empereur :

Dans l'île du Prater, le 12 mai, à 1 heure et quart.

Sire,

La division Boudet est à la porte de la ville, entre le bras du Danube et le grand pont. Ce dernier est brûlé, mais celui qui est sur le bras et par lequel on communique à la ville ne l'est pas.
Il doit infailliblement se passer quelque chose en ville et la populace y paraît montée.

. . . .

Lorsqu'ils ont aperçu les troupes, ils ont fermé la porte et tiré deux coups de canon à mitraille.
Maintenant, s'il faut forcer la porte, nous sommes en mesure, ou s'il faut attendre la capitulation pour entrer.

SAVARY.

(*Arch. nat.*)

A cette lettre du général Savary était jointe la note qui suit :
« M. le maréchal duc de Rivoli a placé la division Boudet dans Léopoldstadt,

Pendant que le maréchal Masséna occupait le faubourg Léopoldstadt, un aide de camp du major général était déjà dans Vienne, porteur d'une lettre sommant le commandant des troupes de rendre la ville [1]. Le général O'Reilly, qui depuis le départ de l'archiduc Maximilien avait dû assumer le commandement supérieur, désignait aussitôt les plénipotentiaires pour traiter de la capitulation.

Les pourparlers, pour la reddition de la capitale de

---

les divisions Saint-Cyr et Legrand dans le Prater, éclairant le Danube au-dessus et au-dessous du pont ; la division Molitor éclaire et garde la route de Presburg. Personne n'est entré dans les maisons. On bivouaque dans les rues. On manque de pain, bien que trois manutentions soient en activité. » . . . . . .

[1].   Mariahilf, le 12 mai 1809.

           Monsieur le Général,

Vous êtes cerné de toutes parts ; deux cent mille hommes entourent vos murs ; Vienne a été livrée la nuit dernière aux horreurs de l'incendie ; une députation solennelle des États d'Autriche et de la magistrature de la ville est venue implorer la clémence de l'Empereur Napoléon, roi d'Italie, protecteur de la Confédération du Rhin ; toute résistance de votre part ne ferait qu'accroître les désastres et les malheurs des deux populations de la capitale et de ses faubourgs : il ne reste rien qui soit à même de compromettre l'honneur d'un brave militaire. S. M. m'ordonne de vous sommer de rendre Vienne ; elle sera occupée immédiatement par ses troupes ; les personnes et les propriétés seront respectées : aucun individu ne sera recherché pour ses opinions particulières ; l'Empereur ferme les yeux sur le passé.

J'attends votre réponse sous une heure.

                                   ANDRÉOSSY.
                          Vienne, le 11 mai 1809.

           Votre Excellence,

J'entre dans les sentiments d'humanité que vous exprimez dans l'écrit que vous m'avez fait l'honneur de m'adresser, avec la dignité qui convient à l'homme et au guerrier. Je ne me refuse pas à une capitulation compatible avec l'honneur d'un brave militaire. Les sentiments de S. M. l'Empereur des Français, que V. E. exprime dans la susdite lettre, pourront servir de base à la capitulation.

En attendant que j'aie fait rédiger les articles, lesquels, à ce que j'espère, ne me seront pas refusés, je vous prie de tenir vos guerriers en ordre et à une distance convenable, pour qu'il ne puisse résulter aucune confusion, accident ou désagrément ; je ferai la même chose de mon côté. Mes articles rédigés, j'aurai l'honneur de vous envoyer, pour députés de ma part, le lieutenant général baron Devaux et le colonel Belout.

                         Signé : le comte O'REILLY.

En adressant la lettre du général O'Reilly à l'Empereur, le général Andréossy écrivait : « Deux plénipotentiaires arrivent dans le moment, ils sont envoyés pour traiter d'une capitulation, ils sont occupés à en rédiger les articles.

« Le général O'Reilly n'a pris le commandement qu'à 2 heures du matin, il est navré. »

la monarchie autrichienne, devaient se prolonger jusqu'à 2 heures du matin. Depuis la veille, de nombreuses
reconnaissances exploraient les bords du Danube, pour
surveiller les mouvements de l'ennemi sur la rive opposée et pour s'emparer de tous les bateaux laissés sur
la rive droite, en prévision de l'organisation prochaine
d'un passage du fleuve [1].

LE MAJOR GÉNÉRAL AU DUC D'AUERSTAEDT.

Schönbrunn, le 12 mai 1809, à midi.

L'Empereur, Monsieur le Duc, reçoit votre lettre [2]; on m'a re-

---

1.   LE GÉNÉRAL MARULAZ A M. LE GÉNÉRAL BEKER, CHEF D'ÉTAT-MAJOR
GÉNÉRAL DU 4e CORPS D'ARMÉE.

Au bivouac près du pont, sur l'île du Danube, le 12 mai 1809.

Mon Général,

D'après les ordres de S. E. le maréchal duc de Rivoli, j'ai l'honneur de vous
rendre compte que le 3e régiment a longé le Danube, à l'effet de s'emparer de
toutes les barques qui pourraient se trouver sur ce fleuve; au village d'Albern,
il n'a trouvé que des carcasses en très mauvais état; au village de Mansworth,
une grande barque qui sert au passage et une quinzaine de petites. A Fischament, où ce régiment a pris poste, il a trouvé deux grandes barques et quatre
petites; ces barques sont en route pour remonter le Danube, escortées par un
détachement, dont l'officier a ordre de faire remonter aussi celles qui sont à
Mansworth. Un chef d'escadron a suivi le fleuve jusqu'à deux lieues en avant
de Fischament, et n'a trouvé qu'une barque chargée d'avoine ensablée au milieu du Danube.

Le colonel me rend compte qu'il n'a point vu d'ennemis. Les reconnaissances
envoyées à 10 lieues de poste de Vienne n'ont rien rencontré. Si vous le jugez
convenable, je ferai rentrer ce regiment en laissant seulement un escadron sur
ce point.

D'après les rapports qu'on lui a faits, il n'y a point d'ennemis d'ici à Presburg. La garnison est d'environ 10,000 hommes.

MARULAZ.

(*Arch. du prince d'Essling.*)

Le général Demont écrivait, de Klosterneuburg, au maréchal Davout :

Monsieur le Maréchal,

. . . .

On vient de voir sur la grande route, le long de la rive gauche du Danube,
un convoi ennemi composé de près de 250 voitures attelées de quatre et six
chevaux et escorté par de la cavalerie et de l'infanterie; ce convoi se dirigeait
sur Vienne.

(Ce convoi appartenait sans doute au corps du général Hiller, qui avait reçu
l'ordre de laisser 8,000 hommes à Krems et de se porter sur Vienne avec le
reste de ses troupes.)

2. Lettre du maréchal Davout datée de Saint-Pölten, le 11 mai, à 6 heures
du soir.

mis également celle que vous m'avez adressée. Nous sommes enfin maîtres de Vienne[1]. Les faubourgs ont été occupés avant-hier; soixante obusiers ont tiré hier sur la ville. En passant un petit bras du Danube, nos troupes sont entrées hier dans le Pra-ter, ce qui a décidé l'ennemi à évacuer. Comme vous le dites, Monsieur le Duc, tout porte à penser que l'ennemi s'est retiré en Moravie.

Faites filer sur le Danube les 300,000 rations de biscuit ; di-rigez-les sur Vienne. Les bateaux passeront malgré les petits postes que l'ennemi peut avoir. Cela aura deux avantages : de nous procurer des bateaux et des subsistances.

D'après votre lettre, il paraît que vous ignorez que le général Bruyère est avec sa brigade à Lilienfeld, sur la route de Bruck. L'Empereur ordonne que vous lui envoyiez de suite un régiment d'infanterie et deux pièces de canon, afin qu'il culbute tout ce que l'ennemi peut avoir à Mariazell et qu'il puisse établir la com-munication entre ce point et Neustadt.

Il est convenable, que vous donniez l'ordre au général Mont-brun de surveiller le Danube jusqu'aux portes de Vienne, avec sa brigade, et quand il aura remplacé les postes occupés par les brigades Pajol et Piré, ces deux derniers généraux partiront pour se rendre à Schönbrunn, où ils recevront des destinations particulières.

La grande affaire du moment, Monsieur le Duc, est de vous reposer, de rallier vos troupes et de se procurer des barques.

LE DUC D'AUERSTAEDT A L'EMPEREUR.

Saint-Pölten, le 12 mai 1809, à midi.

Sire,

J'ai l'honneur d'adresser à V. M. les rapports du général Van-

---

[1]. LE DUC D'AUERSTAEDT AU GÉNÉRAL VANDAMME.
Saint-Pölten, le 12 mai 1809, à minuit.

Je reçois à l'instant, mon cher Général, la nouvelle officielle que nous sommes maîtres de Vienne.

. . . .

L'Empereur me recommande de rallier mon corps d'armée. Le général Mo-rand est déjà en marche pour me rejoindre avec le 30e et le 61e. Il faut, mon cher Général, faire partir pour Saint-Pölten le général Lacour avec le 17e, à moins que l'ennemi ne fasse un mouvement sur vous.

L'ennemi a montré assez de troupes vis-à-vis Mölk et Krems.

Envoyez-nous sur Mölk le plus de subsistances que vous pourrez.

Duc D'AUERSTAEDT.

damme¹ et du général Montbrun², ainsi qu'une déclaration du bailli de Mauthausen.

Linz, le 11 mai 1809.

Monsieur le Maréchal,

Une lettre du 10 de ce mois, que m'adresse en votre nom M. le général Compans, me donne la certitude que V. E. conserve toujours la même opinion sur la position de l'ennemi. Je ne puis que m'en rapporter à ce que j'ai eu l'honneur de vous écrire hier, Monsieur le Maréchal, et vous le confirmer aujourd'hui. Ce qui prouvera sans doute à V. E. que ce que je lui ai avancé porte un grand degré d'évidence, c'est que ma cavalerie est maintenant à Freystadt et que j'ai des partis répandus sur Mauthausen et tous les environs. Je dois donc répéter avec assurance que l'ennemi est en pleine retraite sur la Moravie, sur Znaïm ou Brünn, et que nous devons avoir la certitude que, sur ce point, l'Empereur fera aux Autrichiens plusieurs milliers de prisonniers.

Les travaux de la tête du pont se continuent avec la même activité. Demain M. le général Tousard, d'après l'invitation que je viens de lui faire, sera avec son monde à la disposition de V. E. qui voudra bien lui laisser ses instructions à Mölk, où je le dirige. Je garde seulement ici un officier et quelques sapeurs ; avec leur aide, les troupes de Wurtemberg achèveront entièrement tous les ouvrages pour après-demain.

. . . .

Signé : Le général VANDAMME.

Mautern, le 11 mai 1809, à 11 heures du soir.

Monseigneur,

J'ai pris position hier à Mautern et¹, en suite des ordres de S. A. le major général, j'ai remplacé dans ses postes le duc de Rovigo qui est parti ce matin pour rejoindre S. M.

Hier matin, après quelques coups de canon, l'ennemi mit le feu au pont de Krems, et depuis ce temps on n'a aperçu sur la rive gauche que quelques petits postes.

D'après les renseignements, le prince Charles est aujourd'hui en position derrière Vienne avec toutes les troupes qu'il avait à Cham, auxquelles se sont jointes celles du général Hiller et du prince Louis, qui ont en entier passé le Danube à Mautern.

J'ai poussé des reconnaissances sur Tulln, et la cavalerie du duc de Rovigo a passé par cet endroit et Klosterneuburg, pour se rendre à Vienne.

Les quatre compagnies que V. E. a envoyées de Mölk, pour descendre le Danube jusqu'ici, ne sont point encore arrivées : la cavalerie que j'avais dirigée hier sur cette rive n'a pu y passer, les chemins étant très mauvais.

Je n'ai aperçu, hier soir et ce soir encore, que très peu de feux sur la rive gauche. Pendant la journée, mes postes le long du Danube n'y ont aperçu aucuns mouvements de troupes et à peine y avons-nous vu six soldats depuis Tulln ici.

L'ennemi ne veut pas passer le Danube ; s'il en eût eu l'intention, il n'aurait pas brûlé son pont de Krems qui était son plus beau débouché ; ainsi il n'est plus à craindre qu'il passe sur toute cette rive, où il lui serait impossible d'établir des moyens de débarquement sans que nous en fussions prévenus bien à l'avance.

Il n'est pas à présumer qu'il revienne sur Ratisbonne ; ce projet et cette marche ne seraient exécutables que par des Français ; aujourd'hui l'ennemi est trop pusillanime pour en avoir seulement l'idée.

Je pense donc, Monseigneur, que l'ennemi prendra position en arrière de Vienne, que, comme il y a trois ans, il y attendra son armée d'Italie (qui n'y

J'y joins un rapport du major Ameil[1]. J'ai ordonné au général Gilly, qui est à Mölk, dè faire passer sur la rive gauche 3oo hommes, qui s'établiront dans le village qui est vis-à-vis Mölk; ils auront tout près d'eux les bateaux nécessaires pour s'embarquer, dans le cas où l'ennemi montrerait des forces trop supérieures.

Quelques compagnies de voltigeurs occupent, entre Mölk et Mautern, tous les points d'où l'on peut découvrir ce qui se passe sur la rive gauche.

Le général Montbrun a aussi l'ordre de faire de son côté un simulacre de passage, et de pousser des partis sur la rive droite jusqu'aux faubourgs de Vienne.

Ayant appris par le rapport, ci-joint[2], d'un officier que j'avais

---

arrivera pas puisque nous la prendrons), que nous passerons le Danube et que là finiront de disparaître les armées autrichiennes.

Comme il est impossible de connaître le nombre de troupes qui existent à Krems, mon intention est demain de faire des démonstrations comme pour vouloir réparer le pont, en même temps faire tirer quelques coups de canon; s'il y a des troupes, elles se montreront.

Signé : MONTBRUN.

[1].   RAPPORT DU MAJOR AMEIL.
Mauthausen, le 11 mai 1809, à 1 heure après-midi.

J'ai eu l'honneur d'écrire hier soir à V. E., pour lui rendre compte de l'arrivée de la compagnie du 12ᵉ, et lui transmettre les rapports de diverses reconnaissances faites sur Böhmische-Röhren, Freyung, Teufelsbruck et Zwitter.

J'ai adressé à une heure du matin, à V. E., une seconde lettre où je lui annonce que l'Archiduc et son armée filent, depuis vendredi dernier, de Budweis sur Iglau et Olmutz.

(*Je n'ai pas encore reçu cette lettre* [*].)

J'ai écrit, vers 6 heures du matin, une troisième lettre où j'annonce à V. E. que, sur les nouvelles reçues dans la nuit, je marcherai à Mauthausen.

(*Je n'ai pas encore reçu cette lettre* [*].)

J'annonce à V. E. que je suis déjà en avant de ce bourg où je fais rafraîchir les chevaux, qui ont fait sept lieues. Je serai ce soir à Grein si je ne trouve pas d'obstacles majeurs, et même demain soir vis-à-vis Mölk.

L'ennemi n'a pas paru à Mauthausen depuis 4 jours, et les Wurtembergeois se sont trompés en annonçant hier, au général Vandamme, qu'il y avait dans cet endroit 60 chevaux et deux camps de tirailleurs.

Je ne sais rien de nouveau.

Signé : AMEIL.

[2].   RAPPORT DU CHEF DE BATAILLON FORGEOT, DE L'ÉTAT-MAJOR
DU 3ᵉ CORPS D'ARMÉE.
Saint-Pölten, le 12 mai 1809.

En conformité des ordres de S. E. le maréchal duc d'Auerstaedt, je me suis rendu dans les communes de Wallsee et Ips, à l'effet de prendre, auprès des commandants de ces deux places, tous les renseignements qu'ils pourraient avoir sur la position et les mouvements de l'ennemi.

La dernière reconnaissance, que le commandant de Walsee a fait faire sur la rive gauche, a été poussée jusqu'à trois lieues sans avoir pu se procurer des

[*] Annotations du maréchal Davout.

envoyé pour visiter les postes sur le Danube, entre Enns et Mölk, qu'une patrouille de huit hommes, que le commandant avait envoyée sur la rive gauche, avait été arrêtée par les habitants et n'avait été rendue que sur des sommations réitérées, j'ai ordonné au commandant de faire arrêter le bourgmestre et les principaux habitants du village où cet événement a eu lieu, et de me les envoyer en toute diligence.

Le général Morand s'est mis en marche, hier, avec les deux régiments qui lui restent ; ainsi, il sera demain ici.

Le 13ᵉ d'infanterie légère est avec le général Montbrun.

Le 17ᵉ de ligne restera avec le général Vandamme.

Ainsi, demain, tout le corps d'armée se trouvera réuni à Saint-Pölten où les divisions Gudin et Friant, ainsi que le parc, sont depuis hier.

La compagnie de pontonniers du 3ᵉ corps est arrivée à Mölk, avec une cinquantaine de bateaux et bacs propres à jeter un pont.

Duc d'Auerstaedt.

LE DUC D'AUERSTAEDT A L'EMPEREUR.

Saint-Pölten, le 12 mai 1809.

Sire,

J'ai l'honneur d'adresser à V. M. un rapport que me trans-

---

renseignements sur la marche et la situation de l'ennemi. La patrouille est rentrée le 10, à 11 heures du soir, avec des provisions en vin et en bœufs.

Tous les bateaux, qui étaient sur la rive gauche, sont au pouvoir du commandant de Wallsee, qui a fait brûler ceux qui ne pouvaient être transportés. Cette précaution enlève à l'ennemi toute espèce de tentative sur ce point important.

Le commandant de Wallsee est établi très militairement, il a sous ses ordres 300 hommes et une pièce de 4. La surveillance la plus active est apportée pour observer ce qui pourrait arriver sur la rive opposée.

Le commandant d'Ips fit jeter hier une patrouille sur la rive gauche ; à peine y aborda-t-elle, que les habitants du village de Persenburg s'en emparèrent et la conduisirent chez le bailli avec menace de la fusiller. Les paysans, au nombre de 100, étaient tous armés de piques, pistolets et faux. Le commandant d'Ips, instruit de l'arrestation de cette patrouille et du danger qu'elle courait, envoya un parlementaire au bailli pour réclamer le détachement ; le bailli répondit qu'il le retiendrait, jusqu'à ce qu'il eût reçu des ordres du poste autrichien le plus à proximité de la commune. Étant arrivé sur ces entrefaites, j'invitai le commandant d'Ips d'envoyer un second parlementaire au bailli, avec menace de canonner la commune de Persenburg, si la patrouille n'arrivait à l'instant sur la rive droite ; la réponse à ce second message fut le renvoi de tout le détachement.

Le commandant de la patrouille a rapporté qu'on lui avait dit que l'ennemi était à deux lieues de Persenburg.

Tous les convois partis de Linz et autres lieux descendent avec sécurité le Danube.   .   .   Forgeot.

met le général Vandamme[1], et ceux que je reçois des généraux Friant et Montbrun[2].

J'attends le rapport du passage de 300 hommes sur la rive gauche, que j'ai ordonné d'effectuer ce matin, vis-à-vis de Mölk.

Un bruit vague, qui court en ville, annonce que l'armée autrichienne d'Italie est en marche sur Vienne.

Il est instant de prendre des mesures contre les incendiaires

---

[1].

Freystadt, le 11 mai 1809, à 3 heures de relevée.

Mon Général,

Nous sommes arrivés à Freystadt à une heure ; voici les renseignements que nous avons eus, nous avons dû faire arrêter plusieurs habitants pour les obtenir.

Hier à midi, deux régiments de cavalerie et deux bataillons d'infanterie sont sortis de Freystadt, par la porte de Linz. Le général Stutterheim, qui les commandait, a laissé pour arrière-garde 30 dragons, qui ont suivi la même route ce matin à dix heures. M. le lieutenant général Wölwarth, qui a pris tous ces renseignements, pense, et c'est assez votre opinion, du moins celle que vous aviez ce matin, que ces troupes ont été rejoindre la route de Krems, ce qui nous décide à partir à l'instant pour nous y rendre, en passant par Osswald, Harrachsthal, Weidersfelden. Notre cavalerie aura fait 13 lieues, et je doute qu'en arrivant elle puisse pousser plus loin, ce pays étant très coupé et difficile à éclairer, ce qui a fatigué extrêmement les chevaux.

Je vous prie de m'adresser vos ordres à Weidersfelden.

Le général retire tous les postes placés sur la route de Freystadt à Linz.

VINCENT,
Colonel, 1er aide de camp du général Vandamme.

[2]. LE GÉNÉRAL MONTBRUN AU DUC D'AUERSTAEDT.

Au quartier général à Gottweig, le 12 mai 1809.

Monseigneur,

J'avais prévenu les intentions de S. E., et, comme j'avais eu l'honneur de lui dire hier soir, j'ai, ce matin, fait un simulacre de passage, et, après une trentaine de coups de canon, j'ai forcé tout ce qu'il y avait de troupes sur la rive gauche à se montrer.

. . . .

L'ennemi occupe Krems et Stein, avec un ou deux bataillons, et a un camp de cinq à six mille hommes derrière Rohrendorf ; et, cette nuit, j'ai aperçu les feux de quelques bataillons dans la direction de Stockerau.

Le pont est tellement brûlé qu'il ne peut être reconstruit qu'avec beaucoup de peine et de moyens, d'ailleurs l'ennemi occupe sur la rive gauche une position qui ne le permettrait pas.

Il est hors de doute, actuellement, que l'ennemi ne veut rien tenter sur cette rive et qu'il redoute au contraire notre passage.

Le général de Piré, avec lequel je suis en communication, occupe avec sa brigade Tulln et pousse jusqu'à Vienne.

Il est temps que le 3e bataillon du 13e arrive, car les deux premiers forment à peine 800 hommes, qui ne peuvent suffire pour garder cette rive et les postes absolument nécessaires.

Ma cavalerie est aussi sur les dents, parce qu'elle n'a ni fourrages, ni avoine, tous les villages étant dévastés, et n'ayant ni ne trouvant aucun moyen de transport pour chercher des subsistances, par suite du désordre affreux que commettent les traînards.

MONTBRUN.

et les traînards. A cinq ou six lieues à droite ou à gauche des routes, il n'y a plus d'habitants. Une commission militaire vient de condamner, à être fusillé, un caporal convaincu d'avoir pillé à la tête de cinq ou six hommes armés[1].

Duc d'Auerstaedt.

LE DUC D'AUERSTAEDT A L'EMPEREUR.

Saint-Pölten, le 12 mai 1809, à 8 heures du soir.

Sire,

J'ai l'honneur d'adresser à V. M. une lettre du général Vandamme[2] et un rapport du major Ameil; ce rapport est un de ceux qui m'étaient annoncés et qui ne m'était pas encore parvenu.

Duc d'Auerstaedt.

LE DUC D'AUERSTAEDT AU MAJOR GÉNÉRAL.

Saint-Pölten, le 12 mai 1809, à minuit.

Monseigneur,

J'ai l'honneur d'accuser à V. A. réception de sa lettre de ce jour. Vos ordres vont recevoir leur exécution, sauf une partie de ce qui concerne le général Montbrun, en raison de l'impossibilité.

V. A. me dit de donner l'ordre, au général Montbrun, de remplacer avec sa brigade les postes occupés par les brigades Pajol et Piré.

La division Montbrun était composée primitivement des brigades Jacquinot, Pajol et Piré. La brigade du général Jacquinot est composée des 1er, 2e et 12e chasseurs, dont les deux premiers sont détachés, je crois, avec le duc d'Istrie. Le 12e est resté par vos ordres, à Passau, attaché à la division du général Dupas.

---

1. Voir l'annexe n° 2.

2.   LE GÉNÉRAL VANDAMME AU MARÉCHAL DAVOUT.

Linz, 11 mai 1809.

Monsieur le Maréchal,

. . . . Tous les rapports confirment ce que j'ai eu l'honneur de dire et d'écrire à V. E. Tous les Autrichiens se sont retirés en Moravie. Leur mouvement de cavalerie légère et les ordres de faire cuire du pain, etc., me donnaient bien la mesure de leurs manœuvres.

Les travaux de la tête de pont touchent à leur fin.

. . . .

VANDAMME.

La brigade Pajol était composée des 5ᵉ et 7ᵉ de hussards et du 11ᵉ de chasseurs.

Le 11ᵉ de chasseurs est resté, par les ordres de S. M., à Cham dans le haut Palatinat, depuis le 9; il est en route pour rejoindre; ainsi, il n'y a à présent que les 5ᵉ et 7ᵉ de hussards.

La brigade Piré doit être composée du 8ᵉ de hussards et 16ᵉ de chasseurs; ce général n'est plus sous mes ordres, j'ignore où se trouve réunie sa brigade.

Par cet exposé vous verrez que, si le général Pajol part avec ses troupes, il ne restera pas un seul homme avec le général Montbrun.

J'envoie à ce général l'ordre d'employer les 5ᵉ et 7ᵉ hussards à relever les postes du général Piré et à observer le Danube, depuis Krems jusqu'à Vienne; il fera partir pour Schönbrunn le général Piré, avec les troupes qu'il a.

Je prie V. A. de me donner des ordres sur l'exposé que je viens de lui faire, parce que, ne sachant qu'exécuter les ordres qui me sont transmis, si V. A. persiste dans les siens, je ferai partir le général Pajol avec ce qu'il a de troupes; mais, dans ce cas, je vous prie de faire connaître à S. M. qu'il n'y a pas au 3ᵉ corps un peloton de cavalerie.

J'ignorais que nous eussions des troupes du côté de Lilienfeld; j'avais fait partir ce matin un détachement de 50 chevaux pour éclairer cette route.

Je vais faire passer au général Montbrun un régiment d'infanterie et deux pièces de canon.

Avant de faire passer les bateaux jusqu'à Vienne, comme les Autrichiens ont montré aujourd'hui environ 1,200 hommes, vis-à-vis de Mölk, sur une démonstration de passage que nous avons faite, et qu'il faut passer très près de ces troupes, j'attends le résultat d'un passage que le général Gilly doit faire tenter cette nuit ou demain matin.

On a vu à peu près autant d'ennemis à Krems.

A l'instant, je reçois le rapport, ci-joint[1], de l'officier que j'avais

---

[1].   Lilienfeld, le 12 mai 1809.
            Monseigneur,
   J'ai l'honneur de rendre compte à V. E. que je suis arrivé à Lilienfeld, en passant par Wilhelmsburg où j'ai trouvé la brigade Bruyère, qui occupe ce poste jusqu'à Lilienfeld, où il a ses avant-postes.

   Le capitaine qui commande à Lilienfeld a poussé un parti sur Türnitz et Annaberg. L'ennemi, composé de landwehr, d'infanterie, de 2 à 300 uhlans, occupe Annaberg et envoie de fréquentes patrouilles sur Türnitz, et, d'après le rapport de cet officier, la force principale de l'ennemi évaluée à 5 ou 6,000 hommes est à Mariazell.

   Annaberg est situé sur une montagne à pic et très longue, la gorge se res-

envoyé en reconnaissance sur Lilienfeld. Je donne ordre à cet officier de rester à Lilienfeld, attendu que la brigade Bruyère doit se porter en avant.

Duc d'Auerstaedt.

LE GÉNÉRAL VANDAMME A L'EMPEREUR.

Linz, 12 mai 1809, à 11 heures et demie du soir.

Sire,

J'ai l'honneur d'adresser à V. M. le rapport original[1] que je viens de recevoir d'un des officiers de mon état-major, qui commande à Steyer un parti de ma cavalerie et de mon infanterie. Mes deux régiments de cavalerie, commandés par M. le général Wöllwarth accompagnés de M. Vincent, mon premier aide de camp, sont maintenant sur Freystadt et viennent d'envoyer un fort parti sur Weisenbach, à leur droite, et deux lieues à leur gauche sur la route de Weidrach.

Aujourd'hui, Sire, j'espère avoir mon infanterie entièrement réunie ; et, dès lors, nous sommes prêts à nous porter partout où il plaira à V. M. de nous envoyer.

. . . .

Vandamme.

————————

serre extrèmement et ce poste, d'après l'officier de chasseurs, étant défendu par l'infanterie, doit être imprenable par la cavalerie.

. . . .

Monseigneur, j'attends vos ordres pour savoir si je dois pousser une pointe sur cette position, ou si je dois rejoindre la division.

Vérigny,
Capitaine, aide de camp du général Pajol.

1. Steyer, le 11 mai 1809, minuit moins un quart.

Mon Général,

... A 8 heures, je suis parti de Steyer avec 80 chasseurs à pied de Neufler et 24 chasseurs à cheval du duc Louis; je me suis dirigé par la rive droite de l'Enns sur Weyer, passant par Ternberg et Losenstein. Je n'ai pu parvenir qu'à ce dernier lieu, qui est distant de sept lieues de poste de France de cette ville. Je n'ai rien négligé pour me procurer des renseignements positifs sur l'ennemi, et je ne peux encore vous donner que des probabilités.

. . . .

J'ai trouvé une grande opiniâtreté dans les habitants à me cacher ce qu'ils pouvaient savoir des Autrichiens, surtout à Losenstein, où ils avaient un poste il y a trois jours. . . . .

Chaque jour, nombre d'Autrichiens égarés passent par cette route et se dirigent sur Altenmarkt où, d'après tous les différents rapports qui m'ont été faits, je ne doute pas qu'il n'y ait un corps.

Demain, à la pointe du jour, j'envoie une petite reconnaissance sur la route d'Altenmarkt...

Deheau,
Capitaine d'état-major.

LE PRINCE DE PONTE-CORVO A L'EMPEREUR.

Passau, le 12 mai 1809.

Sire,

Ainsi que j'ai eu l'honneur d'en prévenir V. M., je suis forcé de faire séjourner les troupes saxonnes à Passau[1]. Après-demain 14, elles se remettront en marche pour se rendre à Linz, suivant l'ordre que je viens de recevoir du major général[2].

Cet ordre porte que V. M. me laisse le maître d'arriver à Linz, par la Bohême ou le long du Danube. V. M. a pu voir, par mes rapports, que j'ai été deux fois sur le point d'entrer en Bohême, d'abord par Egra, ensuite par Waldmünchen. Deux fois j'ai reçu contre-ordre, et ayant, en conséquence, passé sur la rive droite du Danube, je ne puis aujourd'hui que suivre cette route pour me rendre à Linz. Je ne présente cette observation à V. M. que pour qu'elle ait la bonté de remarquer que je n'ai fait qu'obéir aux divers ordres que j'ai reçus.

La réunion de la division Dupas aux troupes saxonnes produit le meilleur effet sur le moral de ces troupes; les généraux eux-mêmes et tous les chefs de corps sont très satisfaits que leurs soldats aient sous les yeux l'exemple des Français.

Je supplie V. M. de vouloir bien ordonner que la division Dupas soit renforcée au moins d'un régiment d'infanterie et d'un de cavalerie. Dans son état actuel, elle ne compte guère que quatre mille combattants, ce qui, avec les Saxons, ne fait pas monter mon corps d'armée à plus de seize mille hommes. Le désir d'être utile, l'ambition d'exécuter, au gré de V. M., les opérations qu'Elle daignera me confier, tels sont les motifs, Sire, qui me font souhaiter de voir mon corps d'armée assez fort pour agir dans toutes les situations possibles.

J'ai recommandé, au ministre de la guerre du royaume de Saxe, de presser le recrutement de l'armée et la remonte de la cavalerie; elle pourra produire trois mille hommes de plus, sous deux ou trois mois.

Le colonel saxon Thielmann, que j'ai chargé du commandement des dépôts en Saxe, me marque que la bande de Schill se

---

1. « Je ferai séjour demain 13, écrivait le maréchal Bernadotte au major général; cette halte est indispensable pour refaire les troupes, qui nullement habituées aux marches continuelles sont extrêmement fatiguées, et pour renouveler leur chaussure qui est déjà hors de service. Le 14, je me remettrai en marche sur Linz; je marcherai par division. »

2. Lettre du major général au prince de Ponte-Corvo, datée de Saint-Pölten, le 9 mai à 8 heures du soir.

grossit de plus en plus. Elle est rentrée à Hall et y a fait arborer l'aigle prussienne. Il me marque aussi que les levées des princes de Hesse et de Brunswick, dans la Bohême, commencent à devenir considérables.

Les Autrichiens n'ont plus aucune force devant Passau.

BERNADOTTE.

LE GÉNÉRAL DE BEAUMONT AU MAJOR GÉNÉRAL.

Augsbourg, le 12 mai 1809.

Monseigneur,

J'avais mandé à V. A., de Stuttgart, que, les insurgés étant maîtres de Lindau, mon premier objet serait de reprendre cette place ; elle doit être informée, d'après ce que m'a dit le roi, que les insurgés se sont avancés, et ma surprise a été grande en arrivant ici de les savoir à Memmingen au nombre de trois mille. On m'assure qu'ils n'ont avec eux que quarante hommes de cavalerie, du régiment de Rosenberg, et point d'artillerie. Après avoir conféré avec le roi de Bavière, je me suis décidé à ne pas perdre un instant pour les chasser de cette position, d'autant qu'ils paraissent vouloir menacer Ulm, et qu'ils me coupent pour ainsi dire mes communications avec le régiment de Wurtemberg, qui est à Ravensburg et Buchhorn, près du lac de Constance.

En conséquence, j'ai donné l'ordre au général Picard de se porter demain 13 à Krunbach, avec 500 dragons, 250 hommes d'infanterie et deux pièces de canon ; il y sera joint, le même jour, par le bataillon bavarois d'Ulm qui a 700 hommes, deux pièces de canon et 100 hommes de cavalerie, dont 40 cuirassiers que j'ai arrêtés à Ulm ce matin. Le général Picard a ordre d'attaquer avec ces forces le 14. S'il réussit, comme j'ai lieu de l'espérer, il a ordre de marcher vivement sur Leutkirch et de s'y réunir au régiment de Wurtemberg, auquel j'envoie l'ordre de s'y rendre. Cette jonction faite, ils doivent se porter ensemble sur Kempten [1], s'y établir, envoyer occuper Füssen par 500 hommes et 250 chevaux, et reprendre Lindau ; y laisser 300 hommes de garnison et deux pièces de canon. Dès que je saurai

---

1. La veille, le général Moulin écrivait d'Augsbourg au major général :

« J'ai l'honneur de vous rendre compte que des bandes de brigands du Tyrol, que l'on a évaluées à 2,000 hommes, sont entrées avant-hier dans la petite ville de Kempten et l'ont pillée.

« Le général de brigade Picard, commandant trois régiments de dragons, vient d'entrer ici ; les trois régiments de dragons arriveront demain dans la place. »

Memmingen repris, j'enverrai un second régiment de dragons au général Picard, pour occuper les débouchés du Tyrol.

V. A., dont j'ai reçu une lettre du 9, me croit bien plus fort que je ne suis[1]. D'abord je n'ai encore que trois régiments de dragons formant 1,200 chevaux, non compris les blessés. Mes deux autres régiments et mon artillerie n'arriveront que le 20, étant partis le 10 de Darmstadt.

Le général Moulin n'a point gardé les 7,000 hommes dont V. A. me parle, il n'a en tout ici que 1,500 hommes et conscrits. Il n'a vu encore personne du 65e régiment et prétend qu'il n'y a que des officiers; les hussards de Bade ont 80 hommes montés et le roi m'assure qu'il sont près de Constance. Je ne sais point quand viendra le régiment du grand-duc de Berg.

Ainsi, j'ai en tout 2,200 hommes d'infanterie, 2,100 chevaux et 1,400 hommes de Wurtemberg, quand j'aurai pu les réunir.

Si mon opération sur Memmingen manquait, le bataillon bavarois d'Ulm y rentrerait; il y est indispensable, il y a de gros magasins, beaucoup de poudre, 3,000 blessés français et, sur la route, de l'artillerie de la garde. J'envoie aussi des ordres dans ce cas au colonel de Wurtemberg, de se porter rapidement sur Ulm pour me joindre; j'espère que cela n'arrivera pas, surtout d'après la marche du duc de Danzig qui me fait grand plaisir[2].

Je désire que S. M. approuve mes dispositions; il est nécessaire d'en imposer à ces insurgés; je serai exact à rendre compte à V. A.

Comte DE BEAUMONT.

P.-S. — Il n'y a point ici de canonniers pour mon artillerie légère quand elle arrivera.

Je vous demande un chef d'état-major dont j'ai plus besoin que jamais.

---

1. Voir la lettre de l'Empereur au major général, du 9 mai, débutant ainsi : « Mon Cousin, écrivez au général Beaumont... »

2. Voir la lettre de l'Empereur au major général, du 9 mai, débutant ainsi : « Mon Cousin, écrivez au duc de Danzig... »

CHAPITRE VII

OCCUPATION DE VIENNE. — PRÉPARATIFS DE PASSAGE DU DANUBE. — LE MARÉCHAL BERNADOTTE SE PORTE SUR LINZ. — LE MARÉCHAL LEFEBVRE MARCHE SUR INNSBRUCK (13-19 MAI).

13 mai

La capitulation de Vienne était signée le 13, à 2 heures du matin. A 6 heures, le général Oudinot prenait possession des portes de la ville[1].

Aussitôt maître de la ville, l'Empereur se décide à porter les opérations sur la rive gauche du Danube.

Déjà, le 7 mai, dans sa lettre adressée au maréchal Davout, il avait marqué son intention de prendre pied sur la rive gauche du fleuve, pour manœuvrer sur les deux rives[2].

---

[1]. LE GÉNÉRAL ANDRÉOSSY AU MAJOR GÉNÉRAL.
                                                    Vienne, le 13 mai 1809.
Monseigneur,
Conformément à la capitulation signée la nuit dernière, la demi-lune de la porte de Carinthie a été occupée par les troupes de S. M. I. et R. à 6 heures du matin ; la garnison ou soi-disant garnison a défilé à 9 heures.
                                                    ANDRÉOSSY.

[2]. « Je suppose, écrivait-il dans cette lettre, que le prince Charles se dirige sur Krems où j'espère que vous arriverez avant lui. J'espère avoir assez de bateaux pour jeter là un pont, et peut-être me déciderai-je alors à manœuvrer sur les deux rives. »
Dans ses « Notes sur l'Art de la guerre » (*Œuvres de Napoléon Ier à Sainte-Hélène*), l'Empereur justifie ainsi sa détermination : « Cependant l'archiduc Charles approchait par la rive gauche du Danube. L'Empereur résolut de le

Si les renseignements reçus jusqu'à ce jour ne permettaient pas encore d'être éclairé, d'une manière définitive, sur les intentions de l'archiduc Charles [1], l'Empereur n'ignorait pas cependant que l'armée de Bohême ne fût encore à plusieurs journées de marche de Vienne.

Le 9, il écrivait au maréchal Davout : « Tout porte à penser que le prince Charles a pensé pouvoir se réunir à Linz aux autres corps, et qu'ayant perdu cet espoir, il a cru se réunir à Krems ou à Vienne. Tout cela est probable, mais n'est pas certain. »

Le 12, dans la soirée, annonçant la chute de Vienne au prince Eugène, il ajoutait : « Il paraît que ce qu'il y a d'ennemis ici se rallie dans la Moravie [2]. »

Ainsi, le 13, alors que l'Empereur se décide à prendre pied sur la rive gauche du Danube, il juge sans doute ne devoir rencontrer que le corps d'Hiller, renforcé des troupes qui avaient concouru à la défense de Vienne.

---

prévenir et de passer sur cette rive. La position de la rive droite n'était bonne qu'autant que l'on aurait une tête de pont sur la rive gauche, parce que sans cela l'ennemi était maître de l'initiative des mouvements. Cette considération était d'une telle importance, que Napoléon se fût placé sur l'Enns, s'il lui avait été impossible d'établir une tête de pont sur la rive gauche. Passer une grande rivière devant une telle armée paraissait impossible, mais on ne pouvait pas s'éloigner beaucoup, de peur que l'ennemi qui avait deux équipages de pont ne passât lui-même le Danube et ne se portât sur Vienne. »

1. A cette date (13 mai), le général autrichien avait, dit-on, encore le projet de tenter le passage du Danube, sur les derrières de l'armée française, et de se jeter sur ses communications. Ce projet avait été abandonné lorsque l'occupation de Vienne fut connue. Cependant il semble que, le 15 mai, à Horn, l'archiduc Charles était encore indécis sur la direction qu'il ferait prendre à son armée.

2. Écrivant le même jour au roi Murat, il ajoutait : « L'ennemi se rallie, à ce qu'il paraît, du côté de Brünn. »

Voir les lettres du général Vandamme au maréchal Davout, des 10 et 11 mai.

Dans sa lettre datée du 12 mai, adressée au maréchal Davout, le général Vandamme confirmait ses opinions premières en ces termes : « Tous les rapports qui me parviennent donnent confirmation à mon opinion, que l'ennemi est en pleine retraite sur la Moravie. »

Le 14 mai, le maréchal Davout écrivait à l'empereur : « Le bruit public est que l'archiduc Charles est encore dans les environs de Budweis. »

Une seule chose était certaine, c'est que l'archiduc Charles était encore éloigné de Vienne.

A cette date, l'Empereur était également renseigné sur la marche de l'armée d'Italie, par une lettre du prince Eugène, datée des bords de la Piave, le 7 mai. (Cette lettre, apportée par le colonel d'Anthouard, était parvenue à l'Empereur le 10.) Le vice-roi lui faisait savoir que l'armée autrichienne était en pleine retraite sur Pordenone et Sacile, poursuivie avec vigueur par l'armée d'Italie [1].

LE MAJOR GÉNÉRAL AU GÉNÉRAL ANDRÉOSSY.

Schönbrunn, le 13 mai 1809, midi.

L'intention de l'Empereur, Monsieur le général Andréossy, est d'organiser le service du gouvernement de la ville de Vienne, de la manière suivante :

Vous, Général, comme gouverneur de Vienne, ayant sous vos ordres un général de brigade commandant la place, qui aura avec lui quatre adjudants de place ; plus, huit officiers supérieurs ou capitaines, pour commander les faubourgs. Ces officiers correspondront avec le général de brigade commandant la place, qui vous rendra compte deux fois par jour [2].

Vous trouverez ci-joint un ordre au duc de Rivoli, pour mettre à votre disposition le régiment de cavalerie wurtembergeois qui est à son corps d'armée, et que vous emploierez pour le service de la ville. Jusqu'à nouvel ordre, Monsieur le Gouverneur général, le

---

1. L'armée autrichienne se trouvait donc, le 7 mai, à plus de 400 kilomètres de Neustadt.

L'Empereur, en réponse à sa lettre, écrivait le 10 au prince Eugène : « Suivez vivement l'ennemi partout où il se retire ; s'il se retire partie sur Klagenfurth et partie sur Laybach, suivez-le sur Klagenfurth en plus grande force. Il est nécessaire de faire notre réunion le plus tôt possible, afin que, s'il cherche à tomber sur mon flanc droit, vous soyez là pour le contenir......

« Je suppose que vous êtes aujourd'hui à Udine ; quelque direction que prenne l'ennemi, talonnez-le, afin qu'il n'ose pas se mettre entre vous et ma droite. »

2. Le major général écrivait de nouveau, dans la journée, au général Andréossy :

« Installez le général Razout comme commandant de la ville, ainsi que ses 4 adjudants de place ; installez les 8 officiers supérieurs dans les différents quartiers ; que le service soit bien organisé, car l'Empereur passant aujourd'hui aux portes n'y a point vu de gardes françaises. Les huit commandants de faubourgs doivent faire leurs rapports deux fois par jour et loger dans le centre de leurs quartiers. »

général Oudinot avec son corps d'armée formera la garnison; je charge le duc de Montebello de lui en donner l'ordre.

J'ordonne à M. Daru d'organiser tout le service administratif et surtout de s'entendre avec vous[1].

A...

LE GÉNÉRAL BERTRAND A L'EMPEREUR.

Nussdorf, le 13 mai 1809 (matin)[2].

Sire,

M. le maréchal Lannes a fait passer une douzaine d'hommes sur la rive gauche, dans deux nacelles.

---

1. L'INTENDANT GÉNÉRAL DARU A L'EMPEREUR.

Vienne, le 13 mai 1809.

Sire,

J'ai l'honneur d'adresser à V. M. un premier aperçu des approvisionnements en subsistances existant à Vienne.

Il y a de fabriqué :

En pain, environ	50,000 rations.
En biscuit.	20,000 —
En garenne de 25 à 30 mille rations	30,000 —
	100,000 rations.

Grains et farines.

Froment en grains, environ	6,000 quintaux.
Seigle et méteil, environ	10,000 —
Farine en sacs ou en garenne, une partie est blutée à 6 livres à peu près.	4,000 —
Farine en tonneaux, 437 tonneaux de 450 à 500 . . .	2,200 —
	22,200 quintaux.

La ville réclame une partie des grains comme sa propriété.

La manutention consiste en 9 fours qui sont en activité.

Les moulins affectés au service militaire peuvent donner 500 quintaux en farine par jour.

Il y a du bois pour faire des tonneaux, mais on n'a pu encore en évaluer la quantité, même approximativement.

On a trouvé 900 bœufs, mais ils appartiennent aux bouchers qui, du reste, sont prévenus qu'ils auront à les fournir pour l'approvisionnement de l'armée.

On travaille à faire une reconnaissance plus exacte de tous les magasins et on vérifie les caisses. Comme cette vérification exige la compulsation des registres, il n'est pas possible d'en connaître encore les résultats.

DARU.

(*Arch. nat.*)

2. Le général Bertrand s'était rendu compte, dans la matinée, de l'impossibilité de rétablir les ponts de Vienne.

« Aussitôt que nous fûmes entrés à Vienne, le premier soin du général Bertrand fut de se porter de sa personne au faubourg de Léopoldstadt. Avec lui, j'allai visiter les grands ponts sur les deux premiers bras du Danube, et ensuite ceux des deux autres bras, d'une plus grande largeur encore, au Tabor et à Spitz. Tous les ponts en bois sur ces quatre bras étaient démolis ou brûlés. Une heure après, nous avions rejoint S. M. et rendu compte de la situation. L'Empereur ordonna alors des dispositions de passage au-dessus de Vienne, à Nussdorf. » (*Souvenirs du général Paulin, aide de camp du général Bertrand.*)

Nous avons à peu près une vingtaine de bateaux[1]. M. le Maréchal pense que V. M. ferait bien de donner l'ordre, au maréchal Davout, de faire descendre 50 bateaux avec madriers et poutrelles.

La division Saint-Hilaire vient ici.

Il serait aussi nécessaire que V. M. veuille donner l'ordre au général Songis d'envoyer ici les pontonniers.

L'emplacement paraît très favorable à M. le maréchal. La rive droite domine.

J'ai fait partir ce matin une compagnie de sapeurs pour Nussdorf.

BERTRAND.

L'EMPEREUR AU GÉNÉRAL SONGIS.

Schönbrunn, le 13 mai 1809.

Monsieur le général Songis, envoyez une compagnie de pontonniers à Nussdorf, pourr établir le pont où il était dans la dernière campagne. Le général Bertrand y enverra une compagnie de sapeurs. Je désire que l'on établisse un second pont, ainsi que je l'ai déjà ordonné, entre Vienne et Presburg[2].

LE GÉNÉRAL SONGIS AU MAJOR GÉNÉRAL.

Schönbrunn, le 13 mai 1809.

Monseigneur,

Suivant les ordres qui m'ont été transmis par V. A., sous la date du

---

1. Ces bateaux, trouvés sur la rive droite, n'étaient pas tous immédiatement utilisables (Voir la note (1) de la page 263).

2.　　　　　　LE MAJOR GÉNÉRAL AU GÉNÉRAL SONGIS.

Schönbrunn, le 13 mai 1809.

L'intention de l'Empereur, Monsieur le Général, est de jeter deux ponts sur le Danube, l'un en remontant le fleuve à Nussdorf, l'autre en descendant le fleuve entre Vienne et Presburg, dans l'endroit le plus propice. Il faut donc envoyer à Nussdorf une compagnie de pontonniers et de sapeurs. Le général Saint-Hilaire est chargé de protéger la construction du pont de Nussdorf. Chargez quelqu'un de la construction de ce pont, et faites réunir tous les bateaux que l'on pourrait trouver au-dessus de Vienne. Quant au second pont, le duc de Rivoli, avec la division Molitor et la brigade de cavalerie légère du général Marulaz, est chargé d'en protéger la construction entre Vienne et Presburg, dans l'endroit que vous et le général Bertrand jugerez le plus propice. Il faut donc, à cet effet, qu'on fasse réunir tous les bateaux depuis Vienne, en descendant le Danube, au lieu que l'on aura choisi. Vous sentez qu'il est nécessaire que vous vous concertiez avec le général Bertrand, avec le duc de Montebello pour le pont de Nussdorf, et avec le duc de Rivoli pour celui au-dessous de Vienne.

11 mai, j'ai fait faire la reconnaissance du Danube, entre Vienne et Presburg, jusqu'au delà de Marckfischament. Il résulte des rapports de M. le colonel Aubry et d'un capitaine d'artillerie, qui ont été chargés de cette opération, que l'établissement d'un pont sur l'un de ces points présente de grandes difficultés. Au delà de Fischament jusque vers Orth les bords du fleuve sont très escarpés, et lors même qu'on serait parvenu à établir une communication d'une rive à l'autre, l'accès en serait impossible.

Vers l'embouchure de la petite rivière Fischer la descente est facile pour les voitures, et l'on pourrait construire un pont qui s'appuierait sur une île solide, située vis-à-vis Fischament. Ce pont irait se terminer à un quart de lieue environ au-dessous de Schönau, situé sur la rive gauche. Cependant, la largeur du fleuve étant là d'environ 300 toises, il faudrait au moins 80 bateaux avec tous leurs agrès. Une pareille quantité est difficile à réunir. Il en a été reconnu dix sur la rive droite, et, pour recueillir ceux qui se trouvent en face, il faudrait être maître de la rive gauche la seule qui, vers ces points, soit praticable pour le halage.

Le Danube se trouve un peu plus resserré vis-à-vis Kaiser Ebersdorf, et quelques bancs de sable, qui s'y élèvent, donneraient la facilité d'employer des chevalets, ce qui ménagerait les bateaux. C'est donc sur ce point qu'il paraîtrait convenable d'établir un pont, si S. M. tient à en avoir un entre Vienne et Presburg. Dans le cas contraire, il me semble qu'il serait plus avantageux de le faire construire au-dessus de Vienne vers Nussdorf. Là, le fleuve n'a qu'un bras ; il y a des aboutissants de route, et l'établissement de Klosterneuburg est à peu de distance. V. A. se rappellera que, dans la dernière guerre contre l'Autriche, c'est vers Nussdorf que le pont avait été jeté.

SONGIS.

L'EMPEREUR AU MAJOR GÉNÉRAL.

Schönbrunn, 13 mai 1809.

Mon Cousin, donnez ordre au duc de Rivoli d'employer ses sapeurs, ses pontonniers et ses officiers du génie et la division Molitor, à jeter un pont dans le lieu déjà reconnu à quelques lieues de Vienne, sur la route de Presburg. On m'assure qu'il y a déjà cinquante bateaux. Ce nombre doit être suffisant.

Donnez ordre à la division Molitor de prendre position et de protéger cet établissement.

LE MAJOR GÉNÉRAL AU DUC DE RIVOLI.

Schönbrunn, le 13 mai 1809, à midi.

L'Empereur, Monsieur le Duc, me charge de vous faire connaître que la capitulation est signée et que nous sommes entrés dans Vienne. L'intention de l'Empereur est que vous fassiez cantonner vos troupes dans les faubourgs qui vous ont été désignés, tant sur la rive gauche, que sur la rive droite du bras du Danube sur lequel le pont est jeté [1].

Quant à vous, Monsieur le Duc, l'Empereur ordonne qu'avec la division Molitor et la cavalerie du général Marulaz, vous vous occupiez, de concert avec le commandant du génie et celui de l'artillerie, à faire construire un pont en descendant le Danube ; et, qu'avec la division Molitor et la brigade Marulaz, vous fassiez réunir tous les bateaux qu'on pourra trouver sur ce fleuve [2].

---

1. EMPLACEMENT DU 4ᵉ CORPS D'ARMÉE AU 13 MAI 1809.

La division de M. le général Boudet, à la porte du faubourg de Léopoldstadt, pour fournir le nombre de troupes nécessaires dans la ville.

La division de M. le général Carra-Saint-Cyr sera cantonnée, en arrière du faubourg et à l'entrée du Prater, appuyant sa droite au pont du Danube. Elle sera chargée d'éclairer ce fleuve jusqu'au pont qu'on a fait établir à Simmering.

La division de M. le général Legrand sera logée au faubourg de Landstrass, sur la route de Presburg qu'elle fera surveiller, occupant la porte de la ville par une compagnie de grenadiers, avec la consigne de ne laisser entrer aucun militaire sans la permission de M. le maréchal ou de son chef de l'état-major.

Les troupes de ces trois divisions seront logées chez les habitants et concentrées autant que possible. MM. les généraux se concerteront à cet effet avec les magistrats, pour l'établissement de leurs divisions.

La division de M. le général Molitor restera provisoirement à Simmering, pour couvrir la route de Presburg. Cette division s'est portée en avant pour occuper Ebersdorf et Schwechat.

La division de cavalerie légère occupera la route de Presburg pour en surveiller les communications, et poussera des reconnaissances jusqu'à huit à dix lieues. Le 14ᵉ régiment de chasseurs sera sous les ordres de M. le général Saint-Cyr, pour éclairer la rive droite du Danube jusqu'à la division Legrand.

Le parc de réserve restera en arrière de Simmering.

Au quartier général du faubourg de Leopoldstadt, le 13 mai 1809.

BEKER.

2. LE GÉNÉRAL MARULAZ AU GÉNÉRAL BEKER, CHEF D'ÉTAT-MAJOR GÉNÉRAL DU 4ᵉ CORPS.

Au bivouac, dans la promenade du Prater, le 13 mai 1809.

Mon Général,

Je vous prie de mettre sous les yeux de M. le maréchal commandant en chef le rapport suivant :

Les reconnaissances portées sur la route de Presburg rendent compte qu'il n'existe point d'ennemis dans cette direction, que la route est libre jusqu'à Presburg. Le 23ᵉ régiment de chasseurs a reconnu la rive droite du Danube jusqu'à quatre lieues, en descendant le fleuve, et n'a rencontré personne. M. le colonel Lambert, en exécution de mes ordres, a laissé un escadron à Schwechat qui y a pris poste.

Ma division, à l'exception du 14ᵉ régiment de chasseurs qui se trouve dans le Prater à l'entrée du faubourg, est réunie sur la rive droite du Danube, à hauteur de Simmering ; elle bivouaque en arrière du pont établi sur ce point et a ordre de se garder sur ses derrières dans la direction de Neustadt, et d'éclai-

L'intention de l'Empereur est de faire jeter deux ponts, l'un à une lieue au-dessus de Vienne en remontant le Danube, l'autre à une lieue au-dessous de Vienne, et c'est de ce dernier que vous êtes chargé. Que votre commandant d'artillerie voie M. le général Songis ; que votre cavalerie légère batte les rives du Danube, et que vous puissiez me faire connaître tous les bateaux qu'on trouvera.

(*Arch. du prince d'Essling.*) ALEXANDRE.

Dans la matinée du 13, la division Saint-Hilaire levait son camp près de Dornbach et se portait sur Nussdorf. Le maréchal Lannes, à qui avait été confié le soin de jeter un pont sur ce point, donnait l'ordre au général Saint-Hilaire de faire passer un détachement de troupes sur la rive droite du Danube, afin d'en protéger l'établissement. Cette tentative pour prendre position sur la rive gauche devait échouer[1].

---

rer le Danube depuis Vienne jusqu'à Presburg. Le 14e régiment de chasseurs a fait hier une reconnaissance sur les deux bras du Danube, en remontant le Prater. M. le chef d'escadron Foissac-Latour, qui en était chargé, m'informe qu'il a rencontré dans le parc quelques cuirassiers autrichiens et quelques fantassins. Les fantassins se sont cachés dans des jardins impénétrables à la cavalerie, et les cuirassiers ayant été poursuivis ont été atteints dans la caserne de Leopoldstadt, où l'escadron du 14e s'est emparé de seize cuirassiers, autant de chevaux et quelques bagages.
Les deux ponts à hauteur de Leopoldstadt étaient coupés.

(*Arch. du prince d'Essling.*) MARULAZ.

1. « Il s'agissait de reconnaître la rive opposée. On fit passer d'abord quelques voltigeurs ; mais, à leur débarquement, ils furent assaillis par quelques coups de mitraille, et n'eurent que le temps de reconnaître à la hâte que la rive gauche du Danube, qui d'abord paraissait tenir au continent, en était séparée par un faible bras qu'ils ne purent justement apprécier et qu'ils crurent assez fort pour n'être pas guéable. (En face de Nussdorf se trouvait l'île Schwarze-Lacken, et c'est dans cette île qu'avait débarqué la reconnaissance envoyée sur la rive gauche.) Ils revinrent sur la rive droite, et ce fut alors que le maréchal Lannes, me dépêcha à Schönbrunn, pour demander à l'Empereur qu'il mît à sa disposition tous les matériaux nécessaires pour la construction d'un pont. Il n'y avait encore de réunies à Nussdorf que quelques barques et quelques planches. A mon retour, on faisait déjà passer sur la rive gauche des compagnies de voltigeurs. L'ennemi, soit pour s'opposer réellement à notre projet, soit seulement pour s'assurer de nos intentions, fit approcher quelques troupes et nous eûmes quelques hommes tués. Mais à la droite de cette espèce d'île il y avait un pont (plus exactement une digue) et le petit bras du Danube était guéable.

« Nos démonstrations pour la formation d'un pont étaient évidentes ; cependant aucun des matériaux nécessaires pour sa construction n'arrivaient ni ne sont arrivés.

« Deux pièces de 12 placées sur les hauteurs de Nussdorf, le reste de l'artil-

LE GÉNÉRAL SAINT-HILAIRE AU MAJOR GÉNÉRAL.

Nussdorf, le 14 mai 1809.

Monseigneur.

Je crois ne pouvoir mieux remplir les intentions de V. A., qu'en lui

---

lerie de la division et quelques pièces de la garde en batterie sur le quai sem-
blaient protéger suffisamment le débarquement de nos troupes sur la rive gauche.
Nous nous occupions sans relâche à embarquer des voltigeurs, mais nous
n'avions que trois bateaux et le transport était lent. » L'Empereur voulait aussi
qu'on fit passer deux pièces de canon, mais le seul bateau propre à cet objet
ne put être amené sur la rive droite et il fallut y renoncer.

« Cependant il y avait déjà près de 600 hommes passés sur la rive gauche.
L'ennemi, qui connaissait et les gués et le petit pont dont j'ai parlé, y faisait
filer des troupes et tenait les nôtres éloignées de ces points. Sur ces entrefaites,
l'Empereur arriva et vit, par lui-même, combien les troupes jetées sur la rive
gauche étaient exposées, par le peu de moyens qu'on avait de leur porter secours. Dans le même moment, l'ennemi, jugeant que l'occasion était favorable,
descendit du Bisamberg où il était campé, s'avança en colonne, passa le pont
et le gué, et vint assaillir notre troupe avec tout l'avantage du nombre. Nous
voyions très distinctement, sur la rive gauche, nos soldats battre en retraite,
se défendant avec courage ; nous leur envoyions des bateaux chargés d'hommes
et de munitions ; mais en vain nos batteries faisaient un feu terrible, l'ennemi
avançait toujours, repoussant notre troupe par son nombre, il les accula jusqu'au fond de l'île, où 700 hommes avec un chef de bataillon à leur tête furent
faits prisonniers ». (*Opérations militaires de la division Saint-Hilaire dans la
campagne de 1809 en Autriche, par Boudin de Roville, alors 1er aide de camp
du général Saint-Hilaire.*) Les six compagnies de voltigeurs, qui avaient débarqué dans l'île, eurent d'abord à combattre un bataillon de landwehr qui
occupait la Schwarze-Lacken, et, c'est au moment où elles obligeaient ce bataillon à abandonner l'île, qu'elles furent assaillies par la brigade Weissenwolf et
par un régiment d'infanterie venu de Spitz.

Dans un manuscrit de l'époque non signé (*Biblioth. de l'Arsenal*), mais que
l'on peut attribuer avec certitude au lieutenant Drieu, du 2e bataillon de pontonniers, employé à l'armée d'Allemagne en 1809 (général de brigade en 1846),
cette tentative de passage est ainsi exposée :

« Quelques pontonniers de la 1re compagnie du 1er bataillon, rencontrés par
hasard à Klosterneuburg, par un officier général qui y cherchait des bateliers
du pays, furent chargés de cette opération. Elle eut lieu à 2 heures de l'après-
midi. Ils se servirent de bateaux qu'ils trouvèrent à Nussdorf, qu'ils relevèrent
et vidèrent. On parlait après avoir passé les premières troupes de jeter un pont,
et l'on n'avait réuni pour le faire ni hommes ni matériaux ; ils devenaient pourtant
indispensables, si l'on s'était maintenu dans l'île ainsi qu'on l'espérait d'abord.

« 400 hommes jetés dans l'île de Schwarze-Lacken, que l'ennemi n'occupait
point et avec laquelle il communiquait pourtant (l'île de Schwarze-Lacken est
jointe à la rive gauche par une digue assez large, découverte dans les eaux
moyennes, dans les grandes eaux on ne peut passer qu'en barque : l'ennemi avait
plusieurs bacs), la parcoururent et furent attaqués par lui, aussitôt qu'ils eurent
été aperçus de la rive gauche. On crut qu'il était inutile de les faire soutenir
par des forces considérables. Les Autrichiens repoussèrent bientôt les troupes
débarquées ; on voulut alors, mais trop tard, leur envoyer du renfort, on n'eut
que le temps d'y conduire 600 hommes qui, après s'être bien battus, tombèrent
avec les premiers au pouvoir de l'ennemi. »

envoyant les rapports des 72e et 105e régiments, sur les pertes que les deux régiments ont faites dans la journée d'hier, et desquels il résulte, que le 72e régiment a perdu ses trois compagnies de voltigeurs, et le 105e régiment a perdu, savoir : les 1re et 3e compagnies de voltigeurs du régiment et 4 compagnies de son 2e bataillon, savoir : la compagnie de grenadiers, les compagnies de fusilliers nos 2, 3, 4. Il reste donc à ce bataillon sa compagnie de voltigeurs et la compagnie de fusiliers no 1, qui est à Wels, et dont je prie V. A. d'ordonner la rentrée au régiment ; il y a encore 100 hommes de détachés de ce régiment, qui ont conduit une colonne de prisonniers de guerre, et que je présume être, actuellement, à Wels aussi. L'aigle du bataillon était resté par ordre de ce côté du Danube avec un peloton pour le garder, et par conséquent n'est pas perdu. Le chef de bataillon Rateau, commandant ce bataillon, est rentré blessé de deux coups de feu, et a fait plusieurs charges à la baïonnette à la tête de son bataillon. D'après le rapport des militaires rentrés, ce chef s'est parfaitement battu et a fait beaucoup de mal à l'ennemi ainsi que le capitaine Poux, du 72e régiment, fait chef de bataillon devant Ratisbonne, et que j'avais placé à la tête des compagnies de voltigeurs par la confiance que j'avais en lui. Il a été fait prisonnier, après s'être battu avec beaucoup de courage contre des forces bien supérieures. La compagnie de grenadiers du 105e s'est toujours distinguée par la valeur qu'elle a montrée. Les deux dernières barques n'ayant pas abordé dans l'île, il n'y avait donc que 362 hommes du 105e et 144 hommes du 72e qui sont tombés au pouvoir de l'ennemi ; mais, d'après tous les rapports que je reçois des militaires qui ont pu s'échapper, nous avons eu près de deux cents blessés ou tués, dans cette affaire, qu'il faut compter au nombre des prisonniers.

J'ai l'honneur d'assurer V. A. que voilà le rapport exact des faits et de la perte que la division a faite, dans la journée du 13 mai.

Si je pouvais en croire même le rapport de quelques hommes rentrés cette nuit, il paraîtrait que nos hommes se sont défendus à la baïonnette au dernier moment, et qu'il y a eu une mêlée qui doit avoir diminué le nombre de prisonniers, les ennemis en ayant tué une partie[1].

Saint-Hilaire.

LE MAJOR GÉNÉRAL AU DUC DE RIVOLI.

Schönbrunn, le 13 mai 1809, 11 heures du soir.

Comme je vous l'ai mandé, Monsieur le Duc, l'intention de l'Empereur est que vous vous portiez de votre personne avec la division

---

1. Extrait d'une lettre de l'Empereur, du 15 mai 1809, au major général :

« En réponse à son rapport, vous ferez connaître au général Saint-Hilaire que je suis mécontent des dispositions qui ont été prises. D'abord, on n'a pas envoyé un chef élevé en grade pour diriger l'opération ; secondement, une réserve de 100 hommes avec 10,000 cartouches aurait dû être placée dans la maison et n'en jamais sortir (Une grande maison située dans l'île de Schwarze-Lacken pouvait servir de réduit) ; avec cette réserve, on n'aurait eu rien à craindre. Tout cela a été fort mal dirigé. »

Molitor, pour protéger la construction du pont au-dessous de
Vienne vers Ebersdorf, point choisi par le génie et l'artillerie ;
ce point, Monsieur le Duc, devient de la plus grande importance
et, avec de l'activité, on peut sur ce point surprendre l'ennemi.

Le pont au-dessus de Vienne, sur Nussdorf, présentera plus de
difficultés parce que l'ennemi a découvert notre projet. On a
fait la faute de jeter, de l'autre côté, quelques compagnies de voltigeurs sans précaution et, au lieu de s'établir dans une maison
qui était sur la rive, elles se sont hasardées et ont été prises [1].

Il faut, Monsieur le Duc, que vous fassiez rassembler vos bateaux, que vous ayez les ancres, les cordages, tout ce qui est
nécessaire ; établir du canon sur la rive droite ; ensuite faire passer quelques hommes, qui se retrancheront et seront protégés
par l'artillerie. La guerre a des règles qu'il faut suivre. L'essentiel
est de mettre la plus grande activité pour réunir ce qui est nécessaire pour le pont, de manière à pouvoir le jeter rapidement,
avant que l'ennemi ne puisse s'en douter et s'y opposer.

L'Empereur compte sur votre pont, car celui de Nussdorf présentera beaucoup de difficultés. Faites-moi connaître demain et
successivement deux fois par jour, la disposition de vos troupes,
le nombre de bateaux que vous aurez, etc., etc.

---

1. Cette opération paraît avoir échoué par le fait de la précipitation que l'on
mit à jeter quelques compagnies dans l'île de Schwarze-Lacken, avant d'avoir
rassemblé les moyens de passage nécessaires, pour les faire appuyer par des
renforts sérieux et par de l'artillerie.

Dans son « Rapport historique, sur les opérations de l'artillerie du 4ᵉ corps
en 1809 », le général Pernéty s'exprime ainsi, au sujet de cette tentative de
passage du fleuve : « Les ponts du Danube étaient brûlés ; on voulut en construire un de bateaux sous Nussdorf, mais, tous les moyens n'ayant pas été
préparés d'avance, la construction fut interrompue ; l'ennemi se mit en devoir
de l'empêcher, en reprenant l'île opposée et en établissant des batteries. »

La construction du pont ne fut pas interrompue, elle ne fut même pas commencée.

Le lieutenant général Berthezène, alors colonel du 10ᵉ léger, écrit dans ses
Souvenirs militaires, rédigés en partie au camp d'Ebersdorf après la bataille
d'Essling : « Il est permis de penser que cette tentative aurait réussi si elle
avait été faite moins précipitamment et avec plus de précaution, et que l'une
des plus difficiles opérations de la guerre, le passage d'un grand fleuve, se
serait trouvée exécutée sans perdre un seul homme et presque à l'insu de l'ennemi. Mais, une fois son attention éveillée, il eût été inutile et dangereux de
renouveler nos essais sur ce point ; le Danube, réuni dans un seul bras, y était
trop large et trop rapide pour nous permettre de jeter un pont en présence des
Autrichiens. »

L'EMPEREUR AU DUC D'AUERSTAEDT.

Schönbrunn, 13 mai 1809.

Mon Cousin, le mouvement du général Vandamme sur Krems n'a pas le sens commun [1]. Puisqu'il était à Freystadt, il devait rester à Freystadt et continuer à éclairer la route de Budweis. Si malheureusement un parti ennemi se présentait, cette colonne serait coupée. Cette manière de faire la guerre est insensée.

Recommandez au général Vandamme de se renfermer dans ses instructions, qui sont de garder Linz et d'éclairer toute cette partie. S'il peut pousser jusqu'à Budweis, ce ne peut qu'être utile [2].

NAPOLÉON.

---

1. L'Empereur fait allusion à la reconnaissance du major Ameil. Voir la lettre du général Vandamme au maréchal Davout du 10 mai, et le rapport du major Ameil du 11 mai, faisant suite à la lettre du maréchal Davout à l'Empereur, du 12 mai à midi.

2.   LE MAJOR GÉNÉRAL AU DUC D'AUERSTAEDT

Schönbrunn, le 13 mai 1809, à 10 heures du matin.

L'Empereur, Monsieur le Duc, me charge de vous réexpédier votre aide de camp, pour vous faire connaître qu'il a vu avec peine les mouvements que vous avez faits sur la rive gauche du Danube ; que ces dispositions réussissent ou ne réussissent pas, c'est toujours une mauvaise opération. La guerre, Monsieur le Duc, a des principes, et on ne compromet point de braves soldats, lorsque par les règles de l'art leur retraite n'est pas assurée. La colonne de 300 à 400 hommes, qui longe la rive gauche du Danube, peut à chaque instant être compromise. Ces petits mouvements n'ont aucun résultat important pour l'armée, et ils donnent des chances pour enhardir l'ennemi par de légers succès, qui leur donnent de la confiance. S. M. a trouvé convenable qu'on ait envoyé de Linz des postes de l'autre côté du Danube, pour avoir des nouvelles de la retraite de l'ennemi, en ne s'éloignant qu'à la distance nécessaire pour laisser la retraite assurée. Également il n'y a pas d'inconvénient pour envoyer, de la rive droite sur la rive gauche du Danube, quelques hommes en bateau pour avoir des nouvelles, avec l'ordre de rentrer sur le champ ; mais l'Empereur, Monsieur le Duc, trouve que les directions que le général Vandamme a données à ses reconnaissances, et celles que vous avez données vous-même à des patrouilles de 300 à 400 hommes, sur la rive gauche du Danube (lettre du maréchal Davout à l'Empereur, du 12 mai à midi), sont contre toutes les règles de la guerre.

P.-S. — Je répondrai dans quelques heures aux autres lettres que j'ai reçues de vous.

LE DUC D'AUERSTAEDT A L'EMPEREUR.

Saint-Pölten, le 13 mai 1809.

Sire,

. . . .

Il paraît qu'il y a quelques bataillons de landwehr du côté de Mariazell et d'Annaberg ; des ordres ont été expédiés dans toutes les provinces pour soulever en masse les habitants. Ici, ils sont arrivés trop tard, mais il paraît qu'ils ont eu quelques succès dans la Styrie et la Carinthie.

Un rapport du général Montbrun, de ce matin, annonce que l'ennemi est toujours devant lui, en même nombre et dans la même position.

Le maréchal duc D'AUERSTAEDT.

LE GÉNÉRAL COMPANS AU MAJOR GÉNÉRAL.

Mölk, le 13 mai 1809, à 5 heures du soir.

Monseigneur,

M. le maréchal duc d'Auerstaedt, qui s'est rendu ici pour s'assurer de l'exécution de l'ordre qu'il avait donné au général Gilly, de jeter quelques centaines d'hommes sur la rive gauche du Danube, et pour prendre connaissance des dispositions faites par ce général pour s'établir sur cette rive, m'a chargé, au moment où il s'embarquait pour s'y porter lui-même, de rendre compte à V. A. que le passage s'est effectué sans difficulté, par un bataillon du 15ᵉ régiment d'infanterie légère[1].

---

1. LE GÉNÉRAL GILLY AU MARÉCHAL DAVOUT.

Mölk, le 13 mai 1809, à 8 heures du matin.

Monsieur le Maréchal,

Après une fusillade assez vive, les troupes ennemies, au nombre d'environ deux cents, qui occupaient le village en face de Mölk, se sont retirées après avoir mis le feu aux maisons situées à la tête du village (Emersdorf), pour couvrir leur retraite. Les flammes se communiquent rapidement aux autres maisons, et je crains bien qu'il ne reste que des décombres de ce malheureux village. Nos troupes se sont établies dans l'église et dans le cimetière, enceint d'une muraille à hauteur d'appui, situé un peu au-dessus de ce village ; j'y ai fait passer un officier très intelligent et très capable, pour mettre le poste dans le meilleur état de défense, et je crois pouvoir assurer V. E. qu'une fois ces dispositions remplies, il faudrait des forces considérables pour déloger les 350 hommes qui sont sur la rive gauche. Aussitôt que le poste sera retranché et barricadé, un détachement se portera au village plus haut sur la rive du fleuve ; l'ennemi l'occupe encore, mais il paraît qu'il n'y a que de la cavalerie qui certainement ne tiendra pas.

Conformément aux instructions de V. E., j'ai chargé le capitaine de pontonniers de remonter le fleuve jusque vis-à-vis Ips, pour faire amener sur la rive droite tous les bateaux, grands ou petits, qui se trouveront sur l'autre rive ou sur les îles.

Je lui fournirai un détachement pour remplir cette opération.

Général GILLY.

L'ennemi, qui avait environ deux cents hommes disposés en petits postes de 50 chevaux sur la rive gauche, les a réunis et a fait sur notre troupe un feu de mousqueterie assez vif, qui nous a blessé trois ou quatre hommes; mais nos troupes ayant débarqué ont fondu sur lui, l'ont mis en fuite, et lui ont fait en le poursuivant une trentaine de prisonniers et blessé quelques hommes. En ce moment l'ennemi n'est pas devant elles.

J'adresse à V. A. copie des déclarations qui ont été faites par les prisonniers.

V. A. trouvera aussi ci-jointe une lettre du général Vandamme, du 12 mai 1809 [1], accompagnée de plusieurs rapports, qu'il a adressée à M. le maréchal en le priant de vous la transmettre [2].

Le général Morand étant arrivé ici, avec la brigade du général Lhuillier et deux bataillons du 17e régiment, M. le maréchal lui a donné l'ordre de s'y établir jusqu'à nouvelle disposition, et de faire relever par ces deux bataillons celui du 15e régiment d'infanterie légère qui est sur la rive gauche. Ce mouvement va avoir son exécution [3]; aussitôt qu'il

---

1. LE GÉNÉRAL VANDAMME AU MARÉCHAL DAVOUT.

Linz, 12 mai 1809.

Monsieur le Maréchal,

J'ai reçu la lettre que V. E. m'a écrite hier. Tous les rapports qui me parviennent donnent confirmation à mon opinion, que V. E. partage sans doute, que l'ennemi est en pleine retraite sur la Moravie.

J'ai l'honneur de rendre compte à V. E. que j'ai donné des ordres pour qu'aujourd'hui, à la pointe du jour, le général de Hügel, qui commande mon infanterie légère, se portât de sa personne à Neumarkt, pour être plus à même de soutenir et d'appuyer le général Wöllwarth, commandant ma cavalerie. Un bataillon d'infanterie légère, qui était à la tête du pont, a eu aussi ordre de partir aujourd'hui dès le grand matin, pour marcher sur Weitersdorf où il prendra position jusqu'à nouvel ordre, et se tiendra toujours prêt à se porter partout au premier signal.

Les régiments du Prince-Royal et du Duc-Guillaume infanterie se tiennent toujours disposés à aller occuper la tête du pont et à marcher à l'appui du général de Hügel au besoin.

D'après le rapport qui m'a été fait hier par M. Vincent, et que j'ai adressé à V. E., mes deux régiments de cavalerie paraissaient devoir se diriger sur Krems; mais je leur ai prescrit de se reposer où ils se trouvaient alors, et d'envoyer seulement un fort parti sur Weissenbach à leur droite, et 2 lieues à leur gauche sur la route de Weidrach.

Le corps d'armée de Wurtemberg va se trouver renforcé des troupes qui étaient restées en arrière et qui arrivent successivement. Il ne me manque plus que le régiment de Phull et j'ai maintenant treize bataillons réunis.

VANDAMME.

2. Une lettre du commandant Delcau, de l'état-major du général Vandamme, datée de Steyer le 12 mai, faisait savoir qu'il avait envoyé un émissaire à Altenmarkt, et trois reconnaissances, de 20 hommes chacune, et 5 chasseurs sur la route de Weyer, Altenmarkt, par la rive droite; sur la route d'Altenmarkt, Spital, par l'autre rive, et sur Waidhofen.

3. « La 1re division du 3e corps s'est mise en marche, le 13, au point du jour, pour se rendre à Mölk où elle a pris position. Le 17e qui était resté à Enns a rejoint la division et a pris position; un bataillon sur la rive gauche du Danube, dans les villages d'Emersdorf, de Lubereck et de Weiteneck, et l'autre dans les îles à gauche de l'abbaye. »

(*Rapport historique des marches et positions de la division Morand.*)

sera terminé, le général Gilly, avec le 15ᵉ régiment d'infanterie légère, rejoindra la 2ᵉ division dont le quartier général est à Markersdorf.

COMPANS.

LE DUC D'AUERSTAEDT AU GÉNÉRAL VANDAMME.

Saint-Pölten, 13 mai 1809.

Je vous ai fait écrire de Mölk, mon cher Général, par mon chef d'état-major, pour vous faire connaître les inquiétudes que j'avais sur le détachement du major Ameil [1]. C'est cette marche qui m'a déterminé à faire jeter des troupes sur la rive gauche du Danube, vis-à-vis de Mölk. J'espère que cela aura dégagé son détachement. Je ne doute point que s'il a éprouvé de la résistance, il se sera retiré sur Mauthausen. Dans ce cas, il ne faut plus persister à lui faire descendre le Danube par la rive gauche; c'est exposer ce détachement à être coupé et enlevé. Il faut éviter de donner à l'ennemi l'occasion de remonter son moral par le plus petit des succès.

L'Empereur me mande, aujourd'hui, qu'un mouvement que vous feriez sur Krems serait une très grande faute militaire; qu'é-

---

[1].   LE GÉNÉRAL COMPANS AU GÉNÉRAL VANDAMME, A LINZ.

Mölk, le 13 mai 1809, à 7 heures du soir.

Mon cher Général, M. le maréchal revient à l'instant de la rive gauche du Danube; il y a questionné plusieurs habitants. Les déclarations de quelques-uns d'entre eux confirment celles de quelques déserteurs, tendant à faire croire que l'archiduc Charles est encore à Budweis, et qu'il est question d'un mouvement sur Mauthausen, tandis que notre armée sera à Vienne. Quoique S. E. soit éloignée d'ajouter foi à pareils renseignements, elle croit néanmoins devoir vous les communiquer et vous recommander de porter toute votre attention sur le point de Mauthausen.

Elle a appris aussi que les Autrichiens nous avaient pris, hier, trois ou quatre hommes à cheval à quelques lieues d'ici, en remontant le Danube par la rive gauche; et le conducteur d'un de nos bateaux vient de lui annoncer, qu'à peu près à cette distance, des hommes de cavalerie parlant français l'engageaient hier à aborder sur la rive gauche, pour prendre dans son bateau leur colonel qui, disaient-ils, avait été blessé.

Ce concours de renseignements fait craindre à S. E. qu'il ne soit mésarrivé au major Ameil, dont il n'a plus de nouvelles depuis longtemps. Elle vous engage, mon cher Général, à faire votre possible pour vous en procurer et lui en donner.

Maintenant que le corps de S. A. le Prince de Ponte-Corvo s'est rapproché de vous, vous êtes en mesure contre tout mouvement de l'ennemi, soit sur Steyer, soit sur Mauthausen, soit sur Linz. L'essentiel est d'être bien gardé et éclairé, et d'être informé à temps de tout ce qu'il pourrait faire. S. E. est à cet égard pleine de confiance dans les dispositions que vous pourrez faire, comme dans le zèle et l'activité que vous mettrez à les faire exécuter.

Elle vous prie de nouveau de lui donner fréquemment de vos nouvelles.

COMPANS.

tant à Freystadt, c'est la route de Budweis que vous devez continuer à éclairer; que vous devez continuer à garder Linz et éclairer toute cette partie; qu'enfin, si vous pouviez pousser jusqu'à Budweis, cela ne pourrait qu'être utile.

Je vous répète, mon cher Général, qu'il est aussi très important d'éclairer le point de Mauthausen.

J'ai beaucoup questionné, aujourd'hui, des hommes de la rive gauche et quelques prisonniers, et il ne m'est nullement démontré que l'archiduc Charles ait quitté Budweis. Sur toute la ligne, depuis l'Inn jusqu'à Krems, il n'y a encore que des troupes qui ont été poursuivies depuis l'Inn, et l'on n'a encore aucune nouvelle du corps qui a été réuni à Cham.

Je vous envoie une lettre de l'Empereur pour le prince de Ponte-Corvo, qu'il m'a recommandé de lui faire passer en toute diligence [1]. Veuillez la lui envoyer par un de vos officiers.

On a fait quelques milliers de prisonniers de toutes armes à Vienne.

Je vous ai mandé le sens dans lequel l'Empereur m'a écrit. Je joins ici copie d'une lettre que je reçois du major général. Nous pouvons nous appliquer l'un et l'autre ce qu'elle contient.

Duc d'Auerstaedt.

P.-S. — J'ai fait retirer de Mauthausen tous les bateaux; ils sont sur la rive droite. Il faut les faire garder, et, dans le cas où l'ennemi se présenterait en force, le premier ordre que vous auriez à donner serait celui de les détruire.

Je vous recommande beaucoup le point de Mauthausen. La conversation de ce général autrichien qui, hier, annonçait que dans quelques jours le prince Charles se porterait sur Mauthausen, peut n'être pas dénuée de fondement.

Duc d'Auerstaedt.

Ci-joint une lettre que je vous prie de faire parvenir au général Dupas, avec celle du prince de Ponte-Corvo.

---

1. LE MAJOR GÉNÉRAL AU PRINCE DE PONTE-CORVO.

Schönbrunn, le 12 mai 1809, à midi.

L'Empereur, Prince, reçoit votre lettre du 9 mai; je reçois également celle que vous m'avez adressée. Nous sommes enfin entrés à Vienne, nous occupons les faubourgs. Dès le 10, la ville a voulu se défendre, nous y avons jeté 3,000 obus qui y ont mis le feu. Nous avons passé un petit bras du Danube qui nous a rendus maîtres du Prater. L'archiduc Maximilien, voyant sa retraite coupée, s'est retiré dans la nuit en brûlant les ponts. S. M. suppose que vous êtes arrivé hier à Passau, où quelques jours de repos seront nécessaires à votre corps d'armée. L'Empereur désire avoir des nouvelles du duc de Danzig, qui est à Salzburg et qui manœuvre pour débloquer Kufstein, avant de vous donner l'ordre de vous porter en avant. S. M. a le projet de vous faire venir à Linz, pour delà entrer en Bohême par ses grandes communications. Il paraît que l'ennemi se retire par Brünn en Moravie.

14 mai.

LE MAJOR GÉNÉRAL AU DUC DE RIVOLI.

Schönbrunn, le 14 mai 1809.

L'Empereur, Monsieur le Duc, ordonne que vous fassiez partir à 2 heures du matin la brigade badoise avec ses pièces de canon, pour se rendre de Vienne à Modling et, de là, se diriger sur la route d'Altenmarkt et y chasser le rassemblement armé qui se trouve dans cette partie, ainsi que vous le verrez par la lettre ci-jointe[1].

Je donne l'ordre au général de brigade Colbert de faire partir demain matin trois à quatre cents chevaux, pour rejoindre la brigade badoise sur Modling. Arrivée à Altenmarkt, la brigade badoise se mettra en communication avec le général Bruyère, dont la brigade est à Lilienfeld, route de Saint-Pölten à Mariazell.

Modling est près la poste de Neudorf, route de Neustadt.

L'EMPEREUR AU MAJOR GÉNÉRAL.

Schönbrunn, 14 mai 1809.

Mon Cousin, donnez ordre au duc d'Istrie d'envoyer le général Montbrun[2] avec la brigade Jacquinot et la brigade

---

1.   LE GÉNÉRAL BRUYÈRE AU MAJOR GÉNÉRAL.

Le 12 mai 1809, à 10 heures du soir.

Monseigneur,

J'ai l'honneur de vous rendre compte que la découverte, qui est partie ce matin à la pointe du jour pour se rendre à Türnitz, y a appris qu'un corps de six mille Autrichiens occupait toujours Mariazell; qu'il avait ses avant-postes à Annaberg, ou il cherchait à se mettre à l'abri d'un coup de main; ce qui est d'autant plus aisé, que ce poste est d'un accès extrèmement difficile, à cause de l'élévation de cette montagne, et qu'avec quelques ouvrages il est facile de s'y retrancher. Ce corps est composé, partie de troupes de ligne, partie de levées faites dans le pays et en Styrie, et de cavalerie. Une reconnaissance de ces dernières troupes est venue jusqu'à Türnitz, dans la nuit du 11 au 12.

J'ai eu l'honneur, Monseigneur, dans ma dernière lettre, de vous proposer de renvoyer une seconde reconnaissance sur Günzelsdorf; ne recevant aucun ordre de V. A. à cet égard, j'ai ordonné que les reconnaissances que j'envoie sur la route de Vienne, par Altenmarkt, poussent le plus loin qu'elles pourront et aillent jusqu'à Gunzelsdorf, si elles ne trouvent point d'empêchement.

BRUYÈRE.

2. Le général Montbrun avait reçu la veille l'ordre de l'Empereur « de se

Piré à Bruck, à neuf lieues de Vienne, pour couper la route de Presbourg en Italie et couvrir tout le pays, entre le lac de Neusiedl et le Danube, ce qui fait un espace de six lieues. Ces brigades auront sur leur gauche la brigade Marulaz, qui longe le Danube, laquelle pourra rester en seconde ligne pour se porter au secours des deux premières ; de sorte que le duc de Rivoli pourra partir avec cette brigade sans découvrir l'armée d'aucun côté. Il est nécessaire que cette position soit prise demain. La brigade Colbert, qui est à Neustadt, recevra l'ordre de couvrir depuis le lac jusqu'à Neustadt et de se lier avec les partis du général Montbrun. En cas d'événement extraordinaire, le général Montbrun donnera des ordres à ces quatre brigades. La division Nansouty sera cantonnée à Laxenburg, et la division Espagne à Himberg. Le général Montbrun correspondra avec ces deux généraux, dont il couvrira les cantonnements, et par lesquels il pourra être soutenu à tout événement. Par ce moyen, nous serons couverts de tous côtés. Recommandez au général Colbert de pousser des partis jusqu'au pied de la

---

rendre à Vienne de sa personne, et de laisser le commandement de ses régiments de cavalerie au général de brigade qui s'y trouve ».

A partir du 13 mai au soir, le général Pajol prit le commandement de la cavalerie légère du 3e corps, réduite à 2 régiments, les 5e et 7e hussards.

Le 13 mai, le maréchal Bessières avait adressé à l'Empereur le rapport qui suit :

Sire,

J'ai l'honneur de proposer à V. M. d'établir la cavalerie dans des cantonnements un peu éloignés de Vienne, pour lui faciliter les moyens de subsister :

Savoir :

1o La division Nansouty occuperait Laxenburg, Guntramsdorf, Gumpoldskirchen jusqu'à Traiskirchen et Baden, avec l'ordre de ne point dépasser la Triesting, ni d'occuper les villages qui sont sur la rive droite de cette petite rivière ;

2o La brigade du général Piré et celle du général Jacquinot occuperaient le pays situé entre Laxenburg et Bruck ;

3o La brigade du général Marulaz irait occuper Fischament jusqu'à Ragelsbrunn ; elle occuperait également les villages situés entre la route de Presburg et celle de Bruck, se liant de postes avec les brigades Jacquinot et Piré ;

4o La division du général Espagne irait occuper Schwechat et les villages jusqu'à Himberg ;

5o La division Saint-Sulpice pourrait rester encore à Heiligenstadt, sur les bords du Danube, où elle trouve de quoi vivre ; à moins que V. M. ne voulût conserver ce pays-là pour sa garde ; alors, on pourrait l'envoyer à Schwechat qu'elle a déjà occupé dans la dernière guerre, et on enverrait la division Espagne à Altenmarkt, sur la gauche de Baden.

Le maréchal BESSIÈRES.

montagne qui va à Leoben. Aussitôt que le général Bruyère sera arrivé, il sera placé au même lieu à Bruck, sous les ordres du général Montbrun. Il doit venir par Altenmarkt. La brigade badoise, commandée par le général Lauriston, se mettra en marche, par Mödling, pour venir à sa rencontre sur Altenmarkt et dissiper les attroupements de paysans.

NAPOLÉON.

LE DUC DE RIVOLI AU GÉNÉRAL MOLITOR.

Vienne, le 14 mai 1809, à 5 heures et demie du matin.

Mon cher Général, à la réception du présent ordre, vous voudrez bien vous porter avec toute votre division à Ebersdorf, où vous recevrez des instructions ultérieures et où je me trouverai de ma personne[1].

MASSÉNA.

LE GÉNÉRAL MARULAZ AU GÉNÉRAL CHEF D'ÉTAT-MAJOR DU 4ᵉ CORPS D'ARMÉE.

Fischament, le 14 mai 1809, 11 heures du soir.

Mon Général,

Le chef d'escadron Perquit du 3ᵉ régiment de chasseurs, qui commandait la reconnaissance poussée sur Hainburg, me rend compte à l'instant qu'il s'est rendu dans cette dernière ville en passant par Ellend, Rägelsbrunn, Petronell et Deutsch-Altenburg. Il a poussé son avant-garde jusqu'à Wolfsthal, une lieue en avant de Hainburg (position extrêmement difficile à garder sans infanterie) sans rencontrer d'ennemis. Il a appris des habitants que, hier 13, vingt-cinq dragons du régiment de Latour, venant une partie de Presburg et l'autre de Bruck, étaient venus faire une reconnaissance à Hainburg, qu'ils en étaient partis ce matin à 5 heures, pour rétrograder sur Presburg où l'on assure que doit se réunir un corps d'armée. Le chef d'escadron Perquit assure que les frontières de la Hongrie sont tranquilles, que les habitants disent que les Hongrois se contenteront de défendre leur pays si on voulait les piller.

Les reconnaissances sur les routes de Bruck et Neustadt ont rencontré, hier soir à 8 heures, une patrouille de 4 chevau-légers d'O'Reilly, sur la droite de la route de Bruck ; elle s'est retirée dans cette direction.

J'ai fait accompagner la reconnaissance sur Hainburg, par un de mes aides de camp.

MARULAZ.

---

1. La division Molitor était destinée à protéger la construction du pont sur le Danube.

LE DUC DE DANZIG A L'EMPEREUR[1].

Wörgl, le 14 mai 1809, 6 heures du matin.

Sire,

J'ai eu l'honneur d'annoncer à V. M. que, le 10, je me mettais en route avec la division de Wrède pour débloquer Kufstein, par Reichenhall, Lofer, Saint-Johann et Wörgl, où j'avais donné rendez-vous au général Deroy, qui était dès lors en position à Rosenheim et qui devait se diriger sur Kufstein.

Le 10, je pris position à Unken.

Le 11, je rencontrai les avant-postes ennemis à Lofer; ils se replièrent de suite sur la Strubpass qui était retranchée, et cette position était regardée comme imprenable par l'ennemi, eu égard aux difficultés qu'il avait amoncelées, en outre d'une quantité innombrable de Tyroliens qui garnissaient les flancs de la vallée; elle fut enlevée de front n'ayant pu être tournée, et le même jour je pris position à Waidring.

Le 12, je fus attaqué dès la pointe du jour par une nuée de Tyroliens qui furent repoussés, et qui nous fusillèrent des rochers jusqu'à Ellmau, où je pris position.

Le 13, nous rencontrâmes le général Chasteler; il s'engagea différentes petites affaires; mais il y eut un combat très vif à Wörgl. Enfin, l'ennemi fut partout culbuté, et je le poursuivis moi-même jusqu'au delà de Rattenberg où je fis prendre position. Ces différents combats nous ont valu un drapeau du régiment de Lusignan, 11 pièces d'artillerie, 616 prisonniers, dont 2 majors, 10 capitaines, 6 lieutenants, 5 sous-lieutenants et 2 enseignes.

Le général Deroy était entré dès le 12, dans Kufstein. Je viens de l'apprendre dans le moment, parce qu'il n'est pas venu au rendez-vous. Mes communications viennent d'être établies. Demain, je marcherai vers Innsbruck.

J'aurai l'honneur d'adresser un rapport plus détaillé à V. M., aussitôt qu'il me sera possible de le faire[2].

Le maréchal duc DE DANZIG.

---

1. Le même jour le lieutenant-colonel Bigi, commandant la place de Salzburg, écrivait au major général:

Monseigneur,

Les forts et la place sont à l'abri d'un coup de main, d'après les soins et l'activité de S. E. le duc de Danzig et du général Drouet.

L'approvisionnement se fait tous les jours, et d'ici à quelque temps il sera terminé selon les ordres de V. A.

BIGI.

2. Voir ce rapport qui fait suite à la lettre du maréchal Lefebvre, du 16 mai, à 7 heures du soir.

Sire,

Si V. M. ne m'honore pas de récompenses, je serai bien malheureux ; mon état-major n'a rien eu en Espagne, et cette guerre
ici est encore bien plus dégoûtante. Mes deux aides de camp
Maingarnaud et Montmarie sont blessés ; Fontanges, adjoint, a
aussi une contusion ; les Bavarois me demandent aussi à grands
cris des croix, et comme je suis beaucoup jalousé par un chef de
cette armée [1], le non-succès de mes demandes lui donne des armes
contre moi, plus que ses talents militaires qui sont très ordinaires.
Du reste, je fais tous mes efforts pour bien vivre avec lui, mon
amour-propre en souffre très souvent.

LE DUC D'AUERSTAEDT A L'EMPEREUR.

Saint-Pölten, le 14 mai 1809, à 1 heure du matin.

Sire,

Je reçois à l'instant la lettre de V. M., du 13. J'envoie par un
officier au prince de Ponte-Corvo la lettre qui le concerne, et
j'écris par la même occasion au général Vandamme.

Les troupes que j'ai jetées, aujourd'hui, sur la rive gauche du
Danube vis-à-vis Mölk, ne l'ont été que dans l'intention de dégager
le major Ameil, qui descendait le Danube sur cette rive avec un
parti de cavalerie.

J'ai beaucoup questionné les 20 prisonniers qui ont été faits,
parmi lesquels se trouvent quelques paysans armés ; j'ai interrogé
aussi les habitants. Il paraît qu'hier soir les Autrichiens avaient
pris trois hommes à cheval qui, vraisemblablement, faisaient
partie du détachement du major Ameil, dont malgré toutes mes
démarches je n'ai aucune nouvelle depuis deux jours.

A Mölk, j'ai vu quelqu'un qui s'était embarqué à Linz sur un
bateau chargé de pain, qui m'a fait le rapport qu'en longeant
hier soir la rive gauche à 4 ou 5 lieues au-dessus de Mölk, il avait
entendu des hussards se disant du 5e, qui criaient qu'on vînt
prendre leur colonel qui avait été blessé, et recommandaient en
même temps de s'éloigner de la rive gauche parce que l'ennemi
n'était pas loin. Le bateau n'a pu aborder ; il est allé sur la rive
droite où, par l'effet d'une terreur panique, il a été abandonné
par les bateliers et l'employé qui le montaient. J'ai envoyé sur
les lieux un officier et un détachement, pour éclaircir ces faits
et ramener ce bateau.

---

1. Le maréchal Lefebvre fait allusion au général de Wrède qui, en se faisant
le courtisan assidu de l'Empereur, essayait, depuis le début des opérations,
d'échapper à son autorité.

Le commandant d'Ips, le 13, m'a adressé les deux rapports ci-joints. Je ne peux voir, dans les troupes dont il est parlé dans ce rapport, que des Autrichiens. Le général Vandamme n'aurait pas donné une aussi grande quantité d'infanterie au major Ameil.

Cependant, si son détachement avait été sérieusement attaqué, le commandant d'Ips aurait dû s'en apercevoir.

Toute la population, sur la rive gauche du Danube, est armée et fortement appuyée. Les habitants du village vis-à-vis Mölk ont tiré sur nos troupes ; on en a tué plusieurs et on a brûlé le village.

L'officier qui commande à Aggsbach, entre Mölk et Krems, rend compte que l'ennemi a évacué tous les villages qui se trouvent entre Mölk et lui. Les reconnaissances de notre gauche n'ont eu aucune connaissance de l'ennemi, à une lieue de distance, ce qui me fait espérer que le passage que j'ai fait faire aura dégagé le major Ameil.

Je ne puis d'ailleurs avoir aucune inquiétude sur les 400 ou 500 hommes que j'ai sur la rive gauche, attendu que les moyens de les transporter à la première attaque sérieuse sont toujours prêts.

Je joins à ma lettre un rapport, que m'a tenu le général Bruyère, d'un de ses officiers qu'il a envoyé en reconnaissance sur Türnitz[1]. La population dans ce pays est insurgée, et tout annonce que le général Bruyère éprouvera de très grands obstacles.

J'ai cherché à avoir des nouvelles de l'archiduc Charles, en questionnant quelques habitants ; tous ont assuré qu'ils n'en savaient aucune, et que cependant le bruit public était qu'il se trouvait encore dans les environs de Budweis[2]. Un d'eux m'a déclaré avoir entendu une conversation d'un général autrichien, dont le nom ne me revient pas, avec un de ses aides de camp, auquel il disait que sous quelques jours l'archiduc Charles se porterait à Mauthausen. Quelque invraisemblable que soit ce projet, j'en ai prévenu le général Vandamme, pour qu'il fasse sur-

---

1. L'officier envoyé en reconnaissance, par le général Bruyère, signalait la présence de 3 compagnies d'infanterie au sud de Türnitz et de 4 compagnies de milice retranchées à Annaberg. Il indiquait également la présence de 7,000 à 8,000 hommes à Mariazell.

2. NOTE ADRESSÉE A L'EMPEREUR.

Vienne, 14 mai 1809.

. . . .
Il n'y a aucune nouvelle de l'archiduc, depuis le 5 mai qu'il était à Budweis. On croit maintenant qu'il est plus près de Vienne, et qu'il va descendre le Danube vers Presburg, mais c'est un faible bruit.
. . . .

SAVARY.

(*Arch. nat.*)

veiller le point de Mauthausen. J'ai fait transporter, sur la rive droite, tous les bateaux qui étaient sur le Danube.

Duc d'Auerstaedt.

P.-S. — Le camp qui était vis-à-vis le général Montbrun, à Krems, est toujours dans la même position.

J'ai vu un équipage de 40 pontons arriver aujourd'hui à Mölk.

LE DUC D'AUERSTAEDT A L'EMPEREUR.

Saint-Pölten, le 14 mai 1809, à 3 heures et demie après midi.

Sire,

J'ai l'honneur d'adresser à V. M. des rapports que je reçois du général Vandamme[1]. Le major Ameil s'est tiré d'affaires plus heureusement qu'on ne pouvait l'espérer. Il a déployé beaucoup de valeur et d'intelligence. Dès hier soir, j'ai écrit au général

---

1. LE MAJOR AMEIL AU MARÉCHAL DAVOUT.

Grein, 12 mai 1809, 8 heures du matin.

Monseigneur,

Suivant que j'avais eu l'honneur de le mander à V. E., je me suis porté le long de la rive gauche du Danube, le 11 mai.

Parti de Linz, j'ai traversé successivement Steyeregg, Mauthausen, Perg, Arbing, Baumgartenberg et suis arrivé à Grein. Je m'étais éclairé sur Münzbach, Saint-Thomas, Kreutzen.

Malgré ce que disaient les habitants, je n'ai trouvé l'ennemi nulle part. Il avait été vu par des patrouilles à Munzbach et Saint-Thomas, dans la journée du 10, et avait annoncé que l'armée était en mouvement.

J'ai trouvé à Mauthausen un magasin à sel, dont j'ai pris possession au nom de S. M.; les clefs ont été envoyées à M. l'intendant à Linz.

J'ai trouvé, à Grein, un hôpital militaire établi dans le château et contenant environ 150 malades. J'en ai pris possession au nom de S. M., et ai continué dans ses fonctions l'économe de cet établissement.

J'ai désarmé les malades, la garde nationale, et j'ai enlevé de l'hôpital les armes des morts. Tout a été brûlé. Il y avait environ 450 fusils, des munitions, gibernes, etc.

J'ai fait cuire trois mille rations de pain, que j'ai cru pouvoir être nécessaires au 3e corps, et les ai expédiées sur Mölk, par un bateau sur lequel étaient quatre hommes d'infanterie.

Les communications de Linz à Grein sont fort belles. Le pays est très abondant et offre des ressources.

Le château de Grein peut contenir 1,000 malades. C'est un bon poste à l'abri d'un coup de main.

Voici des nouvelles exactes de l'Italie; elles m'ont été transmises par des prisonniers bavarois et français.

Le 12 avril, le régiment du roi de l'armée bavaroise, un escadron du 1er régiment de dragons bavarois et une demi-batterie d'artillerie formaient la garnison d'Innsbruck. Le même jour, cette garnison a été désarmée et faite prisonnière par les Tyroliens.

3 autres bataillons bavarois détachés dans le Tyrol ont subi le même sort.

Le 13 avril, une colonne française d'environ 4,500 hommes a capitulé à Inns-

Vandamme, en conséquence des ordres de V. M., de renoncer à ses expéditions le long de la rive gauche du Danube.

bruck. Elle était commandée par un général et composée, entre autres, d'un bataillon de la 3e légère, d'un bataillon du 2e de ligne, d'un régiment de cavalerie de marche qui avait des détachements des 3e, 14e, 15e régiments de chasseurs, de canonniers à cheval, de sapeurs et de cavalerie bavaroise. Les prisonniers disent que la colonne a été à la vérité harcelée, mais qu'elle s'est rendue à Innsbruck sans combattre. Il n'est pas présumable que cela soit. Le 2e de ligne a perdu son aigle. Cette colonne n'a eu affaire qu'à des paysans.

On dit de l'armée d'Autriche qu'elle se réunit à Krems ; que l'Archiduc a fait vers ce point un détachement de 50,000 hommes ; que Klenau est resté en Bohème ; que les Autrichiens avaient hier de forts cantonnements de troupes de ligne vers Weissenbach, au-delà de Saint-Thomas, et sur le chemin de Mauthausen ; que cette troupe marche sur Krems ; qu'il y a à Dirnstein un parc considérable ; que les Autrichiens ont des postes avancés à Lübereck, Pömling, vis-à-vis Mölk, et à Aggsbach sur le Danube. Il y a à ce dernier endroit un passage fréquenté la nuit.

Je vais me mettre en route pour Mölk. Je ne crois pas, comme on le dit, l'ennemi à Lübereck ; je présume cette tête occupée par nos troupes.

Major AMEIL.

LE MAJOR AMEIL AU MARÉCHAL DAVOUT.
Persenbeug, 13 mai 1809, à 2 heures du matin.

Monseigneur,

Je suis parti de Grein à dix heures du matin, le 12 mai. Tous les avis m'annonçaient que l'ennemi avait de forts postes à Lübereck, Leiben et environs, pour couvrir le débouché de Mölk et masquer en même temps son mouvement de flanc vers Krems. J'ai douté de ces renseignements, présumant d'ailleurs qu'ils pourraient être faux dans la soirée, parce que je soupçonnais que vous délogeriez ces postes.

. J'ai marché par Struden, Saint-Nicolas, Sarmingstein, et Persenbeug. On m'a confirmé là les nouvelles ci-dessus. J'ai continué mon mouvement par Mahrbach et Klein-Pöchlarn, où j'ai acquis les mêmes avis. Je me faisais passer pour un détachement hongrois et les paysans s'y méprirent. Arrivant à Klein-Pöchlarn, on me dit de propos délibéré : « Cela n'est pas encore prêt. — Qui cela ? — Les « bateaux que vous avez demandés. — Je n'en ai point demandé, c'est un de « mes camarades ; mais qu'en veut-il faire ? — Passer le Danube. — Où « ira-t-il ? — Oh, nous ne savons pas..... cependant on dit qu'il veut aller cette « nuit surprendre Mölk et y enlever les généraux. — De combien sera le dé- « tachement ? — 120 hommes de cavalerie et 100 d'infanterie, qui sûrement « n'iront pas loin, etc. »

J'avoue à V. E. que cet avis positivement reconnu vrai me causa de l'inquiétude, d'autant que je crus apercevoir de loin que les camps n'étaient plus occupés, et j'en conjecturai que le 3e corps avait filé vers Krems et que personne n'était alors à Lübereck que l'ennemi, et qu'enfin Mölk n'était couvert que par un faible poste bavarois que j'apercevais. Alors, pour faire avorter ou le projet de surprise de Mölk ou le projet de parti sur l'Italie, je ne balançai pas à attaquer Lübereck, quoique la position fût on ne peut plus désavantageuse et un succès impossible. Je regardais que dans cette occasion l'honneur et le devoir me prescrivaient de me sacrifier.

La route de Persenbeug à Lübereck est ce qu'il y a de plus affreux ; on ne chemine que par un sentier, sur des monceaux de rochers inégaux. On ne peut y aller qu'au pas, à moins de vouloir s'exposer à périr. Le Danube est escarpé. On a, à sa gauche, une côte presque à pic garnie de vignes et d'arbres fruitiers.

Je ne pouvais avancer sans infanterie. Je mets à pied 20 chasseurs du 12e, et de moi-même je prends une carabine et marche à la tête de ma troupe, la ca-

Je lui écris de nouveau, en lui recommandant de m'envoyer le major Ameil par la rive droite.

---

vrlerie suit à 3,000 pas. L'avancé de Lübereck est surpris et enlevé. Le grand poste s'enfuit et nous sommes sur le point de le prendre, lorsque tout à coup descend sur mon flanc une nuée de tirailleurs, et vers la queue de la colonne des chasseurs du loup, des uhlans, des hussards de Szekler et des dragons, qui trouvent à se former dans un accident de terrain. Ces uhlans avaient enlevé les hussards que j'avais portés en éclaireurs, dans une ravine presque impraticable.

Dans une position aussi critique, un poste bavarois de la rive droite tire et nous tue deux chevaux. Les ennemis nous somment de nous rendre. Il fallait mourir ou se faire jour; je reprends la queue et renverse tout ce qui se trouve devant moi, et me retire autant en ordre qu'on pouvait le faire dans une situation pareille, mais très embarrassé par les chevaux de main des hommes à pied.

J'ai reçu un coup de feu dans la tête et n'ai pas cessé de commander ma troupe, quoique la blessure soit grave. J'évalue ma perte à 35 hommes tués ou pris, dont un lieutenant. J'ai perdu huit ou dix chevaux tués ou pris. Plusieurs hommes et chevaux sont blessés.

L'ennemi a lui-même éprouvé une perte égale. Mais nous avons été obligés d'abandonner nos prisonniers.

Je ne prétends pas déguiser que j'ai eu le dessous; il n'y a pas de déshonneur à être battu, mais à se mal battre, et sûrement ma troupe a montré une grande résolution. Je regrette seulement que les chasseurs à pied se soient aussi peu servis de leur feu; il est malheureux de ne pouvoir faire entendre raison là-dessus aux cavaliers.

Monseigneur, j'ai passé la nuit à Persenbeug, avec la certitude que le parti n'avait pas passé la nuit et mon but a été rempli. Reste à savoir si V. E. ne trouvera pas que je l'ai payé trop chèrement. J'ose espérer que V. E. verra une grande preuve de dévouement dans cette occasion.

Il faut s'attendre à ce que des partis traverseront le Danube. Il y a surtout entre Pöchlarn et Mölk, sur la rive droite, un attérage qui paraît fort bon, et il y a devant les îles de Pöchlarn des bateaux pour passer 12,000 hommes en un jour. Ils sont à flot et en bon état. Les commandants d'Ips et de Mölk ne sauraient être trop surveillants.

L'ennemi semble toujours très en force à Krems, ses postes vis-à-vis Mölk sont forts, et j'ai indépendamment eu affaire au parti qui était derrière la montagne de Klein-Pöchlarn, pour attendre là la nuit et l'occasion de passer. C'est cette troupe qui, au bruit des coups de fusil, a débusqué et m'a pris en queue.

Je me retire sur Mauthausen et continuerai ma mission jusqu'à la dernière extrémité.

Je passerai la nuit à Perg. Major AMEIL.

LE MAJOR AMEIL AU MARÉCHAL DAVOUT.

13 mai 1809, 7 heures du soir.

Monseigneur,

J'ai l'honneur de faire part à V. E. que je suis arrivé à Mauthausen; j'ai été fort inquiété, mais point entamé; je n'ai point perdu un homme dans ma retraite.

Mon détachement a fait quarante lieues en trente heures. Les chevaux sont nu-pieds, excédés. J'ai l'honneur de déclarer à V. E. qu'il me faut 72 heures de repos, je me remettrai en route après.

Monseigneur, jamais je n'ai rempli une mission plus épineuse et plus difficile. Je me suis trouvé à vingt lieues de tout secours, harcelé en tête, en flanc et en queue.

De Linz, où je ne resterai que deux heures pour me faire panser.

AMEIL.

Je prie V. M. de faire attention au rapport du général Bruyère, daté d'aujourd'hui de Lilienfeld, qui prouve que l'ennemi est sur la route de Lilienfeld à Vienne, entre Altenmarkt et Mödling.

Dès ce soir, les 400 hommes que j'avais sur la rive gauche, vis-à-vis Mölk, se retireront; on n'y laissera qu'une compagnie, qui se retirera à l'approche de l'ennemi.

Duc D'AUERSTAEDT.

LE DUC D'AUERSTAEDT AU MAJOR GÉNÉRAL.

Saint-Pölten, le 14 mai 1809, à 6 heures du soir.

Monseigneur,

J'ai l'honneur d'informer V. A. que le général Morand me rend compte que l'ennemi, qui était vis-à-vis Mölk, s'est retiré sur la route de Krems. Les reconnaissances, qui se sont avancées à plus de trois lieues, n'ont rien rencontré. Les troupes qui se trouvaient là consistaient en débris de trois régiments d'infanterie et un escadron. Leur retraite a commencé aussitôt après l'enlèvement du village d'Emersdorf.

Malgré ce rapport, on fera repasser sur la rive droite les troupes qui étaient sur la rive gauche, en y laissant seulement une compagnie, qui se retirera si l'ennemi se présente en force.

Je joins ici copie d'un rapport que je reçois du général Pajol [1].

Duc D'AUERSTAEDT.

---

[1].   RAPPORT DU GÉNÉRAL PAJOL AU MARÉCHAL DAVOUT.

Gottweig, 14 mai, à 1 heure.

J'ai l'honneur de rendre compte à V. E. qu'en suite des ordres de M. le général de division Montbrun, j'ai pris le commandement de la division qui était sous ses ordres. Mes postes de gauche occupent Saint-Johann près Arnsdorf, et ma droite Klosterneuburg, en éclairant le Danube jusqu'à Vienne. Mais toute cette partie, depuis Traismauer, n'est occupée que par le 7e de hussards qui, disséminé sur plus de 15 lieues, ne peut qu'observer et serait forcé de se retirer au premier débarquement de l'ennemi.

L'ennemi, depuis hier soir, a réuni quelques bateaux sur Krems et Stein, et son camp en arrière de Rohrendorf me paraît augmenté. Ceux de Pettendorf, vis-à-vis Tulln, et de Stockerau doivent être considérables, à en juger par le nombre de feux que nous y avons vus hier soir et cette nuit.

Je ne puis, à présent, avoir d'autres nouvelles que celles que me rapportent mes yeux et mes postes le long du Danube, ne pouvant avoir de communication avec la rive gauche. Le général Montbrun a fait passer, hier, un homme qui me paraît assez intelligent. Je vous donnerai de ses nouvelles sitôt son retour.

Il ne me reste absolument plus de cavalerie réunie sur ce point.

Si l'ennemi débarquait, ce ne serait qu'avec de la cavalerie que je pourrais le culbuter et le noyer; ma brigade étant totalement disséminée, je ne pourrais effectuer qu'une misérable charge sur lui, et j'aurais la honte de me retirer sans avoir rien pu tenter. Je vous avoue, Monseigneur, que cela me peine infiniment.

PAJOL.   .

Je prie V. A. de mettre ces rapports sous les yeux de S. M., parce qu'ils cadrent avec ceux du major Ameil et d'autres qui font supposer que l'ennemi a de grandes forces sur Krems[1].

15 mai.

L'EMPEREUR AU GÉNÉRAL DE LAURISTON COMMANDANT LES TROUPES DÉTACHÉES DU 4ᵉ CORPS[2], EN ROUTE SUR ALTENMARKT.

Schönbrunn, 15 mai 1809, 8 heures du matin.

Monsieur le général Lauriston, vous trouverez ci-joint une lettre du général Bruyère. Il paraît, par cette lettre, qu'il n'y a rien à Altenmarkt. Envoyez un détachement pour désarmer le pays et le réduire à l'obéissance. N'étant plus obligé de vous porter en force sur Altenmarkt, le général Bruyère pourra profiter des services du duc d'Auerstaedt. Donnez-lui ordre de renvoyer par Altenmarkt, sur Vienne, la plus grande partie de sa cavalerie, qui est inutile dans ces montagnes, en gardant seulement 200 à 300 chevaux pour poursuivre l'ennemi. Portez-vous partout où vous saurez qu'il y aurait un corps ou rassemblement de landwehr, surtout dans la direction de Neustadt à Leoben. Mais aussitôt qu'Altenmarkt, la vallée de la Schwem seront purgés d'ennemis, que vous aurez désarmé Baaden et les environs, rendez-vous à Neustadt, où vous pourrez recevoir mes ordres.

P.-S. — Vous trouverez ci-joint une lettre du général Colbert. Comme vous devez avoir trois régiments badois, il me semble que vous pourrez faire face à la fois aux deux expéditions. Envoyez un de vos trois régiments avec le détachement de cavalerie qu'a envoyé le général Colbert, pour

---

1. D'autre part, le maréchal Davout adressait au major général une lettre du général Vandamme, dans laquelle il était dit : « Malgré toutes les nouvelles que je vous envoie, M. Ameil et moi conservons toujours l'opinion que l'ennemi est en retraite sur la Moravie, et qu'il n'y a que de forts partis sur le Danube qu'il est important de surveiller, parce qu'ils ne manqueront pas de chercher à occasionner beaucoup de désordres. »

2. La brigade de Bade.

dissiper les rassemblements en avant d'Altenmarkt, dont parle le général Bruyère, et portez-vous avec vos deux autres régiments, pour soumettre le pays, sur les sommités des montagnes entre Leoben et Neustadt.

NAPOLÉON.

L'EMPEREUR AU MAJOR GÉNÉRAL.

Schönbrunn, le 15 mai 1809.

Mon Cousin, donnez ordre au duc de Rivoli d'envoyer deux pièces d'artillerie légère et l'infanterie légère de Hesse-Darmstadt prendre position à Bruck, pour soutenir le général Montbrun et les généraux Marulaz[1] et Colbert. Écrivez au duc d'Istrie, qu'il faut qu'il donne ordre au général Montbrun et aux généraux Marulaz et Colbert de faire faire des patrouilles, de manière à ne pas souffrir d'ennemis entre Presburg et le lac de Neusiedl, et à l'extrémité du lac, c'est-à-dire entre Ödenburg et Neustadt. Tout ce pays doit être maintenu libre d'ennemis.

P.-S. — Recommandez-leur de se comporter convenablement en Hongrie.

NAPOLÉON.

L'EMPEREUR AU DUC D'AUERSTAEDT.

Schönbrunn, 15 mai 1809, 10 heures du matin.

Mon Cousin, je reçois votre lettre du 14. Le général Lauriston, avec 6,000 Badois, marche sur Altenmarkt et se met en communication avec le général Bruyère, auquel il donnera ordre de renvoyer sa brigade à Vienne, en gardant seulement 200 chevaux pour son expédition de Mariazell;

---

1. « Le 15, la division Montbrun s'étant portée sur Bruck et ayant envoyé un régiment pour occuper la route de Presburg, le général Marulaz ordonna le mouvement suivant : le 19ᵉ régiment de chasseurs alla prendre poste à Hainburg, les chevau-légers hessois à Petronell, le 23ᵉ régiment de chasseurs à Ellend, Haslau et Ragelsbrunn, le 3ᵉ chasseurs et les dragons légers de Bade à Fischament. La division gardait ainsi les bords du Danube, depuis Mansworth jusqu'au delà de Hainburg.» (*Journal historique des opérations militaires de la division de cavalerie du 4ᵉ corps, par le général Marulaz.*)

mais, comme il est moins propre que tout autre à cette expédition, qui est une affaire d'infanterie, chargez-vous de la faire faire. Envoyez quatre ou cinq bataillons avec deux pièces de canon, 200 chevaux, et un officier intelligent capable de dissiper tout ce qui se trouve à Mariazell [1].

J'ai lu avec bien de la peine le rapport du major Ameil. Cet homme est un fou auquel il ne faut pas donner le commandement d'une expédition en chef. Ces expéditions n'ont pas le sens commun. C'est en jouant ainsi la vie des hommes qu'on perd la confiance des soldats. Je ne veux point de poste à Mauthausen, je n'en veux nulle part qu'à Linz et à droite et à gauche des routes, pour former un système. Les autres postes doivent être sur la rive droite, vis-à-vis ceux-là.

L'opinion de ce pays-ci est que le prince Charles cherche à donner une bataille; il faut donc tenir vos troupes reposées pour pouvoir vous porter partout où il serait nécessaire. Ayez toujours trois ou quatre jours de pain [2]; ne harcelez pas vos troupes par des fatigues inutiles.

Le prince de Ponte-Corvo s'est mis en marche, le 14, de Passau, pour Linz; il y arrive donc ce soir. J'ai joint à son commandement la division Dupas, ce qui lui forme un corps

---

1. LE GÉNÉRAL COMPANS, CHEF D'ÉTAT-MAJOR DU 3e CORPS D'ARMÉE,
AU GÉNÉRAL GUDIN.

Saint-Pölten, le 15 mai 1809,

M. le maréchal ayant reçu l'ordre de l'Empereur de porter 4 ou 5 bataillons sur Mariazell, pour y attaquer l'ennemi et s'emparer de ce point important, S. E. désire que vous chargiez le général Duppelin de cette expédition.
. . . .
Le général Bruyère reçoit ordre de seconder son expédition avec 200 chevaux; il devra se concerter avec ce général sur la manière de les utiliser.

L'intention de M. le maréchal est que vous donniez, au général Duppelin, une instruction sur la manière dont il devra diriger son attaque, et que vous ayez soin de lui faire observer que dans la guerre de gorges il faut disposer les troupes par échelons, à droite et à gauche de la route.....

COMPANS.

(Arch. du Comte Gudin).

Le même jour, le général Duppelin recevait l'ordre de se porter de suite, avec un régiment de sa brigade, à Wilhelmsburg et de détacher un bataillon à Traisen.

2. Suivant les ordres du maréchal Davout, les troupes du 3e corps avaient « une avance en pain ou en biscuit pour 5 jours, soit dans les sacs, soit dans les caissons ».

Le commissaire des guerres du 3e corps d'armée faisait connaître au maré-

assez considérable, et je lui donne l'ordre de faire une forte reconnaissance en Bohême.

NAPOLÉON.

P.-S. — Je suppose que le régiment français que vous aviez à Linz et celui que vous aviez à Enns sont tous réunis, et que votre corps d'armée se trouve tout entier dans votre main, entre Mölk et Saint-Pölten. Si l'ennemi tentait de passer le Danube à Krems, il faudrait en prévenir aussitôt le général Demont, qui est avec sa division à Klosterneuburg.

L'EMPEREUR AU PRINCE DE PONTE-CORVO.

Schönbrunn, 15 mai 1809, 11 heures du matin.

Mon Cousin, je vois, par votre dernière lettre de Passau, qu'aujourd'hui, 15, vous arrivez à Linz, et que votre corps d'armée y sera entièrement réuni demain 16. Je vois que vous avez 3,000 hommes de cavalerie, 17,000 hommes d'infanterie et quarante-huit pièces de canon; ce qui fait un corps de 22,000 hommes. Le général Vandamme a, à Linz ou en avant de cette ville, 1,000 hommes de cavalerie et

---

chal Davout, le 15 mai, qu'il existait à Mölk, à bord des convois réunis sur le Danube, 58,000 rations de pain et 270,000 rations de biscuit.

LE DUC D'AUERSTAEDT AU GÉNÉRAL VANDAMME.

Saint-Pölten, le 15 mai 1809.

. . . .

Je vous ai déjà annoncé que l'Empereur avait improuvé tous les mouvements qui avaient été faits sur la rive gauche du Danube. S. M. me prescrit, de nouveau, d'en retirer toutes les troupes que je pourrais y avoir. Elle n'en veut nulle part qu'à Linz, et à droite et à gauche des routes pour former un système. Elle me dit expressément qu'il ne doit point y avoir de troupes à Mauthausen, mais qu'il convient d'établir un fort détachement sur la rive droite, vis-à-vis ce point.

Si, malgré les ordres que j'ai donnés, et comme j'ai lieu de le craindre, le major Ameil était revenu avec son parti sur la rive gauche, faites courir après lui pour le rappeler sur la rive droite, et donnez-lui l'ordre de me rejoindre à marches forcées avec tout son monde. Je lui sais mauvais gré d'avoir retiré les postes de correspondance que j'avais fait établir entre Linz et Mölk. Mais puisque cela est fait, il sera inutile de les faire rétablir. Notre correspondance pourra être assez active, au moyen des officiers en mission et des coureurs qui passent journellement en très grand nombre. J'ai pris des précautions pour qu'il n'en passe point sans que j'en sois informé.

Duc D'AUERSTAEDT.

8,000 d'infanterie, avec une vingtaine de pièces de canon. Ainsi, réuni avec ce corps, vous auriez plus de 30,000 hommes. Le major général vous enverra, ce soir, des ordres de mouvement pour entrer en Bohême [1]. Visitez les ouvrages de la tête de pont de Linz et veillez à ce qu'ils soient dans le meilleur état possible. Complétez votre approvisionnement de cartouches et de munitions de guerre. Je compte que dans la journée du 17 mon pont sera jeté sur le Danube, et que je pourrai passer sur la rive gauche. Votre mouvement va donc se coordonner avec celui des autres corps de l'armée.

Je suppose que vous avez laissé à Passau le général de division Rouyer avec une division de 6,000 hommes; cela est très important. Passau est un centre d'opérations, un dépôt de magasins et de parcs, et pour rien au monde je ne veux le perdre.

Aussitôt que nous serons réunis, j'augmenterai la division Dupas d'un ou deux régiments.

NAPOLÉON.

LE PRINCE DE PONTE-CORVO A L'EMPEREUR.

Efferding, ce 15 mai 1809.

Sire,

. . . .

La lettre [2] par laquelle le major général m'ordonne de faire halte, jusqu'à ce que V. M. ait eu des nouvelles du duc de Danzig, m'a trouvé à Efferding marchant sur Linz, conformément au dernier ordre que j'avais reçu. J'ai de suite suspendu mon mouvement, et mes troupes restent placées en échelon de Passau à Linz; la division Dupas occupant toujours Passau. Dans cette position, je suis prêt à manœuvrer sur tel point que V. M. désignera.

BERNADOTTE.

---

1. Ces ordres devaient être ajournés.
2. Lettre du major général au maréchal Bernadotte, du 12 mai, à midi.

16 mai.

RAPPORT DE L'INSPECTEUR GÉNÉRAL SONGIS A L'EMPEREUR.

Schönbrunn, 16 mai 1809.

Sire,

S. M. a ordonné l'établissement d'un pont volant sur le Danube. On rassemble les matériaux nécessaires et on réunit à Vienne, pour les faire descendre demain sur Ebersdorf, les objets ci-après qui ne sont pas sur les lieux, savoir :

Ancres fortes	4
Nacelles doubles pour soutenir la cale	8
Madriers de 2 pouces d'épaisseur	100
Clous de 4 pouces	1,500
Câble de 2 pouces et demi de diamètre et de 250 toises de longueur	1

L'intention de S. M. était aussi de faire retirer les pontons qui sont employés au pont du 2ᵉ bras du fleuve [1]. Comme il faut 15 bateaux pour pourvoir à leur remplacement et que ce nombre ne se trouve pas sur les lieux, on va tirer de Vienne ceux qui manquent. Un officier supérieur de pontonniers a été envoyé hier en cette ville, pour opérer la réunion des bois et agrès nécessaires pour le pont de radeaux. Je le charge aussi d'envoyer les bateaux qui doivent être substitués aux pontons [2].

SONGIS.

1. Le pont construit près de Simmering et qui mettait en communication la rive droite avec le Prater.

2. Le général Bertrand, commandant le génie de l'armée, avait été appelé avec ses sapeurs à collaborer à la construction des ponts.

LE GÉNÉRAL COMTE BERTRAND A L'EMPEREUR.

Vienne, 15 mai 1809, à minuit.

Sire,

En supposant 400 toises de largeur du Danube et 5 toises par bateau, il faut, pour jeter un pont sur le Danube :

80 bateaux ;

3,000 madriers ;

400 poutrelles ;

5,000 à 6,000 brasses de cordes ;

48 bateaux sont en état ; les ouvriers et moyens d'épuisement que devait fournir la ville nous ont manqué aujourd'hui, sans qu'il y ait eu de mauvaise volonté. Je pense que, demain soir, les 32 bateaux restants seront en état.

2,000 madriers sont chargés sur les bateaux.

Les poutrelles sont conduites sur le rivage et plusieurs déjà à bord.

On est assuré de 38 ancres ou grappins ; la plupart sont sur le rivage.

On a les cordages. Je crois que, demain soir, les parties essentielles du travail seront faites, mais il y aura des détails d'aménagement qui ne seront pas terminés.

BERTRAND.

LE MAJOR GÉNÉRAL AU DUC DE RIVOLI.

Schönbrunn, le 16 mai 1809.

L'Empereur, Monsieur le duc de Rivoli, apprend que le Danube n'est pas gardé et la position qu'occupe l'ennemi exige la plus grande surveillance. Il faut au moins un bataillon de service au pont brûlé, sur la rive droite. Il faut éclairer toute la rive avec des postes d'infanterie et de cavalerie ; enfin, il faut la plus grande surveillance, pour avoir connaissance de tout ce que fait l'ennemi et l'empêcher de ne rien entreprendre.

L'Empereur, Monsieur le Duc, désire que vous m'envoyiez, par mon aide de camp, des nouvelles de ce qui se passe ; on dit que l'ennemi a des postes dans l'île, en face de Leopoldstadt.

Envoyez-moi également, ce soir, l'emplacement de tout votre corps d'armée.

LE DUC DE RIVOLI AU MAJOR GÉNÉRAL.

Vienne, le 16 mai 1809, à 10 heures et demie du soir.

Monseigneur,

J'ai reçu la lettre que V. A. m'a fait l'honneur de m'écrire. Le général Saint-Cyr, qui est chargé de garder la partie du pont brûlé à Leopoldstadt, jusqu'au pont du Prater[1], qui a été rompu ce soir par des barques venant l'on ne sait d'où (les ordres ont été donnés de suite pour établir une barque), le général Saint-Cyr, dis-je, ne m'a donné aucun avis de l'occupation de l'île de Leopoldstadt par l'ennemi. Je lui envoie à l'instant un officier, pour en avoir des nouvelles.

J'ai eu l'honneur d'envoyer à V. A., le 13, l'état de l'emplacement des troupes[2] ; je le mets encore ci-joint. Elle y verra qu'il y a un régiment de cavalerie chargé d'éclairer cette partie du Danube, avec toute la 2e division. S'il y a quelque chose de nouveau, je m'empresserai d'en rendre compte.

MASSÉNA.

---

1. Le pont du Prater est celui qui avait été établi par le 4e corps, du 11 au 12 mai, près de Simmering.

2. Voir cet état d'emplacement des troupes du 4e corps, faisant suite à la lettre du major général au maréchal Masséna, du 13 mai, à midi.

LE DUC DE RIVOLI AU MAJOR GÉNÉRAL.

Vienne, 16 mai 1809.

Monseigneur,

J'ai l'honneur de transmettre à V. A. un rapport que je reçois à l'instant du général Marulaz.

L'escadron du 16ᵉ doit-il rester au quartier général du général Marulaz ?

MASSÉNA.

LE GÉNÉRAL MARULAZ AU MARÉCHAL MASSÉNA.

Fischament, le 16 mai 1809.

Mons'eur le Maréchal,

J'ai l'honneur d'informer V. E. que le 19ᵉ régiment de chasseurs a pris poste à Hainburg, en suite du mouvement général que j'ai ordonné hier ; il a poussé ses reconnaissances jusqu'à Wolfsthal, dernier village autrichien ; elles n'ont rien rencontré, mais les habitants de Hainburg ont dit avoir aperçu de l'infanterie et de la cavalerie autrichienne qui filaient sur la rive gauche du Danube.

Je me suis occupé ce matin de faire réunir, sur un seul point, les bateaux dont je me suis emparé. J'ai maintenant huit grandes barques à ma disposition, et neuf petites.

L'ennemi a des postes d'infanterie et de cavalerie à hauteur de Fischament, sur la rive gauche, je les ai reconnus moi-même ; mais le Danube forme une île à hauteur de Fischament. Cette île est boisée et le bras du fleuve, qui se trouve du côté de la rive gauche, est très large. J'ai aperçu une barque attachée à cette rive, que l'ennemi garde avec de l'infanterie. L'île me sépare de ce point. J'ai l'honneur de vous prévenir que je croirais convenable de la faire garder par un détachement d'infanterie.

J'ai des postes d'observation sur le Danube, depuis Mansworth jusqu'à Hainburg. Le 16ᵉ régiment de chasseurs a pris poste sur la route de Presbourg, et a même un escadron à mon quartier général ; mais ma division est seule chargée du service, d'après les ordres que j'ai donnés.

MARULAZ.

Au moment où je fermais ma lettre, on est venu me rendre compte que l'ennemi était descendu dans l'île. Je suis monté à cheval, et me suis assuré qu'en effet il y était venu se promener dans une barque, mais il s'en est retourné de suite. Cette circonstance me confirme dans l'opinion que cette île doit être gardée par de l'infanterie.

Le pays, sur les bords du fleuve, est très couvert et coupé de ravins, de ruisseaux, ce qui favorise beaucoup des débarquements partiels. L'ennemi borde la rive gauche par des postes, qui sont plus nombreux que ce matin. Ce n'est que depuis hier qu'ils sont arrivés sur la ligne.

LE GÉNÉRAL MONTBRUN AU DUC D'ISTRIE.

Bruck, le 16 mai 1809.

Monseigneur,

J'ai l'honneur de prévenir S. E. que, conformément à ses ordres, je suis venu m'établir hier à Bruck ; mais y étant arrivé un peu tard, je n'ai pu en instruire de suite S. E. Je garde le cours du Danube depuis Fischament jusqu'à Presburg, et de Presburg à Ragendorf. J'ai aussi des troupes à Neusiedl, sur le bord du lac, et tout le terrain qui se trouve entre Neusiedl et Ragendorf est gardé par des postes ; les routes qui viennent d'Ödenburg sont également gardées. Je communique par ma droite avec le général Colbert, et par ma gauche avec le général Marulaz. Tout le pays, entre le lac de Neusiedl et le Danube, a été déjà parcouru ce matin, sans qu'on y ait trouvé l'ennemi. J'ai également fait éclairer le pays qui se trouve entre ce lac et Neustadt, et n'ai encore eu aucune nouvelle des Autrichiens.

J'ai même déjà des nouvelles d'Altenburg, où l'on n'a point vu l'ennemi depuis jeudi dernier, époque où il est passé un bataillon de Kaunitz se rendant à Presburg.

Je n'ai reçu jusqu'à présent d'autres renseignements sur les Autrichiens, si ce n'est que le seul régiment d'O'Reilly a passé par cette route, se dirigeant samedi dernier sur Presburg où, d'après les dires, il doit être arrivé jeudi dernier trois bataillons de Kaunitz. Les bruits publics sont que toute l'armée autrichienne doit être rassemblée à la hauteur de Vienne. Je ferai en sorte d'avoir demain des renseignements plus certains sur l'ennemi, et j'aurai l'honneur d'en informer de suite S. E.

Un habitant d'Altenburg, qu'on m'amène à l'instant, m'assure qu'avant-hier un courrier venant de Constantinople a passé à Altenburg, porteur de dépêches pour le Cabinet de Vienne ; il a dit, en passant dans cette ville, qu'il avait été obligé de faire quelques détours sur sa route, par suite des hostilités commencées entre les Russes et les Turcs ; ce courrier a été jusqu'à Kitsee ; on ignore la direction qu'il a prise de là, s'il a poussé sur Presburg ou s'il a rétrogradé.

Il m'arrive à l'instant 800 hommes d'infanterie légère hessoise et deux pièces d'artillerie légère du calibre de 6 ; je serais charmé de pouvoir conserver cette troupe qui, dans l'occasion, me deviendrait très utile pour un point de réunion.

Les Hongrois accueillent très bien nos troupes, ils ont fait préparer partout des vivres et semblent s'empresser à venir au-devant des Français.

Je compte avoir, demain, des nouvelles de Raab et autres endroits.

MONTBRUN.

LE GÉNÉRAL NANSOUTY AU DUC D'ISTRIE.

Laxenburg, le 16 mai 1809.

Monsieur le Maréchal,

J'ai l'honneur de vous rendre compte que des partisans ennemis rôdent dans les environs des cantonnements de ma division. Avant-hier, il est venu à Baaden une patrouille de hussards et une d'infanterie, qui prirent, m'a-t-on dit, un hussard du 9ᵉ régiment et un chasseur du 5ᵉ. Ils sont aussi entrés à Baaden et Neustadt le long des montagnes, et le colonel du 1ᵉʳ régiment de carabiniers, qui a ses cantonnements dans les environs de Loibersdorf, dit qu'il voit leurs feux pendant la nuit. Il communique avec la brigade du général Colbert, placée de ce côté-ci et près de Neustadt. J'ai recommandé qu'on observe tous les débouchés des montagnes et qu'on ait la plus grande surveillance ; mais il serait nécessaire d'envoyer quelques troupes légères et quelque infanterie pour purger les environs.

NANSOUTY.

LE CAPITAINE DE GALBOIS[1] AU MAJOR GÉNÉRAL.

Leopoldsberg, au château de Montrefuge, le 16 mai 1809,
à 4 heures 50 minutes de relevée.

Monseigneur,

J'ai l'honneur de rendre compte à V. A. que deux bataillons d'infanterie autrichienne suivis de deux escadrons de cavalerie, vêtus de blanc, et d'une douzaine de voitures d'équipages, venant de Korneuburg par le chemin nommé Pragerstrasse, viennent d'arriver et de s'arrêter à Stamersdorf. Depuis neuf heures du matin, il arrive continuellement des petits détachements d'infanterie et de cavalerie, ainsi que beaucoup de caissons et d'équipages, par cette même route et suivant cette même direction.

Ce matin, à six heures, un général (à ce qu'il m'a paru) est parti de Stamersdorf avec une suite assez nombreuse et a visité tous les postes sur le Danube ; il n'est rentré qu'à midi, après avoir passé par les deux camps qui sont derrière Strebersdorf et Lang Enzersdorf, et par ceux qui sont sur la route nommée Brünnerstrasse, entre Maria-Taffel et Stamersdorf.

L'ennemi a jeté quelques compagnies d'infanterie dans une île située entre Spitz et Nussdorf, vis-à-vis le pont qui a été brûlé ; un bas-officier autrichien vient d'y conduire aussi un détachement de paysans, sans armes, pour travailler sans doute. A l'ouest de cette île, il y a une falaise très étroite qui conduit à une autre île, séparée de la terre ferme par un très petit bras d'un des bras du Danube ; au bout de cette falaise, il paraît y avoir une batterie de deux pièces de canon pour en défendre le passage. Ce poste vient d'être renforcé par une compagnie d'infanterie ; dans le moment j'y vois arriver treize hommes à cheval, qui ont passé l'eau à deux cents pas de cette batterie.

Un corps de cavalerie d'environ six cents chevaux, arrivant par la route de Korneuburg, traverse en ce moment Strebersdorf et se dirige sur Stamersdorf.

Monseigneur, j'ai quitté la plume pour aller reconnaître une tête de colonne, qui débouche du côté de Stockerau. Si j'en juge par la pous-

---

1. Capitaine attaché à l'état-major général de l'armée d'Allemagne.

sière que je vois dans le lointain, cette colonne doit être forte ; j'aperçois déjà quatre bataillons d'infanterie et un train d'artillerie ; l'avant-garde est sur le point d'entrer à Korneuburg. Je m'empresse de donner ces détails à V. A., et, dès que j'en aurai sur la force et les mouvements de cette colonne, j'aurai l'honneur de l'en instruire aussitôt [1].

DE GALBOIS.

LE CAPITAINE DE GALBOIS AU MAJOR GÉNÉRAL.

Leopoldsberg, au château de Montrefuge, le 16 mai 1809,
à 8 heures du soir.

Monseigneur,

Depuis le rapport que j'ai eu l'honneur de faire à V. A., la colonne ennemie que j'apercevais est arrivée. La cavalerie s'est formée par pelotons en arrivant dans la plaine, et s'est portée au trot à la hauteur des bois de Bisamberg sur la Brünnerstrasse. Une partie de cette cavalerie a pris position derrière ces bois, et l'autre s'est dirigée sur les villages de Seyring et Gerasdorf. Ce corps de cavalerie paraît fort d'environ deux mille chevaux, non compris ce qui était déjà arrivé quand j'ai eu l'honneur d'écrire à V. A.

L'infanterie de cette colonne occupe jusqu'à présent Lang-Enzersdorf et Korneuburg ; l'artillerie est parquée derrière Lang-Enzersdorf. Je ne peux plus distinguer maintenant qu'un nuage de poussière dans les environs de Korneuburg et des montagnes voisines. Les bois de Bisamberg paraissent être remplis d'infanterie.

DE GALBOIS.

LE GÉNÉRAL GAUTIER, CHEF D'ÉTAT-MAJOR DU 2ᵉ CORPS D'ARMÉE,
AU GÉNÉRAL SAINT-HILAIRE.

Schönbrunn, le 16 mai 1809.

Mon Général,

M. le maréchal ne doute nullement que vous ne fassiez observer l'ennemi des hauteurs que vous occupez ; chargez de ce soin important des officiers intelligents et capables de juger quels sont ses projets. Envoyez des patrouilles jusqu'à Klosterneuburg, en longeant le Danube, pour bien examiner ce qui se passe de l'autre côté, écouter pendant la nuit et avoir des rapports sur les moindres circonstances. Il faut surtout empêcher les communications d'une rive à l'autre, et s'opposer à l'établissement des batteries, que l'ennemi voudrait élever pour protéger un passage ou pour nuire à nos communications.

GAUTIER.

(Arch. du duc de Reggio.)

---

1. Les mouvements de troupes, signalés par le capitaine de Galbois, n'étaient autres que ceux résultant de l'arrivée de l'archiduc Charles à la tête de l'armée de Bohème.

LE GÉNÉRAL DE LAURISTON A L'EMPEREUR.

Pottenstein, le 16 mai 1809, 8 heures du matin.

Sire,

Je suis arrivé à Altenmarkt, hier 15 mai, à 6 heures du soir. N'ayant pas trouvé à Mödling les 300 chevaux de la brigade Colbert, je n'en ai pas moins continué ma route, après avoir envoyé un officier à Neustadt au-devant de cette cavalerie. M. de Noailles, aide de camp du prince de Neuchatel, qui m'a rejoint à Altenmarkt, m'a donné la nouvelle que, partis de Neustadt avec les 300 chevaux, ils avaient voulu passer par Piesting et Pottenstein pour se rendre directement à Altenmarkt ; mais qu'après avoir passé Pottenstein, ils avaient été assaillis à l'entrée d'une gorge par une fusillade, qui leur avait blessé 5 chasseurs dont un mortellement, ce qui les avait fait rétrograder. J'ai reçu aussi à Altenmarkt, vers 8 heures du soir, les ordres de V. M. portés par un aide de camp. En conséquence, je suis parti ce matin d'Altenmarkt pour dissiper le rassemblement vers Pottenstein. Les Autrichiens avaient abandonné ce poste, hier à 10 heures du....., c'est-à-dire 2 heures après la fusillade ; ils se sont retirés du côté de Gutterstein, pour gagner de là la Styrie. Je marche sur Neustadt, tant pour y recevoir les ordres de V. M., que pour marcher contre quelques rassemblements dont a parlé le général Colbert. Les 300 chevaux de sa brigade m'ont rejoint à Altenmarkt, ce matin à 3 heures ; ils ont passé par Baaden. Comme ils étaient très fatigués, je les ai laissés quelques heures après moi à Altenmarkt. J'ai envoyé, par un détachement de 50 chevaux, les ordres de V. M. au général Bruyère ; la route d'Altenmarkt à Lilienfeld est tout à fait libre. J'ai dit au général Bruyère de placer 100 chevaux à Altenmarkt, qui est le point de communication entre Lilienfeld, Vienne et Neustadt. Tous mes détachements des 300 chevaux de la brigade Colbert rentreront, ce soir, à Neustadt.

Il n'y a plus aucun rassemblement entre la ligne de Lilienfeld, Neustadt et Vienne. Celui qui existait, consistait en 100 ou 150 hommes de soldats égarés, dont 8 hussards et 120 à 150 landsturm. Ce rassemblement s'était d'abord porté du côté de Lilienfeld, entre Lilienfeld et Altenmarkt, entre Altenmarkt et Heilkreutz ; revenu à Altenmarkt, il s'était placé à la fabrique à un quart de lieue de Pottenstein, où il s'était retranché au moyen de quelques abatis. Tous les renseignements que j'ai pris à Mödling, à Heilkreutz, à Altenmarkt, à Pottenstein, etc., m'ont donné les mêmes résultats. Les soldats égarés n'avaient pour les commander qu'un sous-officier ; ils se sont réunis à un officier de uhlans, chargé par l'archiduc Maximilien d'organiser la levée en masse. Ils ont trouvé de la résistance à Mödling et Altenmarkt, parce que ce sont des bourgs un peu considérables ; mais ils enlevaient les paysans de force, dans les petits villages ou ceux dont les maisons sont dispersées. Cependant, comme à leur approche les paysans se sauvaient dans les bois, ils n'ont pu en surprendre qu'une quinzaine. Aussitôt après la fusillade d'hier, le bourgmestre de Pottenstein a fait signifier à une vingtaine d'habitants de l'endroit, qu'ils eussent à rentrer. Aussitôt, cette centaine qui était avec les Autrichiens les a abandonnés et est rentrée dans ses villages respectifs. Quant à l'armement de ces paysans, il consistait en haches, fourches, bâtons armés de clous ; armes que cet officier autrichien les avait forcés de prendre. Tous m'ont confirmé que le dessein des soldats égarés était de se rendre à Neustadt, pour passer en Hongrie ; mais que par l'attaque d'hier ils ont vu le passage fermé, et se sont jetés de côté pour gagner la Styrie. J'ai pris beaucoup de renseignements sur le côté de Mariazell. Les habitants ne croient pas à des rassemblements dans cette partie ; ils prétendent que les habitants de la Styrie n'ont pas plus envie qu'eux de s'armer. Ils m'ont néanmoins dit qu'ils croyaient que du côté de Gloknitz, il y avait des soldats égarés et quelques paysans levés par force. Ils portent le total de 8oo à 1 ooo hommes. Le général Colbert me parle aussi de ce rassemblement. Comme les renseignements que j'ai l'honneur d'adresser à V. M. ont toujours été les mêmes et n'ont pas varié, je crois pouvoir en assurer l'authenticité.

Les habitants m'ont dit que depuis trois ans ils n'avaient plus d'armes à feu ; effectivement je n'en ai pas trouvé une seule. J'ai été particulièrement content des habitants de Mödling, d'Altenmarkt et des moines de Heilkreutz.

Les paysans rentrent dans leurs maisons ; je leur ai prescrit de ne pas les abandonner pour quelque cause que ce fût.

L'ordre du jour de V. M. et la communication au Sénat font plaisir et intéressent les habitants ; je prie V. M. de m'en envoyer, je n'en ai presque plus.

A mon arrivée à Neustadt, j'expédierai l'aide de camp du général Durosnel.

Le comte DE LAURISTON.

LE GÉNÉRAL DE LAURISTON A L'EMPEREUR.

Neustadt, le 16 mai 1809, 5 heures après-midi.

Sire,

. . . .

La troupe badoise arrivera ce soir à Neustadt. Elle est fatiguée de ces deux marches. Le général Colbert m'a appris que les paysans rentraient de tous côtés, et le rassemblement, s'il en existe, ne peut être qu'à Schöttwien et se réduit à rien. Je place deux régiments badois à une lieue de la ville, observant Pitten, Neunkirken et les montagnes de Stirn sur la droite. Un régiment restera en ville. D'après les ordres que j'attends de V. M. ou suivant les circonstances, il serait possible que j'établisse demain de l'infanterie et quelque cavalerie à Neunkirken. La ville de Neustadt paraît ne pas offrir de grandes ressources ; l'arrivée des Badois rend impossible l'envoi journalier de deux mille rations de pain, au corps de M. le maréchal Lannes.

J'ai trouvé le pays parfaitement tranquille, de Pottenstein à Neustadt.

Le comte DE LAURISTON.

LE DUC D'AUERSTAEDT A L'EMPEREUR.

Saint-Pölten, le 16 mai 1809, 6 heures du matin.

Sire,

J'ai reçu la lettre que V. M. m'a fait l'honneur de m'écrire, le 15 à 11 heures du matin. J'ai de suite mis en marche le général Duppelin avec le 85e et un bataillon du 13e, pour se porter sur Annaberg, où se trouve le général Bruyère avec 2 bataillons du 13e. Le général Duppelin sera aujourd'hui à Annaberg.

J'adresse à V. M. un rapport du général Bruyère [1] que je

---

1. LE GÉNÉRAL BRUYÈRE AU MARÉCHAL DAVOUT.

Annaberg, le 15 mai 1809.

Monsieur le Maréchal,

Arrivé hier au soir à Türnitz, avec les deux bataillons du 13e d'infanterie légère, les deux pièces de canon et une partie de la cavalerie de ma brigade, je fus informé que l'ennemi, au nombre de 300 hommes, était posté à une lieue et demie, tout près de la verrerie qui est entre Turnitz et Annaberg. Je me bornai à reconnaître sa position et je renvoyai l'attaque au lendemain matin. En effet, ce matin, à la pointe du jour, M. le chef de bataillon Thevenet l'a attaqué, et, après deux heures d'une fusillade très vive, dans laquelle ce bataillon a eu dix hommes de tués, parmi lesquels se trouve un officier et vingt-cinq blessés, la position, qui est une gorge très étroite et difficile à tourner, a été emportée. Cette attaque était soutenue par trois compagnies de l'autre bataillon et soixante hommes de cavalerie. M. le chef de bataillon Thevenet a alors continué son mouvement et a culbuté l'ennemi de position en position, en le menant battant jusqu'à Annaberg. Là, il a paru vouloir s'arrêter, mais, après avoir vu les dispositions qu'on faisait pour l'attaquer de nouveau, il a pris le parti de la retraite.

Le 13e d'infanterie légère a eu dans cette affaire 14 morts, dont un officier, et environ 50 blessés ; un seul chasseur à cheval a été blessé à la jambe.

. . . .

D'après tous les renseignements que j'ai pu me procurer ici, tant par les habitants, que par les prisonniers et par trois déserteurs qui m'arrivent, il paraît que l'ennemi occupe les gorges d'ici à Mariazell ainsi que cette dernière ville, avec quatre à cinq mille hommes, tant troupes de ligne, que landwehr, gardes-chasse et paysans armés. Il est bon de vous faire observer, Monsieur le Maréchal, que ces derniers sont beaucoup plus dangereux que les troupes de ligne, par la manière dont ils ajustent un coup de fusil et la connaissance du pays.

Comme je ne crois pas, Monsieur le Maréchal, avec les deux bataillons que j'ai, et qui ne se montent pas à plus de 800 hommes, devoir pousser plus loin maintenant que je suis maître de la position d'Annaberg, j'y attendrai vos ordres, ainsi que les renforts qu'il vous plaira de m'envoyer si vous les jugez nécessaires : car je pense qu'il faudrait ici au moins une forte brigade, par suite de la nécessité d'établir des échelons sur une route, qui peut être coupée d'un moment à l'autre par des paysans armés.

J'ai l'honneur de vous informer, Monsieur le Maréchal, que la cavalerie, à quelques détachements près, étant non seulement inutile mais même embarrassante dans toutes ces gorges, que vous connaissez d'ailleurs très parfaitement, j'ai cru devoir la laisser partie à Lilienfeld et partie à Türnitz, en ne gardant avec l'infanterie qu'une cinquantaine d'hommes à cheval.

J'ai l'honneur de vous faire passer un paquet de papiers laissés par l'ennemi à Annaberg, ainsi que la seule lettre qui se trouvât à la poste.

BRUYÈRE.

reçois à l'instant. Quelques papiers qu'il a trouvés, à Annaberg indiquent que le général Jellachich était le 7 mai à Radstadt.

Il paraît que la landsturm a été organisée dans tout ce pays et qu'elle est rassemblée à une lieue en arrière de Mariazell, sur la route de Bruck.

Le général Pajol me mande que l'ennemi a retiré 2 bataillons de son camp de Rohrendorf; l'un a remonté le Danube et s'est dirigé par Stein sur Dürrenstein, l'autre est venu bivouaquer sur les hauteurs en arrière de Stein et Krems, près Rehberg.

Les feux sur sa droite, vis-à-vis Tulln, à la hauteur de Pettendorf, ont été les mêmes que la nuit dernière, mais ses postes ont été plus tranquilles et il n'a été tiré aucun coup de fusil.

Je joins ici la déclaration d'un bailli enlevé sur la rive gauche, qui place le corps de l'archiduc Charles, de Zwettel à Krems.

Duc d'Auerstaedt.

LE DUC D'AUERSTAEDT A L'EMPEREUR.

San-Pölten, le 16 mai 1809, à 7 heures du matin.

Sire,

. . . .

J'adresse à V. M. une lettre du général Vandamme [1] et divers

---

1.   LE GÉNÉRAL VANDAMME AU MARÉCHAL DAVOUT.
        Au quartier général à Linz, 14 mai 1809, 10 heures et quart du matin.
Monsieur le Maréchal,
J'ai reçu la lettre que V. E. m'a écrite le 13 de ce mois, et le duplicata qu'elle m'en a adressé le même jour à minuit. J'ai eu l'honneur de lui transmettre les rapports de M. le major Ameil. L'affaire qu'a eue cet officier ne peut être regardée comme malheureuse, puisqu'elle a donné pour résultat des renseignements qu'on n'aurait pu obtenir sans l'activité qu'il a déployée, et qu'il était cependant d'une haute importance de recueillir puisqu'ils instruisaient de la marche de l'ennemi.
D'ailleurs, dans cette action, les Autrichiens ne peuvent s'attribuer le moindre succès puisque, d'après les rapports qui ont été faits, ils ont perdu autant de monde que le major Ameil et qu'ils lui ont entièrement cédé le point sur lequel il les a trouvés.
Les rapports de M. Vincent que j'ai fait parvenir à l'Empereur, Monsieur le Maréchal, ont pu faire croire à S. M. que j'avais dirigé un mouvement sur Krems; mais ce mouvement, que j'aurais regardé moi-même comme une faute militaire, n'a nullement eu lieu, et V. E. voudra bien se rappeler que j'ai eu l'honneur de lui observer que, quoique ces rapports semblassent indiquer que mon parti se portât sur Krems, j'avais ordonné qu'on ne quittât pas le point de Freystadt et qu'on éclairât bien en avant sur la route de Budweis. Ces dispositions ont été exécutées, mais on n'a point trouvé l'ennemi parce que, je crois pouvoir le répéter, il est en pleine retraite sur la Moravie et que d'ailleurs on ne pouvait parvenir bien positivement à connaître où il avait encore des partis, parce que les habitants mettent la plus grande opiniâtreté à taire ce

rapports, qu'il m'a transmis, du détachement qu'il a à Steyer[1].

Le major Ameil est en route par la rive droite, pour se rendre à Saint-Pölten où il sera demain.

Cet officier me mande, dans un rapport, que les landwehr de Bohême se débandent et rentrent dans leurs villages, abandonnant leurs armes et bagages.

Duc D'AUERSTAEDT.

LE DUC D'AUERSTAEDT A L'EMPEREUR.

Saint-Pölten, le 16 mai 1809, à 11 heures et demie du soir.

Sire,

J'ai voulu juger par moi-même de la position de l'ennemi et des forces qu'il avait à Krems, et m'assurer s'il avait sur ce point quelque projet hostile. Je me suis convaincu qu'il craignait plutôt d'être attaqué qu'il ne songeait à attaquer lui-même ; une trentaine de bateaux qu'il avait entre Dürrenstein et Krems ont été coulés bas, aussitôt que l'ennemi avait eu connaissance des for-

---

qu'ils savent de la marche des Autrichiens, et qu'ils arrêtent tous les espions dont il est presque impossible d'obtenir le retour.

Je ne crois donc pas, Monsieur le Maréchal, qu'aucun des mouvements que j'ai faits se trouve en opposition aux principes de la guerre. J'ai pensé que, l'ennemi se proposant de venir sur Mauthausen, je devais m'y établir ainsi qu'à Neumarkt. J'ai pris toutes les mesures pour que les partis que j'envoyais au loin fussent soutenus par des échelons jusqu'à Linz, pour y assurer leur retraite dans le cas où des forces supérieures leur seraient opposées, et d'ailleurs je vous l'observerai, Monsieur le Maréchal, l'événement a justifié ce que j'avais fait, puisque nous avons fait une centaine de prisonniers ; nous avons eu autant de déserteurs sans perdre un seul homme. Les mouvements que j'ai opérés n'ont eu pour but que d'inquiéter l'ennemi, le chasser au loin, bien couvrir ma tête de pont, me mettre parfaitement en état d'empêcher les Autrichiens de passer outre, s'ils parvenaient à forcer mes avant-postes à se retirer sur Linz, et je pense, Monsieur le Maréchal, avoir atteint ce que je m'étais proposé ; aussi éprouvai-je ici une parfaite sécurité.

Je ne crois pas non plus, Monsieur le Maréchal, m'être écarté en rien des principes de S. M. Je n'ai que ceux que j'ai pu acquérir d'elle-même, et elle a prouvé tant de fois que les systèmes opposés au sien étaient si peu fondés et ne reposaient que sur des manœuvres vieillies et sans effet, que nous ne pouvons qu'appliquer toute notre attention à suivre, autant qu'il peut dépendre de nous, les principes qui nous sont développés par ce grand souverain et qui ont constamment été justifiés par une heureuse et éclatante expérience.

VANDAMME.

1. Par ces rapports le commandant Deleau, de l'état-major du général Vandamme, en reconnaissance sur Steyer, faisait savoir qu'Altenmarkt était occupé par l'ennemi : « Il paraît, écrivait-il, que l'ennemi est bien posté sur Altenmarkt ; une partie de ses forces sont des gardes nationales ou milices. Quant à l'armée d'Italie, on dit qu'elle est aux environs de Gratz, mais cela n'est pas bien sûr. »

ces qui avaient été jetées sur la rive gauche, vis-à-vis de Mölk. Cependant, comme c'est un point de passage à raison des débouchés et des facilités que présente la rivière de Krems, j'ai porté sur ce point, où il n'y avait que trois bataillons pour observer le Danube pendant plusieurs lieues, un régiment de la division Friant qui sera en réserve. L'ennemi, croyant que nous avions encore sur la rive gauche du Danube, vis-à-vis de Mölk, le bataillon qui y avait été jeté, s'est présenté ce matin à 5 heures et demie, sur plusieurs colonnes formant 2,000 à 3,000 hommes pour l'attaquer; il y a trouvé une trentaine d'hommes du 17e régiment avec un officier.

Une partie des troupes qui étaient venues pour cette expédition a descendu le Danube, quelques compagnies seulement l'ont remonté.

Le général Morand a ordre de détruire tout parti qui voudrait passer le Danube, entre Mölk et Enns, et de donner au prince de Ponte-Corvo des renseignements sur les troupes ennemies qui remonteraient la rive gauche du Danube.

Le rapport, ci-joint, annonce que le général Duppelin vient d'arriver à Annaberg, où était le général Bruyère [1].

Il ne pourra marcher que demain sur Mariazell, où on assure qu'il y a des troupes de ligne et même une partie des troupes de Jellachich.

Le général Duppelin a cinq bataillons, 4 pièces d'artillerie et un bataillon de réserve à Lilienfeld. La route de Lilienfeld à Altenmarkt est libre.

Duc d'Auerstaedt.

LE MAJOR GÉNÉRAL AU GÉNÉRAL VANDAMME.

Schönbrunn, 16 mai 1809, 2 heures après-midi.

Du moment que les premières troupes du prince de Ponte-Corvo seront arrivées, Général, l'Empereur ordonne que vous partiez avec 6,000 hommes d'infanterie, un régiment de cavalerie et six pièces de canon, pour vous porter sur Steyer et dissiper les rassemblements qui se forment de ce côté. Vous êtes déjà instruit de ces rassemblements par l'avant-garde que vous avez de ce côté et qui vous envoie ses rapports [2].

Alexandre.

---

1. Rapport d'un aide de camp du général Gudin, envoyé en reconnaissance à Lilienfeld.

2. Le major général écrivait en même temps au maréchal Bernadotte :

« Le général Vandamme laissera pour couvrir le pont de Linz un régiment de cavalerie, six pièces d'artillerie et plusieurs bataillons d'infanterie, enfin tout

LE MAJOR GÉNÉRAL AU DUC DE DANZIG.

Schönbrunn, le 16 mai 1809, à 2 heures après-midi.

Nous sommes inquiets de vous, Monsieur le Maréchal, nous n'avons point de nouvelles de vous depuis longtemps [1]. Nous sommes occupés à jeter notre pont sur le Danube qui sera prêt après-demain ; tout va bien de ce côté, nous espérons qu'il en est de même du vôtre.

LE DUC DE DANZIG A L'EMPEREUR.

De Rothholz, le 16 mai 1809, à 7 heures du soir.

Sire,

V. M. trouvera, ci-inclus, le rapport des affaires des 11, 12 et 13 [2]. La journée du 14 a été employée à rallier et reposer les troupes et à établir les communications avec Kufstein.

---

ce qu'il y aura au-dessus de six mille hommes. Nous esperons que dans la journée de demain notre pont sera jeté, et, en attendant les ordres que vous recevrez pour entrer en Bohême, vous devez vous préparer à exécuter ce mouvement. »

1. La dernière lettre écrite par le maréchal Lefebvre à l'Empereur était datée du 8 mai ; elle annonçait sa marche sur Kufstein.
La lettre du duc de Danzig, datée de Wörgl le 14, ne devait parvenir à l'Empereur que le 17 dans la matinée.

2. LE DUC DE DANZIG A L'EMPEREUR.

Rothholz, ce 16 mai 1809.

Sire,

J'ai eu l'honneur d'annoncer à V.M. que, conformément à ses ordres, je marchais avec la division de Wrède par Reichenhall, Lofer et Saint-Johann sur Wörgl, afin de débloquer Kufstein, tandis que le général Deroy, qui se trouvait déjà en position à Rosenheim, avait ordre de se rapprocher de l'ennemi pour l'attaquer le 12.

La division de Wrède étant arrivée le 9 au soir à Salzburg, je me mis en marche avec elle et 3 bataillons de la brigade du général Siebein, et pris position le 10, à Unken. Le lendemain 11, dès la pointe du jour, me dirigeant vers Saint-Johann, on rencontra les avant-postes ennemis à Lofer, lesquels se sont de suite repliés sur la position de Strubpass qui avait été retranchée, et que l'ennemi défendait avec deux pièces de canon de 6, environ cinq cents à six cents hommes des régiments de Holenlohe-Bartenstein, Lusignan, et des chasseurs de Chasteler, et une quantité considérable de paysans tyroliens qui occupaient les flancs de la montagne de chaque côté de la vallée. Cette position était regardée par l'ennemi comme imprenable. L'ennemi, attaqué avec vigueur, se défendit avec opiniâtreté. La canonnade s'engagea à 7 heures du matin et dura jusqu'à trois heures après-midi. Plusieurs bataillons, qui avaient eu ordre de tourner l'ennemi

Croyant que la destruction du corps de Chasteler aurait fait assez d'impression sur les paysans pour les faire rentrer dans l'ordre, je me suis mis en marche, le 15 au matin, me dirigeant vers Innsbruck. Je fus on ne peut pas plus étonné de trouver les deux rochers qui se trouvent à droite et à gauche de l'entrée de la vallée dite Zillerthal, dont la majeure partie est du pays de Salzburg, couverts de paysans et le pont sur la Zillerbach coupé. La division de Wrède les attaqua et passa; ils revinrent, et la division Deroy les chargea avec une telle résolution qu'ils ne reparurent plus. Plusieurs paysans furent pendus; le village de

---

par sa droite et par sa gauche, ne purent y parvenir, les montagnes étant impraticables à cause de la quantité de neige dont elles étaient couvertes. Je fus obligé d'attaquer de front, malgré les abatis, barricades et autres difficultés que l'ennemi avait ajoutés à ses autres moyens de défense, et une grêle de grosses pierres que les Tyroliens roulaient du haut des rochers. Le colonel comte de Berchem, avec un bataillon de son régiment, fut chargé de cette opération et réussit complètement. La passe fut forcée et l'artillerie tomba en notre pouvoir. Presque tous les canonniers ennemis furent tués à leurs pièces.

Cette formidable position enlevée, les Tyroliens se sauvèrent dans les montagnes. Nous poursuivîmes l'ennemi jusqu'au delà de Waidring et l'on y prit position.

Dès la pointe du jour, le 12, nous fûmes attaqués. L'ennemi avait disposé une nuée de Tyroliens sur les flancs de la vallée, lesquels, cachés derrière les rochers, nous blessaient beaucoup de monde; ils furent repoussés, mais ces Tyroliens n'ont cessé de nous inquiéter dans toute notre marche, soit par leur feu qui était très vif, soit par les énormes pierres qu'ils ont roulées de la montagne sur nos colonnes. Nous prîmes position en avant d'Ellmau.

Le 13, à 4 heures du matin, nous étions en marche; nous ne tardâmes pas à rencontrer les avant-postes d'un corps autrichien, commandé par le général Chasteler en personne; ils se replièrent sur Söll, où se trouvaient en position environ 2,000 hommes des régiments de Lusignan, de Vaux et Hohenlohe-Bartenstein, avec quelques chevau-légers de Hohenzollern et quatre pièces d'artillerie. Cette position ne tarda pas à être enlevée. L'ennemi fut chargé et poursuivi vigoureusement par les chevau-légers bavarois qui lui prirent beaucoup de monde. M. de Chasteler parvint, à l'aide de quelques troupes fraîches, à se rallier à la jonction des deux routes, mais il ne tint pas longtemps dans cette position; il en occupa une autre au village de Wörgl, où toutes les forces se trouvaient réunies au nombre d'environ 5,000 hommes de troupes de ligne et de landwehr, avec deux escadrons du régiment de Hohenzollern et 9 pièces d'artillerie légère, en outre de tous les Tyroliens du Zillerthal et de la Haute-Inn qui occupaient le flanc des montagnes. Il s'engagea alors un combat très opiniâtre et très vif. Je chargeai moi-même les Tyroliens avec un bataillon bavarois, et l'ennemi fut chassé de cette dernière position où il abandonna une pièce, les huit autres furent prises dans la poursuite. Les chevau-légers bavarois chargèrent les chevau-légers ennemis et les culbutèrent. Enfin, ce ne fut plus qu'une déroute complète jusqu'au delà de Rattenberg, où je poursuivis moi-même l'ennemi, et dont on enfonça les portes à coups de canon, tandis que

Schlitters, situé à une demi-lieue dans la vallée, a été totalement brûlé.

. . . .

Les paysans ont mis le feu au pont de Rothholz qui a entièrement brûlé. Cependant la division de Wrède a continué sa marche sur Schwaz, quoique toujours harcelée dans sa route par les paysans; ce général apercevant quelques compagnies d'infanterie autrichienne (ralliées depuis la dernière affaire ou venues de Scharnitz), en bataille en avant de la ville, ayant à leur droite des paysans sur la montagne, il les attaqua de suite et les fit

---

le chef d'escadron Fontanges tournait la ville et y entrait avec quelques chevau-légers. Toute l'infanterie fut dispersée et il s'en sauva beaucoup à la faveur des montagnes; enfin, M. de Chasteler ne dut son salut qu'à la vitesse de son cheval.

Les combats des 11, 12, 13 occasionnèrent à l'ennemi des pertes considérables; on lui prit un drapeau du régiment de Lusignan, 11 pièces d'artillerie dont 4 obusiers, avec tous ses caissons d'artillerie et tous ses équipages. Les Autrichiens ont eu près de 5oo tués ou blessés. Le contrôle des prisonniers se monte jusqu'à 9oo, dont 36 officiers. Les paysans tyroliens ont perdu un grand nombre d'hommes; tous ceux pris les armes à la main ont été fusillés sur-le-champ; leur perte est plus considérable que celle des Autrichiens.

Nous avons à regretter une cinquantaine de morts et nous avons eu à peu près 2oo blessés. . . . .

. . . .

Le 13, à 3 heures après-midi, n'ayant pas encore reçu de nouvelles du général Deroy, j'envoyai un parti d'infanterie aux ordres de mon aide de camp Hatry, qui arriva à Kufstein, et j'appris que cette forteresse communiquait depuis la veille avec M. le général Deroy. Ce général, ayant eu avis que la position principale de l'ennemi était à Kufersfelden, détacha dès le 11 le colonel de Metzen avec le 5e régiment de ligne à Zell, afin de tourner cette position en débouchant à la pointe du jour, le 12. A la droite de Thirsee, une autre colonne se dirigeait par la rive droite, et avait ordre de s'emparer de la vieille tour dite de l'empereur. Le centre, qui était la colonne principale, marcha sur Kufersfelden, par la grande route sur la rive gauche de l'Inn, et rencontra l'ennemi de l'autre côté du Kiferbach, derrière un fort abatis et couronnant les hauteurs; il était fort d'environ 5oo Autrichiens auxquels s'étaient réunis une quantité de Tyroliens. La fusillade était engagée depuis quelque temps, lorsque le 1er bataillon d'infanterie légère, aux ordres du lieutenant-colonel Habermann, passa le Kiferbach à gué ainsi que le lieutenant-colonel Montélégier, mon aide de camp, qui dirigeait l'attaque sur la droite de l'ennemi. Ils forcèrent l'ennemi à abandonner ses positions. On rétablit de suite le pont, et on le poursuivit avec une telle vivacité qu'il ne put se rallier. Le général Deroy communiqua de suite avec le gouverneur de la forteresse.

Le gouverneur de Kufstein avait détruit le pont, de manière que la majeure partie de la division du général Deroy ne put opérer sa jonction avec moi, que par la rive gauche à Rattenberg, où elle a passé le pont le 15 au matin.

Le maréchal duc DE DANZIG.

charger par sa cavalerie qui les culbuta; elles se rallièrent et se défendirent encore dans la ville avec beaucoup d'opiniâtreté; enfin forcées, elles se sont retirées sur Terfens et Weerberg où elles paraissent vouloir tenir encore.

Quelques obus ayant mis le feu à Schwaz, la plus grande partie des maisons a été brûlée; quantité de paysans ont été tués, et il a été fait 105 prisonniers du régiment de De Vaux, dont 4 officiers.

Nos postes sont à une lieue en avant de Schwaz.

Chasteler vient de publier une nouvelle proclamation pour engager les paysans qui se sont soumis à reprendre les armes, en disant que l'armée française a été battue devant Vienne. Comme ces gens sont crédules, cette proclamation a fait une grande sensation sur eux, et c'est ce qui est cause que nous éprouvons une aussi grande résistance.

J'agirai toujours selon les circonstances.

Le maréchal duc DE DANZIG.

17 mai.

LE GÉNÉRAL BERTRAND A L'EMPEREUR.

Vienne, le 17 mai au soir.

Rapport sur le pont.

91 bateaux ont été vidés et mis à flot.

70 bateaux étaient ce soir munis de leurs agrès, rames, cordages, et 20 autres ne l'étaient pas encore; quelques-uns dans ces 20 avaient besoin d'être calfatés.

Sur les 70 bateaux, une douzaine qui sont chargés de poutrelles, madriers, ne pourront servir qu'à ce transport, parce qu'on les trouve trop forts pour être employés au pont. 20 autres bateaux chargés de matériaux pourront servir pour le pont, à mesure qu'ils seront vidés.

Il n'y a donc qu'environ 55 à 58 bateaux, parmi ceux entièrement prêts, qui pourront servir au double objet du pont et du transport des hommes et des matériaux.

Une trentaine de bateaux sont partis, ce soir, avec les pontonniers et 2 compagnies de sapeurs pour l'extrémité du canal [1]. On ne sait pas l'heure à laquelle ce premier convoi arrivera.

---

1. Les bateaux, destinés a l a construction des ponts, étaient réunis dans le bras du Danube qui sépare le Prater de la rive droite, près de la Lusthaus.

Les pontonniers reviendront ici ; demain matin on fera un deuxième voyage. On espère pouvoir emmener les 5o bateaux restants d'un seul voyage ; mais il faudra, avant de partir, munir de leurs agrès et cordages une vingtaine de bateaux qui n'en ont pas, de sorte que le convoi ne pourra guère partir que vers les 7 heures du matin.

Le général Pernety a donné ses ordres pour l'exécution des mesures prescrites par S. M.

Les corps avaient déjà fourni 4o bateliers. Il y a lieu de croire que demain, dans la journée, tous les bateaux nécessaires au double pont ainsi que les pontons seront prêts, au lieu indiqué, assez à temps pour effectuer le passage pendant le jour.

Le général BERTRAND.

L'EMPEREUR AU DUC DE MONTEBELLO.

Schönbrunn, 17 mai 18o9.

Ordonnez qu'on continue à faire à Nussdorf des démonstrations de passage, pour tenir en haleine l'ennemi.

LE DUC DE MONTEBELLO A L'EMPEREUR.

Au quartier général de Nussdorf, ce 17 mai 18o9.

Sire,

J'ai l'honneur de rendre compte à V. M. que les deux colonnes d'infanterie et de cavalerie, qui avaient défilé hier au soir par Stockerau, se sont placées en face de Nussdorf, et elles étaient sous les armes ce matin au jour et sont rentrées vers six heures dans leurs bivouacs, en face de cet endroit.

Tout annonce que l'ennemi n'a d'autres projets que celui de défendre le passage du Danube.

Les épaulements qu'il a faits dans l'île, en face de Nussdorf, ne signifient rien.

LANNES.

LE GÉNÉRAL MARULAZ AU DUC D'ISTRIE.

Hainburg, le 17 mai 18o9.

Monseigneur,

En conséquence des ordres de V. E., j'ai l'honneur de lui rendre compte que je suis établi depuis une heure du matin à Hainburg. Le 19e régiment de chasseurs s'est établi d'après mes ordres à une demi-lieue de Presburg ; il s'est rendu à la pointe du jour à l'endroit où le bac était établi, là, il a pu voir distinctement ce qui se passait sur la rive gauche. Il a remarqué qu'au château il y avait quelques troupes ainsi que dans la ville. Le colonel de ce régiment n'a pu s'assurer du nombre, n'ayant trouvé personne sur la rive droite. Il a fait appeler et a engagé à venir sur la rive droite, et cela à plusieurs reprises, mais infructueusement, ce qui lui fait croire qu'il y a encore dans Presburg quelques troupes réglées.

Dès la pointe du jour jusqu'à 7 heures du matin, il a remarqué plusieurs barques qui sont parties de la droite et de la gauche de la ville et se sont rendues dans des îles ; il n'a pu découvrir si elles contenaient des troupes parce qu'elles sont cachées par d'autres îles. Il existe beaucoup de bateaux sur la rive gauche, mais sur la rive droite il en existe peu et tous endommagés.

Ma cavalerie légère, en suite des ordres de S. E. M. le maréchal duc de Rivoli, est établie en échelons depuis une demi-lieue de Presburg jusqu'à Fischament, pour observer le Danube. Les rapports ne m'ont rien rapporté de nouveau ; les vedettes voyant quelquefois des bateaux venir dans les îles ; on y voit des feux pendant la nuit, mais en petite quantité.

Je pris V. E. de vouloir bien me dire si je dois continuer à rester à Hainburg, ou si je dois rétrograder sur Fischament. Je ferais revenir le 19e sur le point de Hainburg, attendu qu'il est de toute impossibilité que ce régiment se procure des vivres et fourrages à la position qu'il occupe, où il n'y a absolument rien. Ce régiment continuerait de garder la ligne du Danube, depuis Hainburg jusqu'à Presburg. Pour me faciliter les moyens de me procurer des subsistances, je supplie de même V. E. d'indiquer d'autres cantonnements au 16e régiment de chasseurs, qui se trouve enclavé au milieu de ma division ; il est établi à Pétronell, ce qui m'empêche de me procurer des fourrages et pourrait occasionner des rixes. J'attends, Monseigneur, vos ordres à cet égard.

MARULAZ.

L'EMPEREUR AU DUC D'AUERSTAEDT.

Schönbrunn, 17 mai 1809, 8 heures du matin.

Mon Cousin, je reçois votre lettre du 16. J'ai donné ordre au général Vandamme de se porter sur Steyer, pour de là marcher sur Mariazell. Le général Lauriston s'est porté sur Altenmarkt et a dissipé tous les rassemblements. Le général Bruyère revient sur Vienne par Baaden. Le général Lauriston a ordre de marcher entre Leoben et Neustadt. Je désire que le général Vandamme dissipe les rassemblements de Mariazell. Envoyez-lui des proclamations pour que cela porte le calme dans le pays.

NAPOLÉON.

P.-S. — Dirigez une de vos divisions à une demi-marche de Saint-Pölten à Vienne, pour qu'elle puisse y être en une journée.

LE DUC D'AUERSTAEDT A L'EMPEREUR.

Saint-Pölten, le 17 mai 1809, à 2 heures après-midi.

Sire,

J'ai l'honneur d'adresser à V. M. les rapports du général Pajol [1] et du général Morand [2]. J'ai écrit à ce dernier, dans le cas où

---

1. LE GÉNÉRAL PAJOL AU MARÉCHAL DAVOUT.

Göttweig, le 17 mai 1809, à 10 heures du matin.

J'ai l'honneur de rendre compte à S. E. que l'ennemi a débarqué hier soir, sur la rive droite du Danube, cent-cinquante hommes vis-à-vis Zwentendorf, dans deux barques; que ce détachement, après avoir chassé un petit poste de cavalerie, s'est emparé du village et y a pris deux hussards; mais la compagnie qui était à Perndorf et Buttendorf, ayant de suite monté à cheval, a chargé l'ennemi et l'a forcé à se rembarquer. Je vous envoie 18 prisonniers.

Les feux qui ont existé à droite dans la direction de Stockerau, pendant quelques jours, n'ont pas été vus cette nuit.

J'ai placé le 15e comme j'avais eu l'honneur de vous le dire; les 4 compagnies du général Morand ne sont pas encore arrivées. On cherche à force le biscuit et le pain échoués à Arnsdorf.

Des officiers sont placés le long du Danube, avec ordre de courir les bords nuit et jour.

Celui qui est à la chapelle doit aussi surveiller toute la droite.

Mon artillerie légère est placée de manière à se porter partout où besoin sera, et je réponds que nous ferons bonne besogne si l'ennemi se présente.

Tout est actuellement très tranquille devant moi; mais je crains que sur ma droite, on ne tente encore quelques petites expéditions pour nous donner l'alarme: aussi, Monseigneur, je vous prie de ne pas écouter d'autres rapports que les miens, parce qu'ils ne vous tromperont jamais et que vous pourrez agir sûrement d'après eux, car j'aurai toujours vu.

PAJOL.

2. LE GÉNÉRAL MORAND AU MARÉCHAL DAVOUT.

Au quartier général de Mölk, le 17 mai 1809, 9 heures du matin.

Monsieur le Maréchal,

J'ai l'honneur de rendre compte à V. E. qu'il n'y a rien de nouveau sur la ligne; l'ennemi a une ligne de postes depuis Veiteneck jusqu'au-dessous d'Aggsbach, qui est soutenue par des réserves placées en arrière.

J'ai encore écrit ce matin au commandant d'Ips, que j'ai chargé d'écrire à celui de Wallsee, d'arrêter toutes les barques qui descendraient le Danube.

Le 11e régiment de chasseurs arrive à Mölk, ainsi que l'avant-garde du corps portugais.

J'ai l'honneur de vous envoyer le rapport du capitaine de voltigeurs, qui a été envoyé sur les derrières à la recherche des traînards et des pillards; 38 ont été remis au commandant de la place, on en dresse l'état nominatif dans ce moment, j'aurai l'honneur de l'envoyer à Votre Excellence.

Comte MORAND.

Je n'ai pas encore de nouvelles de l'arrivée du major Ameil. J'ai écrit d'après vos ordres à S. A. le prince de Ponte-Corvo, que ce qu'il enverrait de Linz pourrait ne pas nous arriver.

l'ennemi n'aurait point de forces au-dessus de Weiteneck, de le mander à Linz, afin qu'on continue à nous expédier des convois par le Danube.

Le général Duppelin est parti ce matin, à la pointe du jour, avec 5 bataillons et 4 pièces de canon pour attaquer Mariazell.

J'attends les 18 prisonniers du général Pajol, pour les faire questionner et savoir d'eux ce qu'est devenu le grand camp dont on n'a pas aperçu cette nuit les bivouacs, ce qui peut faire supposer qu'ils l'ont évacué.

DUC D'AUERSTAEDT.

LE DUC D'AUERSTAEDT A L'EMPEREUR.

Saint-Pölten, le 17 mai 1809, à 8 heures et demie du soir.

Sire,

J'ai l'honneur d'adresser à V. M. un rapport du commandant du 7ᵉ de hussards, que me transmet le général Pajol, qui annonce que hier, à 4 heures du soir, une colonne de 12,000 Autrichiens a descendu le Danube [1]. Moitié s'est dirigée sur Vienne, et l'autre moitié a pris position à la hauteur de Dresdorf par Korneuburg.

Le général Pajol croit aussi qu'il s'est fait un mouvement devant lui. D'après la poussière qu'il a aperçue, ce mouvement s'opérait dans la direction de Stockerau.

Je n'ai pas de nouvelles du général Duppelin ; ce retard ne peut être attribué qu'à la distance où il est.

La déclaration ci-jointe, de quelques prisonniers faits à Annaberg et de quelques déserteurs, porte à croire qu'il y a peu de monde à Mariazell et qu'on a trop marchandé avec ces gens-là.

DUC D'AUERSTAEDT.

LE DUC D'AUERSTAEDT A L'EMPEREUR.

Saint-Pölten, le 17 mai 1809, à 10 heures du soir.

Sire,

J'ai l'honneur d'adresser à V. M. un rapport que je reçois du général Duppelin qui est à Mariazell [2].

---

1. Voir les lettres du capitaine de Galbois au major général, du 16 mai.
2.   LE GÉNÉRAL DUPPELIN AU GÉNÉRAL GUDIN.

Mariazell, le 17 mai 1809.

Mon Général,

J'ai l'honneur de vous rendre compte que je viens d'entrer à Mariazell avec

Je joins ici l'extrait d'une lettre d'un aide de camp du Roi de Saxe.

Duc d'Auerstaedt.

les troupes sous mes ordres. Il est 11 heures du matin, j'ai fait prendre position autour de la ville et je garde les débouchés de Bruck, Neuhaus, Neustadt, Hohenberg et Annaberg. L'ennemi qui n'était pas en force a été repoussé vivement.

. . . .

Duppelin.

Au reçu de cette lettre, le maréchal Davout écrivait au général Gudin.

Saint-Pölten, le 17 mars 1809, à 10 heures du soir.

Accuser réception au général Duppelin; lui dire qu'il est inconcevable qu'en annonçant son arrivée à Mariazell, il n'ait point donné de renseignements sur l'ennemi.

Les moines doivent avoir des données positives et même des nouvelles de leur armée d'Italie. Il fera par le moyen des moines connaître aux habitants que, si l'on veut nous faire une guerre de population, nous la ferons et nous passerons la population au fil de l'épée, les moines et les grands du pays seront nos premières victimes.

Le général Duppelin donnera 48 heures au supérieur de la maison, pour qu'il ait à donner connaissance des forces que l'ennemi pourrait avoir de Mariazell à Bruck, à Gratz; il déclarera aux moines que je les rends responsables de toute levée en masse, c'est donc à eux à se remuer et à faire courir le pays pour empêcher le peuple de courir à sa perte; il faut que les armes qui existent chez les habitants à 20 lieues à la ronde soient remises au général Duppelin sous 48 heures.

Les moines enverront quelqu'un de sûr à Neustadt, pour avoir des nouvelles du général Lauriston; ils enverront aussi à Gaming, pour savoir s'il n'y aurait pas quelque parti ennemi de Waidhofen à Mariazell, en passant par Gaming.

Enfin, pour donner le temps au désarmement de s'effectuer, il attendra 48 heures, et s'arrangera de manière à ce que sa troupe ait toujours 4 jours de pain d'avance.

Le bataillon du 13e, qui est parti ce matin de Lilienfeld, rétrogradera sur cette ville et y sera mis en réserve.

Le général Duppelin fera mettre en réserve à Annaberg un autre bataillon du 85e.

Il sera donné des instructions à ces bataillons, pour qu'ils communiquent ensemble fréquemment par des patrouilles et des détachements placés aux différents débouchés.

Le général Gudin donnera une instruction pour faire connaître les différents débouchés qui existent.

Le général Duppelin s'annoncera comme étant l'avant-garde de mon corps d'armée, qui doit se porter sur Bruck et Gratz.

Le général Duppelin donnera l'ordre aux moines d'envoyer une personne sûre à Altenmarkt, sur la rive droite de l'Enns, pour savoir ce qu'il y a de ce côté.

. . . .

Le Maréchal duc d'Auerstaedt.

Est-ce qu'il n'y avait point de lettres à la poste?

Le général Duppelin m'enverra en poste le bailli, le maître de poste et un moine des plus intelligents.

Point de contributions d'aucune espèce.

Où sont les forces de l'ennemi et en quoi consistent-elles?

Le général Duppelin mettra l'heure et la date sur tous ses rapports.

Où est le général Jellachich, qui a été chassé de Salzburg et qui a dû se retirer dans les montagnes de la Styrie?

(*Arch. du comte Gudin.*)

LE MAJOR GÉNÉRAL AU DUC DE DANZIG.

Schönbrunn, le 17 mai 1809, 9 heures du matin.

L'Empereur était inquiet de vous, Monsieur le Duc, au moment où nous recevons les bonnes nouvelles que vous nous donnez, par votre lettre du 14. S. M. espère donc que le 15 vous aurez été à Innsbruck. Il est fâcheux que vous n'ayiez pas pu prendre Chasteler ; s'il tombe entre nos mains, faites dans les 24 heures exécuter l'ordre du jour qui le concerne. Faites réimprimer les pièces ci-incluses et répandez-les avec profusion ; faites réimprimer aussi l'ordre du jour en date de Ratisbonne. Dans vos proclamations aux Tyroliens, faites sentir en des termes aussi forts qu'énergiques le mal que les Autrichiens leur ont fait. Ne ménagez point ces derniers, aussi insolents dans les succès qu'ils sont lâches dans les revers. Faites des exemples sévères sur les villages tyroliens qui les premiers se sont insurgés. Nous attendons les renseignements que vous donnerez pour connaître ce que devient le corps du général Chasteler, qui ne doit être au plus actuellement que de 5,000 à 6,000 hommes. Votre expédition sur Innsbruck tranquillisera le roi de Bavière. Écrivez au général Beaumont qui est sur Augsbourg, et au général Dutaillis à Munich. Aussitôt qu'il vous sera possible de retourner à Salzburg, vous devrez vous y porter avec la division du prince royal et la division du général de Wrède, en laissant la division du général Deroy à Innsbruck, où il sera chargé de désarmer entièrement le pays. Avec la division du général de Wrède et avec celle du prince royal, vous pourrez partir de Salzburg pour attaquer et culbuter tout ce qui se trouve du côté de Radstadt, pour de là être en mesure de vous porter sur Leoben. Un seul régiment de cavalerie suffira au général Deroy. Vous sentez assez, Monsieur le Duc, qu'à la distance où nous sommes ceci n'est pas un ordre, mais une direction générale soumise à l'application que vous pourrez en faire suivant les circonstances. Le prince de Ponte-Corvo avec l'armée saxonne est à Linz, prêt à déboucher en Bohême. Nous sommes à Vienne comme je vous l'ai mandé, et nous espérons pouvoir déboucher ce soir par les ponts que nous avons jetés sur le Danube, pour marcher et attaquer l'armée autrichienne qui paraît s'être réunie sur la rive gauche.

(*Arch. du prince de Wagram.*)

LE MAJOR GÉNÉRAL AU PRINCE DE PONTE-CORVO.

Schönbrunn, le 17 mai 1809, 9 heures du matin.

L'Empereur, comme je vous l'ai mandé hier, Prince, a donné l'ordre au général Vandamme de se porter avec un corps de six mille hommes sur Steyer ; il est à penser que son expédition sera bientôt terminée, et vraisemblablement il recevra l'ordre de revenir, pour vous servir de réserve.

Le duc de Danzig nous marque qu'il a débloqué Kufstein et qu'il marche sur Innsbruck. L'Empereur, Prince, ordonne que vous réunissiez tout votre corps à Linz, aussitôt que vous en recevrez l'ordre.

LE MAJOR GÉNÉRAL AU GÉNÉRAL BEAUMONT.

Schönbrunn, le 17 mai 1809.

L'Empereur, Monsieur le général Beaumont, a été fâché que vous ne vous soyiez pas porté plus en masse sur Memmingen ; mais l'opération du duc de Danzig, qui a débloqué Kufstein et qui doit être depuis le 15 à Innsbruck, aura sans doute forcé tous les partis ennemis à se retirer. Du moment que vous n'aurez plus d'inquiétude du côté du Tyrol, c'est du côté opposé, c'est-à-dire vers le Palatinat qu'il faut porter votre surveillance, jusqu'à ce que le prince de Ponte-Corvo ait fait de ce côté la même opération que le duc de Danzig a faite du côté du Tyrol, c'est-à-dire qu'il ait pénétré en Bohême par le pont de Linz. Jusque-là, il est à présumer que les partis de cavalerie ennemis courront le haut Palatinat. Portez donc en observation de ce côté un parti composé de cavalerie, d'infanterie et de quelques pièces de canon.

Enfin, Général, tout le mal que vous pourrez empêcher par vos mouvements sera autant de gagné : il faut surtout empêcher les partisans de passer le Danube, entre Straubing et Ratisbonne.

Si, comme nous l'espérons, vous êtes dans ce moment tranquille sur le Tyrol, vous pourriez réunir un millier de chevaux pour les porter sur la gauche du Danube du côté de Cham, ce qui, de ce côté, tiendrait tout en respect. Vous sentez, Monsieur le général Beaumont, qu'à la distance où nous sommes, ceci n'est pas un ordre mais une direction générale, et que vous devez agir suivant les circonstances.

Faites réimprimer à Ratisbonne et à Augsbourg les pièces que je vous adresse et faites-les répandre avec profusion.

LE GÉNÉRAL DE BEAUMONT AU MAJOR GÉNÉRAL.

Augsbourg, le 17 mai 1809.

Monseigneur,

J'ai eu l'honneur de rendre compte à V. A. que mes troupes marchaient sur Kempten ; elles y sont arrivées le 15. Les insurgés qui y étaient au nombre d'environ 3,000 ne les ont point attendues. Dès que j'aurai des renseignements certains sur leur position, je les ferai attaquer, ou ils rentreront tout à fait dans les montagnes, ce qui aujourd'hui me paraît hors de doute. Je ne puis avoir encore de nouvelles de l'occupation de Lindau ; aussitôt que je le saurai j'en rendrai compte à V. A. Il est toujours certain que, sans la puissante diversion de M. le duc de Danzig, leur projet était d'occuper la Souabe et le mal eût été loin.

Comte DE BEAUMONT.

Le 17, l'Empereur recevait du Ministre de la guerre la lettre lui faisant connaître les tentatives de soulèvement dont l'Allemagne du Nord était le théâtre.

LE MINISTRE DE LA GUERRE A L'EMPEREUR.

Paris, le 8 mai 1809, à 7 heures du matin.

Sire,

La dépêche télégraphique ci-jointe [1], du duc de Valmy, me fut envoyée hier à onze heures et demie du soir, par S. A. S. monseigneur l'Archichancelier. Ce fut pour moi un coup de poignard, mais dont je fus peu surpris, parce que la foi prussienne ne vaut pas mieux que la foi punique. J'ai sur-le-champ fait connaître par le télégraphe (qui a dû jouer à la pointe du jour), au duc de Valmy, qu'il pouvait rassembler à Mayence les gardes nationales des 5e et 26e divisions militaires et que je lui enverrais à Hanau tous les renforts dont je pourrais disposer.

---

1. Copie d'une dépêche télégraphique adressée de Strasbourg, le 7 mai, par M. le maréchal duc de Valmy, au Ministre de la guerre.

« Une dépêche de S. M. le roi de Westphalie m'annonce que le général prussien Blucher a passé l'Elbe à Dessau, avec 13,000 hommes, qu'il est entré dans cette ville et marche sur ses États.

« Le roi de Westphalie n'a pas de forces suffisantes à opposer et je n'ai pas de troupes pour le secourir.

« Je vous prie de me faire savoir s'il ne serait pas nécessaire de réunir à Mayence les compagnies de gardes nationales et celles de réserve des départements voisins. »

Pour copie,

Signé : Comte D'HUNEBOURG.

V. M. trouvera, ci-joint, un rapport[1] qui lui fera connaître les mesures que j'ai cru devoir prendre.

Je regrette beaucoup qu'Erfurt ne soit pas occupé par une bonne division, ou que du moins sa citadelle ne le soit pas par nos troupes.

J'ai écrit sur-le-champ, au ministre de la police générale, pour le prier d'avoir l'œil sur M. de Brockhausen, qui doit répondre de M. le comte de Saint-Marsan.

Dans l'ignorance où je suis de la date du jour où les Prussiens ont passé l'Elbe, je ne sais si je dois attribuer au roi de Prusse lui-même l'agression qui vient d'être commise, et si elle a eu lieu avant que la nouvelle des victoires de V. M. fût parvenue sur la rive droite de l'Elbe et à Berlin.

M. de Blücher est un homme très audacieux et entreprenant. Il est sans doute soutenu à la cour de Prusse, par le parti très nombreux ennemi des Français. On lui aura promis que le courroux du roi serait insignifiant et qu'il pouvait tout tenter. C'est à cela que j'attribue son entrée dans Dessau, car si la cour de Prusse avait prémédité cette invasion, ce n'est pas avec 13,000 hommes

---

1. Rapport à S. M. l'Empereur et Roi.

                                                    8 mai 1809.

. . . . Je donne de mon côté des ordres pour faire arriver en poste, à Hanau, les 5ᵉ et 13ᵉ demi-brigades provisoires de réserve, qui sont à Sedan et à Metz, ainsi que les 4ᵉ bataillons des 36ᵉ et 50ᵉ régiments, en ce moment en marche pour se rendre à Mayence, et les 4ᵉˢ bataillons des 25ᵉ et 28ᵉ régiments de ligne venant de Boulogne, qui se dirigeaient sur Strasbourg.

J'ai autorisé M. le maréchal duc de Valmy, en attendant de nouveaux ordres de S. M., à faire diriger également sur Hanau le régiment de chasseurs du grand-duché de Berg, qui est à Strasbourg.

Au moyen de ces dispositions, M. le maréchal duc de Valmy pourra former un corps d'armée d'environ 15,000 hommes, dont 2,000 de cavalerie.

Les trois régiments provisoires de dragons, aux ordres du général Beaumont, doivent être rendus en ce moment à Hanau avec 6 pièces d'artillerie attelées, et réunis au régiment d'infanterie du grand-duché de Berg, composé de 1,600 hommes, et à la 10ᵉ demi-brigade provisoire de réserve qui était à Mayence. 240 chevaux d'artillerie sont en ce moment réunis à Mayence, pour le service de 12 bouches à feu qui doivent être attachées à ce corps d'armée et qui seront prêtes.

Ces pièces seront servies par un détachement de 60 hommes du 5ᵉ régiment d'artillerie à pied et par un détachement de 60 hommes montés, du 6ᵉ régiment d'artillerie à cheval, qui se rendent à cet effet de Metz à Mayence.

Enfin, j'ai autorisé M. le maréchal duc de Valmy, à faire réunir sur-le-champ à Mayence les gardes nationales des départements composant les 5ᵉ et 26ᵉ divisions militaires, employées précédemment sous ses ordres, excepté cependant les gardes nationales du département de la Roër, qui devront se réunir à Wesel, pour renforcer cette garnison quand cela sera nécessaire.

Je demande les ordres de l'Empereur sur ces dispositions que je soumets à l'approbation de S. M.

                                        Comte D'HUNEBOURG.

qu'elle l'eût commen·ée, mais avec 30,000 hommes qu'elle peut avoir et même beaucoup plus quand elle le voudra. Je me flatte encore que l'annonce des brillantes victoires de V. M. fera repasser l'Elbe à M. de Blücher, à moins que la Russie ne se détache de la France.

Quoi qu'il en soit de ces conjectures, Sire, et après avoir fait remarquer à V. M. que, nonobstant sa première victoire, les propos de M. de Brockhausen ont été très mauvais, je vais m'occuper uniquement en ce moment de donner ce que je pourrai de troupes au duc de Valmy, de lui envoyer des officiers généraux que je choisirai de mon mieux, parmi le très petit nombre qui se trouve ici, et de le mettre à même d'entreprendre quelque chose ou au moins de couvrir notre frontière du Bas-Rhin d'une manière rassurante.

Le comte D'HUNEBOURG.

L'EMPEREUR AU MINISTRE DE LA GUERRE.

Schönbrunn, le 17 mai 1809.

Monsieur le général Clarke, donnez ordre que le 1er régiment de conscrits grenadiers et le 1er régiment de conscrits chasseurs de ma garde partent de Metz, à petites journées, pour se rendre à Augsbourg.

Je n'approuve pas que vous ayez changé mes dispositions, et que le 1er régiment de chasseurs provisoire et le régiment de cavalerie du grand-duché de Berg aient été détournés de leur marche ; que tout cela se rende à Augsbourg.

J'approuve encore moins qu'un escadron portugais ait été dirigé sur Hanau, faites-le diriger sur Augsbourg.

Le corps d'observation de l'Elbe fait partie de l'armée d'Allemagne ; donnez ordre au duc de Valmy de ne pas disposer d'un seul bataillon sans mon ordre, si ce n'est pour la défense de Mayence ou de mes frontières.

Tout s les troupes françaises ne seraient point suffisantes au roi de Westphalie.

L'idée que la Prusse nous déclare la guerre est une folie ; le cas arrivant, moi seul je sais comment je veux marcher et quelles dispositions j'ai à faire. Ne vous occupez jamais de l'Allemagne et, dans des cas imprévus, ne prenez de mesures que pour mes frontières.

Je n'approuve pas que le bataillon du 19ᵉ soit parti en poste de Boulogne, il devait marcher à petites journées.

Les gardes nationales de Mayence et de Strasbourg me paraissent parfaitement inutiles; toutefois, régularisez cette opération. Un bataillon à Wesel, un à Mayence et un à Strasbourg paraîtraient suffisants [1].

NAPOLÉON.

---

[1]. Le major général adressait, le même jour, les instructions de détails qui suivent:

LE MAJOR GÉNÉRAL AU DUC DE VALMY.

Schönbrunn, 17 mai 1809.

L'Empereur, Monsieur le Duc, a vu par la correspondance de son ministre de la guerre que, sur l'avis un peu précipité que vous avez donné à ce ministre que la Prusse nous déclarait la guerre, il s'était empressé de diriger toutes les troupes sur Hanau. Voici, Monsieur le Maréchal, les intentions de l'Empereur.

Le 1ᵉʳ régiment provisoire de chasseurs, le régiment de chevau-légers chasseurs du grand-duché de Berg, se dirigeront sans le moindre délai du point où ils se trouvent sur Augsbourg.

Les deux régiments de conscrits de la garde qui sont à Metz se dirigeront également de suite sur Augsbourg; expédiez les ordres à ces troupes qui se trouvent dans votre commandement.

Vous devez avoir à Hanau, Monsieur le Duc, un régiment provisoire de dragons et 12 pièces d'artillerie, la demi-brigade de Sedan, celle de Metz, celle de Mayence et celle de Wesel. Ces 4 demi-brigades doivent s'augmenter sans cesse et feront encore un corps de 8,000 hommes. Vous devez encore avoir, Monsieur le Duc, les 4ᵐᵉˢ bataillons des 25ᵉ, 28ᵉ, 30ᵉ, 19ᵉ, 50ᵉ et 75ᵉ régiments, ce qui fait six 4ᵉˢ bataillons à 800 hommes chacun. Écrivez sur-le-champ pour que l'on complète ces bataillons qui vous feront un corps de 12 à 13 mille hommes.

L'intention de S. M., Monsieur le Duc (et elle me charge de vous recommander de vous y conformer exactement), est que, sous quelque prétexte que ce soit, les troupes ne sortent pas du comté de Hanau, et que s'il arrivait quelque chose d'extraordinaire, vous envoyiez à l'Empereur un courrier pour prendre ses ordres. L'intention de S. M. est aussi que le 4ᵉ bataillon du 19ᵉ régiment, celui du 25ᵉ, celui du 28ᵉ soient sous les ordres de général de brigade Lameth, que le bataillon du 36ᵉ, celui du 50ᵉ et celui du 75ᵉ soient sous les ordres du général de brigade Clément, et qu'enfin ces deux brigades soient directement sous les vôtres. L'Empereur ordonne que la 5ᵉ et la 9ᵉ demi-brigades soient sous le commandement du général de brigade Taupin, que la 10ᵉ et la 13ᵉ soient sous le commandement du général Duverger, et que ces deux brigades soient sous celui du général de division Rivaud.

Le corps d'observation de l'Elbe, Monsieur le Duc, fait partie de l'armée d'Allemagne; je dois vous réitérer que l'intention de S. M. est que vous ne disposiez de rien sans avoir préalablement pris ses ordres, soit par courrier extraordinaire, soit autrement.

Le roi de Westphalie a, indépendamment de ses troupes, la division hollandaise, ce qui est plus que suffisant pour se mettre à l'abri de tout événement.

Je vous prie, Monsieur le Maréchal, de me faire connaître par le retour de l'officier que je vous envoie le mouvement de toutes les troupes.

Signé : ALEXANDRE.

18 mai.

LE DUC DE RIVOLI A L'EMPEREUR.

Vienne, le 18 mai 1809.

Sire,

J'ai l'honneur de rendre compte à V. M. que 34 bateaux sont partis hier pour Ebersdorf. Ils n'ont pu aller, avant la nuit, qu'au Prater. La rapidité du courant et la grande quantité de bateaux, qui se trouvent dans cette partie du Danube, ont opposé de telles difficultés à leur navigation qu'ils ont été obligés, vu la nuit, de s'arrêter à l'endroit où le pont de bateaux a été construit à Lusthaus. Cependant le général Pernety m'a assuré, ce matin, qu'ils doivent avoir continué leur route vers les cinq heures.

Quant aux 50 bateaux qui restent à Leopoldstadt, on n'en fera qu'un seul convoi si l'on peut réunir suffisamment de marins. Dans le cas contraire, j'aurai l'honneur d'en rendre compte à V. M.

Un aide de camp est parti à 3 heures pour Ebersdorf; il a ordre de revenir, aussitôt que les 34 bateaux seront arrivés.

J'ai l'honneur d'adresser ci-joint à V. M. la note des trois officiers supérieurs chargés de la direction des trois ponts[1].

Le général Pernety se plaint toujours du manque d'ancres.

MASSÉNA.

LE GÉNÉRAL MARULAZ AU DUC D'ISTRIE.

Hainburg, le 18 mai 1809.

Monseigneur,

J'ai l'honneur de rendre compte à V. E. que j'ai poussé mes avant-postes jusqu'à Kitsee et Karlburg, d'où ils communiquent avec ceux de M. le général de division Montbrun, à Birkeskas.

On remarque que les bâtiments sont beaucoup moins actifs sur le Danube; on n'en voit presque plus voyager. Hier, vers les deux heures, on a observé à Presburg un corps de cavalerie, fort à peu près de trois

---

1. RÉPARTITION DES OFFICIERS SUPÉRIEURS ET COMPAGNIES DE PONTONNIERS.

Vienne, le 18 mai 1809.

Débarquement. — Le major Gerdy, ayant les compagnies Larue, Baillot et Jacquemet, et tous les bateliers de la ligne et du pays — tous les bateaux vides.

Pont d'entre les îles. — Le colonel Aubry, ayant la compagnie Zabern, 20 pontons et 25 bateaux, une portière.

Pont de la rive droite. — Le major Degennes, la compagnie Galand, 45 bateaux, 2 portières. Il y aura des bateaux pour augmenter au besoin.

Le général d'artillerie PERNETY.

cents hommes montés, qui s'est mis en bataille sur le quai, en face d'un bâtiment que l'on suppose être une caserne. Les bourgeois de Presburg ne sont plus en masse sur le quai, mais à chaque issue des rues il s'y trouve de petits piquets.

S. A. S. m'ayant fait adresser des proclamations aux Hongrois, je les ai fait remettre sur-le-champ à M. le colonel du 19e de chasseurs, qui se trouve devant Presburg. J'en ai remis quelques exemplaires à un Hongrois retournant en sa patrie.

J'ai l'honneur de prévenir V. E. que ce soir je serai de retour à Fischament, après avoir organisé et placé tous mes postes sur le Danube de manière à communiquer ensemble. Je me suis concerté, à cet effet, avec M. le général de division Montbrun.

MARULAZ.

LE GÉNÉRAL MONTBRUN AU DUC D'ISTRIE.

Au quartier général à Bruck, ce 18 mai 1809.

Monseigneur.

Je n'ai encore reçu aucuns renseignements certains sur les Autrichiens. Les postes, qui sont sur les bords du Danube, aperçoivent de temps en temps quelques détachements allant et venant sur l'autre rive et dans les environs de Presburg. Mes reconnaissances, qui rôdent et vont fort loin, disent qu'il n'existe aucun homme armé dans tout le pays et qu'il faudrait peut-être aller à 20 lieues pour en rencontrer ; je crains, en envoyant des détachements à leur rencontre, de les compromettre par cette grande distance. Du reste, je viens d'apprendre, par un habitant sûr, que les Hongrois ont fait une levée en masse de cent cinquante mille hommes, la plupart cavalerie et les deux tiers nobles ; elle devait se réunir sur différents points et se porter le 18 (qui est aujourd'hui) sur les frontières ; ils disent qu'ils ne les dépasseront pas, mais qu'ils se défendront si on entre chez eux. Des députations du pays que j'occupe sont venues déjà près de moi pour m'offrir leur service, qu'ils s'empresseraient de me donner fourrage, pain, etc., moyennant que cela se fît avec ordre. J'ai cru voir dans leur manière de parler, qu'il fallait aller dans ce pays avec beaucoup de précautions, c'est-à-dire en s'y conduisant bien, malgré qu'ils aient parfaitement accueilli jusqu'à présent les Français. D'autres nouvelles disent, qu'ils n'attendent plus que la réunion de l'armée d'Italie avec celle du prince Charles pour nous attaquer. D'autres rapports contredisent celui-ci, et annoncent que l'insurrection reste dans chaque comté et qu'on la considère de peu d'importance. Le même rapport dit qu'il y a néanmoins un peu de cavalerie hongroise à Raab ; je prendrai mes précautions pour savoir au juste ce qu'il en est.

Il paraît que, jusqu'à présent, les Hongrois ignoraient les bonnes intentions de notre auguste maître en leur faveur ; je me suis empressé d'envoyer les proclamations qui les concernent dans tout le pays, et j'ai ordonné à ma troupe le plus grand ordre, et d'user de la plus grande circonspection avec eux tout le temps que nous y resterons.

Je n'ai pas reçu aujourd'hui des nouvelles du général Colbert, il est à présumer qu'il n'a rien eu d'intéressant à me communiquer.

Le général Marulaz est fort tranquille, étant sur les bords du Danube, et moi je suis prêt à me porter partout où ma présence sera nécessaire. J'attends avec impatience le retour de mes deux hommes, pour avoir des nouvelles positives à annoncer à V. E.

MONTBRUN.

LE GÉNÉRAL DE LAURISTON A L'EMPEREUR.

Spital, le 18 mai 1809.

Sire,

Je suis parti ce matin de Neustadt pour exécuter les ordres de V. M. Ayant fait partir la nuit une partie des troupes de Bade, afin de pouvoir dans la journée me porter à Semring-Berg, qui est à 12 lieues de Neustadt, je suis arrivé à Schottwien au pied du Semring-Berg, n'ayant rencontré que 7 soldats autrichiens que l'on a pris. En montant le Semring, nous avons trouvé sur la cîme de la montagne environ mille hommes en bataille, dont 300 soldats et le reste landwehr. Je les ai fait tourner avant l'attaque, ce qui les a obligés de quitter leur belle position, couverte par des coupures et des abatis ; cependant j'ai lancé la cavalerie à leurs trousses, on a ramassé 300 fusils, une soixantaine de prisonniers, mais on poursuit encore. Les troupes de Bade ont marché avec la plus grande ardeur. Il n'y a pas de landsturm dans les prisonniers ; ceux de la Styrie, particulièrement ceux de Mariazell, comme ceux d'Autriche, sont retournés chez eux. Les landwehr sont de la Haute-Autriche. Les 20 soldats qu'on a pris sont Hongrois, d'autres du régiment de Jordis, de Bailler, des vétérans. Il n'y a point de troupes autrichiennes dans la Styrie, autres que quelques uhlans à Bruck et quelques landwehr que l'on exerce à Gratz. Les dernières nouvelles de l'archiduc Jean portaient qu'il s'était retiré à Udine. Point de nouvelles de Chasteler. Les paysans, curés, particuliers sont bien dans l'ignorance, puisqu'ils ignoraient la défaite de l'archiduc Charles et la prise de Vienne. Demain, je pousserai des reconnaissances dans quelques villages pour avoir des renseignements, et retournerai au pied du Semring-Berg, occupant la cîme de la montagne ; j'y attendrai les ordres de V. M., et ferai en attendant des courses du côté d'Aspang et autres lieux.

Comte DE LAURISTON.

L'EMPEREUR AU DUC D'AUERSTAEDT.

Schönbrunn, 18 mai 1809.

Mon Cousin, je reçois votre lettre du 17, qui m'annonce que le général Duppelin est arrivé à Mariazell. Envoyez-lui les imprimés ci-joints, pour qu'il les répande en Styrie. Écri-

vez-lui de charger les bourgmestres et les moines de Mariazell de maintenir la tranquillité, en les prévenant que, si les
rassemblements recommencent, on brûlera la ville.

NAPOLÉON.

P.-S. — Qu'il tâche d'avoir des nouvelles de ce qui se
passe à Gratz[1]. Il est nécessaire que, lorsque vous réunirez
votre corps, ces bataillons rejoignent. Les matériaux pour
le pont commencent à être réunis. Nous commencerons
l'opération ce soir ; elle durera probablement deux jours.
S'il n'y a rien de nouveau, dirigez le général Friant sur
Vienne et le général Gudin à mi-chemin. Le général Friant
peut partir à une heure du matin et être rendu à neuf ou
dix heures à Vienne.

LE DUC D'AUERSTAEDT A L'EMPEREUR.

Saint-Pölten, le 18 mai 1809, à 8 heures du matin.

Sire,

Le général Pajol m'écrit aujourd'hui, à 5 heures du matin,
qu'il y a deux nuits qu'il n'a plus aperçu les feux ennemis qui
étaient à sa droite, dans la direction de Stockerau.

Le petit camp de Rohrendorf, qui est vis-à-vis de lui, a été augmenté d'un bataillon et de quelque artillerie venant du côté de
Mölk.

D'un autre côté, le général Morand m'écrit de Mölk que, dans
la journée d'hier, quelques troupes ont pris la direction de Krems.

Tout est parfaitement tranquille sur la ligne.

DUC D'AUERSTAEDT.

LE DUC D'AUERSTAEDT A L'EMPEREUR.

Saint-Pölten, le 18 mai 1809, à 7 heures du soir.

Sire,

J'ai l'honneur d'adresser à V. M. un rapport du général Duppelin[2] et celui d'un aide de camp du général Gudin qui est à
Lilienfeld.

---

1. Voir le rapport du commandant Deleau faisant suite à la lettre du duc
d'Auerstaedt à l'Empereur, du 16 mai, à 7 heures du matin.

2. LE GÉNÉRAL DUPPELIN AU GÉNÉRAL GUDIN.

Mariazell, le 18 mai 1809.

L'ennemi que j'avais chassé d'ici, hier soir, et dispersé dans la vallée de la

Mariazell, Saint-Gaming, Waidhoffen et les environs sont purgés d'ennemis.

Les paysans et même les landwehr commencent à rentrer dans leurs foyers. Il paraîtrait que l'ennemi aurait encore quelques forces vers Altenmarkt, Weyer et Bruck.

Duc d'Auerstaedt.

P.-S. — Le général Vandamme devant se porter sur Mariazell, je lui envoie ces renseignements pour qu'il se dirige sur Altenmarkt.

L'officier badois, qui remettra cette lettre à V. M., assure qu'on a fait à Linz quelques prisonniers et pris quelques pièces de canon.

LE DUC D'AUERSTAEDT A L'EMPEREUR.

Saint-Pölten, le 18 mai 1809, à minuit.

Sire,

. . . .
J'envoie l'ordre au général Friant de se rendre à Vienne; un de ses officiers ira près le major général prendre des ordres pour ses positions.

Je ne ferai point revenir le général Duppelin de Mariazell, que je ne sache ce qu'il y a à Bruck.

Quant au général Gudin, je le mettrai en marche demain pour aller à mi-chemin de Vienne, à moins d'événements.

Duc d'Auerstaedt.

LE PRINCE DE PONTE-CORVO A L'EMPEREUR.

Linz, le 18 mai 1809.

Sire,

J'ai l'honneur de rendre compte à V. M. que les avant-postes du général Vandamme ont été attaqués hier 17, vers 2 heures après midi, par deux colonnes autrichiennes qui ont débouché par les routes de Helmonsöd et Gallneukirchen, avec l'intention de s'emparer de la tête de pont.

Salza, m'a réattaqué vers 3 heures après-midi..... Il a été culbuté et mis en déroute. Je l'ai poussé très loin, mais il n'a plus été possible de le rejoindre. Les landwehr, au nombre de 600 environ, se sont retirés sur Altenmarkt, sur la route de Steyer, par la montagne, et les troupes de ligne sur Bruck. D'après cette manœuvre et quelques renseignements, il semble que l'ennemi a des forces à Steyer et à Bruck.

Je vais diriger les prisonniers sur votre quartier général.

Duppelin.

D'après quelques avis sur ces mouvements de l'ennemi, j'avais pressé ma marche sur Linz; j'y étais arrivé dès 7 heures du matin avec la cavalerie saxonne, et la 1re brigade d'infanterie arriva peu avant l'attaque. Je fis aussitôt relever toutes les troupes wurtembergeoises dans les ouvrages et, de cette manière, le général Vandamme put disposer d'une grande partie de son corps, avec lequel il repoussa les deux colonnes ennemies, les chassa de la position qu'elles avaient prise, leur prit six pièces de canon et quatre cents hommes, dont trois officiers supérieurs.

J'avais ordonné au général Gutzschmitz de se porter en avant avec quatre escadrons de hussards et de dragons saxons, pour soutenir l'infanterie wurtembergeoise et être à la disposition du général Vandamme. C'est dans une charge aussi heureuse que hardie, exécutée par cette cavalerie réunie aux chevau-légers wurtembergeois, que les canons sont tombés en notre pouvoir.

Les rapports des prisonniers m'annonçaient trois colonnes d'attaque, commandées par les généraux Crenneville, Vukassovich et Sommariva, et soutenues par une réserve aux ordres du général Kollowrat, commandant en chef. Cependant, rien ne paraissait encore sur ma gauche, et l'ennemi battu par le général Vandamme fuyait en pleine déroute sur ma droite. Je n'en crus pas moins nécessaire de mettre en sûreté tous les points de la ligne, et je plaçai les régiments d'infanterie saxonne sur le terrain, au fur et à mesure de leur arrivée. J'eus lieu de me féliciter de cette précaution, lorsque, vers 7 heures du soir, la deuxième colonne ennemie parut sur les hauteurs du Pöstlingberg. Son infanterie couronna en un instant les crêtes des montagnes voisines et ses tirailleurs s'avancèrent jusqu'à Scheindenhof. Je les fis attaquer de suite par un bataillon saxon. Ce bataillon, opposé à une force supérieure et foudroyé par l'artillerie ennemie, éprouva d'abord quelques fluctuations. Je m'y portai sur-le-champ avec mes officiers et ceux de l'état-major saxon, en même temps que je faisais avancer trois autres bataillons et quatre pièces d'artillerie pour soutenir l'attaque. Dès lors la victoire ne fut plus douteuse. L'infanterie saxonne aborda l'ennemi avec impétuosité, le chassa de toutes ses positions et le colonel Hamelinaye, mon premier aide de camp, parvenu rapidement avec un bataillon sur le sommet du Pöstlingberg, y prit trois cents hommes et plusieurs caissons de munitions. (*Dans une variante, il est dit que l'attaque du Pöstlingberg fut faite par un bataillon saxon, conjointement avec un détachement de troupes wurtembergeoises.*)

Ainsi s'est terminée, à 9 heures du soir, cette journée où l'ennemi a vu échouer l'espérance qu'il avait conçue de passer le pont de Linz presque sans coup férir.

La conduite du général Vandamme est au-dessus de tous les éloges que je pourrais en faire, surtout à V. M., qui connaît elle-même l'intrépidité et toutes les qualités éminentes de cet officier.

Le général en chef des saxons, M. de Zerschwitz, conserve à 65 ans l'activité et le zèle d'un jeune homme ; il m'a parfaitement secondé, j'ose prier V. M. de vouloir bien accorder à ce respectable officier la décoration de la légion.

Je crois devoir aussi faire mention du général d'artillerie Mossel, que j'avais chargé de placer des batteries sur la rive droite, et qui en a dirigé le feu avec le plus grand succès.

Mon chef d'état-major s'est conduit avec sa bravoure et son intelligence ordinaires.

J'évalue la force que l'ennemi avait sur ce point au moins à 25,000 hommes. Sa perte en tués, blessés ou prisonniers se monte à plus de 2,000 hommes [1]. La nôtre ne va pas au delà de 400 à 500 hommes, tués ou blessés.

Nous avons trouvé ce matin, dans les bois, environ 500 fusils abandonnés et une quantité de sacs et de casquettes.

L'ennemi s'est retiré sur Freystadt et une partie sur Haslach. Les hussards qui les ont suivis ramènent à chaque instant de nouveaux prisonniers.

Les rapports d'un major et d'un colonel, faits prisonniers, disent que l'archiduc Charles devait, dans le cas où l'attaque sur Linz n'aurait pas une pleine réussite, se porter entre Znaïm et Nicholsburg, et de là marcher contre V. M. pour donner ou accepter une bataille. Si, au contraire, cette attaque-ci avait réussi, l'archiduc aurait fait déboucher toute son armée par Linz. D'autres rapports disent que l'empereur d'Autriche est à Prague où il cherche à réunir les dernières ressources, et qu'il fait approvisionner Königgrätz, Josephstadt et Theresienstadt [2].

BERNADOTTE.

---

1. Dans un rapport daté du même jour, le général Puthod, commandant la place de Linz, écrivait au major général : « L'ennemi a perdu beaucoup de monde ; on lui a pris 6 pièces de canon et fait 585 prisonniers, sous-officiers et soldats, et 23 officiers, dont 2 colonels et un major. »

2. Dans un rapport spécial adressé à l'Empereur, le général wurtembergeois baron de Neubronn, commandant en second ce corps d'armée, rendait compte en ces termes de cette affaire :

« Informé que l'ennemi méditait une attaque sur la tête de pont de la ville de Linz, le général de division comte Vandamme détacha la brigade légère, ainsi que les deux régiments de c asseurs à cheval, pour se mettre en ligne sur la direction de Mauthausen, Weitersdorf et Helmonsöd. La brigade Scharfenstein occupa la tête de pont, et celle de Franquemont resta en réserve à Linz. Mais l'ennemi s'avançant sur la grande route de Gallneukirchen avec 4,000 ou 5,000 hommes, et par celle d'Helmonsöd avec 6,000 hommes et 6 canons, le

LE GÉNÉRAL BEAUMONT AU MAJOR GÉNÉRAL.

Augsbourg, le 18 mai 1809.

Monseigneur,

J'ai rendu compte à V. A. que le général Picard était arrivé à Kempten ; le régiment wurtembergeois l'a rejoint et a été inquiété dans sa marche sur Ravensburg à Kempten, mais il n'a eu personne de blessé et a tué trois hommes aux insurgés et en a pris 4 ; il avait ordre de jeter 300 hommes dans Lindau, ce qu'il n'a pu faire, les insurgés y étant au nombre de 800. J'envoie à V. A. le rapport[1] que m'adresse le com-

corps wurtembergeois eut l'ordre de se concentrer au delà de la tête de pont. Cette retraite se fit dans le plus grand ordre.

« Le 16, l'ennemi ne crut pas devoir se porter plus en avant sur Linz. Mais, le 17, il redoubla d'efforts pour exécuter cette manœuvre. Le corps wurtembergeois, réduit par plusieurs détachements à 10,000 hommes, se battit toute cette journée contre l'armée de Bohême, sous les ordres du comte Kollowrat, forte de 26,000 hommes.

« Les Autrichiens attaquèrent, à 1 heure après-midi, les avant-postes avec intrépidité, les repoussèrent jusqu'à Harbartz et, par leurs efforts redoublés et par la masse de leurs forces qu'ils développaient successivement, annoncèrent le plan et la volonté décidée de pénétrer jusqu'à Linz.

« Le général comte Vandamme fit alors avancer les brigades de Franquemont et Scharfenstein, avec la batterie du capitaine Brand ; elles se formèrent à la gauche de Dornach et marchèrent sur-le-champ à l'ennemi, dont l'aile droite était protégée par un village situé sur un rocher, et garni de troupes qui menaçaient de tourner notre gauche.

« Les colonels de Brusselle et de Wolf, à la tête de leurs bataillons, dont le premier tournait l'ennemi pendant que l'autre l'attaquait de front, emportèrent cette forte position à la baïonnette sous un terrible feu de mousqueterie et de canons. Sur ces entrefaites, les régiments de Neubronn et de Phull ayant déployé leurs colonnes attaquaient et culbutaient l'ennemi.

« Le régiment de chasseurs du duc Louis attaqua l'aile gauche des Autrichiens, leur prit 4 canons et leur tua, blessa ou prit beaucoup de monde.

« L'ennemi battu se retira par la route de Gallneukirchen.

« Pendant que les Autrichiens fuyaient d'un côté, une nouvelle colonne de leurs troupes s'avançait de Freystadt par Zwettel, pour couper la retraite aux Wurtembergeois. Mais le général de brigade de Hügel, à la tête du bataillon des chasseurs du roi et d'une partie de celui de Neufler, manœuvra avec tant d'habileté qu'il parvint à jeter cette colonne dans un total désordre. Son but était de s'emparer du château fort de Steinreck (?), le point le plus élevé de la contrée ; il pénétra à travers les défilés et les vallons occupés par les tirailleurs autrichiens, et atteignit ce point à 10 heures du soir. »

. . . .

(Arch. nat.)

1.   DE MERTZ, COMMISSAIRE GÉNÉRAL DU CERCLE DE L'ILLER,
AU GÉNÉRAL DE BEAUMONT.

Kempten, le 17 mai 1809.

Monsieur,

Le corps du général Picard est arrivé à point nommé et sans obstacle à Kempten. Mais, nonobstant cela, dans les environs, l'état des choses a beaucoup empiré depuis quelques jours.

L'insurrection gagne prodigieusement. Les trois grands bailliages voisins

missaire royal de Kempten, je crois qu'il s'effraie beaucoup ; le général Picard n'en doit pas moins attaquer Immenstadt avec un fort détachement, et j'attends avec impatience le résultat [1] ; dans tous les cas,
il est avec 2,600 hommes d'infanterie, 1,000 hommes de cavalerie et 6
pièces de canon, et il ne peut être forcé à Kempten ; seulement je serai
obligé à plus de précaution pour l'offensive. Il paraîtrait que tout ce
qui est en Tyrol se rejetterait sur le Vorarlberg. Je ferai mon possible
pour reprendre Lindau, qui n'a été évacué qu'un jour et c'était celui de
mon arrivée ici. Le roi de Wurtemberg a, sur ma demande, porté un
bataillon à Ravensburg et Buckhorn, ce qui me fait grand plaisir.

Comte DE BEAUMONT.

19 mai.

Déjà, le 15 mai, la marche de l'armée de Bohême,
dans la direction de Vienne, avait été signalée. A cette
date, l'Empereur écrivait au maréchal Davout : « L'o-
pinion de ces pays-ci est que le prince Charles cherche
à donner une bataille ; il faut donc tenir vos troupes
reposées, pour pouvoir vous porter partout où il serait
nécessaire. »

L'arrivée, au nord de Korneuburg, d'importantes
colonnes autrichiennes venant de Bohême, signalées
par le capitaine Galbois, le 16, et par le maréchal Davout, le 17, ne devait plus laisser aucun doute sur la
présence de l'archiduc Charles dans le voisinage de
Vienne. C'est ce que confirme la lettre adressée par le
major général au duc de Danzig, le 17 mai, à 9 heures
du matin : « Nous espérons pouvoir déboucher ce soir

(Fussen, Immenstadt et Sonthofen) se soulèvent contre leur souverain. Les
Tyroliens s'approchent de nouveau, renforcés peut-être de sept à huit mille insurgés de cette province. Notre situation est très critique.....

DE MERTZ.

1. Le même jour, le général Picard écrivait de Kempten au général Beaumont : « Je dois renoncer à m'emparer d'Immenstadt, ce que je ne pourrais
faire sans perdre beaucoup de monde et sans espérance de pouvoir m'y maintenir, car ils sont en force dans ces contrées et la localité est trop à leur
avantage.

« Je continuerai à pousser des reconnaissances quoiqu'elles soient extrêmement pénibles pour la cavalerie. »

par les ponts que nous avons jetés sur le Danube, pour marcher et attaquer l'armée autrichienne qui paraît s'être réunie sur la rive gauche. »

Le même jour, l'Empereur écrivait au prince Eugène : « J'espère passer le 18 ou le 19, et dissiper les armées qui se sont réunies entre le Danube et la Moravie[1]. »

ORDRE DU GÉNÉRAL BEKER,
CHEF D'ÉTAT-MAJOR DU 4ᵉ CORPS D'ARMÉE.

Au bivouac près le point de passage, le 19 mai 1809.

M. le général Molitor s'emparera de vive force de la grande île du Danube, pour faciliter la construction du pont et le passage du corps d'armée[2]. Après avoir effectué l'intention de S. M., en précipitant dans le Danube tout ce qui est devant lui, il en rendra compte à M. le Maréchal. Arrivé au dernier bras du Danube, il reconnaîtra lui-même les dispositions et la force de l'ennemi, pour en rendre compte sur-le-champ à M. le Maréchal.

M. le général Molitor disposera de son artillerie de manière à protéger la construction d'un pont sur le dernier bras du Danube et pour la défense et la conservation de l'île.

Dans cette expédition, M. le général Molitor laissera toujours un régiment en réserve pour soutenir l'opération principale.

BEKER.

LE GÉNÉRAL MOLITOR AU MARÉCHAL MASSÉNA.

Le 19 mai, à 3 heures après-midi.

Monsieur le Maréchal,
Vos ordres ont été exécutés de point en point aussitôt leur réception.

---

1. Le 18, le major général écrivait au prince Poniatowski :

« Le principal but de vos opérations doit être de tenir en échec un corps ennemi égal au vôtre, et de vous rapprocher de l'empereur. S. M. fera vraisemblablement passer demain le Danube à son armée, pour tomber sur les débris de l'armée ennemie qui se sont sauvés sur la rive gauche du Danube.

« Il est à présumer que quand vous recevrez cette lettre nous serons plus près de vous. »

2. La division Molitor, qui depuis le 14 était campée en avant de Schwechat, avait été établie le 18, au bivouac, près du point de passage choisi sur le Danube. Le même jour, à 5 heures du soir, quelques détachements de cette division prirent pied dans l'île dite Lobgrund, qui n'est séparée de l'île Lobau que par un canal de 18 à 20 pieds de large. « Le 19, toute la division passa dans l'île Lobau, et en chassa l'ennemi qui ne fit pas grande résistance. Le combat dura à peu près 2 heures. » (Rapport historique de la division Molitor.)

J'ai attaqué l'ennemi et l'ai repoussé sur l'autre rive du Danube. L'ennemi avait peu de monde sur cette rive, et son artillerie placée sur la gauche du fleuve protégeait sa retraite.

Je n'ai pu faire agir que deux canons de 6 qui ont fait taire l'artillerie ennemie.

Le surplus des 6 canons, qui m'ont été envoyés, n'a pu encore passer le gué du petit canal qui est au centre de l'île.

Je prie V. E. de me faire envoyer de l'artillerie et des munitions, pour tenir l'ennemi écarté du fleuve et favoriser l'établissement du pont, que l'on va sans doute jeter, sur le dernier bras du Danube.

L'artillerie ennemie nous a tué quelques hommes et nous avons eu quelques blessés, nous avons fait peu de prisonniers [1].

Le général MOLITOR.

Dans la soirée du 18, dès que la division Molitor eut pris pied dans l'île Lobau, la construction des ponts avait commencé [2]. Cette opération devait se continuer pendant la journée du 19, et la nuit du 19 au 20 [3].

---

1. Le général Rapp, aide de camp de l'Empereur, qui avait été envoyé dans l'île Lobau, écrivait dans la soirée du 19 à l'Empereur :

Sire,

Au moment où je voulais quitter l'île pour rendre compte de ma mission à V. M., le général Molitor a reçu l'ordre d'attaquer l'ennemi et de s'emparer de toute l'île. J'ai cru bien faire en restant auprès du général Molitor jusqu'à ce que son opération fût finie.

Toute la division a passé, à l'exception de l'artillerie. Le général croit avoir assez des cinq pièces qui ont passé hier soir.

Nos avant-postes sont, sur la droite, à trois quarts de lieue du grand bras du Danube, au centre à une demi-lieue, et sur la gauche à un quart de lieue. On ne connaît pas la force de l'ennemi, mais on croit qu'elle n'est pas considérable. On pense qu'il aura garni la rive du continent.

Les avant-postes touchent ceux de l'ennemi. Le général Molitor fera filer, pour attaquer, une colonne sur la gauche par le bois, une sur la droite par le bois, et il se tiendra aux autres avec une réserve dans la plaine. Il compte les empêcher de se rembarquer, au moins en bonne partie. On a établi un pont sur le petit bras, qui est d'ailleurs guéable. On croit que l'ennemi a quatre-vingts chevaux dans l'île. La maison de chasse est l'extrémité de leurs vedettes. D'après le rapport de deux prisonniers, l'ennemi doit avoir onze bataillons devant nous; les rapports sont variés. Le major porteur de cette lettre rendra compte à V. M. où en est l'établissement du pont.

RAPP.

2. En face d'Albern, où le passage du fleuve devait être effectué, le cours du Danube est partagé en deux bras par une île sablonneuse, dénommée Schneider Grund. Le pont, qui devait relier la rive droite à l'île de Lobau, était donc partagé en deux parties par cette île.

3. « Le colonel Aubry, qui devait diriger la construction du pont de 170 toises (celui qui devait relier le Schneider Grund au Lob Grund), passa dans l'île intermédiaire avec 30 pontons et la compagnie Zabern, et l'on se mit à l'ou

LE MAJOR GÉNÉRAL AU DUC DE RIVOLI.

Ebersdorf, 19 mai 1809, 3 heures et demie du soir.

L'Empereur, Monsieur le duc de Rivoli, ordonne que le général Marulaz reploie tous ses postes, et que demain, à cinq heures du matin, il soit rendu avec sa brigade à Ebersdorf pour passer le pont.

Le général Montbrun, qui est à Bruck, couvrira la route de Presburg; vous direz au général Marulaz de faire prévenir le général Montbrun.

L'Empereur ordonne également que tout votre corps d'armée soit prêt à passer le pont demain, de bonne heure.

LE MAJOR GÉNÉRAL AU DUC DE MONTEBELLO.

Ebersdorf, 19 mai 1809, 4 heures du soir.

L'intention de l'Empereur, Monsieur le Duc, est que votre corps d'armée soit prêt à passer le Danube, demain, à neuf heures du matin[1].

LE MAJOR GÉNÉRAL AU DUC D'ISTRIE.

Ebersdorf, 19 mai 1809, 3 heures du soir.

L'intention de l'Empereur, Monsieur le Duc, est que la division Espagne soit rendue ici demain à cinq heures du matin, avec son artillerie, et prête à passer le Danube; que la division Saint-Sulpice soit également rendue à un quart de lieue d'Ebersdorf, à six heures du matin, et enfin la division Nansouty à huit heures.

---

vrage, tandis que le major Degennes faisait préparer la culée et les matériaux du pont d'Ebersdorf, à l'île intermédiaire.

« Presque toute l'infanterie de la division Molitor avait été portée à l'île de Lobau et à celle intermédiaire, par les bateaux qui servirent ensuite à la construction des ponts. La compagnie Baillot fut particulièrement employée à ce trajet commencé par le capitaine Larue qui, s'étant jeté la veille dans une nacelle avec le capitaine Bérauville, aide de camp du général Pernety, avait d'abord sondé le petit bras du fleuve (le Donau-Canal) où les bateaux devaient descendre à couvert, et avait ensuite traversé le grand bras pour reconnaître la force des courants et s'assurer des points propices de débarquement dans l'île Lobau ». (*Rapport historique sur les opérations de l'artillerie du 4e corps dans la campagne de 1809, par le général Pernéty.*)

1. Le général Friant, arrivé à Vienne dans la matinée, avait reçu directement du major général l'ordre de remplacer les troupes du général Oudinot et d'occuper la ville.

Je vous préviens que l'Empereur donne au général Lasalle[1]
une division composée des brigades Piré et Bruyère. L'intention
de S. M. est que ces deux brigades soient rendues, demain à
cinq heures du matin, à Ebersdorf, pour passer le pont.

Je vous prie également de donner l'ordre, au général Colbert,
de partir de sa personne avec deux de ses régiments, pour être
le plus tôt qu'il pourra devant Ebersdorf, pour y passer le Danube.

Vous ordonnerez au général Colbert de laisser 500 chevaux au
général Lauriston; il faut que le général Colbert prévienne le
général Lauriston de son mouvement. Je vous préviens que je
donne l'ordre au général Marulaz de reployer ses postes, et de se
rendre devant Ebersdorf avec sa brigade pour y passer le pont.

LE MAJOR GÉNÉRAL A M. DARU, INTENDANT GÉNÉRAL.

Ebersdorf, le 19 mai 1809.

Ordre d'envoyer tous les caissons qu'il aura en les faisant
charger de pain et de biscuit.

L'EMPEREUR AU DUC D'AUERSTAEDT.

Ebersdorf, 19 mai 1809.

Mon Cousin, donnez ordre au général Pajol de se porter
avec un régiment de cavalerie d'abord sur Tulln, où il se
mettra en communication avec un autre régiment de cavalerie que vous enverrez, sous les ordres d'un officier intelligent, à Sieghardskirchen ; avec cette brigade de cavalerie il
se portera au secours du général Vandamme qui, aujourd'hui,
s'est porté entre Mauthausen et Altenburg pour attaquer
l'ennemi qui menaçait de passer. Prévenez le général Vandamme du nom de ces deux régiments, de la direction qu'ils
prennent et de l'heure à laquelle ils arriveront, par un officier qui pourra rapporter des nouvelles de ce qui se passerait ce soir et cette nuit. Chargez le général Pajol et l'officier
supérieur, que vous enverrez à Sieghardskirchen, de correspondre fréquemment avec vous et de laisser à cet effet

---

1. Le général Lasalle, venant de l'armée d'Espagne, était arrivé à Vienne
depuis peu.

quelques postes sur la route. Tenez-vous prêt, avec les divisions Friant, Morand et Gudin, à partir à deux heures de la nuit, pour vous porter partout où il sera nécessaire, en faisant faire cependant le moins de mouvements possible ce soir à ces divisions. Il me paraît que la division Friant seule aura besoin de sortir de la ville, afin d'être relevée par la division Claparède. La division Friant peut se réunir tout entière entre Schönbrunn et Vienne, en bataille, ayant son artillerie, et prête à partir. Si vos parcs et quelques autres choses appartenant à votre corps d'armée se trouvent sur la route de Saint-Pölten, faites-les marcher sur Vienne.

Il est nécessaire, du reste, de faire le moins de mouvements possible, jusqu'à ce qu'on voie ce que veut faire l'ennemi. Il ne serait pas impossible que je ne fisse pas bouger votre corps de la journée de demain. Je donne ordre que les deux brigades de la division Claparède occupent Vienne, et qu'une division occupe Nussdorf jusqu'à Klosterneuburg. Ayez bien soin que tous les postes du général Morand soient relevés dans la nuit.

NAPOLÉON.

LE MAJOR GÉNÉRAL AU GÉNÉRAL GUDIN.

Ebersdorf, 19 mai 1809, 4 heures du soir.

Il est ordonné au général Gudin de partir demain à trois heures du matin de Sieghardskirchen, pour être rendu à neuf heures du matin à Nussdorf, entre Klosterneuburg et Vienne, sur la rive droite du Danube; il surveillera toute la rive de ce fleuve jusqu'à Vienne. Je préviens de cet ordre M. le duc d'Auerstaedt.

LE MAJOR GÉNÉRAL AU DUC D'AUERSTAEDT.

Ebersdorf, 19 mai 1809, 8 heures du soir.

L'intention de l'Empereur, Monsieur le Duc, est que vous fassiez retirer tout ce que vous avez du côté de Mariazell, en y laissant seulement une forte patrouille d'observation. S'il n'y a rien de nouveau, l'intention de l'Empereur est que vous partiez de Saint-Pölten, de manière à être rendu demain à Vienne. Avant le jour, vous ferez partir vos pontonniers, vos sapeurs et vos outils, pour se rendre à Nussdorf, où vous donnerez l'ordre qu'on jette un pont. Vous savez que Nussdorf est entre Klosterneuburg et Vienne. J'ai envoyé directement l'ordre, au général Gudin, de partir demain à quatre heures du matin de Sieghardskirchen, pour se rendre à Nussdorf et surveiller toute la rive droite du Danube jusqu'à Vienne.

Vous ordonnerez qu'on ramasse toutes les barques aussitôt que la rive gauche sera libre, ce qui doit être dans la journée de demain, puisque les ponts que l'Empereur fait faire à Ebersdorf, à deux lieues au-dessous de Vienne, seront faits avant midi et que notre cavalerie inondera la plaine.

Vos pontonniers seront très nécessaires pour établir des trailles à l'emplacement des ponts brûlés de Vienne, pour pouvoir communiquer par la route la plus directe sur Brünn ; car notre pont, comme je vous l'ai dit, est à deux grandes lieues au-dessous de Vienne.

L'intention de l'Empereur est que vous fassiez filer votre cavalerie par Mautern et Tulln, ce qui éclairera la rive droite du Danube ; hormis cependant un régiment, qu'il sera nécessaire de laisser du côté de Krems.

Quant à la division Morand, vous la placerez de manière à remplir le double but de couvrir depuis Mölk jusqu'à Vienne la rive droite, de garder Saint-Pölten, et de pouvoir se réunir sur Vienne aussitôt que l'ennemi aura abandonné la rive gauche.

Je donne l'ordre, au prince de Ponte-Corvo, d'entrer en Bohême en manœuvrant sur Budweis ou sur Zwettel, suivant les circonstances et les mouvements de l'ennemi.

Quant au général Vandamme, il doit se placer de sa personne à Enns et laisser 2,000 hommes à la tête de pont de Linz. Il occupera Steyer pour contenir Altenmarkt et l'Enns ; il observera les débouchés de Mauthausen ; il fera occuper Wallsee et Ips, et il renverra à Vienne les troupes qui se trouvent dans ces derniers points ; et, enfin, il se tiendra prêt à se porter avec toute la masse de ses forces sur Steyer, suivant les événements. Dans le dernier cas, il laisserait 2,000 hommes à la tête de pont de Linz, de manière à ce que le prince de Ponte-Corvo fût disponible.

LE DUC D'AUERSTAEDT A L'EMPEREUR.

Saint-Pölten, le 19 mai 1809, à 3 heures après-midi.

Sire,

Le général Pajol, qui est à Mautern, me rend compte que le camp de Rohrendorf a été augmenté de deux forts bataillons, et que plusieurs caissons venant de ce camp se sont portés sur Krems[1].

On a entendu pendant la nuit beaucoup de mouvement dans Krems et dans Stein.

Je n'attribue tout cela qu'aux inquiétudes de l'ennemi.

En conséquence des ordres que j'ai reçus cette nuit de V. M., la division Friant, qui était à mi-chemin de Vienne, est partie pour se diriger sur cette ville.

Le général Friant a dû envoyer en avant un officier, pour prendre les ordres du major général.

Trois régiments de la division Gudin sont partis de Saint-Pölten pour aller à Sieghardskirchen, à moitié chemin de Vienne.

Le 7ᵉ d'infanterie légère, qui était à Mautern, en partira ce soir pour rejoindre la division, à moins que les mouvements de l'ennemi ne fassent croire qu'il veut tenter un passage sur ce point.

Le 85ᵉ, qui est aussi de cette division, est à Mariazell; je lui envoie l'ordre de rejoindre la division avec le général Duppelin.

Le général Lacour restera sur ce point avec le 13ᵉ d'infanterie légère et 200 chevaux pour observer. Il sera en échelons depuis Mariazell jusqu'à Lilienfeld.

Le général Morand est avec le 17ᵉ et le 30ᵉ à Mölk; le 61ᵉ est à Mautern.

Il est arrivé hier, à Saint-Pölten, une légion portugaise forte de 1,200 à 1,300 hommes d'infanterie et de 300 chevaux. J'ai adressé hier, au major général, l'état des besoins de cette troupe; elle a

---

1.   LE DUC D'AUERSTAEDT A L'EMPEREUR.
                                Saint-Pölten, le 19 mai 1809, 7 heures du soir.
    Sire,
    J'ai l'honneur d'informer V. M. que, d'après ce que me mande le général Pajol, l'ennemi s'est renforcé et a augmenté ses postes en avant de lui. Beaucoup de madriers et de grosses poutres ont été apportés sur les bords du Danube, à gauche et à droite de Stein. Il y a beaucoup de mouvement dans le camp, ainsi qu'à Krems et à Stein. Je pense que tout cela a pour objet de nous faire garder des troupes sur ce point.
                                                DUC D'AUERSTAEDT.
                                Saint-Pölten, le 19 mai 1809, à 11 heures et demie du soir.
    Sire,
    Le général Pajol me rend compte, par une lettre de neuf heures du soir, que l'ennemi vient d'occuper des îles situées près de notre rive et qu'il y a établi des postes; il ajoute qu'il a observé beaucoup de mouvement dans les camps autrichiens ainsi que dans les villes de Krems et Stein, pendant la journée, et des démonstrations qui dans toute autre circonstance annonceraient des projets de passage. Au premier avis que j'en aurais, je pourrais réunir sur ce point la division Gudin et environ trois mille hommes des autres divisions, y compris la légion portugaise, et douze cents chevaux.
                                                DUC D'AUERSTAEDT.

eu ici un séjour dont elle avait grand besoin. C'est d'ailleurs la seule troupe qui se trouve ici.

Je prie V. M. de m'autoriser à la conserver tant que nous aurons des troupes à Mölk et à Mautern.

Duc d'Auerstaedt.

P.-S. — Suivant le rapport du général Morand, il n'y a plus devant lui que des postes.

LE MAJOR GÉNÉRAL AU PRINCE DE PONTE-CORVO.

Ebersdorf, 19 mai 1809, 8 heures du soir.

L'intention de l'Empereur, Prince, est que vous entriez en Bohême et que vous manœuvriez, soit sur Budweis, soit sur Zwettel, selon les circonstances et les mouvements de l'ennemi.

L'Empereur espère que le pont qu'il fait jeter au-dessous de Vienne sera prêt demain avant midi, et que dans la journée toute son armée sera sur la rive gauche.

Votre premier but, Prince, doit toujours être de couvrir Linz; le second, d'éloigner l'ennemi du Danube, de Krems jusqu'à Vienne.

Le général Vandamme a l'ordre de mettre son quartier général à Enns, de laisser 2,000 hommes à la tête de pont de Linz et d'occuper Steyer. Ainsi cela laisse votre corps disponible.

LE MAJOR GÉNÉRAL AU GÉNÉRAL VANDAMME.

Ebersdorf, le 19 mai 1809, 7 heures du soir.

L'intention de l'Empereur, Monsieur le général Vandamme, est que vous placiez votre quartier général à Enns. Vous laisserez 2,000 hommes pour occuper la tête de pont de Linz; vous ferez occuper Steyer pour contenir Altenmarkt. De votre position d'Enns, vous observerez les débouchés de Mauthausen, vous ferez occuper Wallsee et Ips, et vous renverrez à Vienne les troupes qui peuvent se trouver dans ces deux dernières villes. Vous devez vous tenir prêt à vous porter avec la masse de vos forces, soit sur Linz ou Steyer, suivant les événements. Il est à' présumer que l'Empereur passera demain le Danube, sur le pont qu'il a fait jeter au-dessous de Vienne, et que son armée sera demain au soir sur la rive gauche.

Le prince de Ponte-Corvo reçoit l'ordre d'entrer en Bohême; ainsi tout son corps d'armée doit rester disponible.

Comme je vous l'ai dit, vous ferez garder la tête de pont de Linz par 2,000 hommes.

L'intention de l'Empereur est que vous fassiez partir, le 21, un bataillon d'infanterie wurtembergeois de 500 à 600 hommes, pour se rendre au quartier impérial et y servir avec le régiment de cavalerie qui y est déjà.

NEUVIÈME BULLETIN DE L'ARMÉE D'ALLEMAGNE.

Vienne, 19 mai 1809.

. . . .

Le prince Charles, après la bataille d'Eckmühl, jeté sur l'autre rive du Danube, n'eut d'autre refuge que les montagnes de la Bohême. En suivant les débris de l'armée du prince Charles dans l'intérieur de la Bohême, l'Empereur lui aurait enlevé son artillerie et ses bagages; mais cet avantage ne valait pas l'inconvénient de promener son armée, pendant quinze jours, dans des pays pauvres, montagneux et dévastés.

L'Empereur n'adopta aucun plan qui pût retarder d'un jour son entrée à Vienne[1], se doutant bien que, dans l'état

---

1. Après l'armistice de Znaïm, et pendant les négociations prolongées qui devaient aboutir au traité de Vienne, une correspondance, dont les derniers événements militaires étaient le sujet, s'était établie entre le prince de Ligne et le feld-maréchal lieutenant comte Grünne, directeur de la chancellerie privée de l'archiduc Charles. L'extrait qui suit de cette correspondance fait connaître les opinions particulières d'un des chefs de l'état-major autrichien sur les opérations de la campagne de 1809. A ce titre, il nous paraît présenter un certain intérêt.

Pest, le 30 septembre 1809.

Je suis flatté, mon Prince, des observations que vous avez bien voulu me faire sur quelques fragments de mon journal de campagne, que j'ai pris la liberté de vous envoyer, et que je n'ose communiquer qu'à vous seul, parce que personne n'aurait votre indulgence et surtout parce que personne ne se donnerait la peine de les lire. J'abuserai encore aujourd'hui de la permission que vous m'accordez, pour m'expliquer sur la faute, qu'à mon avis Napoléon a commise, de ne pas nous avoir suivis après la bataille de Ratisbonne, et pour vous rendre compte des motifs qui ont empêché l'archiduc de détacher les corps de Bellegarde et de Kollowrat vers les sources du Danube.

Je commence par l'énumération de nos forces à cette époque, et vous verrez, mon Prince, que les Français ont eu tort de nous appeler l'armée de Xerxès. Les six corps destinés à agir en Allemagne étaient à peu près de 22,000 hommes chacun, à l'entrée de la campagne, et le corps de réserve de 15,000 hommes. Deux corps débouchèrent par la Bohême. L'armée de l'archiduc, en Bavière, faisait donc un total de 103,000 combattants.

Certainement, nous avions une grande prépondérance en n'évaluant les Français qu'à 60,000 conscrits, comme disait le comte Stadion. L'affaire de Landshut nous coûta environ 2,000 hommes, et lorsque l'archiduc Louis et

d'irritation qu'on avait excité, on songerait à défendre cette
ville, qui a une excellente enceinte bastionnée, et à opposer
quelque obstacle. D'un autre côté, son armée d'Italie atti-
rait son attention, et l'idée que les Autrichiens occupaient
ses belles provinces du Frioul et de la Piave ne lui laissait
point de repos.

Le maréchal duc d'Auerstaedt resta en position en avant
de Ratisbonne, pendant le temps que mit le prince Charles à
déboucher en Bohême, et immédiatement après il se dirigea
par Passau et Linz sur la rive gauche du Danube, gagnant
quatre marches sur ce prince. Le corps du prince de Ponte-
Corvo fut dirigé dans le même système. D'abord il fit un
mouvement sur Egra, ce qui obligea le prince Charles à y
détacher le corps du général Bellegarde ; mais, par une con-
tre-marche, il se porta brusquement sur Linz, où il arriva
avant le général Bellegarde, qui, ayant appris cette contre-
marche, se dirigea aussi sur le Danube.

Hiller furent séparés de nous, il ne resta plus que 57,000 hommes avec lesquels
l'archiduc engagea les affaires, du 19 et du 20 avril, contre l'armée de Davout ;
ces deux journées, sans être décisives, coûtèrent beaucoup de monde. Le corps
de Hohenzollern se trouva réduit, le 21, à 12,000 hommes et celui de Rosenberg à 17,000 ; le corps de réserve resta intact. Pour réparer cette perte sensible, l'archiduc se fit joindre, dans la nuit du 21, par le corps de Kollowrat qui
se trouvait sur les hauteurs de Stadt-am-Hof, vis-à-vis Ratisbonne, et Bellegarde le releva dans sa position sur la rive gauche. Ces deux corps avaient eu
quelques affaires heureuses à Neumarkt, Amberg et Hemau, qui cependant les
affaiblirent un peu. Par ce renfort, l'armée se trouva forte de 66,000 hommes le
jour où nous fûmes tournés par Napoléon. Mais, le même jour, le corps de Rosenberg qui formait l'aile gauche fut entièrement culbuté, et une partie de la
réserve enveloppée dans sa défaite. L'ennemi nous enleva près de 100 pièces
de canon, et, en y comprenant la perte pendant le passage du Danube, nous arrivâmes sur la rive gauche à peu près avec 50,000 hommes. L'archiduc fit
brûler ses pontons, ne pouvant pas les retirer de l'eau sous le feu de l'ennemi.
Le second train de pontons était à Landshut sur l'Isar et l'ennemi s'en empara,
par les malheureuses dispositions du général Hiller, qui se laissa battre depuis
Landshut jusqu'à Krems, et qui, pour récompense, reçut la croix de commandeur.
De tels revers, après les marches forcées que nous avions faites depuis Braunau,
quatre jours de combat, deux tiers de l'artillerie perdus, l'équipage de pontons
brûlé, l'armée en retraite et frappée, des chemins exécrables et couverts de
traîneurs, toutes les eaux débordées, les troupes bivouaquant dans la neige et
dans la boue, les vivres n'arrivant plus, nos magasins sur la rive droite pillés,
brûlés ou pris. Je vous demande, mon Prince, si cette armée, quoique renforcée
par le corps de Bellegarde, aurait résisté à Napoléon victorieux, s'il l'avait suivie
l'épée dans les reins ? Il l'aurait jetée dans les forêts de la Bohême, elle serait
rentrée à la débandade faute de subsistances ; la landwehr, qui plus tard nous
fournit 60,000 hommes, ne se formait plus, nos dépôts de recrues se disper-

Ces manœuvres habiles, faites jour par jour selon les circonstances, ont dégagé l'Italie, livré sans défense les barrières de l'Inn, de la Salza, de la Traun et tous les magasins ennemis, soumis Vienne, désorganisé les milices et la landwehr, terminé la défaite des corps de l'archiduc Louis et du général Hiller, et achevé de perdre la réputation du général ennemi. Celui-ci, voyant la marche de l'Empereur, devait penser à se porter sur Linz, passer le pont, et s'y réunir aux corps de l'archiduc Louis et du général Hiller ; mais l'armée française y était réunie plusieurs jours avant qu'il pût y arriver. Il aurait pu espérer de faire sa jonction à Krems ; vains calculs ! il était encore en retard de quatre jours, et le général Hiller, en repassant le Danube, fut obligé de brûler le beau pont de Krems. Il espérait enfin se réunir devant Vienne ; il était encore en retard de plusieurs jours.

---

saient, et Napoléon en quinze jours se rendait maître et disposait de toutes nos ressources. Il a si bien senti cette faute, qu'il en est convenu vis-à-vis de Wimpfen, en avouant qu'il ne nous avait pas cru capable de nous relever à ce point, et que notre armée était un phénix qui renaissait de ses cendres. Ceci explique pourquoi les deux corps de Bellegarde et de Kollowrat ne pouvaient pas être détachés de l'armée, qui sans eux se trouvait réduite à 28,000 hommes désorganisés, sans avoir la certitude de quel côté l'ennemi dirigerait ses opérations. La seconde observation, qui n'a pas échappé à la pénétration de votre génie, mon Prince, c'était de savoir pourquoi l'archiduc n'avait pas repassé le Danube dans le dos de l'ennemi lorsqu'il s'avançait sur Vienne, le mettant ainsi entre cette ville et l'armée, et lui ôtant tout d'un coup tous ses avantages.

Cette opération certainement aurait été très brillante, et quoique moi-même je l'eusse proposée à l'empereur, à Budweis, en désignant le point de Mauthausen, parce que le pont de Linz était brûlé et la ville occupée par 10,000 Wurtembergeois et Badois sous Lefebvre (*Vandamme*), qui étaient suffisants pour rendre le passage impossible malgré les bateaux qu'on aurait peut-être ramassés, mon opinion fut rejetée, et je ne puis disconvenir que l'entreprise était très hasardée, ne reposant que sur le succès infaillible d'une bataille à front renversé, n'ayant d'autre retraite qu'un seul pont sur le flanc gauche, et risquant, à la suite d'une défaite, de laisser toute la monarchie sans défense.

D'ailleurs nos pontonniers demandaient quinze heures pour construire un pont de bateaux, il en fallait au moins vingt-quatre pour faire filer l'armée ; dix mille hommes devenaient nécessaires pour élever à la hâte une tête de pont, afin d'assurer nos transports ; un corps posté sur nos derrières, pour arrêter les troupes françaises et alliées qui de Linz nous prenaient à dos, et le gros aurait à peine eu le temps de se développer sur les hauteurs d'Enns, que probablement Napoléon nous serait tombé sur le corps. Avec une bonne armée de réserve, en Autriche ou en Hongrie, on aurait pu risquer cette opération.

. . . .

Grünne.

L'Empereur a fait jeter un pont sur le Danube, vis-à-vis le village d'Ebersdorf, à deux lieues au-dessous de Vienne. Le fleuve, divisé en cet endroit en plusieurs bras, a quatre cents toises de largeur. L'opération a commencé hier, 18, à quatre heures après midi. La division Molitor a été jetée sur la rive gauche et a culbuté les faibles détachements qui voulaient lui disputer le terrain et couvrir le dernier bras du fleuve.

Les généraux Bertrand et Pernety ont fait travailler aux deux ponts, l'un de plus de deux cent quarante, l'autre de plus de cent trente toises, communiquant entre eux par une île. On espère que les travaux seront finis demain.

Tous les renseignements qu'on a recueillis portent à penser que l'empereur d'Autriche est à Znaïm.

Il n'y a encore aucune levée en Hongrie.

Voici quelle est aujourd'hui la position de l'armée : les corps des maréchaux ducs de Rivoli et de Montebello et le corps des grenadiers du général Oudinot sont à Vienne, ainsi que la garde impériale. Le corps du maréchal duc d'Auerstaedt est réparti entre Saint-Pölten et Vienne. Le maréchal prince de Ponte-Corvo est à Linz, avec les Saxons et les Wurtembergeois ; il a une réserve à Passau. Le maréchal duc de Danzig est, avec les Bavarois, à Salzburg et à Innsbruck.

. . . .

CHAPITRE VIII

PASSAGE DU DANUBE — BATAILLE D'ESSLING

(20-23 MAI)

20 mai.

LE GÉNÉRAL ANDRÉOSSY, GOUVERNEUR DE VIENNE, A L'EMPEREUR.

Vienne, le 20 mai 1809.

Sire,

J'arrive de Nussdorf; du moment où j'ai été informé que l'ennemi avait jeté quelques hommes sur la rive droite, j'en ai prévenu le général Friant et je m'y suis porté moi-même [1]. J'ai rencontré dans les lignes le 33e d'infanterie, qui se dirigeait de ce côté; au sortir de la barrière, quelques compagnies ont filé par la chaussée de Nussdorf, le reste du régiment a pris le chemin de Döbling qui tient les hauteurs.

Je suis arrivé à Nussdorf, au moment où un bateau chargé d'environ 40 hommes venait de s'éloigner du rivage pour gagner le large. La tête de la colonne a fait un feu très vif sur ce bateau et a dû tuer ou blesser beaucoup de monde. L'ennemi a risposté

---

1. Une reconnaissance autrichienne avait franchi le Danube en face de Nussdorf, à 7 heures du matin, et enlevé quelques prisonniers.

« Dans la matinée du 20 mai, on vint rendre compte à l'Empereur que les ennemis avaient effectué un débarquement au-dessus de Vienne à un village appelé Nussdorf. Il ne craignait pas un grand événement à la suite de ce passage, parce que les troupes qui se rendaient de Saint-Pölten à Vienne, pour se trouver au passage du Danube, arrivaient précisément à cette hauteur-là dans le moment du passage des Autrichiens, aussi n'eut-il aucune suite; il se réduisit à nous donner de l'inquiétude pendant deux heures. L'Empereur était si soigneux de ne rien laisser derrière lui qui pût compliquer son entreprise, qu'il profitât du moment où l'on faisait les ponts pour m'envoyer à Nussdorf, avec une brigade de cuirassiers, afin d'être rassuré sur ce que pouvait devenir le débarquement, que je trouvai repassé à la rive gauche. Je n'eus donc qu'à aller et revenir joindre l'armée. » (*Mémoires du duc de Rovigo.*)

par une cinquantaine de coups de canon, à boulet et à mitraille, d'une batterie de deux pièces de petit calibre établie derrière la digue, en face de Nussdorf. La partie du régiment qui était arrivée sur la hauteur a occupé le village, l'a fouillé en tous sens et a fait une quinzaine de prisonniers, des landwehr de Styrie; on en avait eu cinq au bord de la rivière, ainsi c'est environ une vingtaine de prisonniers.

. . . .

Le général Friant, venu avec 2 régiments par la Leopoldstadt où ils se trouvaient placés, s'est arrêté en avant de Döbling, et faisait ses dispositions au moment de mon départ, pour couvrir Vienne entre le faubourg de Leopoldstadt et Nussdorf; il comptait même établir un poste à Klosterneuburg[1].

De la hauteur de Nussdorf on n'a aperçu en fait de troupes, de l'autre côté de la rivière, que la valeur de 2 bataillons.

ANDRÉOSSY.

(*Arch. nat.*)

LE GÉNÉRAL MOLITOR AU MARÉCHAL MASSÉNA.

Ile de Lobau, le 20 mai.

Mes avant-postes sont placés tout le long de la rive droite, dans l'île. L'ennemi a les siens en face, sur l'autre rive; il fait mine de vouloir se défendre un peu au-dessus de Stadt-Enzersdorf, où il a de l'artillerie qui tire sur tout ce qui passe.

Mais je crois que le point de passage le plus avantageux pour nous est vis-à-vis d'un saillant que présente la rive opposée; j'ai aposté de l'infanterie et de l'artillerie en face, pour empêcher que l'ennemi ne s'y établisse.

Ma seconde brigade, qui a passé la première, est sans vivres depuis deux jours. Il n'y a absolument rien dans l'île, cette troupe est aux abois.

MOLITOR.

---

1. « Le 20, dès le matin, le général Friant, instruit que les divisions qui gardaient la rive droite du Danube s'étaient retirées, jugea à propos de porter deux bataillons en avant et à gauche de Leopoldstadt, afin de prévenir toute attaque de la part de l'ennemi, qui occupait les îles de ce côté du grand cours du fleuve. Pendant ce temps, on apprit que des landwehr avaient débarqué à Nussdorf. Le 33e fut aussitôt dirigé sur ce point; 2 compagnies longèrent le Danube, et le régiment prit par Döbling et Heiligenstadt, afin de s'emparer des hauteurs en arrière de Nussdorf; on aperçut bientôt quelques tirailleurs qui se replièrent sur le village. Une compagnie de grenadiers marcha sur eux et les poursuivit jusqu'au lieu de l'embarquement, mais l'ennemi était rentré sur sa dernière barque, qui seule eut à souffrir en ce qu'elle fut assaillie par une vive fusillade. On prit quelques hommes dans Nussdorf que l'ennemi devait occuper, mais, la 3e division arrivant, le 33e revint à Rossau; le 15e rentra et prit poste à Widen. » (*Historique de la 2e division du 3e corps de l'armée d'Allemagne.*)

Le 20, à midi, les ponts entre la rive droite et l'île Lobau étaient établis[1].

Les troupes rassemblées près d'Ebersdorf commencèrent à passer le Danube[2]. « La division Boudet passa et alla rejoindre la division Molitor dans l'île Lobau, puis la division Legrand et celle de cavalerie légère commandée par le général Lasalle ; ces troupes étaient suivies par plusieurs trains d'artillerie[3]. » L'Empereur étant passé dans l'île Lobau, ordonna la construction du 3e pont qui devait relier cette île à la rive droite.

Ce pont, commencé à 3 heures, fut terminé à 6 heures[4].

Le 20, dans la soirée, « la division Molitor passa le troisième bras du Danube, et prit position à Gross-Aspern et Essling[5] ».

« Les communications de la rive droite à la rive gauche étaient à peine achevées, et l'armée commençait seulement à prendre position en avant du pont du troisième bras, lorsqu'à 5 heures, celui du second fut enlevé par un grand bateau envoyé par les Autrichiens. On travailla sur-le-champ à le réparer, et le lendemain on pouvait passer dessus[6]. »

---

1. « Les ponts, qui reliaient la rive droite à l'île de Lobau, étaient composés de 68 grands bateaux du pays et de 9 radeaux. Leur longueur totale était de 387 toises. » (*Note sur les ponts militaires construits sur le Danube en 1809, par le chef de bataillon d'artillerie Chapuis, commandant le 2e de pontonniers.*)

« Les ancres manquant pour l'établissement des ponts, il y fut suppléé par des caisses de pêcheurs que l'on remplit ensuite sur les lieux, de boulets et de mitraille, à défaut de pierres. » (*Rapport historique sur les opérations de l'artillerie du 4e corps, par le général Pernety.*)

2. Voir annexe n° 5 : *Emplacement de l'armée, le 20 mai 1809, au matin.*

3. *Souvenirs militaires du général de Pelleport, alors chef de bataillon au 18e régiment d'infanterie de ligne, dans la division Legrand.*

4. « Ce pont était composé de 15 pontons autrichiens et de trois chevalets, et avait une longueur totale de 54 toises. » (*Note sur les ponts militaires construits sur le Danube en 1809, par le chef de bataillon d'artillerie Chapuis, commandant le 2e de pontonniers.*)

5. 200 voltigeurs de la division Molitor, commandés par le colonel de Sainte-Croix, aide de camp du maréchal Masséna, furent jetés sur la rive gauche pour protéger l'établissement du dernier pont. Ce détachement d'infanterie vint occuper la lisière du bois qui masque le rentrant du Danube en cet endroit, et empêcha des détachements de cavalerie autrichienne de reconnaître les abords du fleuve.

6. *Notes sur les différents passages du Danube exécutés par l'armée fran-*

LE DUC D'AUERSTAEDT A L'EMPEREUR.

Saint-Pölten, le 20 mai 1809, à 1 heure et quart après midi.

Sire,

J'ai l'honneur de rendre compte à V. M. que le général Pajol me mande ce matin, à 4 heures, qu'il y a toujours beaucoup de mouvement à Krems et dans le camp de Rohrendorf.

L'ennemi a fait remonter, hier soir, le Danube à 2,000 hommes; on les a suivis jusqu'à Durrenstein où on les a perdus de vue. Le général Jellachich doit être à Radstadt, suivant tous les rapports. Il parait que le corps du général Chasteler s'est retiré sur ce point.

J'adresse à V. M. la déclaration d'un déserteur qui fait connaître ce que l'ennemi a à Altenmarkt.

J'ignore si le général Vandamme se porte sur ce point, conformément aux ordres de V. M., mais j'ai lieu de croire que non d'après ce qui est arrivé à Linz.

Duc d'Auerstaedt.

P.-S. — Un rapport que je reçois à l'instant du général Pajol, de 11 heures du matin, annonce qu'il y a une heure il est arrivé, au camp de Rohrendorf, un fort bataillon, un escadron et 2 pièces avec quelques voitures, venant du côté de Stockerau.

Le général Pajol observe que si V. M. a passé le Danube à Vienne, il est inconcevable que l'ennemi persiste à tenir à Krems et à rester dans son camp de Rohrendorf.

Les postes du côté de Tulln ont aussi vu quelque infanterie remonter le Danube, et le général Leclerc à distinctement vu, hier soir, 2,000 hommes se rendre dans la gorge de Dürrenstein.

LE DUC D'AUERSTAEDT AU MAJOR GÉNÉRAL.

Saint-Pölten, le 20 mai 1809, à 2 heures et demie après midi.

Monseigneur,

Je n'ai reçu qu'aujourd'hui, à 2 heures après-midi, la lettre de

---

çaise pendant la campagne de 1809, par le lieutenant Drieu du 2ᵉ bataillon de pontonniers, employé à la construction des ponts en 1809.

La division de cavalerie Marulaz avait reçu l'ordre d'être rendue près d'Ebersdorf, le 20, à 5 heures du matin. « Le 19ᵉ régiment de chasseurs et les chevau-légers bavarois, qui étaient éloignés de Fischament, n'arrivèrent que vers les 4 heures du soir; la division commençait à effectuer son passage. Un escadron du 3ᵉ régiment de chasseurs était passé et le pont rompit. Le reste de la division bivouaqua sur la rive droite du Danube, et le général Marulaz dans l'île, à la tête du second pont. » (Journal historique des opérations militaires de la division Marulaz.)

V. A., d'hier à 7 heures du soir, de sorte qu'une partie des dispositions qu'elle renferme ne pourront être exécutées au moment prescrit.

Je ne pourrai être rendu à Vienne que cette nuit.

Quant aux pontonniers, ils étaient à Mölk ; ils vont se mettre en marche, mais ils ne pourront être rendus à Nussdorf que demain.

Les sapeurs et les outils sont partis ; ils arriveront demain de bonne heure.

Le général Gudin n'arrivera à Nussdorf qu'avec trois régiments. Le 85ᵉ a été, d'après les ordres de S. M., envoyé à Mariazell avec le général Duppelin. Je lui expédie l'ordre d'en partir. Il ne pourra rejoindre la division qu'en trois ou quatre jours. Le 7ᵉ est à Mautern où je le laisse jusqu'à demain matin. Il partira alors, s'il n'y a rien de nouveau.

Ce qui me détermine à le laisser sur ce point, c'est que l'ennemi a vis-à-vis un camp de 8,000 à 10,000 hommes, et que le général Pajol me mande qu'on aperçoit de ce côté beaucoup de mouvement. L'ennemi a amené sur le Danube, à droite et à gauche de Krems, un grand nombre de poutres et de madriers.

J'ai ordonné au général Morand de laisser un régiment à Mölk, qui se liera par de petits postes ambulants avec Ips.

Le général Morand s'établira de sa personne à Saint-Pölten, avec un régiment. Il en aura un autre vis-à-vis Krems, observant le Danube par de petits postes.

Le général Pajol laisse un régiment sur ce point et partira demain avec les deux autres, en longeant le Danube.

Le 13ᵉ d'infanterie légère, qui était à Mariazell, a ordre de se porter sur Lilienfeld, d'où il observera Mariazell, Saint-Gaming et la route de Vienne par Altenmarkt.

La légion portugaise qui est ici en partira demain matin ; en cas de passage de l'ennemi, le général Morand la retiendrait ainsi que les autres troupes de passage, pour s'en servir et jeter l'ennemi dans le Danube.

Le général Pajol me mande à l'instant, qu'il y a une heure il est arrivé au camp de Rohrendorf un fort bataillon, un escadron et quelques voitures venant de Stockerau.

Les postes du côté de Tulln ont aussi vu quelque infanterie remonter le Danube, et le général Leclerc a vu distinctement, hier soir, 2,000 hommes se porter dans la gorge de Dürrenstein.

Comptant partir dans 2 ou 3 heures, j'ai ordonné qu'on fît mon logement à Vienne. Je prie V. A. de m'adresser ses ordres chez le général Andréossy, où je les ferai réclamer.

Duc D'AUERSTAEDT.

LE DUC DE DANZIG A L'EMPEREUR.

Innsbruck, ce 20 mai 1809.

Sire,

Aussitôt après le départ de ma dépêche du 16, la vallée dite Zillerthal s'est soumise ; les paysans ont remis leurs armes et donné des otages, cet exemple a été suivi par plusieurs villages situés sur la rive droite de l'Inn.

. . . .

J'étais en position en avant de Schwaz, lorsque hier, à 9 heures du matin, on me fit connaître que mes intentions étaient remplies ; effectivement, j'ai vu les paysans disparaître de leurs positions, je me suis de suite mis en marche et suis entré à Innsbruck, sans aucune opposition. Tous les paysans étaient déjà tranquilles dans les villages par lesquels je suis passé, et V. M. peut considérer le Tyrol comme entièrement pacifié.

. . . .

Le prince royal de Bavière, qui est avec sa division à Salzburg, me mande que le général Jellachich fait un mouvement vers moi ; si cet avis se confirme, je marcherai à lui. Quant à M. de Chasteler, il s'est retiré vers la Carinthie et je le crois dans l'impossibilité de ne rien entreprendre avec les troupes qui lui restent. Il a envoyé un officier qui n'a pas été reçu, il voulait traiter de l'évacuation du Tyrol, soit au nom de M. de Chasteler, soit au nom du corps d'armée autrichien ; aucune proposition n'a été écoutée.

Ce corps autrichien devait être en position à Brenner, en arrière de Steinach, mais on dit qu'il l'a déjà quitté ; j'y envoie des reconnaissances pour m'en assurer, et, si cela est, je pousserai des partis jusqu'à Sterzing pour avoir des nouvelles de l'armée d'Italie[1].

Je resterai ici, autant que les circonstances ne m'appelleront pas ailleurs, et que je n'aurai pas d'ordre de V. M.

. . . .

Le maréchal duc DE DANZIG.

---

1. Le même jour, le maréchal Lefebvre écrivait au général Macdonald : « M. de Chasteler paraît se retirer sur la Carinthie ; il est déjà bien loin d'ici. Tâchez de le rencontrer. Le général Jellachich était encore, il y a quelques jours, dans les environs de Radstadt et on m'assure qu'il fait un mouvement. »

LE PRINCE DE PONTE-CORVO AU MAJOR GÉNÉRAL.

Linz, le 20 mai 1809.

Prince,

Lorsque j'ai reçu la lettre par laquelle V. A. me prévenait que, selon l'intention de l'Empereur, le général Vandamme devait se rendre à Steyer, l'ennemi menaçait avec des forces majeures le pont de Linz, et tous les avis annonçaient même que l'archi-duc Charles avait le projet de déboucher par ici, sur les derrières de la grande armée impériale.

Dans de telles circonstances, je ne crus pas devoir dégarnir Linz. Le général Vandamme envoya à Steyer deux bataillons de Wurtembergeois, cent chevaux et trois pièces de canon ; il plaça aussi quelques troupes en échelons, d'ici à Steyer.

Les rapports que nous avions reçus se réalisèrent : le 17, l'ennemi fit une attaque combinée sur Linz. V. A. est déjà informée du succès complet avec lequel nous l'avons repoussé. Les rassemblements, sur les frontières de Styrie, avaient sans doute pour but d'agir de concert avec le corps qui espérait déboucher par Linz. Cette combinaison a été déjouée ; mais quoique les derniers avis annoncent qu'il n'y a presque plus rien aux frontières de Styrie, comme il est essentiel de balayer tout ce qui pourrait encore se trouver dans cette partie, le général Vandamme s'est rendu hier soir à Steyer, et le général de bri-gade Hügel s'est porté sur Altenmarkt. Je ferai connaître à V. A. le résultat de leurs opérations, dès que j'en serai instruit.

Ainsi que je l'ai marqué dans mon premier rapport, l'ennemi battu le 17 s'est retiré sur Freystadt, mais il a toujours conservé un corps à Neumarkt et ses avant-postes sont à 4 lieues de nous. Des avis me confirment qu'il a aussi des troupes à Haslach.

Je fais continuer les ouvrages de la tête de pont. Je fais retrancher le Pöstlingberg qui est le point principal pour défen-dre Linz. Je pense que dans cinq à six jours ce poste sera inex-pugnable.

V. A. trouvera, ci-joint, l'état nominatif des officiers autrichiens faits prisonniers dans la journée du 17 [1].

. . . .

BERNADOTTE.

---

1. 22 officiers autrichiens avaient été faits prisonniers à l'attaque de Linz.

LE GÉNÉRAL DE LAURISTON A L'EMPEREUR.

Glocknitz, le 20 mai 1809.

Sire,

Les détachements que j'ai envoyés sur Aspang, Kirchberg, Pitten et Sebenstein sont rentrés. Ceux de Pitten et Sebenstein ont trouvé les habitants tranquilles et les landsturm rentrés.

Mais ceux que j'ai fait partir d'ici sur Aspang ont trouvé, à Kranichberg, des postes de landsturm qu'ils ont surpris et passés à la baïonnette. A Kirchberg, c'est-à-dire en avant, ils étaient au nombre de 150 qui ont fait la fusillade ; ils ont été enfoncés et poursuivis dans Kirchberg.

. . . .

Le départ du général Colbert laisse Neustadt sans troupe ; comme cette ville est sur la frontière de Hongrie et lie ma communication avec Vienne, j'y envoie un bataillon badois avec 200 chevaux du 20e chasseurs.

J'ai toujours 200 hommes à Semring-Berg et 300 à Schottwien, un régiment à Glocknitz et un régiment de 8 compagnies réparties entre Neunkirchen et Neustadt.

L'opération de ce matin doit assurer la tranquillité dans cette partie de l'Autriche.

J'envoie à V. M. l'officier des chasseurs de la garde qui était avec l'expédition de ce matin.

LAURISTON.

BATAILLE D'ESSLING [1]

Journée du 21 mai.

Le 21 mai au jour naissant, l'Empereur, accompagné du major général et des maréchaux duc de Rivoli et duc de Montebello, ayant reconnu la position de la rive gauche et fixé son champ de bataille [2], savoir la droite au village d'Essling et la

---

1. Rédaction de la bataille d'Essling exécutée au dépôt de la guerre, en 1810. Une relation détaillée de la bataille d'Essling avait été rédigée au dépôt de la guerre, à la même époque (voir le 10e Bulletin de l'armée d'Allemagne). Cette relation n'existe ni aux Archives du Ministère de la guerre, ni aux Archives nationales.

Il ne rentre pas dans le plan de cet ouvrage de présenter une nouvelle rédaction des journées d'Essling. L'intérêt qui s'attache au récit d'une bataille reposant sur la vérité et la précision des faits, seuls les acteurs et les témoins peuvent nous renseigner. Aussi est-ce à leurs écrits que nous faisons appel, sans rien modifier à leur forme.

2. « A minuit (nuit du 20 au 21 mai), l'Empereur était très incertain, ne sachant encore si l'armée ennemie était devant lui. Cependant, vers une heure,

gauche à celui d'Aspern, ces deux villages et le terrain intermédiaire furent aussitôt occupés par les différentes divisions du 4ᵉ corps, qui passèrent à 9 heures le dernier bras du fleuve. La division Molitor s'établit à Aspern [1], celle du général Legrand entre Aspern et la Tuilerie, celle du général Carra-Saint-Cyr [2] à droite de celle du général Legrand, et enfin la division Boudet prit poste à Essling.

Une grande partie de la réserve de cavalerie se porta dans la plaine en avant des deux villages, les troupes légères en première ligne, les cuirassiers en seconde [3].

L'autre partie de la réserve, la division Saint-Hilaire du 2ᵉ corps et les grenadiers du général Oudinot étaient en marche et ne franchirent les ponts que dans la nuit du 21 au 22 [4].

---

on vint lui rapporter que l'on voyait à un grand éloignement, sur les hauteurs à notre gauche, dans la direction de la Bohème, une immense ligne rougeâtre qui éclairait les nuages à l'horizon, et que ces feux ne pouvaient être que ceux d'une armée considérable. Ce fut aussi l'opinion du maréchal Masséna, qui était monté au sommet du clocher d'Aspern pour s'assurer du fait. » (*Mémoires du général Lejeune, aide de camp du major général.*)

1. « Le 20, la division Molitor avait pris position à Gross-Aspern et à Essling. Le 21, d'après l'ordre que lui donna directement l'Empereur, elle se rangea en bataille à la gauche du corps d'armée, sur une ligne diagonale, refusant sa gauche qui était appuyée au Danube en arrière de Gross-Aspern, sa droite joignant la briqueterie. » (*Rapport historique des opérations de la division Molitor.*)

2. « Vers 10 heures du matin, un énorme bateau détaché du rivage fut entraîné par le courant, tomba sur l'un de nos grands ponts (celui du deuxième bras), le brisa, et la communication fut interrompue pendant plusieurs heures. » (*Mémoires du général Lejeune.*)
Cette rupture d'un des ponts empêcha la division Carra-Saint-Cyr de déboucher sur la rive gauche, avant 6 heures du soir.

3. La division Lasalle (brigades Piré et Bruyère) et la division de cuirassiers Espagne. Cette dernière division ne put traverser les ponts qu'à 2 heures de l'après-midi. Un peu plus tard, ces deux divisions étaient établies sur une seule ligne entre Aspern et Essling, la division Lasalle à gauche, la division Espagne à droite.

4. « Il n'y avait encore à la rive gauche, vers midi ou une heure, que cinq divisions : trois d'infanterie, Legrand, Molitor, Boudet du corps de Masséna, la division de cavalerie légère de Lasalle, celle des cuirassiers du général Espagne. » (*Mémoires sur la guerre de 1809 en Allemagne, par le général Pelet, alors aide de camp du maréchal Masséna.*)

« Le 21, à deux heures de l'après-midi, la division Marulaz avait entièrement effectué son passage et se plaçait à la gauche de la division Molitor. » (*Journal historique des opérations militaires de la division de cavalerie Marulaz.*)
Cette division était formée des 3ᵉ, 14ᵉ, 19ᵉ et 23ᵉ chasseurs, des dragons légers de Bade et des chevau-légers hessois. Le régiment des chevau-légers de Wurtemberg était détaché à Vienne.

Au sujet du passage des troupes sur les ponts, le général Lejeune écrit dans ses *Mémoires :* « Toute la nuit du 20 je restai au pont (celui du dernier bras), fort occupé à le consolider et à faire passer les troupes qui allaient prendre dans la plaine leur ordre de bataille... Le lendemain (21), le Danube avait déjà grossi de plus de trois pieds et rendait les ponts très vacillants. »

La garde impériale était en réserve dans l'île Lobau.

Entre une heure et deux heures après-midi, l'ennemi prend l'initiative, et on le voit s'avancer sur cinq colonnes pour attaquer [1].

La première de ces colonnes se porte à droite d'Aspern ; la seconde marche sur le front de ce village ; la troisième sur la gauche ; la quatrième colonne se porte sur Essling ; la cinquième se dirige pour tourner la petite ville d'Enzersdorf (où le général Boudet avait jeté quelques troupes), afin de prendre à revers la position d'Essling et en même temps chercher à pénétrer dans l'île de Lobau, par ce point que l'ennemi croyait plus faible que les autres.

La cavalerie de réserve des Autrichiens marchait entre les 3e et 4e colonnes d'attaque. Le corps des grenadiers s'avança de Seiring sur Gerasdorf.

Le village d'Aspern est assailli par l'ennemi avec la plus grande vigueur [2]. La division Molitor n'en met pas moins à sou-

---

1. « L'armée autrichienne occupait la ligne Stammersdorf, Gerasdorf, Deutsch-Wagram ; ses colonnes se mirent en mouvement à midi.

« Le F. M. L. Hiller devait, avec le 6e corps (21 bataillons = 10,300 hommes ; 22 escadrons = 1,800 cavaliers et 30 pièces), former la 1re colonne et marcher tout droit sur Stadlau et Aspern, le long de la rive du Danube.

« Le général de cavalerie Bellegarde formait la 2e colonne, avec le 1er corps d'armée (20 bataillons = 21,800 hommes ; 16 escadrons = 1,800 cavaliers et 60 pièces), et devait se diriger sur Hirschtetten.

« Le 2e corps, sous les ordres du F. M. L. Hohenzollern, formait la 3e colonne (23 bataillons = 18,200 hommes ; 5 escadrons = 780 cavaliers et 42 pièces) et marchait par Süssenbrunn sur Breitenlee, et devait, en liaison avec les 2e et 4e colonnes, se porter sur Aspern.

« 13 bataillons = 10,700 hommes ; 8 escadrons = 880 cavaliers et 42 pièces du 4e corps, qui se trouvaient sur la rive droite du Russbach, formaient la 4e colonne que le F. M. L. Dedovich devait conduire par Aderklaa et Raasdorf sur Essling.

« Une fraction du 4e corps et l'avant-garde du F. M. L. Klenau (16 bataillons = 11,000 hommes ; 25 escadrons = 1,660 cavaliers et 42 pièces) formaient la 5e colonne, sous le commandement du F. M. L. Rosenberg, et devaient se diriger de Baumersdorf sur Stadt-Enzersdorf et Essling.

« La réserve de cavalerie (72 escadrons = 8,100 cavaliers et 42 pièces), sous les ordres du prince de Liechtenstein, devait marcher par Aderklaa entre les 3e et 4e colonnes.

« Le corps des grenadiers (17 bataillons = 8,800 hommes et 42 pièces) se tenait en réserve près de Gerasdorf ». (L'Archiduc Charles général en chef et organisateur d'armée, par le colonel von Angeli.)

2. « De 3 à 4 heures, les troupes légères de l'ennemi enlevèrent Aspern, mais elles furent chassées bientôt par la 1re brigade du général Molitor. » (Souvenirs militaires du général de Pelleport, alors chef de bataillon au 18e de ligne dans la division Legrand.)

« Si, dans le fort de l'action, l'immense supériorité de l'artillerie autrichienne est parvenue à rendre intenables quelques parties du village, les troupes n'ont jamais abandonné la principale position d'Aspern, et leur inébranlable fermeté

tenir le choc et à se maintenir dans son poste, et elle donne le temps à la division Legrand d'accourir à son secours. L'ennemi est repoussé ; mais il revient à la charge, et, étant supérieur en nombre, il parvient à se rendre maître de la tête du village.

Les Français s'obstinent à reprendre le terrain qu'ils ont perdu ; les Autrichiens mettent de l'acharnement à le garder. Le village devient non pas un seul champ de bataille, mais le théâtre de mille petits combats sanglants et opiniâtres. Chaque rue, chaque maison, chaque grange voit une scène de carnage ; les chariots, les charrues, les herses, les fléaux, les fourches, les haches sont employés, soit pour se couvrir et se retrancher, soit pour détruire l'ennemi, concurremment avec le fusil et le sabre. On combat dans l'église, dans le cimetière, autour des grands arbres. Chaque parti semble dire au parti contraire que pour être maître du village, il faut l'être de l'intérieur de toutes les habitations. Aspern est pris et repris six fois. Enfin, ce n'est que l'obscurité profonde qui sépare les combattants [1].

------

a constamment résisté aux efforts désespérés de l'ennemi. La division Molitor toute seule a défendu le village d'Aspern, pendant les quatre premières heures de la bataille, contre une bonne partie de l'armée autrichienne ; elle n'a quitté cette position que sur l'ordre du général en chef, le maréchal Masséna, après avoir perdu près de la moitié de son monde et après avoir été relevée par la division Legrand. » (*Observations du maréchal Molitor sur une partie des mémoires écrits du maréchal Masséna (par le général Koch) communiqués en juin 1847.*)

« Legrand arrive avec les 26e et 18e. Cette colonne marche droit devant elle et renverse tout ce qui s'oppose à son passage, s'approche du cimetière, mais ne peut y pénétrer ; elle se retire, se met à couvert de l'artillerie, et conserve la plus grande partie d'Aspern.

« Vers six heures, la division Carra-Saint-Cyr, longtemps retenue dans l'île Lobau, arrive et prend part au combat ; elle donne le moyen de conserver la partie ouest du village et d'y passer la nuit. » (*Souvenirs militaires du général de Pelleport, alors chef de bataillon au 18e de ligne, dans la division Legrand.*)

1. « A trois heures de l'après-midi, la majeure partie de l'armée autrichienne s'avança sur Gross-Aspern et l'attaqua avec la plus grande impétuosité ; en moins de trois quarts d'heure, plus de 60,000 hommes et 80 canons y dirigèrent leurs efforts. Ce village était d'une bonne défense et couvrait notre pont sur le Danube. Le général Molitor, malgré ses représentations, avait été obligé de l'évacuer, d'après l'ordre formel qui lui fut donné ; il se hâta de le réoccuper, aussitôt que l'ennemi parut. Il s'y défendit d'abord avec un bataillon, et, aussitôt qu'il y eut réuni les 37e et 67e régiments, il chargea et mit en déroute les colonnes ennemies, qui s'étaient avancées jusqu'au village : il eût fait un grand nombre de prisonniers, s'il avait eu un peu de cavalerie sous la main. Comme il poursuivait l'ennemi, il reçut l'ordre de ne pas aller plus loin et de s'en tenir à la défense de Gross-Aspern ; il dut alors ramener en arrière, sous le feu le plus meurtrier, les 37e et 67e régiments qu'il plaça en tête du village. Il disposa sur la droite le 2e régiment qui arriva ensuite, et successivement le 16e régiment en réserve, partie dans le village et partie sur la gauche, pour défendre la petite île (Gemeinde-Au) par où l'ennemi pouvait gagner notre pont de

Les Autrichiens restent dans la partie d'Aspern qui est du côté du Marchfeld, et les Français dans celle qui est du côté du Danube.

Dans l'intervalle de ce long et terrible combat, la troisième colonne autrichienne, soutenue par sa réserve de cavalerie, a fait mille efforts pour pénétrer entre Aspern et Essling ; mais elle a été constamment repoussée par la cavalerie française qui a fourni plusieurs charges aussi fructueuses que brillantes [1]. Ce fut dans l'une de ces charges que le général Espagne, combattant à la tête de sa division avec l'intrépidité qui le distinguait, fut tué d'un coup de sabre au milieu de ses compagnons d'armes qui donnèrent de vifs regrets à sa perte [2].

En même temps que l'ennemi s'est porté à l'attaque d'Aspern, sa quatrième colonne, soutenue d'un terrible feu d'artillerie, a attaqué Essling. Les efforts de cette colonne n'ont pas tardé à être appuyés par la cinquième qui, ayant réussi à s'emparer d'Enzersdorf, est arrivée sur Essling par la droite de ce village.

La position des Français devint pénible et la seule division Boudet, renfermée dans Essling, dut combattre contre des forces triples des siennes ; mais le duc de Montebello s'était transporté au milieu de la division Boudet, qui avait été mise sous son commandement pour le moment de la bataille. Cet intrépide maréchal s'était chargé personnellement de la défense d'Essling et ne permit pas à l'ennemi de pénétrer dans un seul point de ce village [3].

---

bateaux, et contre laquelle il n'a cessé d'entretenir le feu le plus soutenu. C'est dans cette position que la division toute seule a soutenu pendant plus de 4 heures, contre la plus grande partie de l'armée autrichienne, le combat le plus inégal et le plus sanglant. Les colonnes d'infanterie ennemie s'avançaient l'arme au bras et venaient se faire écharper sous nos baïonnettes et le feu nourri de nos bataillons, pendant que leur nombreuse artillerie portait le ravage dans nos rangs et démontait nos canons. Ce ne fut que vers 8 heures du soir que la division, après avoir laissé sur le champ de bataille près de la moitié de son monde, fut relevée par la 1re division ; elle se plaça alors en réserve en arrière de Gross-Aspern ». (*Historique des opérations de la division du général Molitor pendant la campagne de 1809.*)

1. A ce moment, le général Marulaz (la division Marulaz était placée en arrière et à l'est d'Aspern) reçoit l'ordre de se porter en avant et de charger l'ennemi.

« Le général Marulaz, à la tête des 3e, 14e, 19e régiments de chasseurs, des dragons de Bade et des chevau-légers hessois, exécuta des charges réitérées sur des bataillons carrés. La position resserrée de l'ennemi, son grand développement de forces, le feu croisé de ses batteries ne lui permirent pas de pousser toutes ses charges à fond ; il se contenta de conserver le terrain qu'il avait gagné et de faire manœuvrer sa cavalerie. » (*Journal historique des opérations militaires de la division de cavalerie légère du général Marulaz.*)

2. Les divisions Lasalle et Espagne étaient placées à la droite de la division Marulaz et à l'ouest d'Essling.

3. « A 7 heures du soir, la brigade Saint-Germain, conduite par le général

A la nuit, les Autrichiens prirent le parti de se retirer [1].

LE MAJOR GÉNÉRAL AU DUC D'AUERSTAEDT.

Au bivouac sur le Danube, 21 mai 1809, 9 heures du soir.

Le pont s'étant rompu on a perdu du temps. L'ennemi a attaqué avec toutes ses forces, et nous n'avions que 20,000 hommes de passés. L'affaire a été chaude. Le champ de bataille nous est resté.

Il faut nous envoyer ici tout votre parc, le plus de munitions possible. Envoyez ici le plus de troupes que vous pourrez, en gardant celles qui sont nécessaires pour garder Vienne. Envoyez-nous aussi des vivres.

Faites venir, en échelons, de Saint-Pölten, ce qu'il faudra pour garder Vienne [2].

LE PRINCE DE PONTE-CORVO A L'EMPEREUR.

Linz, ce 21 mai 1809.

Sire,

J'ai reçu, aujourd'hui, la lettre par laquelle le major général

---

Nansouty, arriva sur le champ de bataille. Bessières put, avec ce renfort, recommencer contre les Autrichiens plusieurs charges brillantes, qui servirent à contenir leurs attaques contre nos ailes. » (*Mémoires sur la guerre de 1809 en Allemagne, par le général Pelet, alors aide de camp du maréchal Masséna.*)

La division de cuirassiers Saint-Sulpice dut déboucher, en partie, sur la rive gauche du Danube, à la suite de la brigade Saint-Germain, et prendre part à ces dernières charges de cavalerie.

Si la part prise par la 2ᵉ division de cuirassiers, aux batailles des 21 et 22 mai 1809, n'est indiquée dans aucun document officiel connu, les états de pertes des 1ᵉʳ, 5ᵉ, 10ᵉ et 11ᵉ cuirassiers signalent cependant, pour ces deux journées, 14 officiers tués et blessés.

D'autre part, l'état de l'emplacement des troupes, au 24 mai, prouve que la 2ᵉ division de cuirassiers était dans l'île Lobau, le 23 et le 24 mai.

1. « L'ennemi se retira pour établir ses bivouacs à quatre portées de canon en arrière. » (*Mémoires du général Lejeune.*)

2. Dans la soirée du 21 mai, les troupes du 3ᵉ corps étaient ainsi réparties :

Cavalerie légère .	Quartier général, à Vienne. 5ᵉ hussards, à Furth. 7ᵉ hussards, à Tulln.
1ʳᵉ division . . .	13ᵉ d'infanterie ; a reçu l'ordre de se replier de Mariazell sur Lilienfeld, en laissant des postes à Túrnitz et Annaberg. 17ᵉ régiment d'infanterie, à Saint-Pölten. 30ᵉ régiment d'infanterie, à Mölk, gardant par des postes tout le Danube, depuis Mautern jusqu'à Ips. 61ᵉ régiment d'infanterie, en face de Mautern.
2ᵉ division. . . .	A Vienne. 12ᵉ régiment d'infanterie, 21ᵉ — à Nussdorf. 25ᵉ —
3ᵉ division. . . .	7ᵉ régiment d'infanterie légère ; marche de Mautern sur Nussdorf. 85ᵉ régiment d'infanterie, à une demi-lieue en arrière de Saint-Pölten, route de Wilhelmsburg.

me prescrit, au nom de V. M., d'entrer en Bohême et de manœuvrer sur Budweis ou sur Zwettel. Je me mets en mesure d'exécuter cet ordre. J'ai pensé qu'il était utile que V. M. connût bien
positivement les forces avec lesquelles je vais entrer en Bohême.
Elle trouvera, ci-joint, l'état exact des présents sous les armes ;
ils ne forment qu'un total de 17,680 combattants et le seul corps
de Kollowrat, que j'ai devant moi, est fort de 25,000 à 30,000
hommes.

. . . .

Le général Vandamme étant parti pour Steyer et Altenmarkt,
j'ai décacheté, ainsi que nous en étions convenus ensemble, les
lettres du major général qui lui étaient adressées à Linz ; je les
lui transmets, afin qu'il exécute sans délai les ordres de V. M.
Je ne saurais dissimuler à V. M. que je me vois avec regret
séparé du général Vandamme. Les talents et l'énergie de ce
général m'eussent bien secondé, s'il eût été dans les vues de
V. M. qu'il entrât en ligne avec moi pour manœuvrer de concert. C'était d'ailleurs le seul officier général capable de me
remplacer, dans le cas où je serais tué ou blessé.

L'armée saxonne n'a point d'artillerie légère ; je prie V. M.
de m'autoriser à emmener avec moi six pièces d'artillerie légère
wurtembergeoise ; je pourrais laisser en remplacement dix pièces
d'artillerie saxonne, qui conviendraient autant pour rester en
position, à la tête du pont. Au reste, Sire, je préfère plutôt
entrer en Bohême sans artillerie que d'en avoir d'une espèce qui
m'est inutile.

BERNADOTTE.

BATAILLE D'ESSLING

Journée du 22 mai.

Premier mouvement. — Le 22, avant le jour, le corps des grenadiers du général Oudinot, la division Saint-Hilaire, la division des cuirassiers Nansouty et le train d'artillerie passent le
Danube [1]. A 4 heures du matin, le combat recommence avec plus

---

[1]. Pendant la nuit du 21 au 22 mai, le corps des grenadiers du général Oudinot, la division Saint-Hilaire, une partie de la garde, plusieurs régiments de
cavalerie légère, de l'artillerie, des munitions et des vivres traversèrent les
ponts sans discontinuer, en bravant les plus grandes difficultés... » (*Mémoires
du général Lejeune.*)

« La division Curial ; les régiments de fusiliers, brigade Gros ; ceux de tirailleurs, brigade Roguet ; les vieux grenadiers et chasseurs, sous le comte Dor-

de fureur que le jour précédent. Aspern et Essling sont de nouveau attaqués par l'ennemi. Trois divisions du 4ᵉ corps se sont concentrées pendant la nuit dans Aspern[1]. Les Autrichiens attaquent en si grand nombre et sont soutenus d'une artillerie si formidable, qu'après un combat de quelques heures, ils emportent le village. Ils n'en sont pas plutôt maîtres que le 24ᵉ d'infanterie légère y pénètre avec fureur, la baïonnette en avant, et les rechasse.

Les Autrichiens, renforcés par des troupes qui leur sont envoyées de leurs deuxième et troisième colonnes, reviennent à la charge et reprennent l'église. Ils n'avaient pas eu le temps de s'établir dans ce poste, que les 4ᵉ et 46ᵉ de ligne et quelques régiments d'infanterie badoise[2] s'avancent et le leur enlèvent. L'ennemi, pendant ce temps-là, s'empare de quelques autres points du village. On court pour le forcer à les évacuer. Quatre fois les Autrichiens touchent au moment d'être maîtres de ce poste, à la possession duquel semble être attaché l'honneur des deux nations. Quatre fois les Français les contraignent de l'abandonner presque en entier. Le jour est déjà avancé ; on continue néanmoins de se disputer ce même champ de bataille. On ne peut pas décider encore à qui restera la victoire[3].

---

senne, franchissent également le fleuve. » (*Mémoires du lieutenant-général comte Roguet.*)

Seuls, 3 régiments de la division Nansouty purent franchir les ponts : la brigade Saint-Germain (3ᵉ et 12ᵉ cuirassiers), le 21, et le 9ᵉ cuirassiers, le 22. (Voir l'*emplacement de l'armée au 24 mai*; Annexe n° 6.)

1. Les divisions Legrand, Carra-Saint-Cyr et Molitor. La division Molitor était en position entre Aspern et le Danube.

« Le 22 mai, à 3 heures du matin, l'armée française, après être restée toute la nuit sous les armes, forma ses lignes de bataille ainsi qu'il suit : à la droite, sous les ordres du duc de Montebello, la division Boudet occupant Essling, ayant à sa gauche les divisions Saint-Hilaire, Tharreau, Claparède. Chacune de ces divisions formait un échelon de la disposition générale ; à gauche, sous les ordres du duc de Rivoli, les divisions Legrand, Molitor et Carra-Saint-Cyr. La garde impériale occupait la lisière du petit bois en avant du pont et formait la réserve ; la cavalerie rangée sur plusieurs lignes, en arrière de l'infanterie, était disposée de manière à pouvoir déboucher facilement par les intervalles, bien ménagés pour la circonstance...

« Ces dispositions n'étaient pas encore terminées, lorsque la bataille recommença. » *Souvenirs militaires du général de Pelleport, alors chef de bataillon au 18ᵉ de ligne, dans la division Legrand.*)

2. L'infanterie badoise était à Neustadt, Schottwien et Glocknitz, sous les ordres du général de Lauriston. Le rédacteur de cette relation veut parler des 4 bataillons d'infanterie de ligne hessoise qui faisaient partie de la division Carra-Saint-Cyr.

3. « Le feu commença aux avant-postes ; il fut lent dans les premiers moments, mais bientôt il s'anima et s'étendit sur toutes les lignes. Le 18ᵉ régiment, tenu en réserve, ne participa pas à cette première fusillade ; mais, vers 3 heures et demie, formé en colonne et soutenu par le 26ᵉ, il se porta sur le

Second mouvement. — Pendant ce combat interminable, l'Empereur s'aperçoit que le centre de l'ennemi, composé de sa

---

cimetière ; deux régiments de Carra-Saint-Cyr s'avançaient en même temps sur le flanc droit de la colonne d'attaque ; nous échouâmes complètement. L'ennemi avait profité de la nuit pour renforcer ce poste, dont la possession était de la plus grande importance.

« L'infanterie autrichienne, protégée par une artillerie de beaucoup supérieure à la nôtre, se rapproche et recommence avec une grande vigueur les attaques de la veille contre Aspern ; on se bat avec acharnement en dehors et dans l'intérieur du village. Masséna et ses lieutenants Legrand, Molitor et Carra-Saint-Cyr se portent sur les points les plus menacés, et soutiennent le courage des troupes par leur présence. » (*Mémoires militaires du général de Pelleport, alors chef de bataillon au 18° de ligne, dans la division Legrand.*)

« Le lendemain 22, la bataille, qui n'avait presque pas discontinué pendant la nuit, redoubla de vivacité à la pointe du jour. On s'aperçut bientôt que l'ennemi voulait à tout prix se rendre maître de la petite île à la gauche de Gross-Aspern (Gemeinde-Au), pour couper l'armée en s'emparant du seul point qui fût derrière elle. La division fut chargée de la défense de cette île. Une tâche aussi importante et d'où dépendait le salut de l'armée redoubla son ardeur, malgré les fatigues et les pertes de la veille.

« Elle soutint, toute la journée, avec succès et avec une constance admirable, la défense de cette position que l'ennemi n'a pas cessé d'attaquer avec acharnement. Celui-ci n'avait également pas cessé de lancer des bateaux portant des moulins enflammés contre nos ponts sur le Danube. Celui du troisième bras, qui n'avait plus de pontons de rechange, était sur le point d'être atteint par un de ces brûlots, lorsque le général Molitor, qui s'en était aperçu, n'eut qu'un mot à dire à quelques canonniers et sapeurs de sa division qui, se jetant intrépidement à la nage, ne tardèrent pas à amarrer le brûlot et à l'amener sur notre rive. » (*Rapport historique de la division du général Molitor.*)

« Le 22 mai à la pointe du jour, la division Marulaz quitta son bivouac et se porta à la hauteur du village d'Aspern, où elle resta en bataille, jusqu'au moment où son S. E. le maréchal Bessières ordonna, au général Marulaz, de se porter en avant d'un ravin occupé par un régiment d'infanterie. Ce mouvement la réunit à la division de cavalerie de M. le général Lassale.

« De concert avec cette division, trois charges furent exécutées sur l'infanterie ennemie ; ces mouvements rapides et audacieux firent suspendre le feu de l'ennemi pendant plus de trois heures. Cependant, ces charges n'avaient pas eu tout le succès qu'on aurait pu espérer : après avoir enfoncé la première ligne ennemie, on trouva la seconde retranchée sur une espèce de mamelon, qui était soutenue par une nombreuse cavalerie en échelons ; la division fut obligée de se retirer. Vers les 11 heures du matin, le feu de l'artillerie ennemie devint si vif, que les deux divisions de cavalerie légère furent obligées de se replier ; celle du 4e corps vint reprendre sa position au-dessus du village d'Aspern.

« A peine arrivée, elle reçut ordre de se porter en avant du ravin que bordait no're infanterie, à la hauteur du village d'Essling, dont l'ennemi s'empara un instant. Dans cette position, la division essuya un feu terrible et croisé, de l'artillerie et de la fusillade. Le général Marulaz fut blessé d'une balle à la cuisse, et malgré la douleur qu'il ressentait, il n'en continua pas moins de commander la division qui fut obligée de se retirer en arrière du ravin. Ce mouvement rétrograde ne la mit point à l'abri du feu de l'ennemi, elle l'essuya pendant quatre heures et il lui causa une perte considérable en hommes et en chevaux. Enfin, vers cinq heures du soir, elle reçut ordre de se retirer près du bois, où elle resta en bataille jusqu'à la nuit. » (*Journal historique des opérations militaires de la division de cavalerie Marulaz.*)

troisième colonne d'attaque, d'une partie de la seconde et de sa réserve de cavalerie, occupe au-dessus d'Essling un front fort étendu qui se prolonge jusque vers Hirschstetten. Napoléon forme aussitôt le projet de partager en deux l'armée ennemie, en la coupant par son centre; il confie cette opération au duc de Montebello. Le maréchal se met à la tête de la division Saint-Hilaire [1]; le général Oudinot avec les grenadiers est à sa gauche; la division Boudet à sa droite; la cavalerie, rangée par masses, remplit les intervalles de la ligne de bataille.

L'ennemi s'aperçoit, aux dispositions faites contre lui, du danger auquel il est exposé. Il renforce promptement son centre, et l'archiduc généralissime vient en prendre lui-même le commandement. Le choc est terrible entre deux armées que l'honneur et l'amour de la gloire exaltent à l'envi. Mais les Français combattent sous les yeux de Napoléon, et ils ont la confiance qu'ils doivent être invincibles. La victoire, effectivement, se déclare pour eux; l'ennemi est culbuté; déjà il est en pleine déroute [2]. C'est dans ce moment décisif qu'on vient avertir l'Em-

---

1. «Nous débouchâmes dans la plaine, la division Saint-Hilaire entre celle Oudinot et celle Boudet; l'Empereur, jugeant qu'il devait attaquer par le centre, ordonna un mouvement en avant. La division Oudinot l'exécuta la première, la division Saint-Hilaire ne tarda pas à la suivre. Déjà les boulets venaient dans nos rangs, mais bientôt la distance devenant moins grande, la mitraille et les balles portaient jusqu'à nous. Cependant, l'attaque étant déterminée, nous gagnions du terrain, débusquant l'ennemi de ses positions et le forçant à la retraite; mais, par ce mouvement en avant, nous isolions notre gauche de la division Boudet, et plus nous nous avancions, plus la distance que nous laissions entre elle et nous devenait considérable. Il était même dangereux que l'ennemi n'en profitât pour venir nous tourner. Plusieurs brigades de cuirassiers passèrent à côté de nous, leurs charges ne furent pas heureuses, l'artillerie les accablait. Nos troupes souffrirent considérablement de la mitraille et des boulets qui tombaient en abondance et éclaircissaient les rangs.

« Notre artillerie qui se portait en avant fut bientôt détruite, il ne lui restait qu'une seule pièce en état de faire feu. C'est dans cette crise difficile, accablés par une artillerie nombreuse, n'ayant point de seconde ligne, qu'un régiment de cavalerie autrichienne s'avança au trot sur notre gauche, et fit mine de vouloir se jeter dans l'intervalle qui nous séparait du corps de Masséna. Le général Saint-Hilaire m'envoya de suite au 105e régiment d'infanterie, pour le faire former en potence face à ce régiment et en même temps battre la charge. Ceci fut si bien exécuté, le régiment marchant en avant et faisant feu avec tant de résolution, que le régiment tourna bride bientôt et se perdit dans la plaine. » (*Opérations de la division Saint-Hilaire, dans la campagne de 1809 en Autriche, par le commandant Boudin de Roville, alors premier aide de camp du général Saint-Hilaire.*)

2. « En voyant l'ennemi occuper un si grand développement, de sa droite à sa gauche, l'Empereur ordonna au maréchal Lannes de percer vivement sur le centre des Autrichiens, dont une partie pénétrait déjà dans quelques maisons à la droite d'Essling, et dont l'autre aile attaquait Aspern avec fureur.

« A peine faisait-il jour, que le mouvement du maréchal Lannes commença,

perceur que de gros arbres et des moulins flottants, lancés par l'ennemi dans le grand courant du Danube, ont enlevé le pont qui joignait l'île de Lobau à la petite île, et que, par une suite de ce désastre, les parcs de réserve, la division de cuirassiers Saint-Sulpice et tout le corps du duc d'Auerstaedt, qui arrivaient pour prendre part à la bataille, sont arrêtés sur la rive droite du Danube [1]. Napoléon juge qu'il est conforme à la prudence de suspendre le mouvement en avant du duc de Montebello. Il

---

en laissant d'abord le général Boudet à sa droite pour défendre Essling, et formant ses divisions en colonnes par régiment ; plaçant ensuite la cavalerie en seconde ligne, il marche fièrement dans cet ordre et ne tarde pas à aborder l'ennemi. (Les divisions marchèrent en colonnes par régiment, la droite en avant, la division Saint-Hilaire à droite, la division Tharreau au centre et la division Claparède à gauche.) Le général Saint-Hilaire et le 57e sont en tête ; le corps Oudinot et les autres colonnes viennent les appuyer. Tout fléchit et se retire devant eux. Puis, continuant à pousser l'ennemi très vivement, les Autrichiens sont mis dans un grand désordre qui gagne insensiblement toute la ligne. Après quelques instants, l'armée autrichienne est enfoncée et se retire dans plusieurs directions divergentes.

Alors le maréchal Bessières, à la tête de plusieurs colonnes de cuirassiers, fait traverser les intervalles de nos divisions et fournit plusieurs charges sur l'infanterie et la cavalerie des Autrichiens. Notre cavalerie jette le désordre dans leurs rangs et parvient sur leurs derrières jusqu'au village de Breitenlee, où s'était trouvé, une heure auparavant, le quartier général du prince Charles. (*Mémoires du général Lejeune, alors aide de camp du major général.*)

Dans ses *Mémoires*, le général Savary s'exprime ainsi au sujet de cette attaque sur le centre de l'armée autrichienne : « Je marchais avec le maréchal Lannes, qui se tenait à la division Saint-Hilaire. Comme nous traversions une plaine immense, toutes les troupes étaient formées selon l'ordre profond, les unes en carrés, les autres en colonnes.

« La canonnade commença presque aussitôt que nous fûmes ébranlés ; elle était meurtrière parce que, outre que nous étions près, nous présentions des masses. Les ennemis étaient aussi formés en carrés par échiquier, et commencèrent un feu de mousqueterie qui ne nous faisait pas autant de mal qu'il aurait pu nous en faire, s'ils avaient eu quelques bataillons déployés ; comme de notre côté, nous eussions bien maltraités, si, au lieu d'avoir eu des troupes composées de soldats aussi neufs, nous eussions eu des troupes exercées comme l'étaient celles du camp de Boulogne, que l'on pouvait hardiment ployer et déployer sous le feu sans craindre le désordre. Nous persistions à pénétrer dans cette ligne d'échiquier, lorsque la mitraille et la mousqueterie, décomposant nos colonnes, nous forcèrent d'arrêter et d'engager un feu de canon et de mousqueterie, avec le désavantage du nombre. On essaya de balancer tous ces désavantages par des charges de cuirassiers, que l'on fit donner successivement dans plusieurs directions ; mais ils avaient à peine percé la ligne d'infanterie des Autrichiens, qu'ils étaient ramenés battant par leur cavalerie trois fois supérieure. A tous ces inconvénients se joignit celui du manque de munitions, qui fut général vers huit heures et demie du matin. A cette heure, on voyait courir par tout le champ de bataille des officiers qui demandaient où était le parc aux munitions, et il était encore de l'autre côté du Danube. »

1. « L'Empereur m'envoya vite aux ponts pour vérifier de quelles ressources on pouvait encore disposer, soit par des bateaux à rames, soit des ponts volants,

ordonne à ce maréchal de se replier et lui fait prendre une position concentrée, la droite appuyée à Essling, et sa gauche à un rideau où le 4ᵉ corps touchait par sa droite, ayant toujours sa gauche dans Aspern [1].

Troisième mouvement. — L'ennemi, en s'apercevant du mouvement que l'armée française fait sur elle-même et du ralentissement de son feu, soupçonne que son stratagème a réussi. Alors il se rallie et revient à la charge avec une nouvelle confiance. Ses efforts se dirigent particulièrement contre le village d'Essling, qui est la clef de la position de l'armée française. Les Autrichiens attaquent ce village jusqu'à quatre fois avec une grande résolution ; mais quatre fois ils sont repoussés par l'effet d'un courage supérieur. Enfin, l'archiduc déterminé à tout ris-

pour faire passer encore du monde et des munitions. » (*Mémoires du général Lejeune.*)

Il avait été établi le 21 un va-et-vient, un peu au-dessous du pont de pontons, pour passer les blessés dans l'île de Lobau.

« Dans la matinée du 22, on ne put empêcher la rupture des ponts des deux premiers bras ; l'ennemi multipliait les corps flottants qu'il dirigeait sur eux pour les détruire, et les pontonniers malgré leurs efforts ne parvinrent point à se rendre maître de tous. L'armée se battait depuis le passage, les munitions s'épuisaient, et les accidents arrivés aux ponts ne permettaient pas de lui en fournir de nouvelles. On prit dans ce moment le parti d'en décharger dans des bateaux, pour les transporter sur l'autre rive, où on les chargeait sur des caissons envoyés pour les chercher. Ce moyen, extrêmement long, mais le seul praticable dans cette circonstance, mettait dans l'impossibilité de remplacer les munitions que l'armée consommait sans cesse, et elle en manquait. Pendant ce temps, on travailla sans relâche à raccommoder les ponts brisés, qui tous deux furent achevés dans l'après-midi. Celui du premier bras à peine réparé, un corps flottant l'enleva de nouveau, et comme on n'avait pas d'agrès pour le refaire, on se vit dans la nécessité d'attendre au lendemain 23. » (*Notes sur les différents passages du Danube exécutés par l'armée française pendant la campagne de 1809, par le lieutenant Drieu, du 2ᵉ bataillon de pontonniers.*)

1. « La brigade Colbert défilait sur le grand pont du Danube, à pied, les hommes tenant les chevaux par la bride, au moment où le pont fut rompu..... Un escadron du 9ᵉ hussards, qui tenait la tête de la brigade, se trouva avec le général et ses aides de camp sur la rive gauche du Danube ; les autres escadrons du 9ᵉ hussards, le 7ᵉ et le 20ᵉ chasseurs restèrent sur la rive droite. » (*Le général Curély.*)

« Cet événement terrible, inopiné (la rupture du grand pont), changea les résolutions de l'Empereur ; il ne devait plus songer à pousser ses avantages. Les corps d'Oudinot et de Saint-Hilaire étaient avancés à au moins trois quarts de lieue dans la plaine, tandis que notre cavalerie agissait sur la droite et que le corps de Masséna se maintenait sur la gauche à Aspern, il envoya donc l'ordre au Maréchal Lannes de faire retirer le 2ᵉ corps. Ce Maréchal m'envoya sur la gauche de la division Saint-Hilaire, pour faire exécuter le mouvement de retraite. » (*Opérations militaires de la division Saint-Hilaire dans la campagne de 1809, par Boudin de Roville, alors premier aide de camp du général Saint-Hilaire.*)

quer pour emporter Essling, décide une cinquième attaque, et fait avancer sa réserve de grenadiers [1].

Le généralissime autrichien ne croyait pas le succès douteux contre des troupes harassées de fatigue et dont les munitions étaient épuisées ; mais la garde impériale s'est portée sur le terrain du combat. Le général Mouton, à la tête des fusiliers et des tirailleurs, reçoit le nouveau choc des Autrichiens et rend nuls tous leurs efforts. Lorsque l'ennemi se montre étonné d'une pareille résistance, le général Mouton l'attaque à son tour, culbute les grenadiers autrichiens, et, par cette action brillante, termine la journée et assure à l'armée française un champ de bataille si vivement et si longuement disputé [2].

Les tirailleurs de la garde qui faisaient ce jour-là leurs premières armes se signalèrent. Les grenadiers de la vieille garde étaient en seconde ligne, formant un mur d'airain capable à lui seul d'arrêter l'armée autrichienne [3].

. . . .

1. « Notre gauche ainsi que notre centre ne rendaient le terrain que pied à pied et n'étaient pas encore rentrés, entre les villages d'Essling et d'Aspern d'où ils avaient débouché le matin, lorsque les ennemis firent une attaque de vive force à notre droite, et enlevèrent le village d'Essling qui était défendu par la division Boudet. Le salut de notre retraite était dans la reprise prompte de ce poste, duquel les ennemis seraient arrivés à notre pont bien avant les maréchaux Masséna et Lannes. La situation était des plus critiques, le désordre allait commencer, lorsque l'Empereur donna l'ordre à son aide de camp, le général Mouton, de prendre la brigade de fusiliers de la garde et d'attaquer sur-le-champ. » (*Mémoires du duc de Rovigo.*)

2. « Le général Mouton, à la tête des tirailleurs, brigade Roguet, et des fusiliers, brigade Gros, reçoit le nouveau choc des Autrichiens. L'ennemi se montre étonné d'une pareille résistance ; nous l'attaquons à notre tour et culbutons ses grenadiers : c'était notre début.

« Dès le matin, la vieille garde formait en seconde ligne une dernière réserve. » (*Mémoires militaires du lieutenant-général comte Roguet.*)

« Nous ne pouvions plus nous maintenir dans Essling ; déjà les Autrichiens pénétraient dans la maison carrée que Napoléon avait fait fortifier la veille.

« Le général Mouton s'avança à leur rencontre et les arrêta ; mais ils reçurent tout de suite des renforts. L'Empereur s'en aperçut : je fus chargé de prendre deux autres bataillons de la jeune garde et de voler au secours des nôtres ; je devais les dégager, faire retraite avec eux, et prendre position entre le village et le reste de la garde, sur les bords du Danube, près du pont qui avait été rompu. Les colonnes autrichiennes s'avançaient de tous les côtés sur ce point ; la position devenait terrible. Je me mis à la tête de mes deux bataillons et j'entrai dans le village : je disposai mes troupes en arrière du général Mouton, et fus lui porter les ordres de l'Empereur. Mais toute la réserve ennemie, conduite par l'archiduc Charles, se déployait à quelques pas... Nos cinq bataillons s'ébranlent, culbutent, dispersent tout, à coups de baïonnettes. Nous sommes maîtres du village. » (*Mémoires du général Rapp.*)

D'après le *Journal* du maréchal de Castellane, c'est à 3 heures que le général Mouton fut dirigé sur Essling.

3. « Les ennemis ne furent point entreprenants dans notre retraite ; ils nous

LE MAJOR GÉNÉRAL AU DUC D'AUERSTAEDT.

Rive gauche du Danube, à la tête de pont, 22 mai 1809, midi et demie.

L'interruption du pont nous a empêchés de nous approvisionner ; à dix heures, nous n'avions plus de munitions. L'ennemi s'en est aperçu et a remarché sur nous. Deux cents bouches à feu, auxquelles depuis dix heures nous ne pouvions répondre, nous ont fait beaucoup de mal.

Dans cette situation de choses, raccommoder les ponts, nous envoyer des munitions et des vivres, faire surveiller Vienne est extrêmement important. Écrivez au prince de Ponte-Corvo pour qu'il ne s'engage pas dans la Bohême, et au général Lauriston pour qu'il soit prêt à se rapprocher de nous. Voyez M. Daru, pour qu'il nous envoie des effets d'ambulance et des vivres de toute espèce.

Aussitôt que le pont sera prêt, ou dans la nuit, venez vous aboucher avec l'Empereur [1].

---

laissèrent toute l'après-midi entre Aspern et Essling, et ce ne fut que vers les quatre heures du soir que nous nous retirâmes dans le bois, qui couvre l'extrême bord du fleuve, que nous repassâmes la nuit sans être inquiétés. » (*Mémoires du duc de Rovigo.*)

« A l'entrée de la nuit, l'Empereur repassa dans l'île de Lobau et chargea le maréchal Masséna de faire les dispositions nécessaires pour opérer la retraite, qui commença à onze heures, dans l'ordre suivant : les malades ou blessés, le matériel, la garde impériale, la grosse cavalerie, les divisions Molitor, Boudet, Oudinot, la cavalerie légère, les tirailleurs de la garde. Pendant que ces corps, mutilés plus ou moins, défilaient sur un seul pont, les divisions Legrand et Tharreau couvraient ce mouvement. Elles ne passèrent qu'après les autres troupes. Masséna se tenait à la tête du pont, sur la rive gauche, pour veiller à l'exécution des ordres qu'il avait donnés. Chaque corps emportait les blessés hors d'état de marcher. Vers trois heures et demie, le pont fut retiré ; je ne quittai la rive gauche, avec les voltigeurs du 18e, qu'à quatre heures, après avoir échangé des balles avec les troupes légères de l'ennemi. Deux grandes barques avaient été mises à ma disposition, pour traverser le dernier bras du Danube dont la largeur était d'une soixantaine de toises. » (*Souvenirs militaires du général de Pelleport, qui commandait alors le 18e régiment d'infanterie, dans la division Legrand.*)

La division Demont fit partie des troupes qui passèrent sur la rive gauche du Danube ; composée en grande partie de conscrits des dernières levées, son rôle se borna à garder le dernier pont et à occuper le petit bois au débouché de ce pont.

1. « La majeure partie de la population de Vienne était sortie de la ville et des faubourgs et était du côté d'Ebersdorf.

« La bataille avait commencé depuis le jour et était très vive. Chaque minute exaltait la tête des habitants. Dans cette circonstance, le maréchal fit monter à cheval tout ce qui restait de la division Nansouty et qui n'avait pu passer, la dirigea sur Vienne avec ordre de faire rentrer la population, et envoya

LE MAJOR GÉNÉRAL AU DUC DE RIVOLI.

Ile de Lobau, 23 mai 1809, une heure du matin.

L'Empereur arrive au premier pont sur le petit bras[1]. Le pont de chevalets est rompu. On donne des ordres pour le réparer ; mais il est nécessaire que vous y envoyiez des sapeurs pour faire deux ponts de chevalets au lieu d'un. Mais ce qui sera plus long, c'est le premier pont sur le grand bras, qui est à moitié défait et qui ne peut être reconstruit au plus tôt que vers la fin de la journée de demain. Il est donc nécessaire que vous teniez fortement la tête du premier pont, que vous passerez demain matin. c'est-à-dire de placer de l'artillerie et de retirer les pontons pour faire croire à l'ennemi, d'après votre disposition, que nous nous réservons les moyens de rejeter le pont pour passer ; ce qui tiendra l'ennemi en respect.

également dans cette ville une partie de son infanterie. Il fit partir sur toutes les routes des partis et un fort détachement de cavalerie, pour se mettre en communication avec le général Lauriston qui avait été envoyé à Neustadt, donna les avis nécessaires aux commandants des troupes et en particulier au maréchal Bernadotte, pour qu'on fût à même d'agir selon les circonstances, si la destruction des ponts entraînait la perte de toutes les troupes qui avaient passé. Les mesures les plus nécessaires furent prises pour réparer ce malheur, sauver ce qui était possible des matériaux des anciens ponts, et faire venir de nouveaux matériaux de Vienne. On n'oublia pas de faire venir de petits bateaux pour la communication.

« La bataille devenait de plus en plus vive et l'on était sans nouvelles par les raisons déduites plus haut. Enfin, vers midi ou une heure, les nacelles arrivèrent et le maréchal envoya des officiers à l'Empereur qui, par leur retour, lui fit témoigner le désir de le voir. Le maréchal s'y rendit de suite. Après avoir pris les dernières instructions de l'Empereur, il repassa sur la rive droite. En arrivant, le maréchal surveille et active toutes les mesures prescrites pour établir de nouveau le pont de bateaux... » (*Opérations du 3e corps, en 1809. — Papiers du maréchal Davout.*)

Emplacement du 3e corps d'armée, le 22 mai :

Cavalerie légère.	1 escadron du 5e hussards, 7e hussards, 11e chasseurs, 1 bataillon du 25e d'infanterie,	à Nussdorf ; le 7e d'infanterie légère rentre à sa division.
1re division . . .	Séjourne ; le 17e d'infanterie marche sur Vienne ; un bataillon du 13e se porte à Saint-Pôlten.	
2e division . . .	à Ebersdorf.	
3e division . . .	à Ebersdorf.	
Parc		
Quartier général.		

« Ainsi, le duc d'Auerstaedt aurait eu sous ses ordres, à la bataille d'Essling, 20 bataillons bien complets et l'artillerie de deux divisions. » (*Journal de marche du 3e corps d'armée.*)

1. Le petit bras du Danube qui traverse la partie sud de l'île de Lobau, qui le 20 et le 21 avait pu être traversé à gué, était devenu, par suite de la crue des eaux, un torrent dangereux. (*Mémoires du duc de Rovigo.*)

Mais le fait est qu'il faudra, aussitôt que les pontons seront retirés, les faire charger sur les haquets avec les cordages, ancres, poutrelles, madriers, etc., pour les envoyer de suite au pont du grand bras, pour lequel il manque quatorze ou quinze bateaux. Vous enverrez les compagnies de pontonniers qui sont avec vous, pour aider à faire le pont. Vous sentez combien tout ceci demande d'activité.

L'Empereur passe de l'autre côté pour activer tous les moyens, et surtout pour vous faire passer des vivres. L'important est donc de vous tenir fortement et avec beaucoup de canons dans la première île, et d'envoyer vos pontons pour le pont rompu.

M. Lejeune vous remettra cette lettre et vous l'expliquera.

ALEXANDRE.

(*Arch. du prince d'Essling.*)

LE MAJOR GÉNÉRAL AU COMTE DARU, INTENDANT GÉNÉRAL DE L'ARMÉE D'ALLEMAGNE, A VIENNE.

Ebersdorf, 23 mai 1809, une heure du matin.

Il est de la plus grande importance, Monsieur l'Intendant général, qu'aussitôt la réception de cette lettre, vous nous fassiez charger sur des bateaux 100,000 rations de pain ou de biscuit, si vous pouvez les fournir, et autant de rations d'eau-de-vie ; que vous leur fassiez descendre le Danube, pour se rendre à la grande île où est notre pont de bateaux, c'est-à-dire au deuxième bras à gauche. Une grande partie de l'armée se trouvera cette nuit dans cette île et y aura besoin de vivres. Envoyez un employé qui descendra avec les bateaux, et, arrivé à la tête du pont, il fera prévenir le duc de Rivoli qui se trouvera dans la grande île vis-à-vis Ebersdorf, afin qu'il ordonne la distribution de ces vivres, dont il a le plus grand besoin.

Dans la situation des choses, rien n'est plus pressant que l'arrivée de ces vivres [1].

ALEXANDRE.

---

[1]. M. DARU, INTENDANT GÉNÉRAL DE L'ARMÉE D'ALLEMAGNE, AU MAJOR GÉNÉRAL.

Vienne, le 23 mai 1809.

Monseigneur,

J'ai reçu, cette nuit, la lettre que V. A. m'a fait l'honneur de m'écrire, pour me prévenir qu'il fallait envoyer avec un bateau des vivres jusqu'à la grande île. Il est cinq heures du matin, et déjà ce bateau est à moitié chargé. Dans une heure il le sera entièrement.

Son chargement consistera environ savoir :

48,000 rations de pain ;

22,000 rations de biscuit ;

Le 23 mai, dans la matinée, toutes les troupes françaises qui avaient pris part aux journées d'Essling étaient rentrées dans l'île Lobau où elles devaient séjourner jusqu'au 25, jour où les communications avec la rive droite furent rétablies [1].

Quinze barriques d'eau-de-vie, contenant chacune environ seize mille rations, ce qui fait 240,000 rations d'eau-de-vie.

. . . .

DARU.

LE GÉNÉRAL PETIT AU DUC D'AUERSTAEDT.

Au bivouac près d'Ebersdorf, le 23 mai 1809, 7 heures et demie du soir.

Monseigneur,

J'ai l'honneur de prévenir V. E. que dans ce moment il part, pour se rendre sur la rive gauche, un bateau chargé de :

44,000 rations de pain ;

17,000 rations de biscuit ;

240,000 rations d'eau-de-vie ;

8,700 pintes de vin.

Un autre bateau chargé de 750 moutons est prêt à partir.

Ces convois viennent de Vienne et, après avoir échoué à la rive droite, ont éprouvé du retard.

J'ai le plus grand besoin d'ancres ou grappins.

Je supplie V. E. de m'en faire avoir au moins deux pour arrêter les carcasses, brûlots et autres débris que charrie le fleuve.

PETIT.

1. Voir Annexe n° 6, emplacement de l'armée au 24 mai.

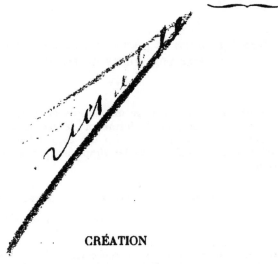

CRÉATION

DANS LA GARDE IMPÉRIALE

DE

DEUX NOUVEAUX RÉGIMENTS DE TIRAILLEURS

Création, dans la garde impériale, de deux nouveaux régiments de tirailleurs.

––––––

Une lettre de l'Empereur, au ministre de la guerre, indiquait les voies et moyens pour la formation de ces deux nouveaux régiments, ainsi que la répartition des 40,000 hommes de la nouvelle levée[1] appelés sous les drapeaux par un décret du 25 avril.

L'EMPEREUR AU MINISTRE DE LA GUERRE.

Ratisbonne, le 25 avril 1809.

. . . .
Les 10,000 hommes des anciennes conscriptions seront répartis de la manière suivante : 1,000 hommes au 55ᵉ régiment, 6,000 pour les dépôts de la garde, dont 3,000 seront dirigés sur Strasbourg (ce sont ceux des départements qui se détourneraient trop s'ils venaient à Paris) et 3,000 sur Paris (ce sont ceux des départements dont la distance permet de passer par Paris sans trop s'éloigner).
. . . .
Les 6,000 hommes seront donnés, savoir : 3,000 aux deux nouveaux régiments de tirailleurs de la garde que je forme par le décret ci-joint et 3,000 hommes serviront à compléter les régiments de conscrits, tirailleurs et fusiliers.
. . . .
Moyennant la formation de deux nouveaux régiments de tirailleurs de la garde, ma garde sera composée de deux régiments de fusiliers, de quatre régiments de tirailleurs, de quatre régiments de conscrits et de deux régiments de vieille garde ; ce qui fera douze régiments.
. . . .

NAPOLÉON.

Un nouveau décret augmentait la garde impériale[2] par la création de deux régiments de tirailleurs.

––––––

1. Voir Tome I, ordre de l'Empereur du 31 mars 1809, note 1.
2. Voir les décrets des 16 janvier, 29 et 31 mars 1809, relatifs à l'organisation de la garde impériale (Annexes nᵒˢ 5, 20 et 20 ᵇⁱˢ, Tome I).

DÉCRET.

Ratisbonne, le 25 avril 1809.

Art. 1er.

Il sera formé un second régiment de tirailleurs-chasseurs et un second régiment de tirailleurs-grenadiers de notre garde.

Art. 2.

Ces deux régiments seront en tout composés et habillés comme les deux régiments actuels des tirailleurs de notre garde, hormis que les officiers au-dessous du grade de capitaine seront pris soit parmi nos vélites, soit parmi les élèves de notre école militaire de Saint-Cyr et ne feront point partie de notre garde, et que les sergents et caporaux seront pris parmi nos fusiliers et traités comme les sous-officiers de la ligne, en suivant le même principe qui a servi de base à la formation des quatre régiments de conscrits de notre garde.

Art. 3.

Ces deux régiments seront formés à Strasbourg.

. . . .

MESURES DISCIPLINAIRES

PRISES A L'ARRIÈRE DE L'ARMÉE

Mesures disciplinaires prises à l'arrière de l'armée.

ORDRE DU JOUR.

Au quartier impérial, le 14 mai 1809.

L'Empereur voit avec peine les désordres qui se commettent en arrière de l'armée ; ils deviennent tels qu'ils doivent fixer son attention. De mauvais sujets cherchent à déshonorer l'armée, et au lieu de se trouver à leurs drapeaux et devant l'ennemi, ils restent en arrière où ils commettent toute espèce d'excès et même des crimes.

S. M. ordonne qu'il soit formé sur-le-champ cinq colonnes mobiles composées chacune :

D'un adjudant-commandant ou colonel ;

D'un chef d'escadron ;

D'un capitaine d'infanterie ;

D'un officier de gendarmerie faisant fonctions de rapporteur ;

D'un magistrat du pays.

Ces officiers formeront autant de commissions militaires qu'il y a de colonnes mobiles.

La première de ces commissions étendra sa juridiction sur le cercle de Vienne ;

La deuxième sur le cercle de Saint-Pölten ;

La troisième sur le cercle de Steyer ;

La quatrième sur le cercle de Linz.

La cinquième sur le cercle d'Unter-Manhardsberg.

A la suite de ces commissions, et sous les ordres de l'adjudant-commandant, il y aura :

3 brigades de gendarmerie ;

60 hommes à cheval et 90 hommes d'infanterie.

Chaque détachement de cavalerie sera commandé par un chef d'escadron.

Chaque détachement d'infanterie le sera par un capitaine.

Chaque détachement aura le nombre d'officiers prescrit par les règlements militaires, en raison de sa force.

Tout traîneur qui, sous prétexte de fatigue, se sera détaché de son corps pour marauder, sera arrêté, jugé par une commission militaire et exécuté sur l'heure.

L'adjudant-commandant de chaque colonne mobile rendra

compte tous les jours, au major général, du lieu où il se trouvera et des opérations de la commission.

Ces colonnes, qui seront fortes de plus de cent cinquante hommes, se diviseront en autant de petites patrouilles que l'adjudant-commandant jugera convenable, afin de se porter partout où besoin sera.

Auprès de chaque commission, il y aura un magistrat de cercle.

Chaque commission se rendra sur tous les points où elle jugera sa présence nécessaire, dans l'arrondissement du cercle.

Le présent ordre du jour sera affiché dans toutes les villes et villages, sur la route de Strasbourg à Vienne, et lu aux différents régiments et détachements qui passeront. Il en sera remis un exemplaire à chaque commandant de troupes de passage.

Le Prince de Neuchâtel,
Major général.

INSTRUCTION POUR LES COLONNES MOBILES A ÉTABLIR, EN EXÉCUTION DES DISPOSITIONS DE L'ORDRE DU JOUR CI-DESSUS, DANS LES CERCLES DE L'AUTRICHE, A MESURE QUE LES TROUPES FRANÇAISES LES OCCUPERONT.

Les colonnes mobiles sont instituées pour faire régner l'ordre dans leur arrondissement respectif.

Elles s'établiront dans les chefs-lieux d'arrondissement, d'où les commandants de ces colonnes enverront des détachements partout où il sera nécessaire, pour le maintien ou le rétablissement de l'ordre.

Leur objet principal sera de rechercher, arrêter et faire conduire au chef-lieu du cercle tous les maraudeurs et traîneurs de l'armée, soit français soit alliés, qui n'appartiendraient pas à des corps qui se trouveraient dans leur voisinage.

Si, dans le nombre de ces traîneurs et maraudeurs, il s'en trouvait qui se fussent rendus coupables, soit d'assassinat ou de voies de fait envers les habitants, soit de vols, de pillages ou de tout autre délit, il en ferait dresser procès-verbal. L'expédition de ce procès-verbal sera adressée en même temps que le prévenu au gouverneur du cercle, au chef-lieu. Les procès-verbaux de ce genre devront toujours renfermer les indications nécessaires pour faciliter la recherche des preuves.

Aussitôt l'arrivée des prévenus au chef-lieu, ils seront jugés et condamnés à mort par une commission militaire composée de cinq officiers, dont l'un faisant fonctions de rapporteur.

Le commandant compris dans le nombre de ces cinq officiers sera président de cette commission.

Si, parmi les traîneurs et maraudeurs, il s'en trouvait qui osassent opposer de la résistance avec voies de fait aux colonnes mobiles, les commandants de ces colonnes sont autorisés à les faire juger prévôtalement et condamner à mort, par une commission composée de cinq militaires de la colonne, les plus élevés en grade, dont un remplira les fonctions de rapporteur.

Les commandants des colonnes seront toujours présidents de ces commissions et feront partie des cinq membres dont elles doivent se composer.

Les colonnes mobiles protégeront particulièrement les ministres et l'exercice des cultes, ainsi que les magistrats.

Il y aura constamment auprès de chaque colonne mobile un commissaire civil pour recevoir les plaintes des habitants, les communiquer au commandant de la colonne, et lui donner les indications nécessaires pour la répression des désordres et l'arrestation des coupables.

Toutes les fois qu'une colonne marchera par détachement, il devra y avoir, avec chaque détachement, un commissaire ou notable du pays.

Tout habitant, qui serait pris les armes à la main contre les Français ou alliés, sera jugé et condamné à mort par la commission militaire attachée à chaque colonne.

Les commandants des colonnes mobiles renverront de suite toutes les sauve-gardes, à l'exception de celles placées par ordre de S. A. S. le prince vice-connétable, major général, si elles exhibent un ordre signé de lui.

Ils établiront toutes celles qu'ils croiront être nécessaires pour le maintien de l'ordre et la conservation des propriétés, et auront soin de les nantir d'un ordre qui les fasse reconnaître ; il en sera envoyé note au major général.

Ces sauve-gardes seront toujours fournies sans rétribution.

Tous les maraudeurs et traîneurs, qui seront conduits au chef-lieu et qui ne seront pas dans le cas d'être livrés à la commission militaire, seront dirigés sous escorte par les soins du commandant, sur leurs corps respectifs, s'il est à portée, et, dans le cas contraire, sur le quartier général impérial.

ALEXANDRE.

Pour copie conforme,
VIGNOLLE.

RÈGLEMENT POUR L'ORGANISATION DE LA GENDARMERIE POUR
LA SURETÉ DES ROUTES DE L'AUTRICHE, LE MAINTIEN DE LA
TRANQUILLITÉ PUBLIQUE, ET LA RÉPRESSION DU BRIGANDAGE
DANS LES CERCLES OCCUPÉS PAR LES ARMÉES FRANÇAISES ET
ALLIÉES.

Au quartier impérial, à Schönbrunn, le 14 mai 1809.

ARTICLE PREMIER.

Les circonstances exigeant qu'il soit pris des mesures promptes pour la sûreté des routes, le maintien de la tranquillité publique et la répression du brigandage, il sera formé provisoirement
un corps de gendarmerie pour suppléer à ce qui manque, en ce
moment, à la force publique qui existait avant l'arrivée de l'armée française.

Ce corps sera aussi chargé de protéger l'arrivage des subsistances.

ART. 2.

Ce corps sera composé : 1° d'un détachement de la gendarmerie impériale française actuellement à la suite de l'armée ; 2° d'un
détachement de trente hommes fourni par chacun des cercles
occupés par les armées françaises.

ART. 3.

Le détachement de gendarmerie française sera composé de :
1 chef d'escadron ;
1 capitaine ;
1 lieutenant ;
9 maréchaux des logis ou brigadiers ;
45 gendarmes à cheval.

ART. 4.

Ce détachement sera réparti ainsi qu'il suit :
Le chef d'escadron résidera à Vienne ;
Le capitaine à Linz ;
Le lieutenant à Braunau ;
Un maréchal des logis ou brigadier, et 5 gendarmes, dans
chacun des 9 cercles de cette province ;
Les maréchaux des logis, brigadiers et gendarmes seront ré-
partis, dans chaque cercle, sur les points des principales routes,

conformément à l'état qui sera arrêté par le gouverneur général de l'Autriche, sur la proposition du chef d'escadron composant le détachement.

ART. 5.

Le capitaine ou administrateur de chaque cercle ordonnera aux baillis et aux magistrats des villes, de lui présenter le tableau des hommes de bonne volonté qui voudront concourir au service de la gendarmerie, pour maintenir la tranquillité du pays.

Nul n'y sera admis que les propriétaires ou fils de propriétaires, domiciliés dans le cercle, âgés de vingt ans au moins et d'une moralité reconnue.

Le capitaine du cercle formera, d'après l'état des demandes, une liste de présentation de trente sujets ; cette liste sera soumise à l'approbation du commandant et de l'intendant du cercle, qui prendront des informations sur tous les sujets désignés.

ART. 6.

Les trente sujets admis dans chaque cercle y feront les fonctions de gendarmes surnuméraires ; ils ne seront obligés à contracter aucun engagement, mais ils feront la promesse de seconder loyalement la gendarmerie française dans son service.

ART. 7.

Les gendarmes surnuméraires seront divisés en brigades de cinq hommes chacune, commandées par un maréchal des logis, brigadier ou gendarme français ; la répartition de ces brigades sera déterminée par le gouverneur général de la province.

ART. 8.

D'après les dispositions ci-dessus, le corps de gendarmerie destiné au maintien de la tranquillité publique, dans la province d'Autriche, sera organisé ainsi qu'il suit.

GRADES.	Français.	Allemands.	TOTAL.
Chef d'escadron.	1	»	1
Capitaine.	1	»	1
Lieutenant	1	»	1
Maréchaux des logis ou brigadiers.	9	»	9
Gendarmes.	45	»	45
Gendarmes surnuméraires	»	270	270
Total	57	270	327

Organisation dans chaque cercle.

6 brigades composées, savoir :

Une de { 1 maréchal des logis ou brigadier fourrier . . . . . } 6 hommes.
{ 5 gendarmes allemands. . . . . }

Cinq de { 1 gendarme français. . . . . } 30 hommes.
{ 5 gendarmes allemands . . . . }

Total . . . . 36 hommes.

Art. 9.

Les gendarmes surnuméraires seront tenus de se monter à leurs frais, ils recevront la même solde que les gendarmes français ; il ne leur sera fait aucune fourniture de vivre ni de fourrage.

Art. 10.

Il sera fourni à chaque gendarme surnuméraire un habit uniforme, un mousqueton, une paire de pistolets, un sabre et une giberne.

Art. 11.

Ils rendront ces armes lorsqu'ils seront licenciés, et leur habillement s'ils quittent ce service avant le licenciement.

Art. 12.

Les gendarmes surnuméraires seront soumis à la même discipline militaire que les gendarmes français, pendant tout le temps qu'ils en feront le service.

Art. 13.

Ce corps de gendarmerie sera, conformément à l'article 6 du décret impérial du 24 brumaire, sous les ordres du gouverneur général et de l'intendant général de la province d'Autriche.

Art. 14.

Il veillera à la sûreté des routes, fera rejoindre les soldats en retard marchant sur les derrières de l'armée, arrêtera tous les militaires qui se permettraient quelques excès envers les habitants, protégera les propriétés publiques et privées, dissipera tous les attroupements, et maintiendra la tranquillité dans tous les rassemblements qui auront lieu pour les foires et marchés.

Art. 15.

Le lieutenant établi à Braunau visera les feuilles de route de tous les sous-officiers et soldats qui passeront par cette ville en marchant isolément, soit qu'ils viennent en Autriche, soit qu'ils retournent en Bavière, et il tiendra un registre indiquant le nom, le grade et le corps de tous les hommes dont il aura visé la feuille de route.

Tous les sous-officiers ou soldats marchant isolément recevront de lui l'ordre de faire viser leur feuille de route à Linz, s'ils doivent y passer, par le capitaine de gendarmerie qui résidera dans cette place, et, en son absence, par le sous-officier qui commandera la gendarmerie.

Le capitaine, en résidence à Linz, tiendra pareillement un contrôle de tous les militaires isolés qui auront passé par cette place.

Art. 16.

Tous les dix jours, le capitaine et le lieutenant adresseront au chef d'escadron le relevé de leur registre, afin que celui-ci prévienne les chefs de corps du passage des hommes appartenant à leur régiment, pour s'assurer s'ils ont rejoint ou s'ils sont en retard.

Art. 17.

Les commandants de patrouilles de gendarmerie se feront présenter, par les militaires isolés qu'ils rencontreront, la feuille de route dont ils doivent être porteurs, et si les militaires ne l'ont pas exactement suivie ils les mettront en prison, pour être conduits de brigade en brigade jusqu'à leur corps.

Art. 18.

Il est enjoint à tous les militaires isolés de respecter l'autorité de la gendarmerie, et d'obéir à ses sommations sous peine de désobéissance.

Art. 19.

Le lieutenant de la gendarmerie, résidant à Braunau, commandera toutes les brigade du cercle de l'Inn-Viertel et de Hausruck-Viertel ; le capitaine résidant à Linz commandera supérieurement les deux cercles ci-dessus, et exercera une surveillance particulière sur ceux de Muhl-Viertel et de Traun-Viertel.

Le chef d'escadron résidant à Vienne surveillera particulièrement le service des cercles de Basse-Autriche, indépendamment de son autorité générale sur la gendarmerie de toute la province.

Les uns et les autres feront de fréquentes tournées dans leurs arrondissements respectifs, pour y maintenir la régularité du service.

Les officiers et sous-officiers rendront compte, au commandant et à l'intendant de chaque cercle, des arrestations qui auront été faites immédiatement après qu'elles auront eu lieu. Ils leur feront à l'un et à l'autre, tous les cinq jours, le rapport de tout ce qui concerne le service et plus souvent si le cas l'exige.

ART. 20.

Le chef d'escadron commandant la gendarmerie rendra compte sans retard, au gouverneur général de l'Autriche et à l'intendant général, de tous les événements importants, et leur fera tous les cinq jours un rapport général du service dans toute l'étendue de la province.

ART. 21.

Le gouverneur général et l'intendant général sont chargés de l'exécution du présent règlement, qui sera mis à l'ordre de l'armée, imprimé et affiché dans toute l'étendue de la province.

ART. 22.

Le présent règlement sera affiché dans toutes les villes et villages sur la route de Strasbourg à Vienne, et lu aux différents régiments et détachements qui passeront.

Il en sera remis un exemplaire à chaque commandant de troupes, à son passage à Strasbourg.

Le Prince de Neuchâtel,
Vice-connétable, Major général,
ALEXANDRE.

Pour copie conforme,
Le général de division, chef d'état-major,
VIGNOLLE.

(*Arch. Nat.*)

RAPPORT

DU CHEF D'ÉTAT-MAJOR DU 4e CORPS D'ARMÉE

DU 20 MAI AU 22 MAI 1809

Rapport du général Beker, du 20 au 22 mai 1809.

Rapport du 20 mai.

Tout le corps d'armée passa dans la journée du 20 dans la grande île du Danube, et se dirigea sur la rive gauche du fleuve où il prit position, appuyant sa droite au village d'Essling et sa gauche à celui d'Aspern.

L'ennemi n'ayant opposé aucune résistance à la construction du pont et à la marche de M. le maréchal duc de Rivoli, le passage s'est effectué avec autant d'ordre que de célérité.

Rapport du 21 mai.

Les reconnaissances ayant rapporté à M. le maréchal duc de Rivoli que l'ennemi avançait avec des forces considérables sur la route de Vienne à Presburg, S. E. employa la matinée à rectifier l'établissement de son corps d'armée, en formant son ordre de bataille.

La division Boudet fut chargée de protéger, à sa droite, les mouvements de la cavalerie et d'occuper en force le village d'Essling.

La division Carra-Saint-Cyr garda le centre de la ligne ; la division Molitor la gauche, ayant un régiment au débouché du village d'Aspern, et la division Legrand fut placée provisoirement en seconde ligne.

Les troupes restèrent dans cette attitude jusqu'à 3 heures du soir ; alors s'engagea un combat sérieux aux deux extrémités de la ligne et une forte canonnade au centre.

Monsieur le maréchal duc d'Istrie étant chargé de la défense de la droite avec la cavalerie et la division Boudet, M. le maréchal duc de Rivoli porta son attention vers sa gauche, qui était le point le plus important à garder et contre lequel l'ennemi dirigea tous ses efforts. Cette position devint en effet le théâtre du carnage. La division Molitor repoussa à diverses reprises les colonnes ennemies, protégées par une nombreuse artillerie avançant pour s'emparer du village.

Après trois heures de combat dans lequel tous les régiments de la division Molitor furent successivement engagés, M. le maréchal fit avancer la division Legrand qui prit part à l'action et resta en possession du village. La nuit fit cesser le combat sans terminer les fusillades partielles qui, en se prolongeant entre les postes avancés. ne mirent aucun intervalle entre les journées du 21 et du 22, puisque le combat recommença à 3 heures du matin à la gauche, et devint bientôt après général sur toute la ligne.

Rapport du 22 mai.

La division Molitor ayant considérablement souffert dans la journée du 21, M. le maréchal la fit mettre en réserve et la chargea de la défense d'une île conduisant au village d'Aspern, dans laquelle l'ennemi avait poussé des forces pour tourner notre gauche et cheminer vers le pont. Cette précaution de M. le maréchal rendit nuls les efforts de l'ennemi sur ce point, et protégea la conservation du village que l'ennemi attaquait successivement avec des troupes fraîches au prix des plus grands sacrifices. Dans cet état de choses, M. le maréchal reconnut la nécessité de renforcer sa gauche, l'ennemi ayant montré toutes ses forces sur une ligne immense dont les extrémités appuyaient au Danube, en arrière des villages d'Aspern et d'Essling. L'attaque devint alors générale, une partie du centre et toute la gauche étant défendue par le 4ᵉ corps. M. le maréchal renforça la division Legrand par celle du général Carra-Saint-Cyr, tant pour lier ses opérations avec les divisions du général Oudinot, que pour conserver l'extrême gauche constamment attaquée par des forces supérieures. C'est dans cet ordre que commença le combat du 22. La division Boudet resta à la droite, pour la défense du village d'Essling, aux ordres de M. le maréchal duc de Montebello, et les opérations du corps d'armée furent appuyées par la division Tharreau, qui marchait vers la droite du village d'Aspern, tandis que les divisions Legrand et Carra-Saint-Cyr pénétraient au centre et à la gauche, pour déloger l'ennemi de sa position. Dans ce mouvement effectué au pas de charge, on fit beaucoup de mal à l'ennemi qui, indépendamment d'un grand nombre d'hommes tués, perdit 600 à 700 prisonniers, 11 officiers et 5 pièces de canon. Cet effort de courage était nécessaire pour assurer la conservation de la gauche, contre laquelle l'ennemi dirigeait vainement les principales forces de son armée. Il fit de nouvelles tentatives pour se rendre maître du village ; mais, ni la supériorité de ses forces, ni le feu continuel de sa nombreuse artillerie ne purent ébranler l'opiniâtreté des soldats français à défendre un point qui était devenu le pivot des opérations de l'armée.

Pendant que les divisions Legrand et Carra-Saint-Cyr faisaient des prodiges dans l'importante position qu'elles étaient chargées de conserver, la division Molitor luttait avec avantage contre les troupes ennemies pénétrées dans l'île, pour déborder le village et arriver sur les derrières du corps d'armée. La position de la division Molitor protégeait à la fois la conservation du pont et les autres divisions dans la possession du village d'Aspern. La journée se termina ainsi à l'avantage du corps d'armée qui, malgré son infériorité en hommes et en artillerie et sans le secours de la cavalerie qui manœuvra constamment à la droite, conserva toutes ses positions et resta maître de son champ de bataille, après avoir fait, sans réciprocité, 700 à 800 prisonniers et enlevé 5 pièces de canon à l'ennemi. M. le maréchal duc de Rivoli, chargé du commandement en chef, fit couvrir par son corps d'armée le passage des autres divisions dans la grande île. Ce mouvement s'effectua avec beaucoup d'ordre, et, le 23, à 7 heures du matin, toute l'armée se trouvait en position dans la grande île.

Au quartier général dans l'île de Lobau, le 23 mai 1809.

Certifié véritable par le général de division chef de l'état-major général,

BEKER.

LETTRE

DU GÉNÉRAL MOLITOR AU MARÉCHAL MASSÉNA

SUR LA BATAILLE D'ESSLING

Bataille d'Essling les 21 et 22 mai 1809.

LE GÉNÉRAL MOLITOR AU DUC DE RIVOLI.

Au bivouac de l'île de Lobau, le 23 mai 1809.

Monsieur le Maréchal,

Vous avez été témoin, le 21 de ce mois, de la valeur avec laquelle les troupes de ma division seules ont soutenu et repoussé, pendant quatre heures, le choc et les efforts de l'armée autrichienne dirigés contre le flanc et l'appui de gauche de notre armée. J'ai à vous rendre compte qu'hier cette même division, quoique réduite de moitié, n'a pas déployé moins de fermeté et de dévouement ; elle a également soutenu et repoussé, seule, depuis la pointe du jour jusqu'à la nuit, les attaques acharnées que l'ennemi n'a cessé de porter contre la petite île qui couvrait notre pont, et dont la conservation intéressait si fortement le sort de l'armée. Les troupes à mes ordres ont donc rendu d'éminents services dans cette sanglante bataille ; elles se reposent, Monsieur le Maréchal, sur votre justice et votre bienveillance pour les faire connaître à l'Empereur, et obtenir de S. M. les récompenses qu'elles ont méritées. Je joins ici le relevé de mes pertes montant à 79 officiers, et 2,107 sous-officiers et soldats hors de combat[1].

MOLITOR.

---

1. Il n'existe, sur les pertes subies par l'armée française à Essling, que des renseignements très incomplets.

En dehors des chiffres fournis par le général Molitor, pour sa division seule, la garde impériale indique, dans un état, les pertes subies le 22 mai, soit :

Tués : 6 officiers, 237 sous-officiers et soldats.

Blessés : 34 officiers, 900 sous-officiers et soldats.

La comparaison entre les situations des corps d'armée, avant et après les journées d'Essling, donne une différence en moins de près de 19,000 hommes (ceci ne peut être qu'une indication). D'un autre côté l'intendant général Daru, dans une lettre adressée au major général, le 27 mai, rend compte qu'il existe dans les quatorze hôpitaux de Vienne 9,618 blessés ; la présence de 2,555 blessés était signalée d'autre part à Ebersdorf par le général Lecamus.

Le médecin en chef de l'armée, dans son rapport sommaire sur le service médical des hôpitaux de l'armée d'Allemagne, pendant la campagne d'Autriche en 1809, signale la présence dans les hôpitaux, au 1er juin, de près de 15,000 blessés qui semblent bien, pour la presque totalité, être des combattants d'Essling.

DIXIÈME BULLETIN DE L'ARMÉE D'ALLEMAGNE

Dixième bulletin de l'armée d'Allemagne.

Ebersdorf, 23 mai 1809.

Vis-à-vis Ebersdorf, le Danube est divisé en trois bras séparés par deux îles. De la rive droite à la première île, il y a deux cent quarante toises ; cette île a à peu près mille toises de tour. De cette île à la grande île, où est le principal courant, le canal est de cent vingt toises. La grande île, appelée *In-der-Lobau*, a sept mille toises de tour, et le canal qui la sépare du continent a soixante et dix toises. Les premiers villages que l'on rencontre ensuite sont Aspern, Essling et Enzersdorf. Le passage d'une rivière comme le Danube, devant un ennemi connaissant parfaitement les localités et ayant les habitants pour lui, est une des plus grandes opérations de guerre qu'il soit possible de concevoir.

Le pont de la rive droite à la première île et celui de la première île à celle d'In-der-Lobau ont été faits dans la journée du 19, et, dès le 18, la division Molitor avait été jetée par des bateaux à rames dans la grande île.

Le 20, l'Empereur passa dans cette île et fit établir un pont sur le dernier bras, entre Aspern et Essling. Ce bras n'ayant que soixante et dix toises, le pont n'exigea que quinze pontons et fut jeté en trois heures par le colonel d'artillerie Aubry.

Le colonel Sainte-Croix, aide de camp du maréchal duc de Rivoli, passa le premier dans un bateau sur la rive gauche.

La division de cavalerie légère du général Lasalle et les divisions Molitor et Boudet passèrent dans la nuit.

Le 21, l'Empereur, accompagné du prince de Neuchâtel et des maréchaux ducs de Rivoli et de Montebello, reconnut la position de la rive gauche et établit son champ de bataille, la droite au village d'Essling et la gauche à celui d'Aspern, qui furent sur-le-champ occupés.

Le 21, à quatre heures après midi, l'armée ennemie se montra et parut avoir le dessein de culbuter notre avant-garde et de la jeter dans le fleuve : vain projet ! Le maréchal duc de Rivoli fut le premier attaqué, à Aspern, par le corps du général Bellegarde. Il manœuvra avec les divisions Molitor et Legrand, et, pendant toute la soirée, fit tourner à la confusion de l'ennemi toutes les attaques qui furent entreprises. Le duc de Montebello défendit le village d'Essling, et le maréchal duc d'Istrie, avec la cavalerie légère et la division de cuirassiers Espagne, couvrit la plaine et protégea Enzersdorf. L'affaire fut vive ; l'ennemi déploya deux cents pièces de canon et à peu près 90,000 hommes, composés des débris de tous les corps de l'armée autrichienne.

La division de cuirassiers Espagne fit plusieurs belles charges, enfonça deux carrés et s'empara de quatorze pièces de canon. Un boulet tua le général Espagne combattant glorieusement à la tête des troupes, officier brave, distingué et recommandable sous tous les points de vue. Le général de brigade Fouler fut tué dans une charge.

Le général Nansouty, avec la seule brigade commandée par le général Saint-Germain, arriva sur le champ de bataille vers la fin du jour. Cette brigade se distingua par plusieurs belles charges. A huit heures du soir le combat cessa, et nous restâmes entièrement maîtres du champ de bataille.

Pendant la nuit, le corps du général Oudinot, la division Saint-Hilaire, deux brigades de cavalerie légère et le train d'artillerie passèrent les trois ponts.

Le 22, à quatre heures du matin, le duc de Rivoli fut le premier engagé. L'ennemi fit successivement plusieurs attaques pour reprendre le village. Enfin, ennuyé de rester sur la défensive, le duc de Rivoli attaqua à son tour et culbuta l'ennemi. Le général de division Legrand s'est fait remarquer par ce sang-froid et cette intrépidité qui le distinguent.

Le général de division Boudet, placé au village d'Essling, était chargé de défendre ce poste important.

Voyant que l'ennemi occupait un grand espace de la droite à la gauche, on conçut le projet de le percer par le centre. Le duc de Montebello se mit à la tête de l'attaque, ayant le général Oudinot à la gauche, la division Saint-Hilaire au centre et la division Boudet à la droite. Le centre de l'armée ennemie ne soutint pas les regards de nos troupes. Dans un moment tout fut culbuté. Le duc d'Istrie fit faire plusieurs belles charges, qui toutes eurent du succès. Trois colonnes d'infanterie ennemie furent chargées par les cuirassiers et sabrées. C'en était fait de l'armée autrichienne, lorsqu'à sept heures du matin un aide de camp vint annoncer à l'Empereur que, la crue subite du Danube ayant mis à flot un grand nombre de gros arbres et de radeaux coupés et jetés sur les rives, dans les événements qui ont eu lieu lors de la prise de Vienne, les ponts qui communiquaient de la rive droite à la petite île et de celle-ci à l'île d'In-der-Lobau venaient d'être rompus. Cette crue périodique, qui n'a ordinairement lieu qu'à la mi-juin par la fonte des neiges, a été accélérée par la chaleur prématurée qui se fait sentir depuis quelques jours. Tous les parcs de réserve qui défilaient se trouvèrent retenus sur la rive droite par la rupture des ponts, ainsi qu'une partie de notre grosse cavalerie et le corps entier du maréchal duc d'Auerstaedt. Ce terrible contre-temps décida l'Empereur à arrêter le mouvement en avant. Il ordonna au duc de Montebello de garder le champ de bataille qui avait été reconnu et de prendre position, la gauche appuyée à un rideau qui couvrait le duc de Rivoli et la droite à Essling. Les cartouches à canon et d'infanterie que portait notre parc de réserve ne pouvaient plus passer.

L'ennemi était dans la plus épouvantable déroute, lorsqu'il apprit que nos ponts étaient rompus. Le ralentissement de notre feu et le mouvement concentré que faisait notre armée ne lui laissaient aucun doute sur cet événement imprévu. Tous ses canons et ses équipages d'artillerie qui étaient en retraite se représentèrent sur la ligne, et, depuis neuf heures du matin jusqu'à sept heures du soir, il fit des efforts inouïs, secondés par le feu de deux cents pièces de canon, pour culbuter l'armée française. Ses efforts tournèrent à sa honte ; il attaqua trois fois les villages d'Essling et d'Aspern, et trois fois il les remplit de ses morts. Les fusiliers de la Garde, commandés par le général Mouton, se couvrirent de gloire et culbutèrent la réserve, composée de tous les grenadiers de l'armée autrichienne, les seules troupes fraîches qui restassent à l'ennemi. Le général Gros fit passer au fil de l'épée 700 Hongrois, qui s'étaient déjà logés dans le cimetière du village d'Essling. Les tirailleurs, sous les ordres du général Curial, firent leurs premières armes dans cette journée et montrèrent de la vigueur. Le général Dorsenne, colonel commandant la vieille Garde, la plaça en troisième ligne, formant un mur d'airain seul capable d'arrêter tous les efforts de l'armée autrichienne. L'ennemi tira quarante mille coups de canon, tandis que, privés de nos parcs de réserve, nous étions dans la nécessité de ménager nos munitions pour quelques circonstances imprévues.

Le soir, l'ennemi reprit les anciennes positions qu'il avait quittées pour l'attaque, et nous restâmes maîtres du champ de bataille. Sa perte est immense. Les militaires dont le coup d'œil est le plus exercé ont évalué à plus de 12,000 les morts qu'il a laissés sur le champ de bataille. Selon le rapport des prisonniers, il a eu 23 généraux et 60 officiers supérieurs tués ou blessés. Le feld-maréchal-lieutenant Weber, 1,500 hommes et quatre drapeaux sont restés en notre pouvoir.

La perte, de notre côté, a été considérable : nous avons eu 1,100 tués et 3,000 blessés. Le duc de Montebello a eu la cuisse emportée par un boulet, le 22, sur les six heures du soir. L'amputation a été faite et sa vie est hors de danger. Au premier moment on le crut mort ; transporté sur un brancard auprès de l'Empereur, ses adieux furent touchants. Au milieu des sollicitudes de cette journée, l'Empereur se livra à la tendre amitié qu'il porte depuis tant d'années à ce brave compagnon d'armes. Quelques larmes coulèrent de ses yeux, et, se tournant vers ceux qui l'environnaient : « Il fallait, dit-il, que dans cette journée mon cœur fût frappé par un coup aussi sensible, pour que je pusse m'abandonner à d'autres soins qu'à ceux de mon armée. » Le duc de Montebello avait perdu connaissance ; la présence de l'Empereur le fit revenir ; il se jeta à son cou en lui disant : « Dans une heure vous aurez perdu celui qui meurt avec la gloire et la conviction d'avoir été et d'être votre meilleur ami. »

Le général de division Saint-Hilaire a été blessé ; c'est un des généraux les plus distingués de France.

Le général Durosnel, aide de camp de l'Empereur, a été enlevé par un boulet, en portant un ordre.

Le soldat a montré un sang-froid et une intrépidité qui n'appartiennent qu'à des Français.

Les eaux du Danube croissant toujours, les ponts n'ont pu être rétablis pendant la nuit. L'Empereur a fait repasser, le 23, à l'armée le petit bras de la rive gauche, et a fait prendre position dans l'île d'In-der-Lobau, en gardant les têtes de pont.

On travaille à rétablir les ponts. On n'entreprendra rien qu'ils ne soient à l'abri des accidents des eaux et même de tout ce que l'on pourrait tenter contre eux. L'élévation du fleuve et la rapidité du courant obligent à des travaux considérables et à de grandes précautions.

Lorsque, le 23 au matin, on fit connaître à l'armée que l'Empereur avait ordonné qu'elle repassât dans la grande île, l'étonnement de ces braves fut extrême. Vainqueurs dans les deux journées, ils croyaient que le reste de l'armée allait les rejoindre ; et, quand on leur dit que les grandes eaux, ayant rompu les ponts et augmentant sans cesse, rendaient le renouvellement des munitions et des vivres impossible, et que tout mouvement en avant serait insensé, on eut de la peine à les persuader.

C'est un malheur très grand et tout à fait imprévu que des ponts formés des plus grands bateaux du Danube, amarrés par de doubles ancres et par des cinquenelles, aient été enlevés ; mais c'est un grand bonheur que l'Empereur ne l'ait pas appris deux heures plus tard : l'armée, poursuivant l'ennemi, aurait épuisé ses munitions et se serait trouvée sans moyens de les renouveler.

Le 23, on a fait passer une grande quantité de vivres au camp d'In-der-Lobau.

La bataille d'Essling, dont il sera fait une relation plus détaillée, qui fera connaître les braves qui se sont distingués, sera aux yeux de la postérité un nouveau monument de la gloire et de l'inébranlable fermeté de l'armée française.

Les maréchaux ducs de Montebello et de Rivoli ont montré dans cette journée toute la force de leur caractère militaire.

L'Empereur a donné le commandement du 2ᵉ corps au comte Oudinot, général éprouvé dans cent combats, où il a montré autant d'intrépidité que de savoir.

EMPLACEMENT DE L'ARMÉE

AU 20 MAI 1809 AU MATIN

Emplacement de l'armée, au 20 mai 1809 au matin.

Quartier impérial.		Ebersdorf.
Garde impériale . . .	Infanterie	Ebersdorf, Schönbrunn et les environs.
	Cavalerie	

2ᵉ corps : duc de Montebello.	Corps du général Oudinot : divisions Tharreau et Claparède	Entre Vienne et Ebersdorf, prêtes à passer le pont.
	Division Saint-Hilaire. . .	
	Division Demont (du corps du duc d'Auerstaedt). .	
	Cavalerie légère, brigade Colbert : 9ᵉ hussards, 7ᵉ et 20ᵉ chasseurs. . .	Sur Ebersdorf.

3ᵉ corps : duc d'Auerstaedt.	Division Morand.	Contre la rive droite du Danube, de Mölk à Vienne.
	Division Friant	Vienne.
	Division Gudin	Nussdorf.
	Cavalerie légère, brigade Pajol (de la réserve de cavalerie) : 5ᵉ, 7ᵉ hussards, 11ᵉ de chasseurs.	Sur le Danube près Vienne, 1 régiment reste devant Krems.
	(Division Demont, détachée avec le duc de Montebello.)	
	(Cavalerie légère, brigade Jacquinot, détachée avec le duc d'Istrie).	

4ᵉ corps : duc de Rivoli.	Division Legrand	Sur le Danube, près Ebersdorf, prêtes à passer le pont.
	Division Carra-Saint-Cyr .	
	Division Boudet	
	Division Molitor	Dans l'île du Danube.
	Cavalerie légère, division Marulaz : 3ᵉ, 14ᵉ, 19ᵉ, 23ᵉ de chasseurs, dragons de Bade.	Ebersdorf.

7ᵉ corps : duc de Danzig.	1ʳᵉ division, prince royal .	Reviennent d'Innsbruck sur Salzburg, pour se porter de là sur Radstadt ou Leoben.
	2ᵉ division, de Wrède . .	
	3ᵉ division, Deroy	Reste à Innsbruck.

8ᵉ corps	Corps wurtembergeois : général Vandamme. . . .	A Linz, Enns, Wallsee, Ips, Steyer, etc.
	Division Dupas : troupes françaises	Linz, marche en Bohème.
	Division Dupas : troupes allemandes du général Rouyer.	Passau.

9ᵉ corps : prince de Ponte-Corvo.	Armée saxonne	Marche de Linz en Bohème sur Budweis ou Zwettel.
	Armée polonaise	Dans le duché de Varsovie, a l'ordre d'entrer en Galicie.

	Division Lasalle : brigade de Piré, 8ᵉ hussards, 16ᵉ chasseurs ; brigade Bruyère, 13ᵉ, 24ᵉ chasseurs	A Ebersdorf, prêtes à passer le pont.
Réserve de cavalerie : duc d'Istrie.	Brigade Jacquinot : général Montbrun, 1ᵉʳ et 2ᵉ chasseurs	Bruck et les environs.
	Brigade Jacquinot : général Montbrun, 12ᵉ chasseurs.	Se rend de Passau à Vienne.
	Division Nansouty : 1ᵉʳ, 2ᵉ carabiniers ; 2ᵉ, 9ᵉ, 3ᵉ, 12ᵉ cuirassiers.	
	Division Saint-Sulpice : 1ᵉʳ, 5ᵉ, 10ᵉ, 11ᵉ cuirassiers.	Sous Ebersdorf, prêtes à passer le pont.
	Division Espagne : 4ᵉ, 6ᵉ, 7ᵉ, 8ᵉ cuirassiers. . . .	
	(Brigade Pajol détachée avec le duc d'Auerstaedt).	
10ᵉ corps, réserve : S. M. le roi de Westphalie.	En Westphalie et dans les places	Troupes de Westphalie et division hollandaise.
Corps d'observation de l'Elbe : Mᵃˡ duc de Valmy.	5ᵉ, 9ᵉ, 10ᵉ, 13ᵉ demi-brigades provisoires de réserve. . . . . 4ᵉˢ bataillons des 19ᵉ, 25ᵉ, 28ᵉ, 36ᵉ, 50ᵉ, 75ᵉ de ligne. 6ᵉ régiment provisoire de dragons.	Se réunit à Hanau.
Réserve du général Beaumont.	1ᵉʳ, 2ᵉ, 3ᵉ, 4ᵉ et 5ᵉ régiments provisoires de dragons . . . . 1ᵉʳ régiment de hussards de Bade. . . . . . . 1ᵉʳ régiment d'infanterie du grand-duc de Berg. . . 1ᵉʳ régiment d'infanterie de Wurtemberg. . . . . 1ᵉʳ bataillon bavarois. . .	A Augsbourg et en observation, d'un côté, sur les débouchés du Tyrol et, de l'autre, sur le Palatinat et les débouchés de la Bohême.

EMPLACEMENT DE L'ARMÉE

AU 24 MAI 1809

Emplacement de l'armée au 24 mai 1809.

Quartier impérial.		Ebersdorf.
Garde impériale . . . {	Infanterie	Dans l'île Lobau.
	Cavalerie	Dans l'île Lobau, à Ebersdorf et dans les environs de Vienne.
2ᵉ corps : duc de Montebello.	Corps du général Oudinot : divisions Tharreau et Claparède.	Dans l'île Lobau.
	Division Saint-Hilaire. . .	
	Division Demont.	
	Cavalerie légère : général Colbert, 9ᵉ hussards, 7ᵉ et 20ᵉ chasseurs	Dans l'île Lobau et à Ebersdorf.
3ᵉ corps : duc d'Auerstaedt.	Division Morand.	Le long du Danube, entre Saint-Pölten et Vienne.
	Division Friant	Vienne.
	Division Gudin.	Ebersdorf.
	Brigade Pajol : 5ᵉ, 7ᵉ hussards, 11ᵉ chasseurs . .	Sur le Danube près de Vienne ; 1 régiment reste à Mautern.
4ᵉ corps : duc de Rivoli.	Division Legrand	
	Division Carra-Saint-Cyr .	
	Division Boudet	
	Division Molitor	Dans l'île Lobau.
	Cavalerie légère Marulaz : 3ᵉ, 14ᵉ, 19ᵉ, 23ᵉ chasseurs, dragons de Bade.	
7ᵉ corps : duc de Danzig.	1ʳᵉ division, prince royal. 2ᵉ division, de Wrède . .	Innsbruck, d'où elles reviennent sur Salzburg et de là sur Radstadt ou Leoben.
	3ᵉ division, Deroy	Innsbruck.
8ᵉ corps.	Corps wurtembergeois : général Vandamme. . . .	A Linz, Enns, Wallsee, Ips, Steyer, etc.
	Division Dupas : troupes françaises.	En avant de Linz vers la Bohême.
	Brigade allemande du général Rouyer	Passau.
9ᵉ corps : prince de Ponte-Corvo.	Armée saxonne	En avant de Linz à l'entrée de la Bohême.
	Armée polonaise	Duché de Varsovie ; ordre d'entrer en Galicie.
Réserve de cavalerie : duc d'Istrie.	Division Lasalle : brigade de Piré, 8ᵉ hussards, 16ᵉ chasseurs ; brigade Bruyère, 13ᵉ et 24ᵉ chasseurs	Dans l'île Lobau.

Réserve de cavalerie : duc d'Istrie. (*Suite.*)	Division Montbrun : brigade Jacquinot, 1er et 2e chasseurs.	Fischament et Bruck.
	Division Montbrun : brigade Jacquinot, 12e chasseurs	Se rend de Passau à Vienne.
	Division Nansouty : 1er et 2e carabiniers, 2e, 9e, 3e, 12e cuirassiers.	3 régiments dans l'île Lobau, 3 près d'Ebersdorf.
	Division Saint-Sulpice : 1er, 5e, 10e, 11e cuirassiers. Division Espagne : 4e, 6e, 7e et 8e cuirassiers. . .	Dans l'île Lobau.

SITUATION

DES

DIFFÉRENTS CORPS DE L'ARMÉE D'ALLEMAGNE

AVANT LES JOURNÉES D'ESSLING

Garde impériale.   *SITUATION des corps de la garde présents*

NOMS des GÉNÉRAUX commandant les divisions.	NOMS des GÉNÉRAUX commandant les brigades.	DÉNOMINATION et EMPLACEMENT DES CORPS.	OFFICIERS. Présents.	OFFICIERS. Absents.	SOUS-OFFICIERS Présents.	SOUS-OFFICIERS Hôpitaux.	SOUS-OFFICIERS Restés en arrière.	SOUS-OFFICIERS à Paris.
Curial. . .	Roguet	Tirailleurs chasseurs	40	3	1,204	114	68	"
		Tirailleurs grena- diers.	35	5	1,081	233	113	128
	Gros . . .	Fusiliers chasseurs .	39	"	1,533	36	28	"
		Fusiliers grenadiers.	30	13	1,239	75	47	"
Dorsenne . . .		Chasseurs a pied . . Meidling . .	29	13	1,490	150	24	166
		Grenadiers à pied . Schönbrunn	41	10	1,283	132	45	176
Arrighi		Chevau-légers . . .	26	1	388	20	35	"
		Chasseurs à cheval .	16	"	347	10	30	"
		Dragons	11	"	243	3	"	"
		Grenadiers à cheval.	8	"	211	4	"	"
		Gendarmerie d'élite	3	"	52	"	"	"
		Artillerie. . . . . . Au camp et à	3	2	83	4	"	"
		Train. . . . . Ebersdorf.	"	"	77	4	"	"
		Administration Penzing	19	"	136	"	"	"
		Totaux	300	47	9,157	805	390	470

(Au camp de Hetzendorf.)   (Schönbrunn et environs.)

Matériel de l'artillerie.

Canons { de 12. 4
        de 6. 4
Caissons { de 12. 12
         de 6. 8
         d'infanterie 4
Chariots de munitions. 2
Forge de campagne. 1

l'armée à l'époque du *18 mai 1809.*

	SOLDATS.			CHEVAUX									
PETITS DÉPÔTS.							PETITS DÉPÔTS.					
Strasbourg.	Braunau.	Passau ou autres lieux.	EFFECTIF.	d'officiers.	de troupe.	restés en arrière ou éclopés.	Strasbourg.	Braunau.	Passau ou autres lieux.	EFFECTIF.	FOURGONS.	CHEVAUX DE FOURGON.
28	23	»	1,590	30	»	»	»	»	»	30	2	12
34	82	3	1,714	20	»	»	»	»	»	20	»	»
»	9	»	1,345	12	»	»	»	»	»	12	2	14
21	4	»	1,429	24	»	»	»	»	»	24	1	6
30	8	8	1,918	18	»	»	»	»	»	18	2	16
26	17	»	1,730	36	»	»	»	»	»	36	3	18
1	»	40	511	102	378	29	»	»	43	552	2	12
1	8	6	418	52	322	37	10	22	12	445	3	13
2	7	11	277	60	242	»	4	16	13	335	1	7
6	5	2	236	21	203	»	»	»	20	244	1	4
»	»	»	55	11	52	»	»	»	»	63	»	10
»	»	»	92	8	»	»	»	»	»	8	»	»
»	»	9	90	»	143	»	»	»	20	163	»	»
»	»	»	155	40	»	»	»	»	»	40	4	30
149	163	79	11,560	434	1,340	66	14	38	108	2,000	21	142

rtifié conforme aux différents états qui ont été réunis.

Le Chef de bataillon,
faisant fonctions de chef d'état-major,
Signé : QUESNEL.

2e CORPS D'ARMÉE[1]

SITUATION de la division Saint-Hilaire[2] à la date du 1er mai 1809.

DÉSIGNATION des BRIGADES.	DÉSIGNATION des CORPS.	NOMS des COLONELS.	NUMÉROS DES BATAILLONS.	PRÉSENTS SOUS LES ARMES.			
				Officiers.	Soldats.	Total.	Chevaux.
1re brigade . .	10e légère. . . .	Berthezène	1er, 2e, 3^e	66	2,003	2,069	»
2e brigade . .	3e de ligne . . .	Schobert	Id.	51	1,803	1,854	»
	57e de ligne. . .	Charrière.	Id.	41	1,507	1,548	»
3e brigade . .	72e de ligne. . .	»	Id.	42	1,623	1,665	»
	105e de ligne . .	Blanmont.	Id.	52	1,890	1,942	»
	Artillerie	»	»	7	456	463	554
Totaux			15	259	9,282	9,541	554

(Arch. nat.)

1. Il n'existe pas de situations connues des divisions Tharreau et Claparède avant la bataille d'Essling. Il est donc nécessaire, pour connaître l'effectif de ces troupes, de se reporter à la situation du 2e corps d'armée datée du 15 avril (tome II). Cependant, il est utile de remarquer que les chiffres donnés par cette situation ne peuvent être qu'approximatifs, la division Claparède ayant subi des pertes importantes, le 3 mai, au combat d'Ebersperg.

2. Le 13 mai, lors de sa tentative de passage du Danube à Nussdorf, la division Saint-Hilaire avait perdu environ 700 hommes.

3e CORPS D'ARMÉE

SITUATION sommaire des troupes à l'époque du 20 mai 1809.

DÉSIGNATION	Présents – Off.	Présents – S.-off. et soldats	Présents – Total	Présents chevaux d'Off.	Présents chevaux de troupes	Présents chevaux du train	Présents chevaux de régiment	Détachés – Emplacement	Détachés Off.	Détachés Troupes	Détachés chev. d'Off.	Détachés chev. de troupes	Détachés chev. du train	Hôpitaux Off.	Hôpitaux Troupes	Prison. Off.	Prison. Troupes	Total effectif en hommes	Total chevaux de troupe	Total chevaux du train
1re division d'infanterie	248	8,000	8,248	16	441	.	.		32	783	3	12	.	9	1,688	1	75	10,846	472	.
2e division d'infanterie	277	8,344	8,621	19	432	.	.		25	647	.	.	.	31	3,074	4	354	12,756	455	.
3e division d'infanterie	270	9,770	10,040	22	441	.	.		26	426	.	.	.	39	2,740	.	33	13,366	463	.
Division de cavalerie légère	109	2,399	2,508	253	2,318	.	.		24	780	51	654	.	.	88	.	34	3,434	3,276	.
Parc de l'artillerie	34	1,429	1,463	47	1,056	.	.		5	64	.	.	.	.	74	.	3	1,516	1,142	.
Parc du génie	4	248	252	.	212	.	.		.	34	.	.	.	.	10	.	3	314	.	.
Équipages militaires	8	306	314	18	472	.	.		.	48	.	117	.	.	31	.	.	412	607	.
Gendarmerie impériale	1	27	28	3	27	.	.		.	1	.	1	.	.	.	.	.	29	31	.
Totaux généraux	951	30,463	31,414	378	5,226	.	.		102	2,783	58	784	.	80	7,705	7	502	42,503	6,446	.

1. A l'époque du 20 mai, la brigade Pajol (5e, 7e hussards et 11e chasseurs) était la seule cavalerie dont disposait le 3e corps.

Certifié le présent état de situation conforme à ceux fournis par les chefs d'états-majors des divisions et armes.

Le général chef de l'état-major général du 3e corps de l'armée d'Allemagne, comte de l'Empire,

COMPANS.

3ᵉ CORPS D'ARMÉE

Matériel de l'artillerie.

CALIBRE.		QUANTITÉS.				
DÉSIGNATION DES OBJETS.		Nᵒˢ DES DIVISIONS.			Parc de réserve.	Total.
		1ʳᵉ	2ᵉ	3ᵉ		
Bouches à feu avec affûts et armements.	Canons { de 12 . . .	»	»	»	1	1
	de 8 . . .	8	7	7	»	22
	de 4 . . .	4	6	5	»	15
	Obusiers de 6 pouces.	3	2	3	»	8
Total des bouches à feu		15	15	15	1	46
Affûts de rechange.	à canons { de 12 . . .	»	»	»	2	2
	de 8 . . .	»	1	»	1	2
	de 4 . . .	»	»	1	1	2
	à obusiers de 6 pouces.	»	»	»	1	1
Caissons	à canons { de 12 . . .	»	»	»	2	2
	de 8 . . .	18	14	14	28	74
	de 4 . . .	5	7	6	2	20
	à obusiers de 6 pouces.	9	6	9	26	50
	d'infanterie	30	30	28	23	111
	de menus objets . . .	»	»	»	4	4
Chariots à munitions, rechanges et effets du train.		2	2	1	30	35
Forges de campagne roulantes		1	1	1	6	9
Total des voitures		65	61	60	126	313

DIVISION DE RÉSERVE AUX ORDRES DU GÉNÉRAL DEMONT

SITUATION sommaire des troupes à l'époque du 25 mai 1809.

DÉSIGNATION		PRÉSENTS SOUS LES ARMES.						DÉTACHÉS.							ABSENTS SANS SOLDE.				TOTAL DE L'AFFECTIF		
des DIVISIONS. / des CORPS.	de L'EMPLACEMENT.	Officiers.	S.-officiers et soldats.	Total.	d'officiers.	de troupes.	du train. / de régiment.	Emplacement des détachés.	Officiers.	Troupes.	d'officiers.	de troupes.	du train.	aux hôpitaux Officiers.	aux hôpitaux Troupes.	prisonniers de guerre Officiers.	prisonniers de guerre Troupes.	en hommes.	de troupes	du train.
17e de ligne.	Klosterneuburg.	20	698	698						23					42			733		
7e léger.	Id.	11	234	255						48					21			314		
6e de ligne.	Id.	9	264	294						9					62			333		
12e de ligne.	Id.	8	364	401				dans							81			487		
21e de ligne.	Id.	17	445	60				l'arrondissement		17					67			517		
33e de ligne.	Id.	11	675	311				de l'armée.		7					147			859		
111e de ligne.	Id.	9	300	441											78		3	400		
85e de ligne.	Id.	9	632	312						21					91			555		
30e de ligne.	Id.	4	363	340						4					63			379		
Artillerie.	Id.	6	306	286						13					68			365	332	
Totaux		111	4,153	4,474		12	320		5	165				3	740		6	5,298	332	

1. Les archives de la guerre et les archives nationales ne possèdent pas de situation de la division Demont antérieure au 21 mai 1809. La situation du 25 mai, postérieure aux journées d'Essling, est donnée à titre de renseignement. Le 22 mai, la division de réserve a perdu, tant tués que blessés, 26 officiers ; les pertes de la troupe ne sont pas connues.

4ᵉ CORPS D'ARMÉE

SITUATION à l'époque du 15 mai 1809 [1].

DÉSIGNATION des ARMES.	PRÉSENTS SOUS LES ARMES.			ABSENTS AVEC SOLDE.					ABSENTS SANS SOLDE.						TOTAL EN	
				Embarqués.		Détachés.			Aux hôpitaux.		Prisonniers de guerre.		En arrière.			
	Officiers.	Troupes.	Chevaux.	Officiers.	Troupes.	Officiers.	Troupes.	Chevaux.	Officiers.	Troupes.	Officiers.	Troupes.	Officiers.	Troupes.	hommes.	chevaux.
1re division d'infanterie	134	4,134	235	»	»	4	31	14	18	1,378	»	2	»	30	5,883	249
2e division d'infanterie [2]	233	6,916	427	»	»	5	20	»	5	1,077	»	18	»	30	8,265	435
3e division d'infanterie	237	6,237	377	»	»	11	51	»	7	946	4	12	»	287	7,790	377
4e division d'infanterie	167	5,386	589	»	»	14	79	»	1	593	»	»	»	9	6,134	589
Division de cavalerie légère	93	1,427	1,611	»	»	21	403	432	6	263	»	44	»	27	2,280	2,046
Grand parc	26	633	474	»	»	1	71	»	»	60	»	»	»	»	796	476
Totaux	890	24,727	3,713	»	»	56	657	446	37	4,317	»	76	»	383	31,168	4,172

1. Les effectifs des régiments allemands ne figurent pas dans ces chiffres. Les troupes badoises étaient, à la date des 21 et 22 mai, à Glöknitz et dans les environs, sous les ordres du général de Lauriston.
2. La 2e division comprenait en outre 4 bataillons d'infanterie hessoise.

SITUATION som... d'Istrie, à l'époque du 15 mai 1809.

DÉSIGNA...CHÉS.		OFFICIERS.	CHEVAUX		AUX HÔPITAUX.		PRISONNIERS de GUERRE.		TOTAL DE L'EFFECTIF	CHEVAUX	
des DIVISIONS.			de troupes.	du train.	Officiers.	Troupes.	Officiers.	Troupes.	HOMMES.	de cavalerie.	du train.
Etat-major général		»	»	»	»	»	»	»	16	96	»
1re division de grosse cavalerie : le général Nansouty commandant.	1er régiment d... 7		226	»	»	136	»	20	947	824	»
	2e régiment d... 8		274	»	»	95	»	»	976	895	»
	2e régiment d... 3		275	»	1	36	»	»	896	869	»
	9e — 2		339	»	»	31	»	»	986	939	»
	3e — 7		167	»	»	23	»	»	897	835	»
	12e — 0		218	»	»	77	»	»	897	871	»
	Artillerie . . »		»	»	»	32	»	»	174	154	»
	Train d'artille »		»	»	»	34	»	»	215	4	225
		7	1,499	»	1	464	»	20	5,978	5,391	225
2e division de grosse cavalerie : le général St-Sulpice commandant.	1er régiment d... 8		214	»	»	12	»	»	898	782	4
	5e — 6		222	»	»	46	»	»	917	848	»
	10e — 0		205	»	1	21	»	4	909	790	4
	11e — 6		197	»	»	17	»	»	907	878	4
	Artillerie, 5e e... 3		2	»	»	6	»	»	93	78	»
	Train, 8e batai... »		»	»	»	13	»	»	104	2	147
		3	840	»	1	115	»	4	3,828	3,378	159
État-major de la division		»	»	»	»	»	»	»	13	63	»
3e division de grosse cavalerie : le général Espagne commandant.	4e régiment d... 9		98	»	»	14	»	»	774	756	»
	6e — 5		89	»	»	13	»	»	795	762	»
	7e — 9		269	»	»	10	»	»	863	826	»
	8e — 9		146	»	»	9	»	»	929	955	»
	Artillerie 5e et... 1		1	»	»	3	»	»	147	104	»
	Train, 8e bat... compagnies »		»	»	»	6	»	»	128	2	187
		2	603	»	»	55	»	»	3,649	3,468	187
Division Montbrun.	1er régiment d... 0		167	»	2	94	1	37	761	652	»
	2e — 6		88	»	»	121	»	3	783	506	»
	8e régiment d... 4		267	»	»	90	»	15	1,083	968	»
	16e régiment d... 0		188	»	»	52	»	»	843	785	4
	Détachement légère . . »		»	»	»	»	»	»	37	25	25
	Infanterie lég... lons 1. . . »		»	»	»	»	»	»	1,419	16	20
		0	710	»	2	357	1	55	4,926	2,952	49

1. Les 1er et 2e régiments de c...ittèrent pas la rive droite du Danube.
2. Le 8e hussards et le 15e cha...eral Bruyère, la division Lasalle. L'effectif de ces deux derniers régiments était, au 28 avril...

	s.	HÔPITAUX	
	Chevaux.	Officiers.	Sous-officiers
	·	3	
	·	3	
	·	»	
	·	4	
1re	·	11	
	·	2	
	·	1	
	·	»	·
	·	»	
	·	7	
	·	10	
	·	8	
	·	»	
	·	12	
2e	·	11	
	·	»	
	·	1	
	·	»	
	·	»	
	·	5	
	·	4	
	·	8	
3e	·	7	
	·	4	
	·	3	
	·	2	
	·	»	
71		110	4,0

onforme aux

L

8ᵉ CORPS (WURTEMBERGEOIS)

SITUATION à l'époque du 11 mai 1809.

PAR ARMES.

DÉSIGNATION des ARMES.	PRÉSENTS SOUS LES ARMES.			ABSENTS AVEC SOLDE.					ABSENTS SANS SOLDE.						TOTAL en	
				EMBARQUÉS.		DÉTACHÉS.			AUX HÔPITAUX.		PRISONNIERS DE GUERRE.		EN CONGÉ.			
	Officiers.	Troupes.	Chevaux.	Officiers.	Troupes.	Officiers.	Troupes.	Chevaux.	Officiers.	Troupes.	Officiers.	Troupes.	Officiers.	Troupes.	HOMMES.	CHEVAUX.
Cavalerie.	59	1,836	1,845	»	»	8	254	242	8	63	1	»	»	»	2,229	1,978
Infanterie.	169	7,755	91	»	»	31	1,431	7	11	576	»	»	»	»	9,973	98
Artillerie.	10	445	388	»	»	»	6	»	»	30	»	»	»	»	494	388
	238	10,036	2,174	»	»	39	1,691	249	19	669	1	»	»	»	12,696	2,464

ÉTAT sommaire des combattants de la division Dupas et de l'armée saxonne[1], les officiers compris, à l'époque du 20 mai 1809.

DIVISION.	CORPS.	COMBATTANTS.		OBSERVATIONS.
		Homm.	Cheval.	
Division Dupas.	5e régiment d'infanterie légère	1,350	»	
	19 de ligne	2,120	»	
	Artillerie de la division	370	381	
	TOTAL	3,840	381	
	Armée saxonne.			
1re division.	Bataillon des gardes grenadiers	318	»	
	— de grenadiers de Hacke . . .	404	»	
	— de Bosc	518	»	
	Régiment du Roi . .	919	»	
	Bataillon de Dyherrn	442	»	
	Régiment prince Antoine	955	»	
	— prince Maximilien	952	»	
	— prince Frédéric	908	»	
	Bataillon de tirailleurs de Metzsch	540	»	
	TOTAL	5,924	»	
2e division.	Bataillon de grenadiers de Radelof . . .	523	»	
	— — de Winkelmann . .	492	»	
	— de tirailleurs d'Egidy	504	»	
	Régiment de Niesemenschel	955	»	
	— de Cerrini	941	»	
	— prince Clément	743	»	
	— de Low	776	»	
	Bataillon d'Obschelwitz	442	»	
	TOTAL	5,356	»	
Cavalerie.	Gardes du corps (2 escadrons)	281	273	Sur le nombre de 2,025 chevaux présents, il faut en distraire 350 qui sont blessés et qui ne pourraient pas être en ligne un jour d'affaire. BERNADOTTE.
	Carabiniers (2 escadrons)	195	178	
	Régiment des gardes cuirassiers (4 escadrons)	470	430	
	Régiment prince Clément, chevau-légers (4 escadrons)	337	337	
	Régiment prince Jean, chevau-légers (4 escadrons)	425	425	
	Escadron de chevau-légers prince Albert .	139	139	
	Hussards (3 escadrons)	243	243	
	TOTAL	2,040	2,025	
Artillerie.	Batterie de Bonniot	140	131	
	— de Hoyer	128	102	
	— de Coudray	128	99	
	— de Huthsteiner	124	101	
	TOTAL	520	433	
	TOTAL GÉNÉRAL	17,680	2,839	

Certifié conforme :

Le Général de brigade,
GÉRARD.

[1]. Voir la lettre du maréchal Bernadotte à l'Empereur, du 9 mai 1809, relative à l'effectif des combattants de l'armée saxonne.

ÉTAT *des troupes annoncées devant faire partie du corps d'armée d'observation de l'Elbe, avec indication de leur arrivée à Mayence et à Hanau, savoir:*

DÉSIGNATION DES CORPS.			EFFECTIF		ÉPOQUES de L'ARRIVÉE DES TROUPES		OBSERVATIONS.
Régiments.	Bataillons ou escadrons.	Compagnies.	en hommes.	en chevaux.	Mayence.	Hanau.	
6e provisoire de dragons[1]	3e escadron[2]		590	590	Mai.	12 mai.	1. Venu de Strasbourg par la rive droite.
Régiment des chasseurs du grand-duc de Berg	1er et 2e escad.[3]		250	230	16	14	2. Venu de Munster.
Régiment d'infanterie du grand-duc de Berg.[4]			540	540		20	3. Venu de Metz.
36e régiment de ligne	4e bataillon.		1,400		17		4. Il est en Westphalie aux ordres du roi.
30e —	Id.		830		17		
19e —	Id.		830		22		5. Ces différentes troupes ont été annoncées, elles sont en marche pour Mayence où elles séjourneront et se rendront le surlendemain à Hanau.
13e demi-brigade provisoire de Metz	Détachement.	2 compagnies.	800		15	18	
5e demi-brigade provisoire de Sedan	4e bataillon[5]	2 compagnies.	1,200		16	19	
28e régiment de ligne	Id.	8 compagnies.	700		18		
28e —			200		18		
5e demi-brigade provisoire de Sedan	4e bataillon.		200		19		
25e régiment de ligne	Id.		800		23		
28e —	Id.		800		23		
46e —	Id.	Compagnies de grenadiers et voltigeurs.	800		18		6. Ces 2 détachements d'artillerie à pied et à cheval restent à Mayence jusqu'à ce que le matériel et le parc d'artillerie destiné au corps d'armée soit prêt; ils se rendront alors ensemble à Hanau.
75e régiment d'artillerie à pied[6]	Détachement.		240		18		
Régiment d'artillerie à cheval[6]	Id.		719	60	15		
Bataillon du train d'artillerie.	Id.		60 120	250	16		
Totaux			11,139	1,690			

Certifié véritable par moi général de brigade, chef d'état-major général.

Hanau, le 17 mai 1809.

Signé: BOYER.

ÉTAT des bouches à feu et caissons qui ont passé le Danube lors des batailles des 21 et 22 mai 1809.

DESIGNATION des OBJETS.			2ᵉ CORPS.	4ᵉ CORPS.	RÉSERVES de cavalerie.	TOTAL.	OBSERVATIONS.
Bouches à feu.	Canons..	de 12..	13	8	»	21	
		de 8 ..	14	»	16	30	
		de 6 ..	5	43	»	48	
		de 4 ..	12	»	»	12	2 pièces de 4 sont restées dans la 1ʳᵉ île avec 2 caissons.
	Obusiers.	de 6 p..	6	»	8	14	
		de 24..	6	13	»	19	NOTA. — Il a été envoyé en outre une fort grande quantité de munitions dans des bateaux, mais une partie seulement a pu passer le second bras.
Total des bouches à feu..			56	64	24	144	
Caissons à munitions	à canon	de 12..	23	24	»	47	On estime que le chargement entier des caissons a été consommé, ce qui ferait :
		de 8 ..	28	»	32	60	3,200 coups de 12. 3,500 coups de 8.
		de 6 ..	16	74	»	90	9,000 coups de 6. 1,500 coups de 4.
		de 4 ..	14	»	»	14	1,900 coups d'obusiers de 6 p.
	d'obusiers	de 6 p..	14	»	24	38	3,200 coups d'obusiers de 24.
		de 24..	12	34	»	46	Total. 24,300 coups de canon
	d'infanterie.		43	58	»	101	1,616,000 cartouches d'infanterie.

Ebersdorf, le 24 mai 1809.

Le 1ᵉʳ inspecteur général,
commandant en chef l'artillerie de l'armée,
SONGIS.

TABLE DES MATIÈRES

Nancy, imprimerie Berger-Levrault et Cie.

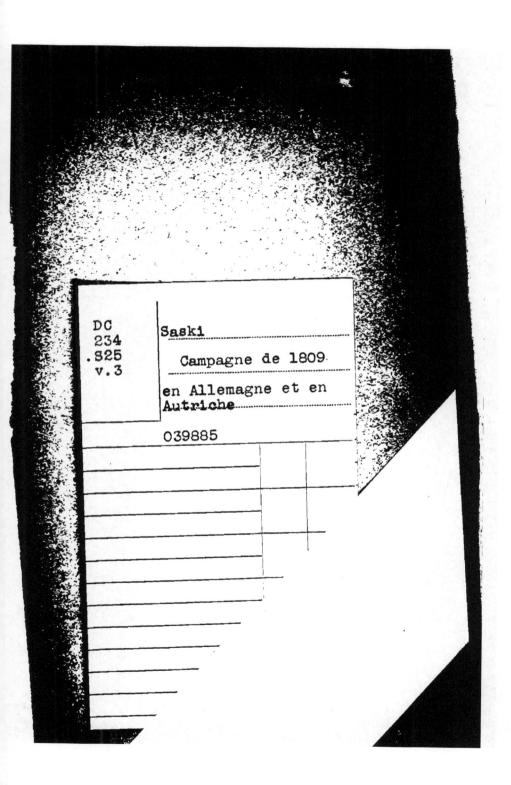

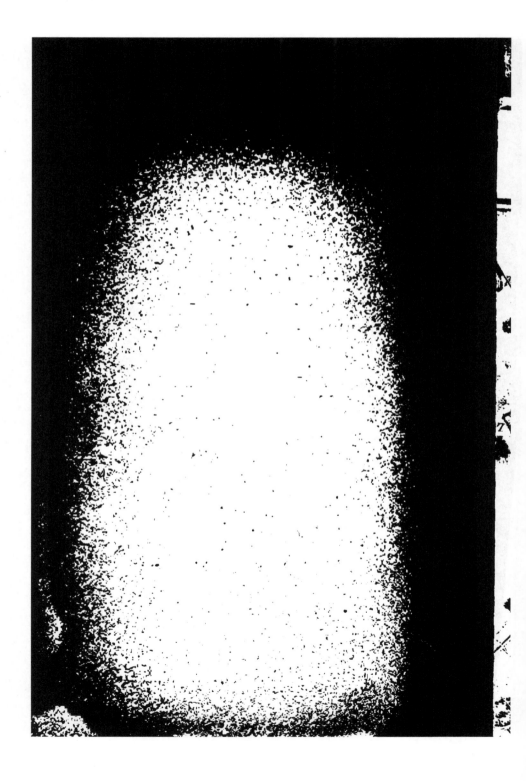

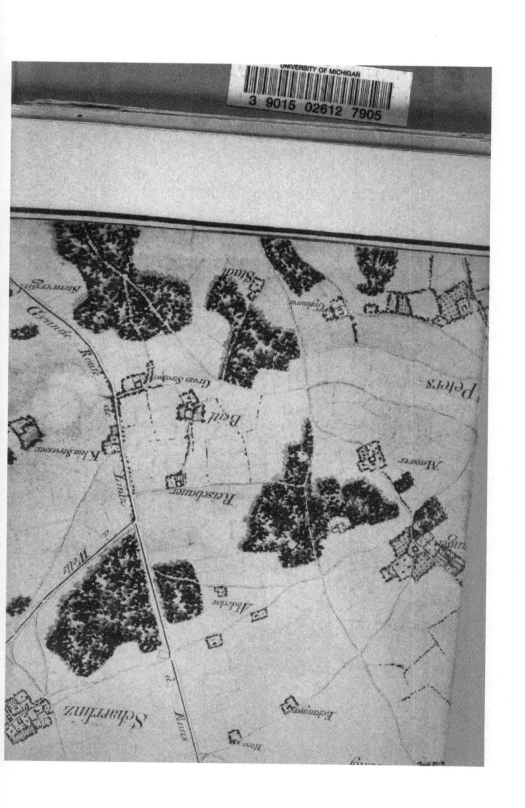

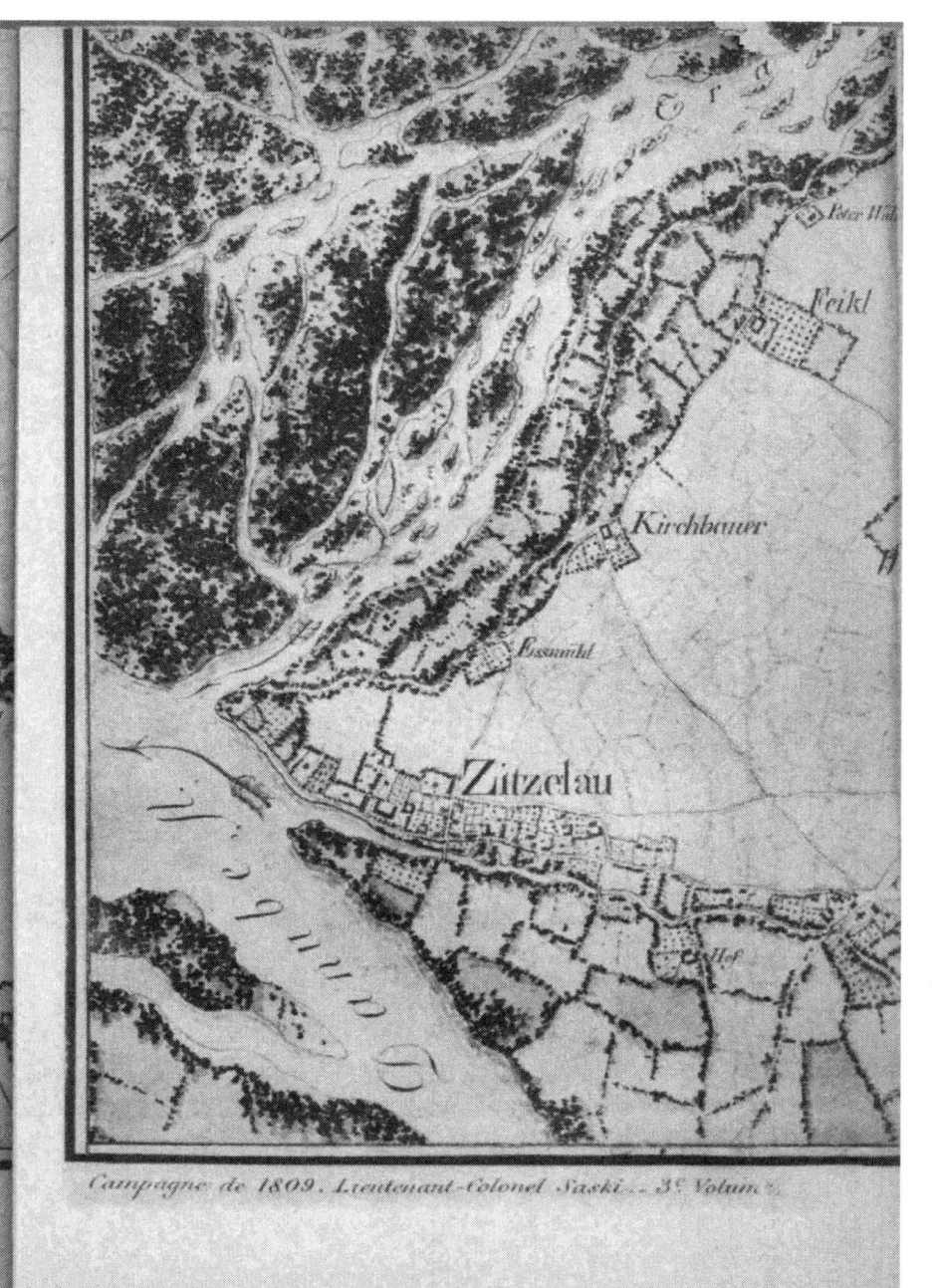

Feikl

Kirchbauer

Essmild

Zitzelau

Hof

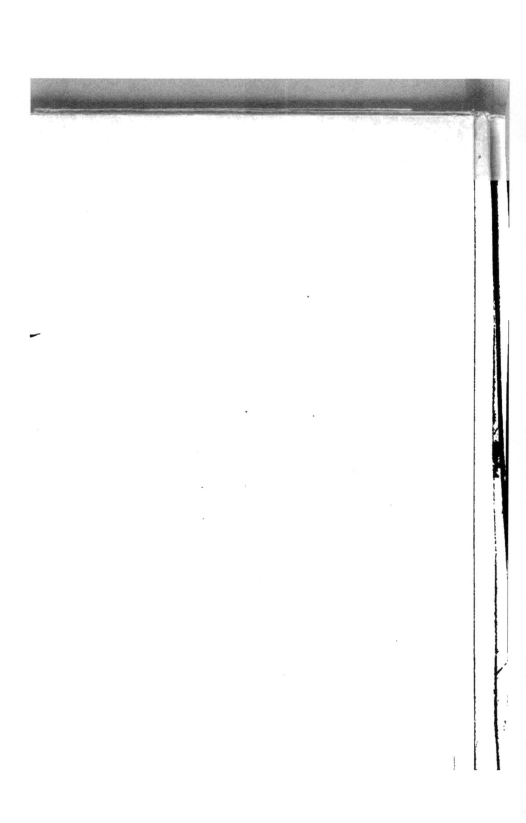

9 781017 681543